Gregg Easterbrook
Warum die Welt einfach nicht untergeht

Gregg Easterbrook

Warum die Welt einfach nicht untergeht

Sieben Endzeitszenarien und
wie wir sie abwenden können

Aus dem amerikanischen Englisch
von Karsten Petersen

PIPER

Mehr über unsere Autoren und Bücher:
www.piper.de

Für William Whitworth
von der *Arkansas Gazette* über *The New Yorker*
zum Chefredakteur von *The Atlantic*:
der unübertreffliche Redakteur

MIX
Papier aus verantwor-
tungsvollen Quellen
FSC® C014496

ISBN 978-3-492-05817-9
© Gregg Easterbrook, 2018
Titel der amerikanischen Originalausgabe:
»It's Better Than It Looks« bei PublicAffairs, New York 2018
© Piper Verlag GmbH, München 2019
Satz: psb, Berlin
Gesetzt aus der Minion Pro und der Futura
Litho: Lorenz & Zeller, Inning am Ammersee
Druck und Bindung: GGP Media GmbH, Pößneck
Printed in Germany

Die wichtige Tatsache, die man nicht vergessen darf, ist,
dass der Trend der Zivilisation stets nach oben zeigt.
Franklin Delano Roosevelt kurz vor seinem Tod im Jahr 1945

Inhalt

Zweiter Teil
Eine bessere Welt ist näher, als es scheint

Vorwort

Optimismus kommt aus der Mode

An jenem Tag im November 2016, an dem Donald Trump zum Präsidenten der Vereinigten Staaten gewählt wurde, betrug die Arbeitslosenquote in den USA 4,6 Prozent – eine Zahl, angesichts derer die Ökonomen der 1970er-Jahre voller Dankbarkeit niedergekniet wären und den Boden geküsst hätten. Inflationsbereinigt lag der Benzinpreis im Jahr 2016 auf demselben Niveau wie damals, als begeisterte Teenager die Plattenläden stürmten, um die neueste 45-rpm-Mono-Single zu kaufen. Natürliche Rohstoffe und Nahrungsmittel waren im Überfluss vorhanden. Die Gehälter der Mittelschicht und die Haushaltseinkommen stiegen. Die amerikanische* Wirtschaft war seit 89 aufeinanderfolgenden Monaten gewachsen. Im privaten Sektor waren seit 80 aufeinanderfolgenden Monaten neue Arbeitsplätze entstanden, wodurch der vorherige Rekord von 48 Monaten beinahe verdoppelt worden war; in weniger als zehn Jahren waren unterm Strich acht Millionen neue Jobs geschaffen worden. Die US-Industrieproduktion war so hoch wie noch nie. Seit zehn Jahren war die Inflationsrate niedrig

---

* Anmerkung des Übersetzers: Mit »Amerika«, »Amerikaner« und »amerikanisch« sind in diesem Buch jeweils die »Vereinigten Staaten von Amerika«, der »US-Bürger« und »US-amerikanisch« gemeint. Um den Lesefluss nicht zu stören, wurde dieser Sprachgebrauch auch in der deutschen Übersetzung beibehalten.

gewesen, während Hypothekenzinsen und andere Kreditkosten historische Tiefststände erreicht hatten. Die Kriminalität – vor allem in der Kategorie Tötungsdelikte – war seit Langem rückläufig. Abgesehen von Treibhausgasemissionen gingen alle Arten von Umweltverschmutzung seit Langem zurück, ebenso wie alle Formen von Diskriminierung und die Häufigkeiten der meisten Krankheiten. Bildungsniveau und Lebenserwartung der Menschen waren höher denn je. Zwei Drittel der Währungsreserven weltweit wurden in US-Dollar gehalten, was bedeutete, dass die übrige Welt die Aussichten der USA für glänzend hielt. Die Vereinigten Staaten waren nicht nur die stärkste Militärmacht der Welt, sondern sie waren stärker als alle anderen Militärmächte zusammengenommen. Objektiv betrachtet ging es den Vereinigten Staaten so gut wie noch nie.

Dennoch konnte Trump seinen Wählern einreden, dass »unser Land zur Hölle geht«. Obwohl die Industrieproduktion auf dem höchsten Stand aller Zeiten war, überzeugte er seine Wähler, dass »wir nichts mehr herstellen«, dass es der Wirtschaft »immer schlechter« gehe, »immer nur bergab, bergab, bergab«. Trotz der Renaissance der Großstädte Boston, Chicago, Cleveland, Denver, Philadelphia, Pittsburgh und Washington, D.C., redete Trump seinen Wählern ein, dass »die amerikanischen Städte keine Bildung haben und keine Jobs«. Obwohl die Vereinigten Staaten von anderen Ländern als der Acht-Zentner-Gorilla angesehen wurden, überzeugte er seine Wähler, dass die USA in ihren Interaktionen mit dem Rest der Welt »immer nur den Kürzeren ziehen, wir verlieren bei allem«. Bei einem Wahlkampfauftritt in Colorado ein paar Tage vor der Wahl erzählte Trump seinen Zuhörern, sie würden »den Tiefpunkt der Geschichte unseres Landes« miterleben.

Nach der Präsidentschaftswahl 2016 überschlugen sich die Medien, um das Wahlergebnis den Meinungsforschern und Experten in die Schuhe zu schieben – oder den Russen, dem FBI, WikiLeaks, Sexismus oder Hillary Clintons unsäglichem Wahlkampf. Worauf es dabei jedoch ankommt, ist, dass die Wähler Trump glaubten, wenn er ihnen sagte, dass die Lage der Dinge ganz fürchterlich sei.

Trump war keineswegs der Einzige, der alles immer nur negativ sah. Im selben Jahr kam Bernie Sanders aus der Tiefe des linken Felds und lief beinahe der stark favorisierten Hillary Clinton bei der Nominierung als Präsidentschaftskandidat der Demokratischen Partei den Rang ab, indem er die Vereinigten Staaten von heute in seiner Kampagne immer wieder als völlig am Boden zerstört darstellte. Die Zukunftsaussichten der Menschen, so behauptete Sanders, seien »zerstört« worden, mit Ausnahme derjenigen der allerreichsten Mitglieder der Gesellschaft. Sanders' Unterstützer bejubelten seine genüsslich ausgebreiteten pessimistischen Behauptungen, von denen manche mindestens ebenso irrsinnig waren wie alles, was Trump jemals von sich gegeben hat. Sanders verkündete, die Amerikaner würden durch Umweltverschmutzung »vergiftet«, die auf die Gier der Großkonzerne zurückzuführen sei. Falls wir wirklich körperlich vergiftet werden, ist es doch seltsam, dass wir trotzdem immer länger leben.

Der Glaube, die Lage sei viel schlimmer, als sie tatsächlich ist, war nicht nur in den Vereinigten Staaten zu beobachten. Objektiv ging es Großbritannien im Jahr 2016 besser als je zuvor – gemessen an einem kräftigen Wirtschaftswachstum, der niedrigsten Arbeitslosenquote aller EU-Mitgliedsländer, großer persönlicher Freiheit, guter staatlicher Gesundheitsfürsorge, hohen Realeinkommen und fast jedem anderen Leitindikator. Kein einziger Brite aus den aktuellen Generationen ist in kriegerischen Auseinandersetzungen zwischen europäischen Großmächten gefallen, im Gegensatz zu den zwei Millionen Toten und fünf Millionen Schwerverletzten aus den vorangegangenen Generationen, die europäischen Kriegen zum Opfer fielen. Dennoch forderten wütende britische Wähler im Jahr 2016, aus der Europäischen Union auszusteigen, weil sie offenbar glaubten, in ihrem von Ruhe und Wohlstand geprägten Gemeinwesen gehe es »immer nur bergab, bergab, bergab«.

Es gibt vier grundlegende Arten von Wissen. Die erste ist Gewissheit: Wir können sicher sein, dass die Sonne 150 Millionen Kilometer von der Erde entfernt ist. Eine zweite ist Glaube oder Zweifel: Wir können Überzeugungen, die auf dem Glauben an Gott beruhen, weder beweisen noch widerlegen. Eine dritte ist Meinung: Es gibt kein Richtig oder Falsch bei Geschmacksfragen – etwa welches Bier am besten schmeckt oder ob es beim Fußball den Videobeweis geben sollte.

Und dann ist da noch das, was wir glauben *wollen*. Was wir glauben wollen, kann jegliche Wahrnehmung, Beweisführung oder subjektive Haltung auf den Kopf stellen. Trump, Sanders und die Brexit-Bewegung trafen einen Nerv, weil die Leute das Schlimmste über die gesellschaftlichen Zustände glauben *wollten*. Sie wollten das Schlimmste glauben, obwohl es den Vereinigten Staaten damals so gut ging wie noch nie, man über Großbritannien das Gleiche sagen konnte und es der Welt insgesamt noch nie so gut gegangen war.

Natürlich gibt es immer viele Menschen und Familien, die mit persönlichen, gesundheitlichen oder finanziellen Problemen zu kämpfen haben. Der Tag, an dem kein einziger Mensch mehr krank, in Not oder verzweifelt ist, wird niemals kommen. Aber insgesamt gesehen ging es den Menschen zu keinem Zeitpunkt der amerikanischen Geschichte besser als 2016: Der Lebensstandard, das Pro-Kopf-Einkommen, die Kaufkraft, Gesundheit, Sicherheit, Freiheit und Lebenserwartung waren auf einem so hohen Niveau wie noch nie zuvor, und Frauen, Minderheiten und Homosexuelle genossen Freiheiten, die sie noch nie zuvor gehabt hatten. Und es hat auch noch nie eine Phase der menschlichen Geschichte gegeben, in der es einem typischen Bewohner der Welt so gut gegangen wäre.

Dazu eine Kennzahl. Zur selben Zeit, als die Menschen Trump und Sanders zujubelten, weil sie überall nur Zerstörung sahen, war der »misery index« (Elendsindex) – der sich aus Arbeitslosenquote plus Inflationsrate ergibt – auf seinem niedrigsten Stand seit einem halben Jahrhundert (bei dieser Kennzahl gilt: je niedriger, desto besser). Der normale Bürger muss leiden, wenn Arbeitslosigkeit und Inflation zur gleichen Zeit hoch sind; 2016 waren beide zur gleichen Zeit ungewöhnlich niedrig. Gewerkschaftsführer sprechen von den 1960er-Jahren als einem »goldenen Zeitalter für Arbeiter«, aber damals war der Elendsindex höher.

Die Republikaner bezeichnen gern die Amtszeit Ronald Reagans als US-Präsident als ein »goldenes Zeitalter für Familien«, aber damals war der Elendsindex höher. Die Demokraten sprechen von der Amtszeit von US-Präsident Bill Clinton als dem »goldenen Zeitalter, um Wohlstand aufzubauen«, aber damals war der Elendsindex höher. Falls der Elendsindex der beste Indikator für die Lebensumstände des durchschnittlichen Amerikaners ist – was er vermutlich ist –, dann war 2016 ein goldenes Jahr. Dennoch beschworen die Kandidaten der Präsidentschaftswahlen 2016 den Weltuntergang herauf – und die Wähler *wollten* ihnen glauben.

In meinem 2003 erschienenen Buch *The Progress Paradox* (Das Fortschrittsparadox) vertrat ich die Auffassung, dass die Menschen in den Vereinigten Staaten und anderen entwickelten Ländern unter »collapse anxiety« (Kollapsängsten) leiden – also unter der Angst, dass es ihren Lebensstil möglicherweise bald nicht mehr geben werde. Viele Beobachter befürchten, dass die von freien Marktwirtschaften, Rohstoffverbrauch, individuellen Freiheiten und demokratisch gewählten, rechtsstaatlichen Regierungen geprägte Gesellschaftsform nicht mehr lange überdauern wird. In diesem Buch werde ich eine ganze Reihe von Gründen aufzeigen, warum der westliche Lebensstil stabiler ist, als es auf den ersten Blick erscheinen mag – und warum eine bessere Welt näher ist, als es scheint. Aber niemand kann sicher sein, dass es nicht zu einem Zusammenbruch kommen wird, und diese Ungewissheit scheint ein ständiges, diffuses Unbehagen zu erzeugen, durch das die Menschen sich schlecht fühlen, obwohl objektiv gesehen der Zustand des Landes – und der Welt – meistenteils gut ist.

Seit *The Progress Paradox* erschien, habe ich versucht, diesem Rätsel auf den Grund zu gehen: Obwohl das Leben immer besser wird, fühlen sich die Menschen immer schlechter. Wenn ich sage, das »Leben wird besser«, meine ich damit keineswegs alle Aspekte des Lebens – und auch nicht, dass es ausnahmslos für jeden einzelnen Menschen besser wird –, sondern vielmehr, dass es heute den meisten Menschen in den meisten Aspekten des Lebens besser geht als jeder früheren Generation.

Das scheint eigentlich kaum zu bestreiten zu sein – steht aber doch im Gegensatz zum gesellschaftlichen Konsens, weil heute so viele Menschen das Schlimmste glauben *wollen*. Darüber habe ich viel nachgedacht und mich entschieden, das Buch, das Sie jetzt in Händen halten, zu recherchieren und zu schreiben. Es hat drei Ziele.

Erstens will ich zeigen, dass trotz all der Ängste, des digitalisierten Geschreis und der nervenaufreibenden Oberflächlichkeit unserer Zeit die Lebensumstände in den Vereinigten Staaten und der Europäischen Union – sowie in den meisten, wenn auch keineswegs allen anderen Ländern – günstiger sind, als allgemein angenommen wird.

Das zweite Ziel ist, zu fragen, warum das so ist. Die günstigen Lebensumstände in den Vereinigten Staaten und vielen anderen Ländern entstanden nicht durch Zufall. Warum werden die meisten Dinge besser statt schlechter? Welche tieferen Ursachen – und vor allem welche Arten von Reform – verhindern einen Niedergang?

Drittens will ich in diesem Buch versuchen, die in der Vergangenheit aus erfolgreichen Reformen gelernten Lektionen aufzunehmen und sie auf die Dilemmata des 21. Jahrhunderts – etwa zunehmende Ungleichheit und Klimaveränderung – anzuwenden.

Aufgrund dieser drei Zielsetzungen hoffe ich, zeigen zu können, dass der Pfeil der Geschichte nach oben zeigt. Ich gehe nicht davon aus, dass der Lauf der Geschichte deterministisch sei, bestimmt durch Kräfte außerhalb unserer Entscheidungsmacht. Ich gehe auch nicht davon aus, dass der Lauf der Geschichte teleologisch sei, gelenkt auf ein wie auch immer geartetes Ziel. Und ich will nicht behaupten, dass der Lauf der Geschichte zyklisch ist oder im Voraus bestimmt durch etwas, was aus früheren Ereignissen vorhergesagt werden kann. (Thesen, dass die Geschichte in Zyklen verlaufen würde, beruhen auf der Annahme, es gebe »Geheimnisse«, die den Lauf der Geschichte »bestimmen«; vor diesem Hintergrund ist es beunruhigend, dass einige von Donald Trumps wichtigsten Beratern an den Hokuspokus von geschichtlichen Zyklen glauben.) Ich will nur behaupten, dass im Laufe der Zeit das Dasein der Menschen durchweg besser geworden ist und daher zu erwarten ist, dass diese Entwicklung sich auch in Zukunft fortsetzen wird.

Der in der ersten Hälfte des 19. Jahrhunderts lebende französische Philosoph Frédéric Bastiat war davon überzeugt, dass man, um eine Situation richtig einschätzen zu können, unbedingt auch berücksichtigen müsse, was stattdessen hätte geschehen können. Sein Essay zu diesem Thema, *Ce qu'on voit et ce qu'on ne voit pas (Was man sieht und was man nicht sieht)*, wurde zur Grundlage dessen, was Ökonomen heute als »Opportunitätskostenanalyse« bezeichnen: Man solle nicht nur über das nachdenken, was tatsächlich geschehen ist, sondern auch über das, was nicht geschah und somit ungesehen bleibt. Was sehen wir nicht auf unserer großen, sich drehenden Welt? Als Auftakt zu den drei Zielsetzungen für dieses Buch überlegen Sie einmal einen Moment, über welche Nöte wir uns keine Sorgen zu machen brauchen.

Die Getreidesilos sind nicht leer. Es sind zwei Jahrhunderte vergangen, seit Thomas Malthus vorhersagte, dass die Zunahme der Erdbevölkerung dazu führen werde, dass massenhaft Menschen verhungern – was unvermeidlich sei, ein ehernes Gesetz. In den 1960er-Jahren wurde vorhergesagt, dass schon bald Hunderte von Millionen, womöglich gar Milliarden von Menschen verhungern würden. Stattdessen berichteten die Vereinten Nationen 2015, dass die Unterernährung auf der Welt so weit zurückgegangen sei wie noch nie zuvor. Hunger werde fast immer durch Verteilungsprobleme oder korrupte Regierungen verursacht, nicht durch einen Mangel an Nahrung; noch zu unseren Lebzeiten könne der Hunger eliminiert werden.

Die natürlichen Rohstoffe sind nicht erschöpft. In den 1970er-Jahren wurde oft prognostiziert, dass Erdöl und Erdgas bis zur Jahrtausendwende aufgebraucht sein würden, wodurch eine gravierende Treibstoffknappheit entstehen werde. Stattdessen herrscht heute auf der ganzen Welt ein Überangebot an Öl und Gas, die so leicht und billig erhältlich sind, dass die bei ihrer Verbrennung freigesetzten Treibhausgase eine Veränderung des Klimas verursachen. Mineralien und Erze, von denen ebenfalls erwartet wurde, dass sie zur Neige gehen würden, sind nach wie vor im Überfluss vorhanden. Trotz der unglaublichen Zunahme an Menschen, Fahrzeugen, Flugzeugen und Gebäuden wurden die natürlichen Rohstoffe nicht erschöpft.

Es gibt keine unaufhaltsamen Epidemien. Unaufhaltsame Ausbrüche durch Superviren und mutierte Krankheitserreger wurden als Bedrohung für eine wachsende Welt angesehen; stattdessen gehen die Häufigkeitsraten so gut wie aller Krankheiten zurück, einschließlich der meisten Krebsarten. Im Jahr 2000 berichteten die US Centers for Disease Control and Prevention (CDC, US-Seuchenschutzbehörde), dass heute mehr Amerikaner wegen ihrer Fettleibigkeit sterben als durch Krankheitserreger. Die Sterblichkeitsraten aufgrund von Infektionskrankheiten sind in fast allen Ländern zurückgegangen, auch in den ärmsten.

Mit jedem Jahr, das ins Land geht, steigt die Lebenserwartung, nicht nur in den Vereinigten Staaten und der Europäischen Union. In fast allen Ländern leben die Menschen länger, und es kommt weniger häufig zu Herzinfarkten und Schlaganfällen. Und selbst in den ärmsten Ländern der Welt gibt es keine Anzeichen dafür, dass der Trend zu immer längerer Lebenserwartung zu Ende gehen könnte.

Die westlichen Länder ersticken nicht an Umweltbelastungen. Noch vor einer Generation – also gegen Ende der 1980er-Jahre – waren die Großstädte Denver, Houston, Los Angeles und San Diego durch Smog beinahe unbewohnbar geworden, und die Luftverschmutzung in vielen Regionen der USA und Europas führte zu weitverbreiteten Atemwegserkrankungen. Heute ist die Qualität der Luft in Los Angeles um so viel besser geworden, dass im Los-Angeles-Becken manchmal mehrere Jahre vergehen, bevor es zu einem gravierenden Smogalarm kommt. Und San Diego verzeichnete 2014 die geringste Luftverschmutzung seit Beginn der Aufzeichnungen. In den Vereinigten Staaten ist auf nationaler Ebene die Luftverschmutzung seit 1990 im Winter um 77 Prozent und im Sommer um 22 Prozent zurückgegangen – Verbesserungen, die erzielt wurden, obwohl im selben Zeitraum die US-Bevölkerung rapide wuchs. Noch 1980 erwartete man, dass große

16

Wälder im Osten der Vereinigten Staaten und in Mitteleuropa durch sauren Regen zerstört werden würden. Seit 1990 ist die Verschmutzung mit Schwefeldioxid, der Hauptursache von saurem Regen, in den Vereinigten Staaten um 81 Prozent und in Europa ganz erheblich zurückgegangen. Die Appalachenwälder in den Vereinigten Staaten und der Schwarzwald in Deutschland sind heute in einem besseren Zustand, als sie es seit dem 18. Jahrhundert gewesen sind.

Viele Städte in Afrika, Asien und Indien haben nach wie vor unter Smog und Rauch zu leiden; im Westen wird die Luft schon seit Langem nicht mehr mit Rauch belastet, außer bei Waldbränden. Doch auch in den meisten Entwicklungsländern geht der Trend zu weniger Luft- und Wasserverschmutzung, obwohl auf der Welt immer mehr Menschen leben und wirtschaftlichen Aktivitäten nachgehen. Es gibt eine weltweite Ausnahme von diesen Trends, nämlich Treibhausgasemissionen. Und das, was Sie im Talkradio zu hören bekommen, brauchen Sie nicht zu glauben – es ist wissenschaftlich erwiesen, dass die Klimaveränderung zumindest teilweise vom Menschen verursacht ist.

Die Wirtschaft macht uns alle verrückt, funktioniert aber nach wie vor. Viele sind seekrank geworden von den wirtschaftlichen Turbulenzen unserer Zeit, aber seit der Weltwirtschaftskrise vor gut 80 Jahren hat es keinen weltweiten Zusammenbruch der Wirtschaft mehr gegeben. Der Lebensstandard steigt für fast alle Menschen, vor allem für jene, für die dieser Trend am wichtigsten ist – die Armen. Auf der ganzen Welt werden reichlich Waren und Dienstleistungen angeboten; fast jährlich verzeichnet die globale Pro-Kopf-Wirtschaftsleistung neue Höchststände. Die Einkommenszuwächse in den westlichen Ländern sind moderat, doch die Kaufkraft der Mittelschicht – die wichtiger ist als das Bruttoeinkommen – nimmt ständig zu. Das »Schrumpfen der Mittelschicht«, von dem Sie schon so viel gehört haben? In den Vereinigten Staaten liegt es vor allem daran, dass so viele Menschen sozial auf- und nicht absteigen.

Bei einem Aspekt, der innerhalb der Vereinigten Staaten und Europas nicht zu sehen ist, läuft die Weltwirtschaft sogar auf

Hochtouren: Die Armut in den Entwicklungsländern nimmt rapide ab. Im Jahr 1990 lebten 37 Prozent der Menschheit in Umständen, die die Weltbank als »extreme Armut« definiert; heute sind es nur noch zehn Prozent. Das mag nur ein schwacher Trost sein für jemanden, der durch den weltweiten Handel seinen Arbeitsplatz im nördlichen Mittelwesten der USA oder in Nordengland verloren hat, doch dieselben Kräfte, die für einen relativ kleinen Teil der Bevölkerung in den Vereinigten Staaten und in Großbritannien zu wirtschaftlichen Belastungen führten, bewirkten auch einen enormen Rückgang der Not in Afrika, Asien und Lateinamerika. Der Rückgang der Armut in den Entwicklungsländern sollte als der wichtigste Fortschritt des letzten Vierteljahrhunderts betrachtet werden. Da diese Entwicklung in den Vereinigten Staaten und in Europa nicht beobachtet werden kann, ist sie den meisten Menschen im Westen nicht bewusst.

Kriminalität und Kriege werden nicht schlimmer. Vor einer Generation, als immer mehr Menschen ermordet wurden und die Supermächte ihre nuklearen Waffenarsenale aufrüsteten, schien der Menschheit eine grauenhafte Zukunft mit durch Gewalttaten verwüsteten Städten und ständigen Kriegen bevorzustehen. Stattdessen sind die Kriminalitätsraten in den Vereinigten Staaten und vielen anderen Ländern seit 1990 erheblich zurückgegangen – der Central Park bei Nacht ist heute ebenso sicher wie der Yellowstone Park am Tag. Der Rückgang der Kriminalität führte zu einem Wiederaufblühen der Städte, das fast jedem nützt – auch den Afroamerikanern, die heute wesentlich seltener zu Mordopfern werden als vor einer Generation und die auch, ungeachtet entsetzlicher Ausnahmen von dieser Regel, wesentlich seltener zu Opfern von Polizeigewalt werden als in den vergangenen Jahrzehnten.

Obwohl es traurige Ausnahmen gibt, etwa den Syrienkrieg, sind seit etwa 1990 die Häufigkeit und die Schwere von kriegerischen Auseinandersetzungen weltweit zurückgegangen; global gesehen sind die Pro-Kopf-Rüstungsausgaben rückläufig. Die Vereinigten Staaten und die Russische Föderation bauen keine neuen Atombomben mehr, sondern demontieren Zehntausende dieser

Höllenmaschinen und schmelzen dann die Einzelteile im Beisein internationaler Kontrolleure ein.

Ungefähr seit 1990 ist das Risiko eines Menschen, eines gewaltsamen Todes zu sterben, niedriger als jemals zuvor seit Menschengedenken. Diese Aussage gilt sogar angesichts der Welle islamistischer Terroranschläge in Europa und der Massenmorde in den Vereinigten Staaten, die 2016 stattgefunden haben. Außer in Afghanistan, im Irak, im Sudan und in Syrien war 2016 das Risiko, dass irgendjemand in irgendeinem Land durch eine Gewalttat ums Leben kommt, niedriger als jemals zuvor. Selbst unter dem Druck ihrer wachsenden Bevölkerung wird die Welt immer sicherer.

Die Diktatoren verlieren an Boden. Während des Zweiten Weltkriegs, als sich Finsternis über beide Hemisphären ausbreitete, konnte sich nur eine Handvoll freier Gesellschaften gegen Tyrannei behaupten. Nach dem Zweiten Weltkrieg brachte der Kommunismus die Armut eines Polizeistaats über China und die Sowjetunion, ganz so, als wolle er den Job zu Ende bringen, den der Faschismus begonnen hatte. Weitsichtige Denker wie George Orwell sagten die Errichtung einer weltweiten absoluten Diktatur voraus, die den Menschen auch das letzte bisschen Freiheit nehmen würde.

Stattdessen haben Demokratie, Menschenrechte und Meinungsfreiheit einen Sieg nach dem anderen davongetragen. Einige Länder werden rückfällig (Türkei, Russland), andere wurden ins Chaos gestürzt durch das, was der Demokratietheoretiker Larry Diamond als »räuberische Regierung« bezeichnet (Nigeria, Venezuela), doch zu Lebzeiten der jetzigen Generation konnte sich in keinem freien Land ein Diktator etablieren. China, das bevölkerungsreichste Land der Welt, experimentiert behutsam mit neuen Freiheiten, und Indien, das Land mit der zweitgrößten Bevölkerung, hält an Meinungsfreiheit und freien Wahlen fest, wenn auch unter Schwierigkeiten. Die technologischen Entwicklungen, von denen Orwell befürchtete, sie würden Diktatoren in die Lage versetzen, jedes Detail im Leben der Menschen zu überwachen, haben stattdessen dem Normalbürger einen Zugang zu Informationen verschafft, den seine Regierung nicht kontrollieren kann.

Es gibt zahlreiche andere Bereiche, in denen die Probleme, die wir nicht haben, leicht übersehen werden können. Trotz Videospielen und einer Kultur, die eine kurze Aufmerksamkeitsspanne fördert, ist es nicht zu grassierender Ignoranz gekommen: Die Bildungsniveaus steigen, und auch in den Entwicklungsländern ist es keine Ausnahme mehr, dass Mädchen zur Schule gehen. Es ist nicht nur gerecht, dass gut ausgebildete Mädchen und Frauen verantwortungsvolle Positionen in Unternehmen, Regierungen und Wissenschaft übernehmen; dadurch verdoppelt sich auch die Zahl der Ideen, die der Welt zugutekommen. Der technische Fortschritt ist nicht Amok gelaufen: Autos, Flugzeuge, Medikamente und selbst viele Waffen sind weniger gefährlich geworden. Es ist viel Aufhebens gemacht worden um das Verschwinden von industriellen Arbeitsplätzen, eine Entwicklung, die freilich schon lange vor dem Handel mit China begonnen hat und aufgrund der fortschreitenden Automatisierung schon immer unvermeidlich war, ganz unabhängig von der zunehmenden Globalisierung der Wirtschaft. Aber kaum jemand spricht davon, dass mittlerweile 60 Prozent der Amerikaner als Büroangestellte arbeiten. Auch eine Bürotätigkeit kann Stress oder Langeweile mit sich bringen, aber keine schwere körperliche Arbeit, und niemand muss in einem Büro schädliche Industriegase einatmen.

Sämtliche oben angeführten Punkte werden in den kommenden Kapiteln ausführlich belegt werden.

Dass die Lage in den USA, in Europa und auf der Welt insgesamt besser ist, als sie allgemein wahrgenommen wird, sollte nicht zu Selbstzufriedenheit führen, sondern zum Gegenteil: Das Bewusstsein, dass Fortschritte erzielt werden, sollte uns zu verstärkten Reformanstrengungen motivieren. Die Herausforderungen unserer Zeit sind entmutigend: Ungleichheit, Rassenspannungen, Klimaveränderung, illegale Einwanderung, Flüchtlinge, denen nichts anderes übrig bleibt, als Kriegsgebiete oder gescheiterte Staaten zu verlassen, endlose Kriege im Nahen Osten, die Schreckensherrschaft von Tyrannen und Warlords in manchen Regionen Afrikas, ein schlechtes staatliches Bildungswesen, eine seichte und von Konzerninteressen getriebene Kultur, die den Bildungsauftrag der staatlichen Schulen zu einer Sisyphusarbeit macht, ein öffentlicher Diskurs, der von Wut geprägt ist – die Liste ließe sich beliebig lang fortsetzen.

Außerdem kann man davon ausgehen, dass gerade ein neues riesiges Problem direkt auf uns zurast. Man nehme irgendein beliebiges Jahr aus der Vergangenheit: Unweigerlich ist unerwartet ein großes Problem aufgetreten. Es scheint ein Naturgesetz zu sein, dass für jedes gelöste Problem ein neues entsteht. Also werde ich in diesem Buch nicht sagen, »don't worry, be happy« – es gibt eine Menge, worüber man sich Sorgen machen kann, aber dabei sollte man auch optimistisch sein. Optimismus macht uns nicht blind für die zahlreichen Fehler der Welt; vielmehr ist Optimismus die Überzeugung, dass Probleme gelöst werden können, wenn wir nur die Ärmel hochkrempeln und uns an die Arbeit machen.

Optimismus war einmal die Einstellung von Menschen, die über die Zukunft nachdachten. Die Progressiven, die vor 100 Jahren lebten, waren durch und durch Optimisten: Sie strebten nach Meinungsfreiheit, Religionsfreiheit und Freiheit von materieller Armut für alle Männer und Frauen, und sie glaubten, dass dies keine leeren Slogans seien, sondern Fortschritte, die tatsächlich auf einer praktischen Ebene erreicht werden konnten. Sie sahen eine Zukunft, in der, wie es in der letzten Strophe des Heimatlieds *America the Beautiful (Amerika, die Wunderschöne)* heißt, »alabaster cities gleam undimmed by human tears« (alabasterne Städte glänzen ungetrübt von menschlichen Tränen).

Dann kam Pessimismus in Mode, zuerst in der akademischen Welt und von dort aus dann auch in der breiten Öffentlichkeit. Heute herrscht die gängige Meinung vor, dass jeder halbwegs informierte Mensch das Gefühl haben sollte, die Welt rase ihrem Untergang entgegen – wenn Sie nicht glauben, dass alles ganz schrecklich ist, erkennen Sie nur den Ernst der Lage nicht!

In seinem Wahlkampf mischte Trump stampfenden Pessimismus über die Gegenwart mit nostalgischen Sehnsüchten nach der Vergangenheit und sagte: »I love the old days.« Wann genau *war* denn eigentlich diese »gute alte Zeit«? Und wo fand sie statt? In jeder Phase der Vergangenheit war die Lebenserwartung der Menschen kürzer, ihr Lebensstandard niedriger, Diskriminierung und Umweltverschmutzung schlimmer und die Freiheit gefährdeter.

Der konservative Intellektuelle Yuval Levin hat geschrieben, die Amerikaner hingen einer »Politik der konkurrierenden Nostalgie« an, die fordere, in eine verklärte Vergangenheit zurückzukehren, die jedoch nie erreicht werden könne, weil es sie von vornherein nie gegeben habe. Eine bessere Zukunft kann dagegen durchaus erreicht werden. Optimismus muss wieder intellektuell respektiert werden. Optimismus ist das beste Argument für Reformen – und der Bogen, der den Pfeil der Geschichte treibt.

Bethesda, Maryland
im Juli 2017

Einige Hinweise für den Leser*:

- Alle in diesem Buch genannten Geldbeträge wurden um die Inflation bereinigt; das heißt, dass Beträge aus der Vergangenheit entsprechend ihrer damaligen Kaufkraft in heutige Dollars oder eine andere Währung umgerechnet wurden.
- Länder werden mit ihren heutigen Namen bezeichnet.
- Wenn es im Text heißt, eine Person »sagte« oder »hat gesagt«, stammt das betreffende Zitat aus einer öffentlich zugänglichen Quelle. Wenn der Text dagegen lautet, eine Person »sagt«, stammt das Zitat aus einem von mir geführten Interview.

---

*   Anmerkung des Übersetzers: Um den Lesefluss nicht zu stören, wird in diesem Buch der Einfachheit halber bei der Bezeichnung von Personen und Personengruppen stets die männliche Form verwendet. Selbstverständlich ist dabei die weibliche Form (»Leserin«, »Bürgerin« usw.) gleichrangig miteinbezogen.

Erster Teil

Warum die Welt sich weigert
unterzugehen

1 Wieso verhungern wir nicht?

An einem kalten Wintermorgen im Jahr 1914 wurde auf einer Farm in der winzigen Ortschaft Cresco, Iowa, die wichtigste Person des 20. Jahrhunderts geboren. Der kleine Junge lernte Lesen, Schreiben und Rechnen an einer Schule mit nur einem Klassenraum, und jeden Tag nach dem Unterricht lief er rasch nach Hause, weil er sich dort um die Tiere kümmern musste. Später erhielt er ein Stipendium, sodass er am College Agrarwissenschaft studieren konnte, und dabei kam ihm eine Idee, wie man auf weniger Fläche höhere Ernteerträge erzielen kann. Dann zog er hinaus in die Welt und rettete eine Milliarde Menschen.[1]

In einer Zeit gruseliger Politiker und peinlicher Stars wird oft gesagt, der jungen Generation fehlen die Helden. Daher ist es eine Schande, dass kaum ein junger Mensch den Namen Norman Borlaug kennt, obwohl er ein sehr bewundernswertes Leben geführt hat – 1970 wurde ihm der Friedensnobelpreis verliehen. Den größten Teil seines Lebens lebte Borlaug weit von der Heimat entfernt, um Forschern in Afrika, Asien und Mexiko bei dem zu helfen, was später als die »Grüne Revolution« bekannt wurde.

Diese von Borlaug ins Leben gerufene Bewegung ist der Grund dafür, dass die meisten der sieben Milliarden Menschen, die auf unserem Planeten leben, genug zu essen haben – und sie würden alle genug haben, wenn die Verteilung von Nahrungsmitteln besser organisiert würde. Im Jahr 2015 berichtete die UN Food and Agriculture Organization (FAO, Ernährungs- und Landwirtschaftsorganisation der Vereinten Nationen), dass ein geringerer

Anteil der Menschheit als jemals zuvor unterernährt war – nur 13 Prozent gingen abends hungrig zu Bett.[2] Da jedoch die Weltbevölkerung mittlerweile so groß geworden ist, bedeutet »nur 13 Prozent« immer noch etwa 900 Millionen Seelen. In einer Welt des Überflusses ist das eine tragisch hohe Zahl, aber vor einem halben Jahrhundert waren noch 50 Prozent der Menschheit unterernährt.

Selbst während die Weltbevölkerung rapide wuchs, ging der Anteil derer, die nicht genug zu essen haben, stark zurück, und es ist zu erwarten, dass die Unterernährung auch in Zukunft zurückgehen wird, obwohl die Weltbevölkerung weiter wächst. »Durch die Grüne Revolution kann die Welt genug Kalorien und Protein für zehn oder gar 20 Milliarden Menschen produzieren«, sagt Rajiv Shah, der von 2010 bis 2015 die United States Agency for International Development (USAID, US-Ministerium für internationale Entwicklung) leitete. »Es stellen sich Fragen, wie wir die Umwelt schützen und die landwirtschaftlichen Erträge gerecht verteilen können. Doch die Befürchtungen von Malthus sind widerlegt. Falls es zu einem Zusammenbruch kommen sollte, dann nicht wegen Nahrungsmittelknappheit.«

Ganz gleich, in welcher Region der Welt Sie leben – die Mahlzeiten, die Sie heute essen, werden unter anderem auf diesen Bauernjungen aus Iowa und seine Begabung, Pflanzen zum Wachsen zu bringen, zurückzuführen sein. Das, was er und andere im Rahmen der Grünen Revolution geleistet haben, wirkt sich sowohl auf die Bedeutung der Landwirtschaft für die menschliche Existenz aus als auch darauf, inwieweit Reformen die entscheidende Zutat für den Fortschritt der Menschheit sind.

Da heute für so viele Menschen eine ausreichende Versorgung mit Nahrungsmitteln selbstverständlich ist, wird leicht vergessen, dass jede erfolgreiche Gesellschaft der Menschheitsgeschichte auf Landwirtschaft aufbaute. Die Arbeit auf einer Farm ist im Vergleich zur Entwicklung von elektronischen Schaltkreisen oder dem Starten von Raketen nicht besonders glamourös, aber wenn Nutzpflanzen nicht wachsen, spielt kaum noch etwas anderes eine

Rolle. Ein fundamentaler Grund, warum Argentinien, Australien, Kanada, die Vereinigten Staaten und weite Teile Europas wohlhabend sind, liegt darin, dass sie die Prozesse der Landwirtschaft beherrschen und dadurch ein reichhaltiges Angebot an Getreide, Ballaststoffen, Obst, Gemüse, Milchprodukten, Fleisch, Geflügel und Wein erzeugen. Wenn dieses landwirtschaftliche Wissen an die übrigen Länder der Welt weitergegeben wird, werden auch sie zu Wohlstand kommen.

Die Produktion von Nahrungsmitteln ist der erste Faktor, um zu verstehen, warum viele erwartete Katastrophen dann in weitgehend positive Trends münden. Maßnahmen, wie sie ergriffen wurden, um das Verhungern weiter Teile der Menschheit zu verhindern, können auch gegen andere kommende Herausforderungen funktionieren.

Historisch gesehen waren Ängste, dass es zu Hungersnöten kommen würde, weitverbreitet. Vor gut 200 Jahren postulierte Thomas Malthus, dass die Weltbevölkerung schneller wachse als die Nahrungsmittelproduktion, was zu allgemeinem Ruin führen müsse. Diese Entwicklung sei unvermeidlich, so Malthus, weil die Natur Knappheit einsetze, um biologische Arten zu dezimieren, und weil es physisch unmöglich sei, genug Land zu bestellen, um alle Menschen zu ernähren, die noch auf die Welt kommen würden.

Hungersnöte, wie sie etwa eine Generation nach Malthus China, Indien, Irland und Japan heimsuchten, schienen seine These zu bestätigen. Die Vorstellung von einer drohenden allgemeinen Hungersnot wurde auch von anderen aufgegriffen. In ihrem 1848 veröffentlichten *Kommunistischen Manifest* machten Marx und Engels die »Errichtung industrieller Armeen, besonders für den Ackerbau«, zu einer ihrer zehn Maßregeln. Sie glaubten, die einzige Hoffnung, die Menschheit zu ernähren, bestünde darin, die Soldaten der Welt von ihren militärischen Pflichten zu entbinden und zur Arbeit auf den Feldern abzukommandieren.

In der ersten Hälfte des 20. Jahrhunderts kam es in China, Deutschland, Griechenland, Indien, Russland und Vietnam zu schrecklichen Nahrungsmittelknappheiten, die zu einem gewissen Teil von Menschen verursacht wurden, durch Kriege und Diktaturen. Angesichts der »Dust Bowl« der 1930er-Jahre (verheerender Staubstürme in Teilen der USA und Kanadas nach der Rodung des Präriegrases zur Urbarmachung) mussten Amerikaner und Kanadier befürchten, dass die Produktivität ihrer Farmen enden könnte. Als jedoch die 1960er-Jahre anbrachen, war die Vorstellung vom unvermeidlichen Hungertod zur leeren Phrasendrescherei geworden. Der 1967 erschienene Bestseller *Famine 1975!* (Hungersnot 1975!) sagte voraus, dass es spätestens 1975 auf der ganzen Welt zu Nahrungsmittelaufständen kommen würde, woraufhin die Vereinigten Staaten die tragische Entscheidung treffen müssten, welche Länder gerettet werden sollten und in welchen Ländern man die gesamte Bevölkerung verhungern lassen werde, um den Bedarf an Nahrung zu reduzieren und »die überflüssige Bevölkerung zu dezimieren«, wie Charles Dickens es seiner Figur Ebenezer Scrooge in den Mund legt, dem Antihelden seiner Erzählung *Eine Weihnachtsgeschichte*. Paul R. Ehrlich, Biologieprofessor an der Stanford University und Liebling von Weltuntergangspropheten, weil er die Vereinigten Staaten als »dem Untergang geweiht« bezeichnet hatte, trat 1970 in der *Tonight Show* auf – die damals höhere Einschaltquoten hatte als irgendeine Talkshow heute –, um Johnny Carson mitzuteilen, dass schon bald nicht nur in Afrika und Asien, sondern auch in Nordamerika Hunderte von Millionen Menschen verhungern würden. »Irgendwann in den nächsten 15 Jahren wird das Ende kommen«, verkündete Ehrlich dem Fernsehpublikum im ganzen Land, »wobei mit ›Ende‹ das Ende der Menschheit gemeint ist«.[3] Hungerfantasien fanden sogar Eingang in die populäre Unterhaltung: Die an der Kinokasse sehr erfolgreiche Science-Fiction-Filmserie *Die Tribute von Panem – The Hunger Games* beruht auf der Annahme, dass die amerikanische Gesellschaft der Zukunft Kraftfelder und Antischwerkraftgeräte haben werde – aber nicht die leiseste Ahnung davon, wie man Tomaten anbaut.

Dennoch verhungern wir nicht. Als 1798 Malthus' Buch *An Essay on the Principle of Population* (*Eine Abhandlung über das Bevölkerungsgesetz*) erschien, lebte eine Milliarde Menschen auf der Erde. Heute sind es siebenmal so viele, und trotzdem gibt es so viel Nahrung, dass Fettleibigkeit nicht nur in den reichen Ländern ein Problem ist, sondern auch in manchen Entwicklungsländern. Heute ist die Anzahl der übergewichtigen Menschen doppelt so hoch wie die *gesamte* Zahl aller Menschen, die am Leben waren, als Malthus sagte, es seien zu viele, um alle satt zu bekommen.[4] Obwohl sie sieben Milliarden Kunden haben, klagen Landwirte in aller Welt, dass durch Überproduktion das Angebot an Nahrung größer ist als die Nachfrage. (»Crop Glut Expected to Worsen« [Es wird erwartet, dass das Nahrungsmittelüberangebot steigt] – *Wall Street Journal*, April 2017. Lesen Sie das bitte zweimal.) Zwar gibt es immer noch durch Kriege oder Regierungen verursachte Probleme bei der Verteilung von Nahrungsmitteln, etwa in Nordkorea, Venezuela oder im Südsudan – wenn Nordkorea einfach seine Grenzen öffnen würde, hätte es mehr als genug Nahrung –, aber den Begriff »Missernte« haben wir seit der Getreidekrise in der Sowjetunion zu Beginn der 1930er-Jahre nicht mehr gehört.

Borlaug lebte in den 1940er- und 50er-Jahren in Mexiko und dann, in den 60er- und 70er-Jahren, in Indien und Pakistan, wo er mit Kleinbauern und Dorfgemeinschaften arbeitete und ihnen zeigte, wie sie die schwere körperliche Arbeit ihrer Subsistenzlandwirtschaft durch ertragreichere Verfahren erleichtern können, unter anderem durch schnellere Züchtungsverfahren für neue Sorten. Schon seit der Antike hat der Mensch Pflanzen und Tiere durch Züchtung verändert: Womöglich gibt es heute keinen Menschen mehr, der schon einmal ein pflanzliches Nahrungsmittel, Rindfleisch oder Geflügel gegessen hätte, das sich völlig natürlich entwickelt hat. Frühzeitliche Mesoamerikaner kreuzten das Wildgras *Teosinte* mit den Vorläufern von Mais. Es dauerte Jahrhunderte oder gar Jahrtausende, aus *Teosinte* Mais zu züchten, da das traditionelle Verfahren zum Züchten von Getreide quälend langsam vonstattengeht. Borlaug und andere Agrarwissenschaftler, die in Mexiko am Centro Internacional de Mejoramiento de Maíz y Trigo (CIMMYT, Internationales Zentrum zur Verbesserung von Mais und Weizen) forschten, entwickelten etliche Verfahren, um das Züchten von Hybriden zu beschleunigen. Mithilfe dieser Verfahren konnte Borlaug die Perfektionierung von Zwergweizen beschleunigen, der heute auf der ganzen Welt angebaut wird. Malthus und Marx wussten nicht, dass die Züchtung von Hybriden durch neue Ideen beschleunigt und dadurch höhere Erträge erwirtschaftet werden konnten; sie gingen von einem statischen, unveränderlichen Agrarsystem aus. Stattdessen wurde die Landwirtschaft dynamisch.

Obwohl normalerweise angenommen wird, dass sich jeder Landwirt langhalmige, beeindruckend aussehende Getreidepflanzen wünscht, hat es sich als nützlich erwiesen, niedrigere Weizen- und andere Getreidesorten zu züchten. Kurzhalmige Hybridzüchtungen verwenden weniger Energie auf die ungenießbaren Halme und mehr auf die essbaren Getreidekörner. Weizen mit kurzen, kräftigen Halmen stützt die Ähren, sodass sie senkrecht stehen, während bei langhalmigen Arten die reiferen Ähren sich neigen, wodurch sie komplizierter zu ernten sind. In der freien Natur hatte Weizen mit langen Halmen einen evolutionären Überlebensvorteil, weil er mit anderen Pflanzen um Sonnenlicht konkurrierte, doch in der ertragreichen Landwirtschaft gibt es diese Konkurrenz nicht mehr, da einheitliche Pflanzenreihen auf einem Getreidefeld alle gleich viel Sonnenlicht erhalten. Darüber hinaus entwickelten Borlaug und seine Kollegen mithilfe ihrer Erkenntnisse über beschleunigte Zuchtwahl auch Weizensorten, die resistent gegen den Rostpilz sind, seit Langem eine Plage für Getreidebauern. Borlaug konzentrierte sich auf Weizen, weil er von Natur aus widerstandsfähig gegen Insektenbefall ist. Er und seine Assistenten entwickelten Weizenhybridzüchtungen, die schnell wachsen, nicht von Rostpilz befallen werden, Trockenheit und wenig Licht tolerieren und vor allem höhere Erträge bringen.

Während Borlaug am CIMMYT daran arbeitete, neue Weizensorten zu perfektionieren, setzten Forscher am International Rice Research Institute (Internationales Reisforschungsinstitut) der Philippinen und am Hunan Rice Research Institute in China beschleunigte Zuchtwahlverfahren ein, um ertragreichere Reissorten zu entwickeln; später schlossen sich ihnen Agrarwissenschaftler vom Africa Rice Center an der Elfenbeinküste an. Diese Forschungsinstitute, von deren Existenz selbst hochgebildete Menschen nichts wissen, entwickelten die Verfahren, die notwendig waren, um eine wachsende Weltbevölkerung zu ernähren. Im Jahr 1997 schätzte die Zeitschrift *The Atlantic*, dass Borlaugs Innovationen für ertragreiche Getreidesorten eine Milliarde Menschenleben gerettet hatten. Heute, also zwei Jahrzehnte später, könnten es eher zwei Milliarden sein.

Selektiv gezüchteter Zwergweizen hat kaum noch Ähnlichkeit mit seinen Vorläuferpflanzen; er braucht kaum Pestizide, kann jedoch ohne Dünger und Bewässerung nicht gedeihen. Wie die meisten Agrarwissenschaftler sprach Borlaug sich dafür aus, organischen Dünger – ein vornehmer Ausdruck für Mist oder Dung – zu verwenden, um dem Boden wieder Nährstoffe zuzuführen. Wenn man allerdings große Mengen Dung erzeugen will, muss man große Tierbestände halten, die Getreide fressen, von dem sich sonst Menschen ernähren könnten. Düngemittel, die aus fossilen Brennstoffen und Mineralien hergestellt werden, können im globalen Maßstab Böden erneuern, wodurch aus ungenießbaren Stoffen Getreide, Obst und Gemüse erzeugt werden. Will man die Welt im kommerziellen Maßstab auf anorganische Düngung umstellen, muss man seinen Frieden schließen mit Landwirtschaft im industriellen Maßstab. Für Borlaug brachte diese Entscheidung keine Gewissenskonflikte mit sich, da sie den Interessen der Menschheit – und vor allem der Armen – dient.

Borlaug und zahlreiche mexikanische Agrarwissenschaftler reisten 1965 während des Zweiten Indisch-Pakistanischen Kriegs nach Indien und Pakistan, um ertragreiche Verfahren in diese Region zu bringen, in der Nahrungsmittel knapp waren. (Mexikos Beitrag im Kampf gegen den Hunger auf der Welt ist nie angemessen gewürdigt worden.) Manch eine Regierung eines Entwicklungslands beobachtete diese Aktivitäten argwöhnisch, weil sie befürchtete, ein Kontakt zwischen gebildeten amerikanischen und mexikanischen Agrarexperten und ungebildeten Kleinbauern, die zumeist weder lesen noch schreiben konnten, könne womöglich die überkommenen feudalen Strukturen zum Leidwesen der aristokratischen Landbesitzer durcheinanderbringen. Zugleich gab es Kommentatoren im Westen, die meinten, es sei ein Fehler, die Versorgung der Entwicklungsländer mit Nahrungsmitteln zu verbessern, da es besser sei, die Natur die Drecksarbeit, das Bevölkerungswachstum im Zaum zu halten, erledigen zu lassen.

Überall, wo Borlaug und seine Kollegen hinkamen, stiegen die Ernteerträge, und der Hunger nahm ab. Die Zahlen sind in jedem Fall ganz erstaunlich. Im Jahr 1920, als Borlaug noch ein kleiner Junge war, erzeugten die amerikanischen Farmen 0,73 Tonnen Weizen pro Hektar. Bis 1950 war der Ertrag in den USA auf 0,87 Tonnen Weizen pro Hektar gestiegen, und bis 2015 auf sage und schreibe 2,42 Tonnen pro Hektar.[5] Höhere Erträge bedeuten zuverlässig mehr Kalorien und Proteine pro Person, und zwar nicht nur im Westen, sondern auch in den meisten Entwicklungsländern. Das Worldwatch Institute, eine Organisation für nachhaltiges Wachstum, verkündete 2007: »Der weltweite Getreideertrag hat sich seit 1961 beinahe verdreifacht, in einem Zeitraum, in dem sich die Weltbevölkerung verdoppelt hat.«[6]

Im Jahr 1961 produzierte die Welt 760 Millionen Tonnen Getreide; bis 2015 war diese Zahl auf 2,4 Milliarden Tonnen gestiegen, was etwa dem Muster einer Verdreifachung des Ertrags bei einer Verdoppelung der Bevölkerung entspricht. Auch die Erträge für Milch- und Fleischprodukte stiegen entsprechend. Im Jahr 1950 produzierte die Welt 16,8 Kilogramm Rindfleisch pro Kopf der Weltbevölkerung; bis 2015 war dieser Wert auf 44,9 Kilogramm gestiegen. Diese Zahlen bedeuten, dass die Produktion von Kalorien und Proteinen nicht nur manchmal schneller als die Weltbevölkerung gewachsen ist, sondern vielmehr durchgehend in der gesamten Zeit nach dem Zweiten Weltkrieg.

Beinahe ebenso wichtig ist, dass ertragreiche Bewirtschaftungsverfahren mehr Ertrag auf weniger Fläche ermöglichen. Die 29,9 Millionen Tonnen Weizen, die 1950 in den Vereinigten Staaten geerntet wurden, erforderten eine Anbaufläche von 34 Millionen Hektar. Die 54,4 Millionen Tonnen, die 2015 geerntet wurden, erforderten nur 22,3 Millionen Hektar – das entspricht beinahe doppelt so viel Ertrag auf einer um ein Drittel kleineren Anbaufläche. Andere Formen von Ertragssteigerung reduzieren die Belastung der Natur; so produzieren zum Beispiel Milchkühe immer mehr Milch: In den Vereinigten Staaten hat eine Kuh 2015 etwa 80 Prozent mehr Milch erbracht als 1980. Das bedeutet, dass heute mit einer Million weniger Kühe ebenso viel Milch erzeugt wird wie 1980 und dass somit weniger Weideland für Kühe benötigt wird.

Eine ertragreiche Landwirtschaft erbringt zahlreiche Ergebnisse, die ein wohlinformierter Rationalist vor einem halben Jahrhundert für unmöglich gehalten hätte – nämlich unter anderem, dass Indien inzwischen nicht nur genug Nahrungsmittel produziert, um die eigene Bevölkerung zu ernähren, sondern sogar Überschüsse, die es exportiert. Nach wie vor ist in den Straßen von Kalkutta und anderen Städten Indiens schreckliche Armut zu sehen, aber die erwarteten Wellen von Massensterben durch Verhungern blieben aus, aufgrund einer beeindruckenden landwirtschaftlichen Produktion. Im Jahr 2013 lieferte Indien Getreide im Wert von 13 Milliarden Dollar für den internationalen Markt.

Nach dem Beispiel von Borlaug züchteten spätere Forscherteams unter der Leitung von Yuan Longping in China und Monty Jones in Sierra Leone neue Reissorten, die unter der Bezeichnung »New Rice for Africa« (NERICA) zusammengefasst werden. Sie kombinieren die hohen Erträge und den niedrigen Wuchs der produktivsten asiatischen Reissorte mit den Eigenschaften, die sie für das afrikanische Klima brauchen, und mit dem Geschmack von traditionellem afrikanischem Reis. (Die Befürworter der Grünen Revolution hatten früh gelernt, dass eine Feldfrucht den Geschmack der lokalen Bevölkerung treffen muss.) Inzwischen wird NERICA in weiten Teilen Afrikas angebaut und ersetzt Importware durch lokal produzierten Reis.

Vor einer Generation behauptete manch ein westlicher Umweltschützer aus ideologischen Gründen, dass nur eine Subsistenzlandwirtschaft – von Tieren gezogene Pflüge, traditionelles Saatgut – für Afrika geeignet sei. Es ist leicht, über eine ertragsarme Landwirtschaft nach altem Stil und die damit verbundene

Plackerei ins Schwärmen zu geraten, wenn man ein voll klimatisiertes Öko-Bäckerei-Café an der nächsten Straßenecke hat. Die trendige Opposition gegen eine ertragreiche Landwirtschaft für Afrika erschwerte es vielen Farmern, Darlehen von der Weltbank und anderen Kreditgebern zu bekommen, die sie für Dreschmaschinen, Hybridsaatgut und ähnliche Betriebsmittel brauchten – Zugang zu Kredit war für sie genauso wichtig wie genug Regen für eine gute Ernte in den Vereinigten Staaten und Europa. Borlaug hat mir 1995 erzählt, dass viele westliche Lobbyisten »nie das körperliche Gefühl von echtem Hunger verspürt haben. Wenn sie auch nur einen Monat im Elend der Dritten Welt gelebt hätten – wie ich es 50 Jahre lang getan habe –, würden sie lauthals nach Traktoren und Düngemitteln und Bewässerungskanälen schreien und vor Wut schäumen, dass trendbewusste Snobs zu Hause versuchen, diese Dinge zu verweigern.«

Ein Teil dieses Widerstands war darauf zurückzuführen, dass die Anbaumethoden der Grünen Revolution oft mit Vorstellungen über irre Wissenschaftler, die lebende Chimären erschaffen, verwechselt wurden. Viele Methoden der Grünen Revolution haben nichts mit Chemie zu tun, zum Beispiel die Tröpfchenbewässerung – ein Verfahren, bei dem über viele mit kleinen Löchern versehene Schläuche am Boden kleine Wassermengen abgegeben werden, um die Verdunstung zu reduzieren, die große rotierende Sprinkler mit sich bringen. Zum Beispiel wurden auch konservierende Ackerbauverfahren eingeführt – dabei werden die Rückstände der vorigen Ernte auf dem Acker belassen, um den Boden anzureichern –, sowie Direktsaat-Anbaumethoden.[7]

Die ablehnende Haltung gegenüber der Grünen Revolution änderte sich 2006, als die Bill and Melinda Gates Foundation sich auf die Seite der ertragreichen Landwirtschaft für Afrika schlug. Das Plazet der Gates bewegte Darlehensgeber, Kredite für afrikanische Farmer zu bewilligen, die es ihnen ermöglichten, moderne Anbaumethoden einzuführen. Die Erträge – zum Beispiel von kenianischem Mais – stiegen, ganz so, wie sie es in den Great Plains (dem Mittleren Westen der USA) getan hatten, als Borlaug noch ein junger Mann war. Durch Forschungsarbeit der Gates Foundation wurden etliche Durchbrüche erzielt, so zum Beispiel eine Methode, um die Anzahl der Stunden pro Tag zu erhöhen, in denen Nutzpflanzen Sonnenlicht verstoffwechseln.[8] Dieses 2016 entwickelte Verfahren könnte bei vielen Nutzpflanzenarten weitere Ertragssteigerungen von 10 bis 20 Prozent bringen.

Da in der afrikanischen Landwirtschaft bislang kaum moderne Verfahren eingesetzt werden, gibt es ein enormes Verbesserungspotenzial – nicht nur, um mehr Nahrungsmittel für den Schwarzen Kontinent selbst anzubauen, sondern auch, um dann die Mehrwerterzeugnisse für den Export zu produzieren, die das Wirtschaftswachstum in Afrika fördern. Olusegun Obasanjo, der ehemalige Präsident Nigerias, wies 2016 darauf hin, das »Agrobusiness [sei] Afrikas größte Chance – nicht nur, um Hunger und Unterernährung zu beenden, sondern auch, um mehr Einkommen und Beschäftigung zu schaffen«.[9] Wenn durch den Export von landwirtschaftlichen Erzeugnissen das BIP von afrikanischen Ländern gesteigert werden soll, müssen die Handelsrestriktionen des Westens fallen gelassen werden. So erlaubt zum Beispiel die Europäische Union den zollfreien Import von grünen Kaffeebohnen aus Afrika, erhebt jedoch hohe Zölle auf den Import von geröstetem Kaffee. Dadurch akzeptiert die EU die schweißtreibende Plackerei auf den Feldern Afrikas, behält jedoch die technisch anspruchsvollere Mehrwertkomponente der eigenen Wirtschaft vor. Im Jahr 2014 wurden grüne Kaffeebohnen von afrikanischen Plantagen im Wert von 2,4 Milliarden Dollar nach Deutschland verkauft, wo sie dann geröstet und für 3,8 Milliarden Dollar an europäische Baristas und Supermärkte weiterverkauft wurden.[10]

Es sollten jedoch nicht nur solche Handelshemmnisse fallen; noch wichtiger ist, dass ertragreiche, für Afrika optimierte Saatgutsorten entwickelt werden. Nachdem Rajiv Shah sein Amt als Direktor von USAID angetreten hatte, drängte er die Entwicklungshilfebehörde dazu, agrarwissenschaftliche Forschungsprojekte zu unterstützen, die gezielt die spezifischen Bodenbeschaffenheiten und klimatischen Bedingungen Afrikas berücksichtigen. Dies ist eine Art von Reform, die innerhalb der Vereinigten Staaten keine Lobby hat, weil – und diesen Aspekt sollten wir im Hinterkopf behalten – ihre Ergebnisse für die Amerikaner unsichtbar sind.

Manche Agrarwissenschaftler haben Afrika für einen hoffnungslosen Fall gehalten, weil der Schwarze Kontinent nie von Gletschern bedeckt war – in höheren Breitengraden war der Abrieb durch Gletscher das Geschenk der Eiszeit an die Ackerkrume. In der historischen Soziologie kursiert die Hypothese, dass Europa sich schneller entwickelt habe als Afrika, weil dort die durch Vergletscherung angereicherten Mutterböden produktiver seien als die ausgelaugten Böden Afrikas. »Dabei wird jedoch die Kontinentaldrift außer Acht gelassen«, so Shah. »Wenn man in Betracht zieht, wo sich die Kontinente in ferner Vergangenheit befanden, stellt man fest, dass die afrikanischen Böden denen in Brasilien sehr ähnlich sind, die früher ebenfalls für unbestellbar gehalten wurden.« Das *Campos cerrados*, ein riesiges Savannengebiet in Brasilien, wurde durch Ausbringen von Kalksteinschotter fruchtbar gemacht. Brasilien hat mit zahllosen Problemen zu kämpfen, aber seine Soja- und Rindfleischproduktion läuft wie eine gut geölte Maschine. Vielleicht kann eine Kalksteinkur auch den afrikanischen Farmern helfen, ihre Erträge zu steigern.

Falls ein solcher landwirtschaftlicher Erfolg, wie er in Brasilien erreicht wurde, auch in Afrika herbeigeführt werden kann, würde sich dadurch nicht nur das Leben der Menschen auf dem Schwarzen Kontinent verbessern, sondern auf lange Sicht auch das Bild der globalen Ernährungssicherheit aufhellen. Andererseits würde dann auch das Bevölkerungswachstum nachlassen, und zwar wahrscheinlich entlang einer Kurve, der zufolge die Weltbevölkerung nach einem Maximum von elf Milliarden Menschen wieder abzunehmen beginnt. Das erwartet zumindest die United Nations Population Division (Bevölkerungsabteilung der Vereinten Nationen), deren Prognosen in dem Ruf stehen, weitgehend zutreffend zu sein. In allen Regionen, wo Subsistenzwirtschaft durch ertragreiche Landwirtschaft abgelöst wurde, hat sich das Bevölkerungswachstum verlangsamt und das Bildungsniveau verbessert – vor allem für Mädchen.

Bei einer Subsistenzlandwirtschaft haben Kinder nur den Wert, der sich aus ihrer Muskelarbeit und ihrer Fähigkeit, später noch mehr Kinder zu gebären, ergibt. Im Umfeld einer auf Technologie basierenden Landwirtschaft verändert sich das: Es wird wichtiger, die Agronomie als Wissenschaft zu verstehen und zu lernen, wie die Märkte für die erzeugten landwirtschaftlichen Produkte funktionieren. Dieser Übergang von Muskelarbeit auf Fachkenntnisse der ökonomischen Aspekte von Landwirtschaft ist einer der wichtigsten Gründe, warum die globale Geburtenhäufigkeit seit Jahrzehnten abnimmt. Die Rate des globalen Bevölkerungswachstums erreichte 1960 ihr Maximum von etwa 2,1 Prozent pro Jahr, und seither hat sie sich auf den heutigen Wert von 1,2 Prozent verlangsamt. Niedrigere Sterberaten und die »demografische Dynamik« von unzähligen jungen Menschen, die erst noch eine Familie gründen werden, sorgen dafür, dass die Menschheit auch weiterhin wachsen wird; die demografische Dynamik wird dafür sorgen, dass die Weltbevölkerung trotz abnehmenden Bevölkerungswachstums noch bis gegen Ende dieses Jahrhunderts weiterhin zunehmen wird. Doch der langfristige gesellschaftliche Wandel – von einer hohen Reproduktionsrate bei geringer Bildung zu moderater Reproduktionsrate bei moderater Bildung bis hin zu niedriger Reproduktionsrate bei hoher Bildung – ist bereits fast abgeschlossen.

Damit die Nahrungsmittelproduktion auch weiterhin schneller als die Weltbevölkerung wachsen kann, muss nicht nur der Einsatz von ertragreichen Anbaumethoden auf so gut wie alle landwirtschaftlich genutzten Flächen ausgedehnt werden, sondern es müssen auch die Länder in Afrika und in anderen Erdteilen eine marktbasierte Landwirtschaft einführen. Es ist kein Zufall, dass die erhebliche Zunahme der Getreideproduktion in China begann, als die zentrale Planwirtschaft durch das freie Spiel der Kräfte auf den Märkten abgelöst wurde. Ein System der freien Marktwirtschaft hat zahlreiche Unzulänglichkeiten – nur Ideologen halten die Ökonomie von Märkten für perfekt –, doch es hat sich als besser als jede Planwirtschaft erwiesen, wenn es darum geht, landwirtschaftliche Ressourcen sinnvoll zuzuteilen, Nahrungsmittel bedarfsgerecht zu verteilen und diejenigen Farmer zu belohnen, die ihre Erträge steigern.

Viele Regionen der Erde brauchen eine Lösung nach dem Amerikanischen System der Politischen Ökonomie, das Alexander Hamilton, der erste Finanzminister der Vereinigten Staaten, im 18. Jahrhundert begründete.[11] Sein Rezept bestand aus drei Teilen: eine Nationalbank, die kommerzielle Investitionen finanziert; vorübergehende Einfuhrzölle, um neu entstehende Industrien zu schützen; sowie staatliche Investitionen in den Bau von Straßen und Kanälen, damit sich Märkte für landwirtschaftliche Erzeugnisse entwickeln können, die Anreize für Farmer schaffen, mehr zu produzieren, als die lokale Kommune abnehmen kann. Der britische Landschaftsgärtner Noel Kingsbury hat darauf hingewiesen, dass Landwirtschaft eine lokale Unternehmung war, bevor sich ein System für Ferntransporte entwickelte; erst als sie ihre Güter auf entfernt gelegene Märkte liefern konnten, hatten Farmer einen Grund, ihre Erträge zu steigern.[12] Viele Regionen der Erde würden von einer verbesserten Infrastruktur profitieren, über die Frischware dorthin geliefert werden kann, wo sie gebraucht wird.

Die Hamilton'sche Politik hat sich seit Jahrhunderten bewährt. Alle wohlhabenden Länder haben ein nationales Kreditinstitut. Einfuhrzölle helfen neuen Industrien, sich zu etablieren, müssen jedoch abgeschafft werden, wenn diese Industrien voll entwickelt sind. Ein Grund, warum die Vereinigten Staaten zu Wohlstand gekommen sind, liegt darin, dass die staatlichen Infrastrukturinvestitionen es der potenziellen Kornkammer des Landes ermöglichten, sich zu entwickeln. Viele Entwicklungsländer brauchen Straßen, Brücken und Eisenbahnen, da die Bauern in ländlichen Regionen (vor allem in Afrika und weiten Teilen Südamerikas) ihre Erzeugnisse nicht auf städtische Märkte liefern können und daher nichts davon haben, mehr zu produzieren. Die auch heute noch zu beklagende Unterernährung ist eher auf Verteilungs-

probleme, fehlende Infrastruktur und lokale Korruption zurückzuführen als auf eine zu niedrige Produktion der betreffenden
Landwirtschaft.

Da ertragreiche Landwirtschaft auch Chemie einsetzt und
immer häufiger auch genetisch modifizierte Pflanzen, haben
viele Menschen ein ungutes Gefühl wegen der modernen Anbaumethoden – wobei dieses Unbehagen in vielerlei Hinsicht zum
heutigen Zeitgeist gehört. Vielleicht könnte es die Entwicklung
einer sich schnell ausbreitenden Pflanzenkrankheit begünstigen,
wenn man zu viele genetisch identische Nutzpflanzen anbaut.
Dazu ist es zwar in den beinahe hundert Jahren, seit ertragreiche
Anbaumethoden eingesetzt werden, nicht gekommen, aber diese
Möglichkeit kann nicht gänzlich ausgeschlossen werden. Das
ist einer der Gründe, warum die agrarwissenschaftliche Forschung – die übrigens einer der rentabelsten Forschungszweige
ist – danach streben sollte, immer neue Saatgutvarianten zu entwickeln, ebenso wie in der medizinischen Forschung stets nach
neuen Antibiotikavarianten gesucht wird. Im Großen und Ganzen ist ertragreiche Landwirtschaft gut für die Natur. Warum hat
es keine zweite »Dust Bowl« gegeben? Weil es durch ertragreiche
Nutzpflanzen nicht mehr zu Missernten kommt.

Laut einer 2014 veröffentlichten Prognose der UN Food and
Agriculture Organization (FAO, Ernährungs- und Landwirtschaftsorganisation der Vereinten Nationen) könnte der Kalo-
rienertrag pro Hektar bis 2050 um 70 Prozent gesteigert werden,
also deutlich schneller als das erwartete Bevölkerungswachstum.
Zugleich könnte der Bedarf an Bewässerung und Pflanzenschutz-
mitteln pro Hektar ebenso abnehmen wie auch die für einen
bestimmten Ertrag benötigte Anbaufläche.[13] Dass es wünschenswert ist, weniger Chemie einzusetzen, liegt auf der Hand, wird
aber nicht immer gewürdigt – ein großer Teil der frühen Forschungsarbeit zur genetischen Modifikation von Nutzpflanzen
zielte darauf ab, diese Pflanzen widerstandsfähiger gegen Insektenbefall zu machen, ohne Pestizide einsetzen zu müssen. Nach
einer Studie des US-Landwirtschaftsministeriums nahm der Einsatz von Pestiziden in den Vereinigten Staaten in der Zeit nach

dem Zweiten Weltkrieg stetig zu, bis zu einem Maximum im Jahr 1981; danach ging er wieder zurück, da seither immer häufiger gegen Insektenbefall resistente Pflanzen angebaut werden.[14] Pestizide sind nach wie vor gefährlich. Eine Klasse, die sogenannten Chlorpyrifosse, können Entwicklungsstörungen bei Säuglingen verursachen; in den Vereinigten Staaten sind diese Mittel für die private Verwendung verboten, aber in der Landwirtschaft dürfen sie nach wie vor eingesetzt werden. So werden zwar die Verbraucher geschützt, aber keine schwangeren Frauen, die auf den Feldern arbeiten.

Doch der Trend geht zu immer weniger Pestiziden. Viele Verbraucher können sich mit Nahrungsmitteln, die mit dem unheimlich klingenden Stempel »Genetisch modifizierter Organismus« (GMO) gekennzeichnet sind, nicht anfreunden, obwohl solche Pflanzen seltener als andere Sorten mit Chemikalien bestäubt werden. Im Jahr 2013 kam die American Association for the Advancement of Science (Amerikanischer Verband zur Förderung der Wissenschaften) zu dem Ergebnis, dass es ungefährlich sei, GMO-Pflanzen zu verzehren.[15] In der Zeit bis 2017 hatte sich der Schwerpunkt der einschlägigen Forschung darauf verlagert, Pflanzen zu »bearbeiten«, und zwar ohne etwas hinzuzufügen, sondern vielmehr durch Umschalten von natürlich vorkommenden Genen (hauptsächlich solchen, die Verderben verursachen). Biotechnologische Landwirtschaft könnte langfristig die Gesundheit der Menschen verbessern, weil sie dazu führt, dass mehr frisches Obst und Gemüse gegessen wird statt verarbeiteter Lebensmittel. Ein Ziel der aktuellen Forschung besteht darin, Gemüsesorten zu entwickeln, die bei Zimmertemperatur länger frisch bleiben.

Warum es wünschenswert ist, in der Landwirtschaft weniger Wasser zu verbrauchen, ist nicht auf den ersten Blick klar. In weiten Teilen des Nahen Ostens ist die Versorgung mit Süßwasser angespannt; in China wird in besorgniserregenden Mengen Grundwasser verbraucht. China, das Land mit der größten Bevölkerung und dem größten Nahrungsbedarf der Welt, hat nur etwa 25 Prozent der weltweiten Durchschnittsmenge an Süßwasser pro Kopf der Bevölkerung zur Verfügung. Die chinesische

Biomedizinerin Li Jiao hat geschrieben, es bestünde die Gefahr, dass der Grundwasserspiegel der Nordchinesischen Ebene, von dem die Reisernte des Landes abhängt, schon in einer Generation erschöpft sein könnte.[16]

Die Folgen der Klimaveränderung für die durchschnittlichen Temperaturen werden vielleicht beherrschbar sein, doch ihre Auswirkungen auf die Süßwasserversorgung könnten zu einem Problem werden. Der Geograf Laurence Smith von der University of California in Los Angeles hat darauf hingewiesen, dass 98 Prozent der weltweiten Wasserbestände salzig sind; die verbleibenden zwei Prozent Süßwasser sind nicht nur in Seen und Flüssen enthalten, sondern hauptsächlich in Gletschern und Schneedecken, die aufgrund der Klimaveränderung abschmelzen.[17] Nachdem das Schmelzwasser aus Eis und Schnee ins Meer geflossen ist, wird es durch den natürlichen Wasserkreislauf über kurz oder lang wieder in großen Höhen als Eis gelagert werden. Das geschieht jedoch viel zu langsam, um den Wasserbedarf der Menschheit zu decken.

Süßwasser kann auch durch Entsalzen gewonnen werden, aber das ist teuer. Deswegen ist es eine globale Priorität, den Wasserbedarf für landwirtschaftliche Zwecke zu senken; in der Landwirtschaft wird doppelt so viel Wasser verbraucht wie im privaten Bereich. Genetisch modifizierte Nutzpflanzen brauchen in der Regel weniger Wasser als die Pflanzen, die sie ersetzen; die Grüne Revolution hat viel dazu beigetragen, den Wasserverbrauch der Landwirtschaft zu senken.

In den vergangenen 20 Jahren hat der US-Bundesstaat Kalifornien Maßnahmen ergriffen, um die Verwendung von Süßwasser in der Landwirtschaft zu rationalisieren. Vom Markt bestimmte Wasserpreise waren der Schlüssel, um in Kalifornien die Verschwendung von Wasser zu reduzieren, die eher mit Landwirtschaft zu tun hatte als mit der Bewässerung von Rasenflächen. Andere westliche Länder müssen ähnliche Schritte ergreifen – so gibt zum Beispiel Belgien viel Geld aus, um den wasserintensiven Anbau von Kartoffeln zu subventionieren, obwohl es 50 Jahre her ist, seit irgendwo auf der Welt Kartoffeln knapp geworden sind.

Sowohl für die Natur als auch für die menschliche Gesellschaft ist der wichtigste Aspekt einer biotechnologischen Landwirtschaft, dass dadurch mehr Nahrung auf weniger Fläche angebaut werden kann. Heute wird in den Vereinigten Staaten 21 Prozent weniger Land landwirtschaftlich genutzt als 1880, und trotzdem werden auf dieser kleineren Fläche sechsmal so viel Nahrungsmittel und Ballaststoffe produziert. Seit die Sowjetunion 1991 zusammenbrach und die schwerfällige, zentral geplante Landwirtschaft durch das freie Spiel der Kräfte auf den Märkten abgelöst wurde, hat Russland eine Fläche von der Größe Polens aus der landwirtschaftlichen Nutzung ausgegliedert – und trotzdem ist die Produktion gestiegen. Solche Ergebnisse – mehr Nahrung auf weniger Fläche – werden überall gebraucht.

Als die Weltbevölkerung ihr rasantes Wachstum begann – im Jahr 1800 gab es eine Milliarde Menschen, 1900 waren es 1,6 Milliarden und 2000 schon sechs Milliarden –, war die hoffnungsvolle Sicht der Dinge, dass genug Nahrung für alle würde produziert werden können, aber nur durch das Abholzen sämtlicher Wälder und die landwirtschaftliche Nutzung auch des letzten Winkels Land. Stattdessen stieg die Nahrungsmittelproduktion, obwohl die landwirtschaftlich genutzte Fläche schrumpfte; in den meisten Fällen wurde das nicht mehr landwirtschaftlich genutzte Land wieder der Natur überlassen, zumindest aber nicht zugepflastert. Zurzeit sind nur etwa 0,45 Prozent des Globus mit Beton bedeckt, wobei in dieser Zahl noch nicht einmal die Antarktis enthalten ist: Wird auch der südlichste Kontinent berücksichtigt, ist nur noch ein Drittelprozent der Landfläche der Erde versiegelt.[18]

Jesse Ausubel, der Direktor des Program for the Human Environment (Programm für die Umwelt des Menschen) an der Rockefeller University in New York City, sagt: »Die Farmer haben so effektiv gelernt, auf einer gegebenen Fläche höhere Erträge zu produzieren, dass die für die Landwirtschaft benötigte Fläche schrumpft, obwohl es zugleich immer mehr Menschen gibt, die sich auch noch immer besser ernähren.« Heute sind die Waldgebiete in den Appalachen größer als jemals zuvor, seit Europäer den Fuß auf nordamerikanischen Boden setzten, ungeachtet der Bevölkerungsexplosion an der Ostküste Nordamerikas, da riesige Flächen nicht mehr landwirtschaftlich genutzt werden und der Natur zurückgegeben wurden. Ausubel weiter: »Diese Umkehrung der Nutzung von Land – die das Flächenwachstum der Städte um etliche Größenordnungen übertrifft – könnte eine große Renaturierung der Landschaft bis 2050 ankündigen, wodurch die bewaldeten Flächen der Erde um zehn Prozent wachsen würden. Das sind über 300 Millionen Hektar, also etwa die Fläche von Indien, die wieder der Natur überlassen werden, während sich gleichzeitig das größte Bevölkerungswachstum vollzieht, das die Erde jemals erlebt hat.«

Politiker, Lobbyisten, Aktivisten, Mainstream-Medien und heute auch die sozialen Medien ziehen es vor, Sachverhalte negativ darzustellen. Etwas, das eigentlich eine großartige Nachricht hätte sein können – dass nämlich die Welt mehr als genug Nahrung hat –, wird dargestellt als Geschäftemacherei von bösen Agrobusiness-Konzernen, die mit unserer Nahrung herumexperimentieren. Eine andere Entwicklung, die ebenfalls als gute Nachricht hätte aufgefasst werden sollen – dass es nämlich in den westlichen Ländern von Jahr zu Jahr immer weniger Farmen gibt und immer mehr Land aus der landwirtschaftlichen Nutzung herausgenommen und der Natur zurückgegeben wird, und dass die noch verbleibenden Farmen immer weniger Fläche in Anspruch nehmen –, wird von Nachrichtensprechern und Lobbyisten als eine schockierende Krise des »Farmensterbens« dargestellt.[19]

Zhifeng Liu, ein Forscher an der Pädagogischen Universität Peking, fand 2014 heraus, dass Städte, Vororte und Straßen etwa drei Prozent der Erdoberfläche bedecken; dagegen werden elf Prozent der Landmasse der Erde landwirtschaftlich genutzt, was bedeutet, dass Landwirtschaft die bei Weitem größtflächige Nutzung von Land durch den Menschen ist.[20] Der abnehmende Bedarf an Ackerfläche ist daher nicht nur gut für die Natur, sondern ermöglicht auch, dass die Städte weiter wachsen können. Das Jahr 2013 war das erste, in dem weltweit mehr Menschen in Städten lebten als auf dem Land. Im Jahr 2015 gab es auf der Welt 35 Städte mit mindestens zehn Millionen Einwohnern. Viele davon sind im Westen kaum bekannt: Shenzhen, eine florierende chinesische Metropole, die es vor einer Generation noch gar nicht gab, ist heute größer als Chicago oder London.

Die Fortschritte der Landwirtschaft sind der wichtigste Grund, warum das fortgesetzte Wachstum der Städte in aller Welt nicht das Angebot an Land gefährdet; ein weiterer Grund ist, dass die Menschen durch die technologische Entwicklung in jeder Hinsicht weniger Land brauchen. Die holländische Wissenschaftlerin Louise Fresco hat gezeigt, dass ein Mensch in der Steinzeit 50 Hektar Land brauchte, um sich durch Jagen und Sammeln zu ernähren.[21] Heute benötigt dagegen jeder Mensch nur noch einen Hektar für die Produktion von Nahrung, die Gewinnung von Rohstoffen und Platz zum Leben – obwohl der heutige Lebensstil wesentlich mehr materielle Güter beansprucht als der Lebensstil eines Steinzeitmenschen. Fresco weist auch darauf hin, dass noch vor einem Jahrhundert ein Hamburger – rotes Fleisch auf weißem Brot – »ausschließlich den Reichen und Mächtigen zur Verfügung stand«. Heute essen eine Milliarde Menschen regelmäßig Rindfleisch, weitere zwei Milliarden hin und wieder, und die meisten anderen streben danach, auch an der Cheeseburger-Party teilnehmen zu können.

Natürlich könnten die Menschen im Westen gesünder sein, wenn sie ihre Ernährungsgewohnheiten verbessern würden. Die Anzeichen für solche Verbesserungen sind vorsichtig positiv, von kleinen Veränderungen (McDonald's hat 2016 auf Eier von frei laufenden Hühnern und ohne Antibiotika produziertes Fleisch umgestellt) bis hin zu wichtigen Indikatoren (Schulen und Kommunen warnen vor dem Verzehr von gezuckerten Limonaden, der Hauptquelle von leeren Kalorien). Den Ernährungswissenschaftlern wäre es lieber, wenn die Amerikaner ganz einfach weniger essen würden. Agrarwissenschaftlern wäre es lieber, wenn die Menschen Chicken-Sandwiches statt Cheeseburgern bevorzugen würden, da ein Rind pro Kilogramm Fleisch etwa das Fünffache an Ressourcen verbraucht wie ein Vogel. Tilapia-Sandwiches wären noch besser, da ein Fisch weniger Ressourcen pro Kilogramm Protein verbraucht als ein Vogel. Am besten wären rein pflanzliche Burger.

Einer der Gründe, warum Indien in der Lage war, sich über weitverbreitete Erwartungen hinwegzusetzen und genug Nahrung zu produzieren, um seine Bevölkerung zu ernähren, liegt darin, dass für die dort übliche, weitgehend vegetarische Kost weniger Getreide angebaut werden muss als für eine weitgehend auf Fleisch basierende Ernährung. Es wäre schön, wenn die Welt aus ethischen Gründen dem Beispiel Indiens folgen und dazu übergehen würde, sich vegetarisch zu ernähren. Das wird jedoch in absehbarer Zukunft nicht passieren. Vielleicht könnte ein Kompromiss gefunden werden zwischen einer rein pflanzlichen Kost und der im Westen – und zunehmend auch in Asien – üblichen Ernährung aus Rind, Schwein und Geflügel. Ein möglicher praktischer Kompromiss wäre Fleisch, das produziert wird, ohne dass ein Tier sein Leben lassen muss.

Die heute üblichen Veggie-Burger schmecken wie komprimiertes Sägemehl. Im Forschungslabor gibt es aber schon jetzt pflanzlichen Fleischersatz, der lecker ist und die Geschmackssensoren der Zunge zufriedenstellt. Mehrere Start-up-Unternehmen arbeiten an vegetarischen Rezepten, die unsere biologischen Nervenbahnen für den Geschmack von Fleisch aktivieren, was einen Veggie-Burger ergibt, der gesund ist, gut schmeckt und weder Rindfleisch noch die großen Mengen an landwirtschaftlichen Inputs erfordert, die notwendig sind, um Rinder großzuziehen.

Eine andere mögliche Alternative ist Fleisch, das direkt als Gewebe kultiviert wird, ohne dass ein Tier daran beteiligt wäre. Klingt seltsam, sagen Sie? Nun, für die meisten Menschen im Westen klingt es seltsam, hinaus auf den Hinterhof zu gehen, ein Huhn zu fangen und ihm den Hals umzudrehen – was jedoch für die Urgroßmutter völlig normal war, wenn sie ein leckeres Abendessen zubereiten wollte. Gewebe für Fleisch lässt sich tatsächlich in Kulturen ziehen, wobei allerdings bis jetzt noch Steaks herauskommen, die 1000 Dollar pro Pfund kosten würden. Doch viele heute alltäglichen Annehmlichkeiten – Fernseher, Smartphones, Laserdrucker, Verkehrsflugzeuge – waren am Anfang ebenfalls sehr teuer, wurden dann aber immer erschwinglicher. Ausubel sagt: »Wahrscheinlich wird die Nachwelt das 20. Jahrhundert im Rückblick als eine seltsame Zeit sehen, in der sehr viele Menschen Fleisch von Rindern aßen. Das wird man in Zukunft für unmoralisch und eine Verschwendung von Ressourcen halten, obwohl man immer noch Doppel-Cheeseburger bestellen wird – die allerdings kein tierisches Fleisch mehr enthalten werden.« Falls es tatsächlich so kommt, wird es immer praktikabler werden, eine unaufhörlich weiter wachsende Weltbevölkerung zu ernähren.

Wir wollen einen Moment innehalten, um zwei Ideen vorzustellen, die in diesem Buch immer wieder auftauchen werden. Die erste ist, dass sich in den meisten Gesellschaften ein historisch beispielloser Wandel im Umgang mit Landbesitz vollzogen hat. Dieser Wandel, der bisher kaum Beachtung gefunden hat, ist eine der treibenden Kräfte, die den positiven Veränderungen in unserer Welt zugrunde liegen. Die zweite Idee ist, dass die positivsten dieser Veränderungen in der Dritten Welt stattfinden, also nicht in den Vereinigten Staaten oder der Europäischen Union. Diese Ideen stehen beide im Zusammenhang mit der Frage, warum wir nicht verhungern, und beide führen zu übergeordneten Problemen.

Betrachten wir zunächst den gesellschaftlichen Umgang mit Landbesitz. Der Umstand, dass die Landwirtschaft immer weniger Land benötigt, hat Auswirkungen auf geopolitische Fragen, die nichts mit Nahrung zu tun haben. Seit Jahrhunderten sind Kriege um Land geführt worden, und zwar unter anderem, weil mehr Land der einzige Weg war, um mehr Nahrung anbauen zu können, und somit ein Schlüssel zu mehr Wohlstand für die Aristokratie – die »landed gentry«, den Landadel. Als europäische Siedler die westlich des Mississippi gelegenen Regionen der Vereinigten Staaten erreichten, nahmen sie begeistert große Landstriche in Besitz – um das zu bekommen, was die Reichen in »Old Europe« am meisten schätzten. In John Steinbecks 1952 erschienenem Roman *East of Eden (Jenseits von Eden)* heißt es, dass der Grund, warum die Neuankömmlinge im Kalifornien des 19. Jahrhunderts so begeistert über die weiten und fruchtbaren Landschaften waren, weniger die Chance gewesen sei, nach Gold zu schürfen, als vielmehr die Gelegenheit, Landbesitzer zu werden.

Das Streben nach Herrschaft über landwirtschaftlich nutzbares Land war eines der Motive für die jahrhundertelangen kriegerischen Auseinandersetzungen in Europa und Asien, die den Weltkriegen des 20. Jahrhunderts vorangingen, in denen es ebenfalls in mancherlei Hinsicht um die Herrschaft über Land ging. Der Sezessionskrieg in den Vereinigten Staaten brach unter anderem aus, weil die Konföderierten ihren auf Sklaverei aufgebauten, von Landwirtschaft geprägten Lebensstil bewahren wollten. Zur damaligen Zeit hatte sich die Landwirtschaft seit einem Jahrtausend kaum verändert – der Grundbesitzer saß auf seiner Veranda, während seine Knechte den Boden auf die gleiche Weise bestellten, wie es schon seit Jahrhunderten üblich gewesen war. Außerdem wollten die Südstaaten verhindern, dass der in Neuengland vorherrschende, industriell geprägte, sich schnell verändernde und auf Bildung fußende Lebensstil auch im ländlichen Süden um sich griff. Landbesitz war das Fundament des alten Lebensstils auf den Plantagen, während er in dem neu entstehenden industriellen und auf Bildung basierenden Lebensstil eine zweit- oder drittrangige Rolle spielte.

Das Aufkommen von ertragreicher Landwirtschaft machte es möglich, reichlich Nahrung anzubauen und wohlhabend zu werden, ohne große Ländereien zu besitzen – und ohne Sklaven, Knechte oder Landarbeiter auszubeuten. Und so ist einer der Gründe für den erstaunlichen Rückgang kriegerischer Auseinandersetzungen im vergangenen Vierteljahrhundert der Umstand, dass kein Staat mehr neues Land erobern muss, um an mehr Nahrung zu kommen. Die Agrarwissenschaftler in Afrika, den Vereinigten Staaten, in China, Mexiko und auf den Philippinen haben widerstandsfähige Hybridgetreidesorten gezüchtet, um hungernde Menschen zu ernähren, und nicht etwa, um Kriege zu verhindern – doch ihre Arbeit hatte diese sehr wünschenswerte, wenn auch unerwartete Nebenwirkung. In einem späteren Kapitel werde ich näher eingehen auf den Rückgang von Kriegen (ungeachtet der TV-Berichterstattung nehmen die Häufigkeit und Schwere von Kriegen sowie die Zahl militärischer und ziviler Kriegsopfer seit einem Vierteljahrhundert ab) und auf die

Rolle, die die veränderte Nutzung von Land bei diesem Trend spielt.

Sehen wir uns nun die in der Dritten Welt erzielten Fortschritte etwas näher an. Dort wurden nicht nur die größten Erfolge im Kampf gegen Unterernährung erzielt, sondern auch im Kampf gegen Armut, Umweltverschmutzung, Gewalt und mangelnde Bildung.

Noch vor 100 Jahren konnten 80 Prozent der Menschheit weder lesen noch schreiben.[22] Heute ist der weltweite Anteil der Analphabeten auf 15 Prozent zurückgegangen, ausgehend von einer wesentlich größeren Bevölkerung. Agrarwissenschaftliche Verbesserungen tragen dazu bei, das Analphabetentum zu reduzieren. Eine Subsistenzlandwirtschaft erfordert ständige körperliche Arbeit, aber kein Lernen aus Büchern; auf diese Weise lebende Familien wünschen sich viele Kinder, die das Land bestellen können, aber jedes Kind hat nur einen geringen Wert – warum also Zeit auf seine schulische Bildung verschwenden? Heute erfordert das Leben auf einer Farm weniger körperliche Anstrengung als früher, und Bildung ist wichtig geworden; die Menschen bekommen weniger Kinder und investieren mehr in deren Schulbildung, weil jedes Kind mehr wert ist.

Das Wort »unglaublich« wurde vielleicht ein bisschen überstrapaziert, aber hier ist es wirklich angebracht: Der Rückgang der weltweiten Armut ist eine unglaubliche Geschichte. Da sich diese Fortschritte außerhalb der Vereinigten Staaten und der Europäischen Union manifestieren, werden solche guten Nachrichten im Westen kaum zur Kenntnis genommen. Den heutigen Vereinigten Staaten könnte man zurufen: Es geschehen wunderbare Dinge, allerdings nicht bei euch.

Vor 150 Jahren lebten 90 Prozent der Weltbevölkerung in extremer Armut; die übrigen zehn Prozent lebten gut. Zu Beginn des 20. Jahrhunderts begann der Anteil der Menschen, die in extremer Armut lebten, allmählich zu sinken; am Vorabend des Zweiten Weltkriegs lebten nur noch drei Viertel der Weltbevölkerung im Elend, während ein Viertel sich guter materieller Umstände erfreuen konnte. Der Zeitpunkt der Wende – da mehr Menschen einen annehmbaren Lebensstandard erreicht hatten, als im Elend lebten – wurde irgendwann in den 1970er-Jahren erreicht. Bis 2015, dem letzten Jahr, für das bislang Statistiken vorliegen, hatte sich dieses Verhältnis in sein Gegenteil umgekehrt – nur zehn Prozent der Weltbevölkerung lebten in extremer Armut, statt wie früher 90 Prozent. Max Roser, ein Ökonom an der University of Oxford, weist darauf hin, dass dieser Trend darauf hinausläuft, dass in den vergangenen 25 Jahren *jeden Tag* 130 000 Menschen ihrer Armut entkamen.

Laut einem Bericht der Weltbank ging die Anzahl der in extremer Armut (definiert als Tageseinkommen von höchstens 1,90 Dollar) lebenden Menschen von 1,9 Milliarden im Jahr 1990 auf 710 Millionen im Jahr 2015 zurück.[23] Natürlich ist 710 Millionen immer noch eine riesige Zahl – mehr als die Bevölkerung Nordamerikas. Aber da die Weltbevölkerung in diesem Zeitraum von 5,3 Milliarden auf 7,4 Milliarden zugenommen hat, bedeutet das, dass der Anteil der nicht in extremer Armut lebenden Menschen sich beinahe verdoppelt hat, nämlich von 3,4 Milliarden auf 6,6 Milliarden zwischen 1990 und 2015. Die Zahl von drei Milliarden zusätzlichen Menschen, die nicht in Armut leben – der größte Teil der Bevölkerung der Dritten Welt –, ist größer als die gesamte Weltbevölkerung an dem Tag, als Donald Trump geboren wurde.[24]

Die Mainstream-Medien in den USA beschäftigen sich gern mit sozialen Unruhen und Luftverschmutzung in China und Indien – zweifellos bedrückende Probleme –, bringen jedoch kaum etwas über den Kampf gegen die Armut in diesen Ländern. Die ersteren Themen sind negative Nachrichten, das letztere eine positive – mehr muss man nicht wissen über die Einstellung der zuständigen Redakteure. Eine 2013 von Novus, einer schwedischen Organisation für gesellschaftlichen Wandel, durchgeführte Umfrage hat ergeben, dass zwei Drittel der Amerikaner und Briten glauben, der Anteil der in den Entwicklungsländern in extremer Armut lebenden Menschen habe sich verdoppelt.[25] Tatsächlich hat sich jedoch ihr Anteil halbiert. Aber wie sollen Amerikaner und Briten so etwas erfahren, wenn Reporter, Redakteure, Moderatoren und Politiker die in der Dritten Welt erzielten

Fortschritte unter den Tisch fallen lassen? Im Jahr 2015 veröffentlichte Professor Steven Radelet von der Georgetown University ein
außergewöhnliches Buch mit dem Titel *The Great Surge* (sinngemäß: Der große Aufstieg) über die Verbesserung der Lebensumstände in den meisten Entwicklungsländern.[26] Haben Sie schon
einmal von diesem Buch gehört? Wohl kaum. Wenn sein Titel
Doomsday 2020! (sinngemäß: Das Jüngste Gericht im Jahr 2020)
gewesen wäre, hätten die Fernsehredakteure den Autor sicherlich
gern in ihre Sendungen eingeladen.

China und Indien, wo die extreme Armut am stärksten zurückgeht, sind die bevölkerungsreichsten Länder der Erde, und sie
haben eine wichtige historische Parallele: Vor etwa einer Generation stellten beide Länder ihre Wirtschaftssysteme von einer staatlich kontrollierten Planwirtschaft auf eine freie Marktwirtschaft
um. Im Jahr 2016 kritisierte Papst Franziskus den ebenfalls auf
dem System freier Märkte basierenden exzessiven Finanzkapitalis-
mus und sagte, nur der Sozialismus diene dem Normalbürger. Die
tatsächlich in China und Indien gemachten Erfahrungen haben
jedoch gezeigt, dass es nach einer Umstellung von Sozialismus auf
freie Marktwirtschaft sehr vielen Normalbürgern deutlich besser geht. Dagegen haben die in Kuba, Nordkorea und Venezuela
gemachten Erfahrungen gezeigt, dass eine staatlich kontrollierte
Planwirtschaft zur Verarmung weiter Teile der Bevölkerung führt,
natürlich mit Ausnahme der Insider-Eliten.

Die Umstellung von Sozialismus auf freie Marktwirtschaft
in China, dem bevölkerungsreichsten Land der Erde, hat freilich auch Nachteile mit sich gebracht: Selbst während Armut und
Hunger zurückgingen und das Bildungsniveau der Menschen
stieg, hat die gesellschaftliche Ungleichheit zugenommen, und
die Korruption ist exponentiell gewachsen. Das hat dazu geführt,
dass es zwar dem Normalbürger besser geht, aber das obere eine
Prozent noch reicher und arroganter geworden ist.

Viele der Initiativen in diesem Kapitel – Verändern von Nutzpflanzen, um Erträge zu steigern und Böden zu schonen, Kreuzen
von Pflanzen aus verschiedenen Erdteilen, Erforschen von Verfah-

ren, um ein pflanzliches Steak-Dinner zu produzieren – sind Beispiele für Dynamismus: die Fähigkeit von Wissen, sich an wechselnde Umstände anzupassen.

Einer der fundamentalen Konflikte in den Lebenseinstellungen von Menschen besteht zwischen Katastrophismus und Dynamismus. Die Perspektive des Katastrophismus, die sich eine seltsame Koalition aus Zeitgenossen vom linken und vom rechten Rand des politischen Spektrums zu eigen macht, besagt, dass es mit der Welt nicht nur bergab geht, sondern bergab gehen *muss*. Die entgegengesetzte Perspektive, der Dynamismus, besagt, dass wir uns durchwursteln werden und dass unsere Lebensumstände sich – im Großen und Ganzen – verbessern werden. Mensch und Technologie werden sich an wechselnde Umstände anpassen – ganz so, wie es seit Menschengedenken schon immer geschieht. Der Dynamismus verspricht nicht etwa, dass uns die Zukunft gefallen wird, sondern nur, dass wir in ihr werden leben können und dass eine bessere Welt kommen wird.

Die Antwort auf die Frage, warum wir nicht verhungern, ließe sich so zusammenfassen: Die landwirtschaftliche Produktion steigt, weil landwirtschaftliche Betriebe kleiner werden. Dies ist ein Beispiel sowohl für Dynamismus als auch für die Vorteile von Reformen.

Die Landwirtschaft wird weitere Reformen brauchen, wenn aufgrund der Klimaveränderung die heute fruchtbaren Regionen kleiner werden, während gleichzeitig neue entstehen – wenn es zum Beispiel in Kansas trockener wird, in Sibirien dagegen wärmer. In einer Welt, in der das Klima sich verändert, mag es eine große Herausforderung sein, die landwirtschaftliche Produktion auf hohem Niveau zu halten, aber letzten Endes ist das ein Engineering-Problem, und darin sind dynamische Systeme besonders gut.

Also werden wir nicht verhungern. Werden wir aber stattdessen an einer unaufhaltsamen Epidemie sterben?

2 Wieso leben wir trotz unserer schlechten Angewohnheiten immer länger?

Die World Health Organization (WHO, Weltgesundheitsorganisation) warnt vor einer Pandemie, die ein rapides Massensterben verursachen und weite Teile des Planeten unbewohnbar machen könnte. Ein leitender Funktionär der National Institutes of Health (NIH, Nationale Gesundheitsinstitute der USA) erklärt, ein solcher Krankheitsausbruch sei »so gut wie sicher«.[1] Der US-Gesundheitsminister und Direktor des Department of Health and Human Services (HHS, US-Gesundheitsministerium) fordert die Amerikaner auf, sich für den Fall, dass die Wirtschaft aufgrund einer unkontrollierbaren Infektionskrankheit zum Erliegen kommt, mit Lebensmittelkonserven und Medikamenten einzudecken. ABC News verkündet, eine solche Epidemie könnte bis zu 150 Millionen Todesopfer fordern.[2] Funktionäre des Weißen Hauses empfehlen dem Präsidenten, sich darauf vorzubereiten, die Armee in Großstädte zu schicken, um von der Pandemie ausgelöste Aufstände niederzuschlagen.

Ebola? Zika? Vorhersagen, dass es zu einem Biowaffenangriff kommt? Stoff für einen Science-Fiction-Thriller mit Hollywoodstars in den Hauptrollen?

Im einleitenden Absatz sind tatsächliche Ereignisse aus den Jahren 2005 und 2006 beschrieben, in denen erwartet wurde, dass die als H5N1 bekannte Vogelgrippe die Menschheit ausradieren würde. Tatsächlich sind bis jetzt weltweit etwa 450 Menschen an der Vogelgrippe gestorben – das sind 450 Tragödien, aber eine im

Vergleich zu den vorherigen Erwartungen oder alltäglichen Todesursachen vernachlässigbare Zahl.[3]

Andere Krankheitsausbrüche im 21. Jahrhundert folgten einem ähnlichen Muster. Im Jahr 2009 wurde weithin erwartet, die Schweinegrippe würde sich unaufhaltsam ausbreiten und Millionen von Todesopfern fordern. Tatsächlich starben weltweit etwa 18 000 Menschen an der Schweinegrippewelle von 2009 – was natürlich schlimm ist, aber doch weit weniger als die Zahl der Menschen, die in jenem Jahr an einer Lungenentzündung starben.

Im Jahr 2012 wurde ein Coronavirus entdeckt, das in Saudi-Arabien von Kamelen auf Menschen übersprang. Die Krankheit, das Middle East Respiratory Syndrome (MERS, Nahost-Atemnotsyndrom), wurde zu einer außergewöhnlichen Bedrohung erklärt. Ein Funktionär des Council on Foreign Relations, einer Hochburg des amerikanischen Establishments, sagte, MERS könnte der »neue Schwarze Tod« werden, und äußerte die Vermutung, dass ein Viertel der Bevölkerung Europas und Afrikas an der Krankheit sterben werde.[4] Tatsächlich stellten Virologen jedoch fest, dass diese Krankheit nicht besonders ansteckend ist.[5] Wir wissen, dass MERS weltweit etwa 500 Todesopfer gefordert hat – weit weniger, als im Jahr des Ausbruchs durch Ertrinken in der Badewanne starben.

Im Jahr 2014 wurden im westafrikanischen Guinea Fälle von Ebola-Infektionen entdeckt. Dieses Virus, das normalerweise durch engen Kontakt übertragen wird, schien mutiert zu sein und nun auch über die Luft überspringen zu können, wodurch es sehr viel gefährlicher geworden wäre. Experten sagten voraus, die Krankheit würde sich unaufhaltsam ausbreiten, massenhaft Todesopfer fordern und dazu führen, dass überall auf der Welt die Grenzen geschlossen würden. Die US Centers for Disease Control and Prevention (CDC, US-Seuchenschutzbehörde) erwarteten, dass sich bis Frühjahr 2015 schätzungsweise 1,4 Millionen Menschen mit Ebola infizieren würden, und warnten vor »dem nächsten AIDS«.[6]

Tatsächlich gab es im Frühjahr 2015 kaum noch neue Infektionen. Virologen der National Institutes of Health stellten fest, dass es zu keinen ungewöhnlichen Mutationen des Ebola-Virus gekommen war: Der Ausbruch wurde nicht durch einen luftübertragenen Virusstamm verursacht, sondern durch einen seit Langem bekannten Stamm, der – wie andere Ebola-Varianten auch – nur durch engen Körperkontakt übertragen wird. Im Rahmen einer Zusammenarbeit zwischen der Weltgesundheitsorganisation und dem Pharmakonzern Merck war bis Mitte 2015 ein Ebola-Impfstoff entwickelt worden und wurde am Menschen getestet.[7] Etwa 11 300 Menschen starben 2014 und 2015 an Ebola – eine Tragödie, aber nur ein winziger Bruchteil dessen, was befürchtet worden war, und kein Vergleich mit der Zahl der Todesopfer im selben Zeitraum durch alltägliche Beschwerden wie Bluthochdruck.[8] In den Vereinigten Staaten kamen durch Ebola fünf Menschen ums Leben, während im selben Zeitraum 20 000 Personen durch die alljährliche Grippewelle starben.

Ansteckende Krankheiten waren der Fluch unserer Vorfahren. Selbst in einer Welt mit Impfstoffen und Positronenscannern hält sich die Furcht vor Krankheitserregern, die sich unaufhaltsam ausbreiten könnten – eine Furcht, die jedem unserer Vorfahren zu schaffen machte. Während die Weltbevölkerung immer weiter wuchs, hat diese Furcht sich verstärkt. Es dauerte Tausende von Jahren, bis die Menschheit auf eine Milliarde Köpfe angewachsen war, dann 200 Jahre für die nächsten zwei Milliarden, und dann nur noch 50 Jahre für weitere zwei Milliarden. Heute kommen alle zwei Jahre 100 Millionen Menschen hinzu – das entspricht der Bevölkerung der Philippinen. Früher bedeuteten mehr Menschen mehr Erkrankungen. Früher brachen Epidemien aus, wenn immer mehr Menschen sich in den Städten zusammendrängten, während heute die Menschen mit jedem Jahr, das ins Land geht, auf engerem Raum zusammenleben. Es scheint gute Gründe für Befürchtungen zu geben, dass ein neuartiges Virus oder Bakterium massenhaft Menschen ummähen könnte wie Strohhalme.

Außerdem werden grassierende Epidemien erwartet, weil Politiker und Medien Schauergeschichten mögen und in Talkshows bevorzugt Experten eingeladen werden, die dramatische Vorhersagen treffen, statt solcher, die abgewogene oder optimistische Erwartungen äußern. »Always predict the worst and you'll be hailed as a prophet« (Sage immer das Schlimmste voraus, dann wirst du als Prophet verehrt werden), sang einst der Liedermacher Tom Lehrer.

Doch heute kommt es nicht mehr zu Epidemien wie im Mittelalter, obwohl das natürlich nie ganz ausgeschlossen werden kann. In den Vereinigten Staaten, der Europäischen Union und in den meisten anderen Teilen der Welt gehen beinahe alle Krankheitshäufigkeiten – einschließlich Herz-Kreislauf-Erkrankungen und Krebs – zurück, wenn man Alterseffekte korrigiert; da die Menschen immer älter werden, leben sie heute lang genug, um chronische Beschwerden zu entwickeln.

In den Vereinigten Staaten befinden sich laut Daten der CDC die fünf häufigsten Todesursachen – Herz-Kreislauf-Erkrankungen, Krebs, chronische Atemwegserkrankungen, Unfälle und Schlaganfälle – in einem lang anhaltenden Abwärtstrend. Die Mortalität durch Herz-Kreislauf-Erkrankungen schoss in der frühen Nachkriegszeit in die Höhe, da viele Menschen begannen, schachtelweise Zigaretten zu rauchen, was Lungenkrebs verursacht und das Herz schädigt. Eine von Jane Brody geleitete Studie hat Folgendes ergeben: Wenn die Mortalität durch Herz-Kreislauf-Erkrankungen weiterhin so schnell zugenommen hätte wie in den 1950er- und 60er-Jahren, würden heute 1,7 Millionen Amerikaner pro Jahr an einem Herzanfall sterben. Tatsächlich waren es jedoch 2016 nur 425 000, also etwa 75 Prozent weniger, als sonst zu erwarten gewesen wären.[9] Laut American Cancer Society (Amerikanische Krebsgesellschaft) ist die Krebssterberate seit 1991 um 25 Prozent zurückgegangen, »was etwa 2,1 Millionen weniger Todesfälle durch Krebs bedeutet, als zu erwarten gewesen wären, wenn die Sterberate auf ihrem Höchstwert geblieben wäre«, so Rebecca Siegel, eine wissenschaftliche Mitarbeiterin der Krebsgesellschaft in einer 2017 veröffentlichten Studie.[10]

Das würde man jedoch nie aus den Vormittags-Talkshows erfahren, die nach wie vor das Schreckensszenario einer grassierenden Krebs-Pandemie heraufbeschwören oder sich mit Einzelfällen seltener Krebsarten beschäftigen, während sie die Makro-statistiken unter den Tisch fallen lassen.

Freilich sind es nicht nur die abnehmenden Erkrankungs-häufigkeiten, die von den Medien ignoriert werden. Vor einer Generation – also nicht im finsteren Mittelalter, sondern in den 1980er-Jahren – wurden in Indien nur die Kinder der Oberschicht, etwa zwei Prozent aller Kinder, gegen Masern geimpft. Heute sind es dagegen 85 Prozent aller indischen Kinder, und sogar den ärmsten Kindern aus dem Großraum Delhi wird der moderne MMR-Impfstoff injiziert. In den westlichen Medien wurde aus-führlich über sexuelle Gewalt und Luftverschmutzung in Indien berichtet – zweifellos gravierende Probleme, aber haben Sie schon einmal gehört, dass die Verbesserungen der staatlichen Gesund-heitsvorsorge erwähnt worden wären?

Im August 2015 wurde ein Meilenstein erreicht: Auf dem gesamten afrikanischen Kontinent war ein Jahr lang kein einziger Fall von Polio registriert worden. Da das eine positive Meldung ist, wurde sie kaum beachtet. Und es sind nicht nur die sozialen Medien und Talkshows im Fernsehen, die eine negative Einstel-lung zum Wohlergehen der Menschen an den Tag legen. Zwischen Ende 2013 und Anfang 2015 brachte die *New York Times*, die welt-weit führende Tageszeitung, 22 Artikel auf der ersten Seite, die vor einer drohenden Ebola-Katastrophe warnten. Als Mitte 2015 die NIH zu der Erkenntnis kam, dass kein mutierter Ebola-Stamm existiert, brachte die *New York Times* diese Nachricht ganz unten auf Seite 4. Eine Meldung mit der Überschrift »Ebola Cases Fall Sharply, World Health Organization Says« (Ebola-Erkrankungen gehen stark zurück, berichtet die Weltgesundheitsorganisation) war auf Seite 5 zu finden.[11] Über den Erfolg des Impfstoffs gegen Ebola wurde auf Seite A9 berichtet.

In nur wenigen Generationen hat sich die Verfügbarkeit von interkontinentalen Linienflügen von »nicht vorhanden« über »sel-ten« bis hin zu »erstaunlich normal« entwickelt. Durch häufige Flugreisen ist für Krankheitskeime ein schneller Übertragungs-weg über große Entfernungen entstanden, den es in der Natur nicht gibt. Fast Food, billige Snacks, Mikrowellen-Fertigmahlzeiten, zu viel Süßes und Salziges könnten ein weiteres, allgegenwärtiges Gesundheitsrisiko darstellen: Das offizielle, auf jedem US-Geldschein abgedruckte Motto »In God We Trust« könnte heutzutage durch die Frage »Möchten Sie Pommes dazu?« ersetzt werden. Während der Präsidentschaft von Barack Obama initiierte die First Lady Michelle Obama eine Kampagne gegen das Zuckerkonzentrat Maissirup – während die US-Regierung gleichzeitig die Zuckerproduktion im großen Stil förderte und, laut einer 2016 durchgeführten Studie des US-Landwirtschaftsministeriums, Süßwaren und gezuckerte Limonaden im Wert von 15 Milliarden Dollar pro Jahr an Empfänger von Lebensmittelgutscheinen ausgab.[12] Der im Westen übliche Verzehr von Riesenportionen wird auch in Asien und Südamerika immer beliebter, und zwar nicht zuletzt, weil die im vorigen Kapitel beschriebenen Dynamiken zu einem überreichlichen Angebot von preiswerten Kalorien geführt haben. Flugreisen und schlechte Ernährungsgewohnheiten sind menschengemachte Gesundheitsrisiken, die die Natur nicht hätte hervorbringen können.

Der in den Vereinigten Staaten übliche, vom Auto abhängige und gehfaule Lebensstil wird zu Recht für zahllose anschwellende Taillen und das sogenannte metabolische Syndrom verantwortlich gemacht, jene Gruppe chronischer Gesundheitsstörungen, die mit zu vielen Kalorien und zu wenig Bewegung assoziiert ist. Übergewicht und metabolisches Syndrom grassieren inzwischen auch in Ländern, wo das Auto eine weniger zentrale Rolle spielt. Als 2016 die Olympischen Sommerspiele in Rio de Janeiro abgehalten wurden, der Hochburg der »beach-body culture« und Heimat des »Girl from Ipanema« – »tall and tanned and lean and lovely« (hochgewachsen und sonnengebräunt und gertenschlank und wunderschön) –, erfuhr die Welt, dass Fettleibigkeit Brasiliens größtes Gesundheitsproblem ist, obwohl dort viel weniger Menschen ein Auto besitzen als in den Vereinigten Staaten. Vor einem halben Jahrhundert war das drängendste soziale Problem Mexikos die Unterernährung; heute gibt es dort mehr Fettleibigkeit als irgendwo sonst auf der Welt – ein Drittel der Bevölkerung ist stark übergewichtig. In Mexiko sterben mehr Menschen durch

Gesundheitsprobleme, deren Ursache Übergewicht ist, als durch Gewaltverbrechen.[13] Überall auf der Welt gibt es heute mehr Menschen, die zu viel essen, als solche, die hungrig zu Bett gehen – eine Feststellung, die unsere Großeltern, wenn nicht sogar unsere Eltern, für fantastisch gehalten hätten.

Obwohl die Weltbevölkerung in der Zeit nach dem Zweiten Weltkrieg rapide zugenommen hat, ist die Schadensbegrenzung durch Ansteckung nur vermeintlich wichtig, und zwar, weil in allen früheren Jahrhunderten beengte Lebensverhältnisse die Ausbreitung von Krankheiten förderten. Früher wollten die Menschen aus gesundheitlichen Gründen aus den belasteten und verschmutzten Städten aufs Land ziehen; heute gehen dagegen die Umweltbelastungen in den Städten der Vereinigten Staaten und der Europäischen Union seit Langem zurück, und die Städte bieten Gesundheitseinrichtungen ganz in der Nähe. In den USA gehen Städter mehr zu Fuß als Landbewohner, die selbst die kürzesten Wege mit dem Auto oder Truck zurücklegen. Viel Gehen ist mit einer höheren Lebenserwartung assoziiert. Im 21. Jahrhundert ist das Leben in der Stadt gesünder als auf dem Land.

Seit dem Aufkommen der Gentechnik ist eine andere Furcht entstanden, nämlich die, dass irgendein Labor einen Organismus schaffen könnte, der als Waffe eingesetzt werden kann. Intensive Versuche der alten Sowjetunion, Biowaffen zu erfinden, verliefen im Sande – herkömmliche Munition war effektiver. Als einmal versehentlich von einer sowjetischen Militäreinrichtung »waffenfähige« Pockenerreger freigesetzt wurden, starben drei Menschen – hätte man am gleichen Ort versehentlich eine Maschinengewehrsalve abgefeuert, wären mehr Menschen getötet worden. Im Jahr 1979 wurde bei einer Explosion in einer anderen sowjetischen Einrichtung eine große Menge von waffenfähigem Anthrax (Milzbranderreger) freigesetzt; 68 Menschen starben, aber es brach keine Epidemie aus.[14] Zu jener Zeit an jenem Ort kamen weniger Menschen durch waffenfähiges Anthrax ums Leben als durch Wodka. Im Jahr 1989 kamen Mitarbeiter eines Labors der US-Regierung unweit von Washington, D.C., mit Ebola-Erregern in Kontakt, aber niemand starb. Im Jahr 2001 wurde befürchtet, dass eine koordinierte Anthrax-Attacke auf Washington eine unkontrollierbare Epidemie auslösen könnte; fünf Menschen starben. Der tatsächliche Einsatz von chemischen und biologischen Waffen hat gezeigt, dass sie bei gleichem Gewicht weniger gefährlich sind als herkömmliche Munition oder Sprengstoff: Bei den 1995 verübten Sarin-Anschlägen auf die U-Bahn in Tokio wurden zwölf Menschen getötet, doch bei den Anschlägen auf die Londoner Underground im Jahr 2005, bei denen konventionelle Bomben von vergleichbarer Größe und Gewicht eingesetzt wurden, kamen 52 Menschen ums Leben. All das garantiert natürlich nicht, dass nicht doch eines Tages eine potente Biowaffe aus irgendeinem Labor auftauchen wird. Aber der manipulierte Krankheitserreger muss das gleiche Hindernis überwinden wie in der Natur vorkommende Erreger – nämlich dass wir Säugetiere über Hunderte von Millionen Jahren sehr effektive Abwehrmechanismen gegen biologische Angriffe entwickelt haben.

Krankheiten verursachen menschliches Leid, geraten jedoch vor allem deswegen nicht außer Kontrolle, weil die Biosphäre auf vielfältige Weise darauf konditioniert ist, Keime und Viren außer Gefecht zu setzen. Soweit wir wissen, hat es noch nie eine unaufhaltsame Epidemie gegeben – »nie« bedeutet in diesem Fall nicht etwa in der »jüngeren Vergangenheit«, sondern buchstäblich *nie*: noch nie in den 3,8 Milliarden Jahren, seit es Leben auf der Erde gibt. Die Körper von Säugetieren enthalten eine erstaunliche Palette an Proteinen und biologischen Mechanismen, die sich entwickelt haben, um Ansteckungen entgegenzuwirken. Tiere, Pflanzen und Krankheitserreger haben sich gemeinsam entwickelt: Das lebende Ökosystem hat seit undenklichen Zeiten Krankheiten widerstanden. Wenn jemals irgendein Krankheitserreger die Schlacht »gewonnen« hätte, wäre das auch sein Ende gewesen, weil er damit seinen Wirt umgebracht hätte. Die Tatsache, dass Pflanzen, Säugetiere und Menschen nach wie vor existieren, ist der lebende Beweis dafür, dass Krankheiten nicht gewinnen können.

Über die natürliche Evolution von Immunsystemen hinaus hat es auch die gesellschaftlichen Entwicklungen von Medizin und

Gesundheitsvorsorge gegeben. »Viele Menschen scheinen zu glauben, dass die Gesellschaft immer anfälliger wird für Epidemien, doch die Gesundheitsvorsorge wird kontinuierlich besser«, sagt Margaret Liu, die am Karolinska Institutet, einer medizinischen Hochschule in Stockholm, forscht. Sie ist eine der weltweit führenden Koryphäen für die Entwicklung von Impfstoffen. Der Körper eines im Prinzip gesunden Menschen – der also noch nicht durch eine andere Krankheit geschwächt ist – kann die meisten Krankheitserreger wirkungsvoll abwehren. Das ist der Grund, warum Patienten im Krankenhaus sich mit Staphylokokken oder Streptokokken infizieren, die Ärzte und Krankenschwestern dagegen nicht: Die Patienten sind bereits durch eine Krankheit oder Operation geschwächt, während das medizinische Personal im Prinzip bei guter Gesundheit ist. Und von Jahr zu Jahr sind immer mehr Menschen im Prinzip bei guter Gesundheit.

Bei der Grippe-Pandemie 1918/1919 kamen mindestens 20 Millionen Menschen ums Leben, und das bei einer wesentlich kleineren Weltbevölkerung als heute. Damals war die Gesundheitsvorsorge noch rudimentär, und Nahrungsmittelknappheiten – die Landwirtschaft war vom Ersten Weltkrieg in Mitleidenschaft gezogen – führten dazu, dass die Bevölkerung ganzer Landstriche unterernährt war. Hungernde Menschen sind anfälliger für Infektionskrankheiten als die satten, die heute die Mehrheit der Weltbevölkerung bilden. Der freie Zugang der Bevölkerung zu Medikamenten, zuerst zu Sulfonamiden und dann zu Antibiotika, hat die Krankheitsrisiken eingedämmt.

Ständig besser werdende Hygienestandards in weiten Teilen der Welt haben die Ansteckungsgefahr verringert, wodurch die meisten Menschen bei besserer Gesundheit sind, wenn tatsächlich eine Infektion droht. Im 20. Jahrhundert gab es drei Grippe-Pandemien, und jede von ihnen war weniger infektiös als die vorige. Die erste davon war die furchtbare Grippewelle nach dem Ersten Weltkrieg (1918/1919); dann folgte die Pandemie von 1957, die von dem H2N2-Virus hervorgerufen wurde und weltweit eine bis vier Millionen Todesopfer forderte, obwohl die Weltbevölkerung wesentlich größer war als 1918/1919; zuletzt schlug 1968 die

Hongkong-Grippe zu, verursacht durch den H3N2-Virenstamm, die ebenfalls eine bis vier Millionen Menschen das Leben kostete, abermals bei einer deutlich größeren Bevölkerungsbasis. Je besser die öffentliche Gesundheitsvorsorge wurde – auch in den meisten Entwicklungsländern –, desto weniger Menschen kamen bei diesen Epidemien ums Leben. Der Ebola-Ausbruch 2014 erwies sich als weit weniger gravierend als erwartet.

Dennoch befürchten viele Menschen, dass es zu einer unaufhaltsamen Epidemie kommen könnte. Im Großraumkino und zur besten Sendezeit im Fernsehen zeigen sich Hollywoodstars in postapokalyptischen Landschaften, wo, so wird es dem Zuschauer weisgemacht, binnen Wochen die Menschlichkeit bis auf marginale Reste durch eine unaufhaltsame Krankheit zunichte gemacht wurde: *The Walking Dead, I Am Legend, 12 Monkeys* und viele andere Filme reiten auf dieser Welle. Warum das Publikum solche Weltuntergangsfilme unterhaltsam findet, ist rätselhaft.

Worauf es hier jedoch ankommt, ist, dass anscheinend viele Zuschauer Fernsehfilmen und Hollywoodthrillern, die die RNA und DNA von Pathogenen als super-ultra-unaufhaltbar präsentieren, eine gewisse wissenschaftliche Plausibilität zuschreiben. Solche Filme sind das gleiche Medium, das auch Zeitreisen und liebeskranke Teenager-Vampire als real darstellt: Für Unterhaltung auf dem Bildschirm fehlt der »Faktenchecker«. Das Publikum amüsiert sich köstlich über das meiste, was Hollywood produziert, doch im Kino präsentierte Warnungen vor unaufhaltsamen Epidemien werden nicht so leicht abgetan. Sie wissen ganz genau, dass Sie nie eine Zeitmaschine besteigen werden; aber Sie können nicht wissen, ob Sie jemals einen Epidemiebazillus einatmen werden.

Mikroben und Viren kann man nicht sehen. Es entbehrt nicht einer gewissen Logik, das Unsichtbare mehr zu fürchten als offensichtliche Gefahren wie einen Verkehrsunfall. Der gesunde Menschenverstand sagt uns, was hinterm Lenkrad vernünftig ist und was gefährlich. Doch der gesunde Menschenverstand kann uns nicht sagen, ob ein Fremder, der uns auf der Straße begegnet, einen tödlichen Krankheitserreger in sich trägt.

Wieso wird die allgemeine Gesundheit der Menschen immer besser? Nun, gute Krankenhäuser und Arztpraxen, die einst den Privilegierten vorbehalten waren, stehen heute in zunehmendem Maße auch der Allgemeinheit offen. In den meisten Ländern der Europäischen Union und in Japan wird eine kranke oder verletzte Person unabhängig davon, ob sie sich das leisten kann, in ein Krankenhaus aufgenommen; in den Vereinigten Staaten nehmen zumindest Notfallambulanzen jeden Patienten auf, auch wenn er nicht zahlen kann. Während der öffentlichen Debatte in den Vereinigten Staaten über den Affordable Care Act – besser bekannt als »Obamacare« – sprachen sowohl Befürworter als auch Gegner von diesem Gesetz, als würde es medizinische Leistungen sicherstellen. Tatsächlich sorgt es jedoch nur dafür, dass jeder Bürger krankenversichert ist; medizinisch versorgt wurde auch vorher schon jeder, zumindest bei einem medizinischen Notfall. Dass heute jeder Patient Zugang zu hochwertiger medizinischer Versorgung hat und nicht etwa nur die Reichen im Universitätskrankenhaus behandelt werden, die Armen dagegen in heruntergekommenen, durch gemeinnützige Organisationen finanzierten Krankenstationen, ist eine echte Verbesserung der öffentlichen Gesundheitsfürsorge.

Je mehr Beschäftigte in allen Ländern – auch in China und Indien – von körperlicher Arbeit in Büro- oder Dienstleistungsjobs wechseln, desto besser wird die allgemeine Gesundheit. Politiker und Wirtschaftsweise sprechen oft von Deindustrialisierung, als sei sie eine Katastrophe – aus Sicht der Volksgesundheit ist Deindustrialisierung eine ausgesprochen positive Entwicklung. Viele Kommentatoren glorifizieren die Plackerei in Fabriken und im Bergbau – obwohl beide zu chronischen Degenerationserscheinungen schon im mittleren Lebensalter führen. Je mehr Menschen am Schreibtisch arbeiten statt am Fließband, desto besser wird die Volksgesundheit. Zu Beginn des 20. Jahrhunderts verrichteten etwa 80 Prozent der amerikanischen Arbeitnehmer ungelernte oder angelernte körperliche Tätigkeiten; nur etwa 20 Prozent übten einen qualifizierten Beruf aus.[15] Heute sind es dagegen nur 4 Prozent in ungelernten Jobs, 35 Prozent in angelernten körperlichen Tätigkeiten und 61 Prozent Büroangestellte – dreimal so viele wie vor einem Jahrhundert. Parallel zu dieser Entwicklung hat sich die Volksgesundheit stetig verbessert, und die Lebenserwartung ist entsprechend gestiegen.

Darüber hinaus haben öffentliche Investitionen in die Sanitärinfrastruktur die allgemeine Gesundheit noch weiter verbessert, wodurch es noch unwahrscheinlicher geworden ist, dass es zu einer unaufhaltsamen Pandemie kommen könnte. Noch in den 1970er-Jahren leiteten viele westliche Großstädte ihre Abwässer ungeklärt in einen Fluss, See oder Ozean; heute gibt es das im Westen nicht mehr. Chicago hat etwa vier Milliarden Dollar in ein Tieftunnelsystem investiert, durch das nach schweren Regenfällen das abfließende Wasser von Fließgewässern und Wasserwegen ferngehalten wird; der Chicago River, der früher ausgesprochen ekelhaft war, ist heute sehr beliebt für Dinner-Bootsfahrten bei Sonnenuntergang.[16] (Heute wird der Chicago River zum Saint Patrick's Day mit Lebensmittelfarbe grün gefärbt – vor einigen Generationen war der Fluss so verdreckt, dass es gar nicht nötig gewesen wäre, ihn zu färben.)

Boston hat etliche Milliarden Dollar investiert, um den Charles River und sein Mündungsgebiet im Atlantik zu säubern; auch Los Angeles, Milwaukee und San Diego zählen zu den Städten, die viel Geld in Klärwerke investiert haben. In der Dritten Welt muss sicherlich noch viel getan werden, um Abwasser zu klären; in Pakistan, wo ich einige Zeit gelebt habe, führen offene Abwassergräben durch dicht besiedelte Stadtteile. Doch auch in der Dritten Welt geht der Trend zu sauberem Wasser, wodurch die Ausbreitung von Krankheiten deutlich erschwert wird.

Auch durch den Rückgang von Umweltbelastungen wird die allgemeine Gesundheit verbessert. Noch in den 1970er-Jahren wurden in den Vereinigten Staaten jedes Jahr Tausende Tonnen giftiger Chemikalien von der Industrie freigesetzt oder unbehandelt auf Deponien verbracht. Heute sind solche toxischen Emissionen deutlich reduziert – obwohl die US-Industrieproduktion gestiegen ist –, und die meisten Industrieabfälle werden entweder behandelt oder recycelt. Im nächsten Kapitel werden wir sehen, dass sich sämtliche Formen von Luftverschmutzung – außer Treibhausgasemissionen – in den Vereinigten Staaten und der Europäischen Union in einem abnehmenden Langzeittrend befinden; eine bessere Luftqualität ist gut für die allgemeine Gesundheit. In China, Indien und Teilen der Dritten Welt ist die Luft gefährlich verschmutzt; heute sind es die armen Länder der Welt, wo die Umwelt verschmutzt ist, nicht die hoch entwickelten Industrieregionen. In den armen Ländern kann heute die Luftverschmutzung in Innenräumen – verursacht durch Verbrennen von Holz, Kohle oder landwirtschaftlichen Abfällen zum Heizen und Kochen – schlimmer sein als die Luftverschmutzung im Freien. Nach Schätzungen der Weltgesundheitsorganisation kommen in der Dritten Welt jedes Jahr 4,3 Millionen Menschen durch Luftverschmutzung in Innenräumen ums Leben; dagegen verursacht Luftverschmutzung im Freien in den Vereinigten Staaten und der Europäischen Union kaum noch Todesfälle.[17] Der Rauch von Feuerstellen in Innenräumen ist viel schädlicher für die Gesundheit der Weltbevölkerung als apokalyptische Superepidemien.

Öffentliche Investitionen zur Reduzierung der Luftverschmutzung werden begleitet von einem besseren Reaktionsmodell im Gesundheitswesen, das dazu beitragen kann, aufkommende Probleme im Keim zu ersticken. So gerieten Ebola und Zika unter anderem deswegen nicht außer Kontrolle, weil die für die Gesundheitsvorsorge zuständigen Einsatzteams in Afrika und anderen Regionen sofort geeignete Vorsorgemaßnahmen ergriffen. Jahrzehntelang haben allzu viele Regierungen mehr Anstrengung darauf verwendet, existierende Probleme zu leugnen, als sie zu lösen. Inzwischen stellen sich jedoch immer mehr Regierungen der Wahrheit über Umweltverschmutzung und damit zusammenhängende Erkrankungen, und Gesundheitsorganisationen handeln prompt, um die Ausbreitung von Krankheitserregern zu verhindern.

Verbesserte Gesundheitsvorsorge, bessere hygienische Verhältnisse, gute Ernährung, weniger Umweltverschmutzung, der

Übergang zu immer mehr körperlich leichter Arbeit – diese und andere Trends führen zu stetig steigender Lebenserwartung. Im Jahr 2016 berichtete das Statistikamt Public Health England, dass ein 65 Jahre alter britischer Mann erwarten könne, ein Lebensalter von 84 Jahren zu erreichen, und eine 65 Jahre alte britische Frau, 86 Jahre alt zu werden – beide Zahlen bedeuten eine historisch hohe Lebenserwartung. In anderen westlichen Ländern ist es ähnlich. Dennoch zeigen Umfragen, dass Nordamerikaner und Europäer, obwohl sie die steigende Lebenserwartung an ihren älteren Mitbürgern doch beobachten können, glauben, sie würden früher sterben, als es nach offiziellen Sterbetafeln zu erwarten ist. Das spielt nicht nur eine Rolle im Hinblick auf eine unzulängliche Altersvorsorge – wenn Sie glauben, dass Sie früher sterben werden, als tatsächlich zu erwarten ist, könnten Sie versucht sein, nicht genug zu sparen –, sondern es hat auch breitere Auswirkungen auf das falsche gesellschaftliche Verständnis von einer immer besseren Gesundheitsvorsorge.

Seit Jahrtausenden, wenn nicht gar seit Jahrmillionen – die Anthropologen verlegen den Ursprung der Menschwerdung in immer fernere Vergangenheit – war die Lebenserwartung gering. Kaum jemand wurde alt und grau, und wenn doch, wurde er wegen seines hohen Alters für einen Liebling der Götter gehalten. Typischerweise lag die durchschnittliche Lebenserwartung bei etwa 30 Jahren, doch seit dem 19. Jahrhundert begann sich das zu ändern.

Geburten- und Sterbestatistiken zeigen, dass seit etwa 1840 jedes Jahr ein Neugeborenes drei Monate länger lebt als seine Vorgänger, die ein Jahr früher geboren wurden; mit jedem verstrichenen Jahrzehnt lebt ein Neugeborenes zweieinhalb Jahre länger. Zu Beginn des 19. Jahrhunderts betrug die Lebenserwartung eines Neugeborenen in den Vereinigten Staaten 47 Jahre; heute sind es 79 Jahre, ziemlich genau drei Monate länger für jedes seither vergangene Jahr. Falls sich dieser Trend fortsetzt, kann ein Mitte dieses Jahrhunderts in den Vereinigten Staaten geborenes Kind erwarten, 88 Jahre alt zu werden; bis zum Ende des 21. Jahrhunderts würde die Lebenserwartung 100 Jahre erreichen. Ein Hundertjähriger wird dann der Normalfall sein – und wohl nicht mehr in einem Telefonanruf vom Präsidenten persönlich beglückwünscht werden. Je älter wir werden, desto größer werden wir auch. Noch Mitte des 19. Jahrhunderts waren Angehörige der Aristokratie in Großbritannien und in anderen europäischen Ländern im Durchschnitt deutlich höher gewachsen als Mitglieder der Arbeiterklasse, weil sie sich besser ernähren konnten und keine körperliche Arbeit verrichten mussten. Mitte des 20. Jahrhunderts waren dagegen alle Bevölkerungsgruppen im Durchschnitt gleich groß. Beinahe überall auf der Welt sind Männer und Frauen aller sozialen Schichten im Durchschnitt immer größer geworden. So war zum Beispiel ein typischer Mann in den Niederlanden im Jahr 1900 etwa 1,70 Meter groß; heute ist ein typischer Mann dort 1,80 Meter groß.[18] Eine allmähliche, weltweit zu beobachtende Zunahme der Körpergröße geht mit der allmählichen weltweiten Zunahme der Lebenserwartung einher – und beide Trends begannen etwa zur selben Zeit. Vielleicht durchquerte die Erde im Jahr 1840 einen Kometenschweif, und Lebenserwartungs-Zauberstaub rieselte hernieder. Wahrscheinlicher ist jedoch, dass sich ganz einfach im Laufe der Zeit die Lebensumstände der Menschen verbessert haben.

Der Anstieg der Lebenserwartung scheint nicht mit irgendwelchen bestimmten Ereignissen zusammenzuhängen. Er beschleunigte sich kaum, als Antibiotika und Impfstoffe allgemein zugänglich wurden, und er verlangsamte sich kaum durch Kriege oder Gesundheitsrisiken, etwa die Ausbreitung von AIDS. Die weltweiten Aufwärtstrends der Lebenserwartung verlaufen glatt und beinahe unterbrechungsfrei: Die Kurven sehen aus wie eine Rolltreppe mit 45 Grad Steigung. Und diese Verbesserungen zeigen sich beinahe überall.[19] In Afrika betrug vor 100 Jahren die durchschnittliche Lebenserwartung eines Neugeborenen nur 25 Jahre; heute sind es 60 Jahre – niedriger als in den meisten anderen Regionen, aber ein gewaltiger Sprung im Vergleich zu früher. Bis vor einigen Jahrzehnten starben Afroamerikaner im

Durchschnitt wesentlich früher als weiße Amerikaner – was nicht nur bedauerlich ist, sondern auch ein Grund, warum Schwarze so große Schwierigkeiten hatten, Familienvermögen aufzubauen. Der Unterschied ist stetig kleiner geworden und heute beinahe verschwunden; 2017 berichteten die CDC, dass alte schwarze Männer ungefähr ebenso lange leben wie alte weiße Männer.[20] In China, das vor zwei Generationen zutiefst verarmt war und eine erbärmliche öffentliche Gesundheitsvorsorge hatte, beträgt heute die Lebenserwartung eines Neugeborenen 76 Jahre – kaum niedriger als in Schottland. Die ganze Welt fährt auf dieser Rolltreppe nach oben.

Noch in den 1990er-Jahren unternahm kaum eine medizinische Institution einen wissenschaftlich fundierten Versuch, die Lebenserwartung zu steigern. Das änderte sich, als 1999 das Buck Institute in Marin County, Kalifornien, eröffnet wurde, inmitten alternder Hippies und turmhoher Redwood-Bäume – dort, wohin die Golden Gate Bridge führt. Schon heute ist es Forschern des Buck Institute gelungen, die Lebensdauer von üblichen Labortieren zu verdoppeln. Ob ihre Verfahren auch beim Menschen funktionieren werden, weiß man noch nicht, aber dieser Forschungszweig ist noch sehr jung.

Wenn künstliche Interventionen die Lebenserwartung steigern können, kann es gut sein, dass es in Zukunft sehr langlebige Menschen geben wird. Die natürliche Auslese bevorzugt Adaptionen, die es Tieren – und somit auch dem Menschen – ermöglichen, ein reproduktionsfähiges Alter zu erreichen. Adaptionen, aufgrund derer die Lebensspanne über das reproduktionsfähige Lebensalter hinaus verlängert würde, sind aus evolutionärer Sicht sinnlos, weil ein Tier, das länger lebt als seine Artgenossen, keinen Mechanismus hat, mit dem es seine Langlebigkeit an seine Nachkommen vererben könnte. Brian Kennedy, der Direktor des Buck Institute, sagt: »Da die natürliche Auslese uns keine höhere Lebenserwartung gebracht hat, besteht ein hohes Potenzial für rapide Verbesserungen. Der neueste BMW ist beinahe perfekt – wie kann ein Ingenieur ihn also noch verbessern? Das Ford Model T war dagegen noch ganz einfach zu verbessern. In jungen Jahren sind wir genetisch gesehen ein BMW, aber im Alter werden wir sozusagen zum Model T. Die Verbesserungen haben noch gar nicht richtig begonnen.«

Beeindruckt von der Arbeit des Buck Institute leitete Google 2014 das Langlebigkeitsforschungsprojekt Calico in die Wege. Schon jetzt hat Cynthia Kenyon, die im Rahmen dieses Projekts forscht, gezeigt, dass es bei manchen Wurmarten genügt, nur zwei Gene zu verändern, damit der Wirbellose doppelt so lange lebt wie seine Artgenossen, und das bei guter Gesundheit, soweit man das von einem Wurm sagen kann.[21] Die Veränderung seines genetischen Programms aktiviert einen anscheinend in der Natur vorkommenden Lebensspannen-Entwicklungspfad, den die Evolution ausgeschaltet hat, möglicherweise zugunsten eines Entwicklungspfads, der die Wahrscheinlichkeit erhöht, ein reproduktionsfähiges Alter zu erreichen – was einstmals in der Natur unwahrscheinlich war, doch heute beim Menschen sehr wahrscheinlich ist. Für viele Ergebnisse des natürlichen Ausleseprozesses gibt es noch keine gute Erklärung: Wale erkranken nicht an Krebs, und Eisbären ernähren sich extrem fettreich, entwickeln aber trotzdem keine Arterienverkalkung. Wenn der biologische Hintergrund solcher Entwicklungen besser verstanden wäre, könnte unter Umständen ein Medikament entwickelt werden, das die Entwicklungslinie ohne Krebs und Adernverkalkung beim Menschen aktivieren kann. Falls sich herausstellen sollte, dass der Mensch bereits lebensverlängernde Gene in seinem Erbmaterial hat – die aber von irgendeinem evolutionären Ereignis in der Vergangenheit abgeschaltet wurden –, ist es wesentlich vielversprechender, bereits existierende Gene anzuschalten, als im Labor gänzlich neue Gene zu entwickeln.

Die oben erwähnten Prognosen für immer längere Lebenserwartungen basieren keineswegs darauf, dass neue medizinische Entdeckungen gemacht werden, sondern nur darauf, dass ganz einfach die Fahrt mit der Rolltreppe weitergeht.

Die ständige Verbesserung der menschlichen Lebenserwartung mit jedem verstreichenden Jahr fiel James Vaupel auf, dem Begründer des Max-Planck-Instituts für demografische Forschung in Rostock. Im Jahr 2002 veröffentlichte Vaupel einen einflussreichen Artikel in der Fachzeitschrift *Science*, in dem er den rätselhaft linearen Anstieg der Lebenserwartung seit 1840 dokumentierte.[22] Dann kam er zu einer umstrittenen Schlussfolgerung: »Reduktionen der Mortalität sollten nicht als unzusammenhängende Sequenz unwiederholbarer Revolutionen betrachtet werden, sondern vielmehr als ein gleichmäßiger Strom ständiger Fortschritte.« Vaupel war überzeugt, dass es keine bestimmte Entdeckung oder Innovation sei, die dazu führt, dass die Menschen immer länger leben. Zwar liegt es auf der Hand, dass Verbesserungen der Ernährung, der Hygiene und des medizinischen Wissens dabei eine Rolle spielen, doch die Triebfeder dieser Entwicklung sei, so schrieb Vaupel, der »stete Strom des Fortschritts«. Im Jahr 2017 sagte mir Vaupel, dass seit 2002 gesammelte Daten seine Schlussfolgerung stützen: »Die Lebenserwartung steigt mit einer Rate von knapp zweieinhalb Jahren pro Jahrzehnt; das entspricht etwa sechs Stunden pro Tag.« Im statistischen Mittel wird ein am Ende einer bestimmten Woche geborenes Baby einen vollen Tag länger leben als eines, das am Anfang der Woche das Licht der Welt erblickt hatte.

In Vaupels 2002 erschienenem Artikel beschrieb er ein »plausibles Szenario«, nach dem die mittlere Lebensdauer zumindest so lange weiter steigen wird, bis die Lebenserwartung eines Neugeborenen in den Vereinigten Staaten und der Europäischen Union 100 Jahre übersteigt und die Lebenserwartung in der Dritten Welt die heute im Westen beobachteten Werte übertrifft.

Es gibt auch Argumente, die gegen diese Prognose sprechen. Von 2014 bis 2015 ging die Lebenserwartung eines Neugeborenen in den Vereinigten Staaten zum ersten Mal leicht zurück, und in China zeigt die Lebenserwartung von Männern seit zehn Jahren eine leicht fallende Tendenz. Generell war der wichtigste Faktor der Zugewinne der Lebenserwartung im 21. Jahrhundert die Reduzierung der Säuglingssterblichkeit; wenn einem Säugling das Leben gerettet wird, dann wird damit die gesamte Lebensspanne dieses Menschen gerettet. Die Säuglingssterblichkeit ist inzwischen so niedrig – 1 zu 175 in den Vereinigten Staaten, 1 zu 230 in der Europäischen Union –, dass kaum noch Verbesserungspotenzial besteht. Dagegen können medizinische Interventionen für Senioren die Lebenserwartung nicht merklich steigern, da ihnen nur noch wenige Lebensjahre verbleiben, die gerettet werden könnten. S. Jay Olshansky, ein Professor für öffentliches Gesundheitswesen an der University of Illinois in Chicago, hat Folgendes berechnet: Selbst wenn Krebserkrankungen bei Senioren völlig eliminiert werden könnten, würde die durchschnittliche Lebenserwartung in den USA nur um drei Jahre steigen.

Die Zunahme der Mortalität, die in den Vereinigten Staaten von 2014 bis 2015 verzeichnet wurde, scheint mit Todesfällen zusammenzuhängen, die durch Drogenmissbrauch verursacht wurden – nicht so sehr von illegalen Straßendrogen wie Heroin, sondern vielmehr von ärztlich verschriebenen Medikamenten, vor allem von Schmerzmitteln auf Opioid-Basis. Die Zahl von 33 000 durch Opioid-Vergiftungen verursachten Todesfällen im Jahr 2015 in den Vereinigten Staaten überstieg die Anzahl der Mordopfer: In jenem Jahr war es also wahrscheinlicher, dass die Polizei zum Schauplatz einer Vergiftung durch Überdosis gerufen wurde als zum Tatort eines Tötungsdelikts. Claire McCarthy, eine Kinderärztin am Boston Children's Hospital, hat darauf hingewiesen, dass der Schmerzmittelmissbrauch unter Erwachsenen umso beunruhigender sei, weil der Konsum von Alkohol und Straßendrogen bei Teenagern seit 25 Jahren zurückgehe.[23] Die Jugendlichen begreifen allmählich, dass es sinnlos ist, sich zuzudröhnen, während die Erwachsenen in dieser Hinsicht immer unvernünftiger werden. (Das sogenannte Komasaufen unter Studenten ist ja schon schlimm genug, aber unter Amerikanern im gleichen Alter, die nicht studieren, ist der Alkoholmissbrauch noch stärker ausgeprägt als unter Studenten.) In einem Bericht der CDC heißt es: »Seit 1999 haben sich die Todesfälle durch rezeptpflichtige Medikamente wie Oxycodon, Hydrocodon und Methadon mehr als vervierfacht.«[24] Dennoch scheut der Staat keine Kosten und verhängt lange Freiheitsstrafen, um den Konsum von Marihuana zu bekämpfen, obwohl dieses Kraut narkotische Schmerzmittel ersetzen könnte, bei wesentlich geringerem Suchtpotenzial und Überdosisrisiko. Zugleich stellt die Regierung sich blind, wenn es um die Risiken von verschreibungspflichtigen Opioiden und die aggressive Vermarktung solcher Drogen geht.

Die leichte Zunahme der Mortalität durch selbst herbeigeführte Todesfälle – Missbrauch von verschreibungspflichtigen Medikamenten, Suizid, Alkoholvergiftung – ist unter Weißen stärker ausgeprägt. Die Forscher Angus Deaton und Anne Case von der Princeton University haben gezeigt, dass im Jahr 2000 einer von 4400 weißen Amerikanern durch Alkohol- oder Drogenmissbrauch starb; in der Zeit bis 2014 war diese Quote auf eine Person von 1800 gestiegen.[25] Von allen Amerikanern nahm sich im Jahr 2000 einer von 9500 das Leben; im Jahr 2014 war es etwa einer von 7700. Beide Zahlen sind niedriger als die Anzahl der selbst herbeigeführten Todesfälle vor einem Jahrhundert; damals war es einer von 6200 Amerikanern, der Suizid beging. Da jedoch ein Amerikaner heute wesentlich besser lebt als seine Vorfahren, wäre eigentlich ein dramatischer Rückgang der Suizidrate zu erwarten. Tatsächlich ist der Rückgang jedoch moderat und tritt heute in Verbindung mit einer Zunahme von Todesfällen durch eine Überdosis auf.

Eine weitere Ursache für die abnehmende Mortalität ist, dass weniger geraucht wird, obwohl dieser Trend mit immer mehr Übergewicht einhergeht: Rauchen dämpft den Appetit. Die Europäer verstehen die Vereinigten Staaten nicht, wo der Konsum von Zigaretten und Zigarren fanatisch eingeschränkt wird, um die Volksgesundheit zu fördern, obwohl Junkfood allgegenwärtig ist und Schusswaffen bereitwillig an Menschen verkauft werden, die psychisch gestört sind oder noch nie einen Kurs über den sicheren Umgang mit Schusswaffen absolviert haben. Im Westen geht das Rauchen zurück, doch in China wird es immer beliebter – das Reich der Mitte ist zum weltweit führenden Produzenten von Smartphones, Schnellaufzügen, Disney-Spielzeugen und Zigaretten geworden. Christopher Buckleys 1994 erschienener satirischer Roman *Thank You for Smoking (Danke, daß Sie hier rauchen)* enthielt eine Nebenhandlung, nach der die chinesische Regierung die

Nikotinsucht unter ihren Bürgern fördert, damit sie als Erwachsene aufmerksam und produktiv bleiben und dann an Lungenkrebs sterben, bevor sie ihre Rente beantragen können. Da heute die Männersterblichkeit in China steigt, gewinnt diese damals ziemlich verrückte Satire immer mehr den Charakter einer Dokumentation.

Ungefähr in der Zeit von 1970 bis 2000 stieg die Häufigkeit von Fettleibigkeit bei Kindern in alarmierendem Tempo, ging dann jedoch allmählich wieder zurück, da Eltern und Schulen der Zusammenhang zwischen Fettleibigkeit und frittierter oder gezuckerter Kost bewusst wurde. In einer 2014 von der Robert Wood Johnson Foundation vorgelegten Studie wird berichtet, dass seit 2007 jeder Amerikaner pro Tag 78 Kalorien weniger zu sich nimmt – kurzfristig macht das keinen großen Unterschied, aber wenn dieser Trend eine Generation lang anhält, wäre das eine wichtige Entwicklung.[26]

Die Medizinjournalistin Margot Sanger-Katz weist darauf hin, dass sich die meisten Gesundheitsparameter bei Kindern allmählich verbessern und immer mehr Ernährungswissenschaftler davon überzeugt sind, dass normale Stoffwechselwerte beim jungen Menschen erwarten lassen, dass er bei guter Gesundheit länger leben wird: »Es kann gut sein, dass die heutigen Kinder und Jugendlichen bei besserer Gesundheit länger leben werden als ihre Eltern.«[27] So hat zum Beispiel ein Forschungsteam unter der Führung von Matthew Pase an der Boston University 2017 herausgefunden, dass zwischen dem übermäßigen Konsum von gezuckerten Getränken in der Jugend sowie Gedächtnisstörungen und Alzheimer im Alter ein Zusammenhang besteht.[28] In der Zeit nach dem Zweiten Weltkrieg ist der Konsum von gezuckerten Getränken enorm gestiegen und erreichte 1998 seinen Höchstwert; in dieser Zeit hat auch die Häufigkeit von Demenzerkrankungen zugenommen.

Falls die jungen Menschen von heute auch weiterhin lieber Wasser und Sportgetränke trinken werden als gezuckerte Limonaden – im Jahr 2016 wurde zum ersten Mal in den Vereinigten Staaten mehr auf Flaschen gezogenes Wasser verkauft als kohlensäurehaltige Limonaden –, kann es gut sein, dass weniger von ihnen im Alter unter Gedächtnisschwund leiden werden. Darüber hinaus deutet eine entsprechende Studie darauf hin, dass eine werdende Mutter, die viel Meeresfrüchte isst, ein Kind mit einem höheren IQ zur Welt bringen wird. Solche Erkenntnisse könnten zu langfristigen Verbesserungen der gesundheitlichen Verfassung zahlreicher Menschen führen.

Während die Menschen immer länger leben und seltener erkranken, nimmt die Zahl der Behinderten in den Vereinigten Staaten zu – zumindest wenn man von der Zahl der Berechtigten ausgeht, die sich für zwei ähnlich benannte Programme der Bundesregierung qualifiziert haben, die von der Social Security Administration (SSA, sinngemäß: Bundesversicherungsanstalt), Social Security Disability Insurance (SSDI, sinngemäß: Berufsunfähigkeitsversicherung) und Supplemental Security Income (SSI, ergänzende Einkommenssicherung) verwaltet werden. Aus diesen Programmen erhält ein als berufsunfähig anerkannter Erwachsener im arbeitsfähigen Alter Leistungen von 10 000 bis 14 000 Dollar pro Jahr; darüber hinaus erhalten auch behinderte Minderjährige und Senioren entsprechende Leistungen. Vor 20 Jahren hat die SSDI, die hauptsächlich für Erwachsene im arbeitsfähigen Alter zuständig ist, Leistungen an 4,5 Millionen Berechtigte ausgezahlt; bis 2017 war diese Zahl auf 8,8 Millionen gestiegen. Wenn die Zahl der Berechtigten ebenso schnell gestiegen wäre wie die Bevölkerung, wären heute etwa 5,2 Millionen Amerikaner berechtigt, SSDI-Leistungen zu beziehen, was bedeutet, dass die tatsächliche Zahl von 8,8 Millionen um 70 Prozent höher liegt, als es zu erwarten gewesen wäre. Bei einem ähnlichen Programm für Kriegsveteranen hat sich in den vergangenen 20 Jahren die Anzahl der behinderten Leistungsberechtigten relativ zum Bevölkerungswachstum beinahe verdoppelt. Wenn man die Anzahl der Leistungsberechtigten aus den beiden von der SSA verwalteten Programmen und aus dem Programm für Kriegsveteranen aufaddiert und dann die Senioren abzieht, kommt man zu dem Ergebnis, dass heute sieben Prozent der Amerikaner unter 65 Leistungen für Behinderte beziehen – eine Quote, die nicht nur im Vergleich zu früheren Populationen, sondern auch absolut gesehen sehr hoch ist.

Die endlosen Kriege, die die Vereinigten Staaten in Afghanistan und im Irak führen, können vielleicht die wachsende Zahl behinderter Kriegsveteranen erklären. In den vergangenen Jahrzehnten sind nicht nur viele Mitglieder der Streitkräfte zu Schaden gekommen, sondern außerdem sind auch die Feldhospitäler immer besser geworden, sodass ein höherer Anteil der Soldaten überlebt, wenn auch mit Verletzungen. Verletzte Soldaten sind allemal besser als tote Soldaten, aber sie verursachen Kosten – finanzielle Belastungen für die Gesellschaft und menschliche Belastungen für die Angehörigen –, über die Politiker und Fernsehmoderatoren nicht gern sprechen, während sie ihre grandiosen Theorien erklären.

In der Zivilbevölkerung mag die Gesamtanzahl der behinderten Leistungsberechtigten zurückgehen, da ständig verbesserte Therapien und immer mehr Möglichkeiten für Telearbeit auch Menschen mit schweren körperlichen Problemen in die Lage versetzen, eine Vielzahl von Tätigkeiten auszuüben. Doch selbst wenn man die höhere Lebenserwartung und die größere Bevölkerung berücksichtigt, hat der Anteil an behinderten Menschen zugenommen. Sagt uns das etwas über die Volksgesundheit – oder vielleicht über die Gesellschaft?

Chana Joffe-Walt, eine Reporterin der im öffentlich-rechtlichen Programm ausgestrahlten Radioserie *This American Life*, gibt eine verstörende Antwort: Sie sagt, dass heute schon eine mangelhafte Bildung und Übergewicht genügen, um in der Wirtschaft als berufsunfähig zu gelten.[29] Im Jahr 2013 führte sie ein Interview mit einem Arzt in Alabama, der befürwortet, Leistungen der Bundesregierung für Berufsunfähige an jeden Menschen auszuzahlen, der keinen Highschool-Abschluss hat und stark übergewichtig ist, da auf dem heutigen Arbeitsmarkt kein Arbeitgeber eine solche Person einstellen würde.

Joffe-Walt hat herausgefunden, dass in ländlichen Regionen mehr Empfänger von Leistungen der Bundesregierung für Behinderte leben; ein größerer Anteil der Landbevölkerung ist unzureichend gebildet und zu übergewichtig, um ohne Hilfe aufrecht stehen zu können.[30] Daten des US Census Bureau (USCB, Volkszählungsbehörde) bestätigen diese Auffassung: In Alabamas weitgehend ländlichem Fourth Congressional District sind 17 Prozent der Erwachsenen im arbeitsfähigen Alter als behindert anerkannt, was mehr als doppelt so hoch ist wie die landesweite Quote. Joffe-Walt weist darauf hin, dass eine zynische Kalkulation dabei eine Rolle spielen könnte: Wenn ein Mensch ein unbefristetes Einkommen von 14 000 Dollar pro Jahr vom Staat bezieht und seine Gesundheitsaufwendungen von Medicaid (der staatlichen Gesundheitsfürsorge für Arme) bezahlt werden, und er dabei lange schlafen und dann den lieben langen Tag lang fernsehen kann, mag ihm das attraktiver erscheinen als ein Einkommen von 13 500 Dollar pro Jahr. Das entspricht dem gesetzlichen Mindestlohn bei einer 40-Stunden-Woche abzüglich Lohnsteuer – wobei er sich ständig Sorgen darum machen muss, seinen Job zu verlieren und dadurch auch seinen Krankenversicherungsschutz, und er im Morgengrauen aufstehen muss, um nach der Pfeife eines cholerischen Chefs zu tanzen.

Wenn jemand »auf Stütze ist«, wie man es in ländlichen Regionen nennt, ist das eine schnelle Reise ins Nirgendwo: keine Würde, keine Aussicht auf Erfolg und Beförderung, keine Möglichkeit, Familienangehörigen zu helfen; also kann man sich auch mit billigem Wodka volllaufen lassen und den Schmerz mit Medikamenten betäuben! Dies ist die Stelle, an der sich Sozialleistungen für Behinderte, Drogen- und Medikamentenmissbrauch, Rauchen sowie die von den Princeton-Wissenschaftlern Case und Deaton festgestellte Zunahme der Mortalität treffen.

Heute leben die gebildetsten Männer in den Vereinigten Staaten 14 Jahre länger als die ungebildetsten Männer.[31] Eine entsprechende Studie von S. Jay Olshansky deutet darauf hin, dass die Lebenserwartung von amerikanischen Frauen ohne Highschool-Abschluss seit den 1950er-Jahren nicht mehr zugenommen hat, während die Lebenserwartung von hochgebildeten Frauen im selben Zeitraum stark gestiegen ist. »Nichts geht deutlicher aus

den Daten hervor als der Zusammenhang zwischen Bildungsniveau und Lebenserwartung«, sagt Olshansky. »Die gute Nachricht ist, dass der Anteil der Bevölkerung mit geringer Bildung allmählich abnimmt. Die schlechte Nachricht ist, dass mangelhafte
Bildung heute noch tödlicher zu sein scheint als früher.«

Der Zusammenhang zwischen Bildung und Lebenserwartung
besteht nicht etwa, weil es den Blutdruck senkt, Hemingway zu
lesen; vielmehr ist ein Studium ein Indikator für andere Aspekte
im Leben eines Menschen. Die Centers for Disease Control haben
festgestellt, dass unter den Menschen, die nie ein College besucht
haben, dreimal so viele rauchen wie unter denjenigen, die einen
Bachelor-Abschluss gemacht haben.[32] Gebildete Menschen haben
generell ein höheres Einkommen und bewegen sich mehr – es
besteht ein Zusammenhang zwischen chronischen Erkrankungen
und Bewegungsmangel –, und sie befolgen ärztliche Anweisungen.
Viele Ärzte klagen darüber, dass ungebildete Patienten häufig ihre
Anweisungen ignorieren, selbst wenn es um so simple Dinge geht,
wie oft ein Medikament einzunehmen ist. John Rowe, Professor
für öffentliches Gesundheitswesen an der Columbia University
und ehemaliger CEO der Versicherungsgesellschaft Aetna, sagt:
»Wenn jemand in mein Büro käme und mich bitten würde, ihm
vorherzusagen, wie lange er noch zu leben hat, würde ich ihm
zwei Fragen stellen: Wie alt sind Sie, und wie viele Jahre hat ihre
schulische und akademische Bildung gedauert?«

Viele Entwicklungen, die zu einer höheren Lebenserwartung
führen – bessere sanitäre Verhältnisse, weniger Umweltverschmutzung, Notfallambulanzen auf dem neuesten Stand der
Technik –, kommen allen Bürgern gleichermaßen zugute. Bei der
Bildung ist das jedoch anders. In vielen Regionen sind die staatlichen Schulen und Universitäten miserabel, so zum Beispiel in
weiten Teilen von Kalifornien, Michigan und den Südstaaten der
USA; die finanzielle Ausstattung staatlicher Universitäten wird
gesetzlich beschnitten; private Colleges sind für viele Familien
unerschwinglich. Fragen der Bildung werden häufig aus Sicht der
sozialen Gerechtigkeit diskutiert – vielleicht sollte dabei auch der
Aspekt »Gesundheit« berücksichtigt werden. Wenn eine gute Bil-

dung der Schlüssel zu einem langen Leben ist, könnte das obere Fünftel den Rest der Bevölkerung weit hinter sich lassen.

Heute wird die Natur weithin als eine gütige Göttin verehrt, doch für unsere Vorfahren war sie eine Feindin, die durch Krankheiten, Raubtiere und Naturkatastrophen vielfältiges Leid über die Menschen brachte. Dass die Menschheit sich zuerst durch die natürliche Evolution entwickelte, dann eine jahrtausendelange Schlacht bis auf den Tod gegen die Natur führte und schließlich zu einer friedlichen Koexistenz mit der natürlichen Welt fand, wird eine erfreuliche Erzählung sein, wenn unsere Nachfahren eines Tages zurückblicken und den Lauf der Geschichte auf diese Weise analysieren können. Doch eine friedliche Koexistenz ist noch nicht errungen; in weiten Teilen der Welt geht die Schlacht gegen die Natur weiter. Die ablehnende Haltung gegenüber Impfungen, die auf der wissenschaftlichen Ignoranz der Linken und der Propaganda der Rechten beruht, hat dazu geführt, dass Polio (Kinderlähmung) wieder aufleben konnte. Bill Gates hat 2014 darauf hingewiesen, dass Tsetsefliegen, Raubwanzen und Süßwasserschnecken – die allesamt im Westen nahezu unbekannt sind – in Afrika, Mittel- und Südamerika jedes Jahr etwa 30 000 Todesopfer fordern. Aber noch viel schlimmer sind Moskitos. Im Jahr 2014 wurden weltweit etwa 475 000 Menschen von ihren Mitmenschen ins Jenseits befördert, durch Verbrechen, Kriege und häusliche Gewalt; im selben Jahr brachten Moskitos dagegen 725 000 Menschen um.

Doch im Kampf gegen Malaria werden ständig Fortschritte erzielt. Samir Bhatt von der University of Oxford hat gezeigt, dass seit dem Jahr 2000 die Häufigkeit von Malariainfektionen in Afrika um 40 Prozent zurückgegangen ist, trotz des Bevölkerungswachstums.[33] Die bis jetzt wirkungsvollste Maßnahme gegen die Anopheles-Mücke sind mit einem Insektizid behandelte Moskitonetze. Doch das reicht nicht: In den heißen Regionen der Welt – die sich möglicherweise ausdehnen – werden Impfstoffe gegen Krankheiten, die durch Mücken übertragen werden, benötigt. Unter Umständen kann auch eine andere Strategie funktionieren: Im Rahmen eines vielversprechenden Forschungsansatzes werden modifizierte Moskitos freigesetzt, die den Erreger des Denguefiebers nicht in sich tragen.[34] Die modifizierten Insekten vermehren sich wie gehabt und stechen auch, aber sie übertragen die Krankheit nicht mehr, wodurch allmählich eine immer weniger gefährliche Moskitopopulation entsteht. Falls dieses Verfahren auch gegen Malaria funktionieren kann oder ein Impfstoff gefunden wird, könnte das einen riesigen Fortschritt für die Gesundheit der Weltbevölkerung bewirken.

Stellen Sie sich vor, in den Vereinigten Staaten oder der Europäischen Union würden ebenso viele Menschen an Malaria erkranken wie in Schwarzafrika, wo zahllose Menschen an der Krankheit sterben und Millionen andere geschwächt und unproduktiv werden und dann Pflege brauchen, statt sich selbst versorgen zu können. Wenn Malaria auch im Westen derart verbreitet wäre, wäre sicherlich anzunehmen, dass die Wähler und Politiker der Vereinigten Staaten und der Europäischen Union die Suche nach einem Impfstoff zum wichtigsten Problem der Welt erklären würden.

Selbst wenn etliche Ausbrüche von Epidemien in der heutigen Generation eingedämmt werden konnten – wie können wir sicher sein, dass das auch in Zukunft immer gelingen wird? Heute ist es ein langwieriger Prozess, einen Impfstoff zu entwickeln, weil es dafür notwendig ist, einen bereits vorhandenen Krankheitserreger zu schwächen: So dauerte es zum Beispiel 30 Jahre, um den Impfstoff gegen Windpocken zu perfektionieren. Zurzeit werden »Impfstoff-Plattformen« aus rekombinanten Proteinen entwickelt – das Ziel ist eine Art Schablone, aus der rasch ein potenter Impfstoff gewonnen werden kann, wenn Mutationen von Krankheitserregern bekämpft werden müssen. Darüber hinaus ist es schwierig, Impfstoffe in großen Mengen zu produzieren, weil dabei einzelne Injektionen in Hühnereier oder andere mühsame Prozesse notwendig sein können. Im Prinzip können transgene Pflanzen die für einen Impfstoff notwendigen Proteine auf einfachere Weise erzeugen, als eine pharmazeutische Einrichtung sie produzieren kann.

In naher Zukunft könnte die Mutation eines Krankheits-
erregers zu folgender Reaktion des öffentlichen Gesundheitswesens führen: erste Impfung mit einem Impfstoff, der rasch aus
einer Impfstoff-Plattform entwickelt wurde, dann eine transgene
Pflanze, die die notwendigen Proteine erzeugt, ganz so, wie Nutzpflanzen wachsen. Es kann sein, dass früher oder später in diesem
Jahrhundert der ansteckende Impfstoff entwickelt wird. Menschen
können sich untereinander mit Krankheiten anstecken; warum
sollte es nicht möglich sein, dass sie sich auch mit Immunität
gegen Krankheiten anstecken könnten?

Die Antwort auf die Frage, warum Krankheiten uns nicht auslöschen, ließe sich so zusammenfassen: Das tun sie nicht, weil
sie es nicht können. Durch natürliche Auslese wurde der Homo
sapiens darauf vorbereitet, sich selbst gegen Krankheitserreger zu
verteidigen, und durch Verbesserungen der öffentlichen Gesundheitsvorsorge sind die Menschen widerstandsfähiger geworden.
Dennoch wird die Gesellschaft, da die Weltbevölkerung weiter
wächst, Reformen benötigen, um die öffentliche Gesundheitsvorsorge noch besser, erschwinglicher und auf gerechtere Weise
zugänglich zu machen.

Also werden wir nicht verhungern und nicht von Epidemien
ausgelöscht werden. Aber was ist, wenn die Natur zugrunde geht?

3 Wird die Natur zugrunde gehen?

Niemand denkt mit nostalgischen Gefühlen an die 1970er-Jahre zurück. Auf der ganzen Welt stagnierte die Wirtschaft, der Kalte Krieg prägte die Stimmung. China, der indische Subkontinent, der größte Teil Afrikas und weite Teile Südamerikas waren verarmt. Ausgedehnte Weltregionen waren Polizeistaaten, von Staats wegen rassistisch oder beides.

Und man glaubte, die Natur stünde kurz vor dem Kollaps. Rohöl wurde für so knapp gehalten, dass auf höchster Ebene in Washington und London überlegt wurde, einen Angriffskrieg zu führen, um sich der Ölreserven der Arabischen Halbinsel zu bemächtigen. Die Erdgasvorkommen hielt man für so weit erschöpft, dass der US-Kongress ein Gesetz verabschiedete, das es praktisch verbot, Erdgas zu verwenden. Man glaubte, dass viele Mineralien- und Erzvorkommen, sogar der für die Herstellung von Beton benötigte Flusssand, sehr bald erschöpft sein würden. Gesundheitsschädliche Luftverschmutzung war weitverbreitet, in Los Angeles kam es durchschnittlich zu 125 »Stufe 1«-Smogwarnungen pro Jahr.[1] Die Industrie kippte ihre giftigen Abfälle nach Belieben in die Landschaft, während die Städte ihre ungeklärten Abwässer in Flüsse, Seen und Ozeane einleiteten. Gefährliche Chemikalien wie Daminozid und Dioxin tauchten im Grundwasser und sogar auf Äpfeln auf. Durch Ausdünnung der Ozonschicht in großen Höhen konnte Strahlung, die vorher von der Stratosphäre abgeblockt worden war, durch die Erdatmosphäre gelangen. Im Weißen Haus verkündete Richard

Nixon, dass bis zum Jahr 2000 »unsere Städte an der Luftverschmutzung ersticken« würden. Große Waldgebiete wurden durch sauren Regen geschädigt, im Amazonasgebiet durch Brandrodung vernichtet oder einfach abgeholzt. »Charismatische Megafauna« – große, liebenswerte Tiere – war gefährdet, zum Beispiel der Seeotter, der an der kalifornischen Küste nur noch selten gesehen wurde. Zahlreiche Tierarten waren vermeintlich vom Aussterben bedroht, auch der in Nordamerika heimische Weißkopfseeadler, das Wappentier der Vereinigten Staaten.

Durch zwei Faktoren drohte die Lage noch schlimmer zu werden. Der erste war die unglaubliche Beschleunigung des Bevölkerungswachstums aufgrund der in den ersten beiden Kapiteln beschriebenen immer besseren Versorgung mit Nahrungsmitteln und medizinischen Leistungen. Der zweite waren frühe Anzeichen einer vom Menschen verursachten Klimaveränderung.

Im Jahr 1970 verkündete der Anchorman Walter Cronkite, der bekannteste Fernsehmoderator der Vereinigten Staaten, das »Bevölkerungswachstum [sei] völlig außer Kontrolle geraten«.[2] Seither hat sich die Weltbevölkerung verdoppelt. Wenn ein Zeitreisender Walter Cronkite 1970 gesagt hätte, dass auf der Welt schon bald doppelt so viele Menschen leben würden und dass die Emission von künstlich erzeugten Treibhausgasen zu einer wissenschaftlich unwiderlegbaren Erwärmung der Erdatmosphäre führen würde, hätte Cronkite sicherlich mit seinem berühmten onkelhaften Bariton vorhergesagt, dass die Biosphäre zugrunde gehen werde.

Stattdessen konnte ich 2017 beobachten, wie ein Weißkopfseeadler friedlich über meinen Wohnort in der Nähe von Washington, D.C., hinwegglitt. Die Adler in Nordamerika haben sich so weit vermehrt, dass die International Union for the Conservation of Nature (IUCN, Weltnaturschutzunion), die Statistiken über die Bestände bedrohter Tierarten erstellt, den Vogel heute unter »nicht gefährdet« führt.[3]

Der Adler flog durch Luft, die frei war von Smog, wie sie es heute in amerikanischen Städten fast immer ist.[4] In den Zeitun-

gen, die in meinem Briefkasten landen, lese ich, dass ein Überangebot an Rohöl und Erdgas die Energiepreise auf Tiefststände
drückt. »Oil Glut Worries« (Ölschwemme macht Sorgen) – Seite
eins, *Wall Street Journal* vom 10. März 2017; »Natural Gas Glut
Deepens« (Erdgas-Überangebot wird immer größer), gleiche Zeitung, gleiche Seite, eine Woche später.

Eigentlich war erwartet worden, dass die Gesellschaft heute
völlig in Panik sein müsste, weil Öl und Erdgas knapp würden –
stattdessen macht man sich Sorgen über zu viel Brennstoff. Eine
andere Zeitung berichtet, an der kalifornischen Küste würden sich
wieder so viele Seeotter tummeln, dass die Badeorte von Touristen
überlaufen werden, die die Tiere beobachten wollen. Sauren Regen
gibt es so gut wie gar nicht mehr, und das Ozonloch in der Stratosphäre ist dabei, sich wieder zu schließen. In Flint, Michigan, und
am Long Island Sound lässt die Wasserqualität immer noch zu
wünschen übrig, doch generell wird das Wasser immer sauberer –
im Boston Harbor, in der Chesapeake Bay, im Puget Sound und
in anderen großen Küstengewässern, die noch vor einer Generation völlig verdreckt waren, kann man heute meistenteils wieder
sorglos schwimmen und angeln; sie entsprechen den im Clean
Water Act von 1972 aufgestellten Qualitätsstandards.[5] Fast jeder
ökologische Indikator in den Vereinigten Staaten ist positiv, und
das schon seit Jahren, wenn nicht gar Jahrzehnten.

Der majestätisch vorbeigleitende Weißkopfseeadler macht
mich nicht selbstzufrieden in Bezug auf die natürliche Umwelt;
vielmehr lässt er mich hoffen, dass auch die Treibhausgasemissionen unter Kontrolle gebracht werden können, ganz so, wie es
schon bei vielen anderen Umweltproblemen gelungen ist. Auf
Reformen, die der Klimaveränderung entgegenwirken, werde ich
in einem späteren Kapitel näher eingehen; hier soll es genügen, die
Frage zu beantworten, warum die Natur nicht zugrunde gegangen
ist, obwohl immer mehr Menschen immer mehr Rohstoffe verbrauchen.

Vom Menschen herbeigeführte Umweltschäden können ver-
heerend sein; man denke nur an die von der *Exxon Valdez* verursachte Ölkatastrophe, von der die Tierwelt im Prince William

Sound in Alaska für immer zerstört wurde. Zumindest wurde uns das 1989 gesagt, nachdem der Tanker auf das Bligh Reef aufgelaufen war. Heute haben sich dort die meisten Arten der im Meer und in der Gezeitenzone lebenden Flora und Fauna wieder so weit erholt, dass ihre Bestände der Zeit vor der Katastrophe entsprechen. Heute ist die Meeresbucht wegen ihrer Schönheit und biologischen Beschaffenheit ein beliebtes Ziel für Walbeobachtungsausflüge. Der Ölkonzern Exxon (heute ExxonMobil) wurde – durchaus zu Recht – zu milliardenschweren Straf- und Schadensersatzzahlungen verurteilt, doch in geologischen Zeiträumen betrachtet ging die ganze Angelegenheit in einem Wimpernschlag vorüber.

Die Menschheit ist keineswegs der einzige schädliche Umwelteinfluss. Im Jahr 1980 explodierte eine unter Hochdruck stehende Magmakammer des Mount Saint Helens im US-Bundesstaat Washington mit der Gewalt von etwa 1500 Hiroshima-Bomben.[6] Ein Analyst schrieb: »Etwa 19 Millionen uralte Douglasfichten, Bäume mit tief reichenden Wurzeln, wurden aus dem Boden gerissen und wie Streichhölzer durcheinandergeworfen«.[7] In einem Flammenmeer wurden Hunderte von Quadratkilometern in Schutt und Asche gelegt, in der Umgebung des Vulkans verbrannten zahllose Tiere und 57 Menschen. Zahlreiche Kommentatoren sagten damals, das Gebiet um den Mount Saint Helens sei für immer zerstört. Als ich 1992 dort eine Wanderung machte, stellte ich erstaunt fest, dass Gegenden, die 1980 wie tote Mondlandschaften ausgesehen hatten, von Pflanzen und Tieren nur so wimmelten: jede Menge Wildblumen, Elche und Fichtenschösslinge. Heute ist das Mount Saint Helens National Volcanic Monument ein empfohlenes Ziel für Backpacker.

Im Laufe von Jahrmillionen ist die Natur von weit schlimmeren Verletzungen genesen als den schlimmsten, die der Mensch jemals angerichtet hat – Eiszeiten, Meteoriteneinschlägen, Jahrtausenden von so extremen Vulkanausbrüchen, dass rings um die Welt Aschewolken das Sonnenlicht jahrelang blockierten. Der extreme Vulkanismus, der vor Äonen Sibirien schuf, entfesselte schätzungsweise drei Milliarden Mal die Gewalt der Hiroshima-Explosion und stieß viel mehr Rauch aus als sämtliche Kriege und Fabrikschlote der Menschen zusammen. Die Natur hat Abwehrmechanismen gegen solche Schäden entwickelt, ganz ähnlich wie der menschliche Körper sein Immunsystem gegen Krankheitserreger. Das soll keineswegs heißen, dass Umweltschäden unwichtig sind, ebenso wenig wie das Vorhandensein von Immunsystemen Krankheitserreger unwichtig macht; bevor wir uns jedoch fragen, ob die Natur zugrunde gehen wird, sollten wir uns daran erinnern, dass unsere fortgesetzte Existenz beweist, dass die Biosphäre eine grüne Festung ist.

Ebenso wichtig ist es, den verbreiteten Irrtum aufzugeben, dass die Maxime für den Umgang des Menschen mit der vorgefundenen Welt darin bestehen sollte, die »richtige« Beschaffenheit der Umwelt zu bewahren. Die Umwelt hat keine richtige Beschaffenheit, sondern ist vielmehr ständig im Wandel begriffen. Der Evolutionsbiologe Richard Lewontin von der Harvard University hat geschrieben: »Die Menschheit kann unter dem Banner ›Umweltschutz‹ nicht rational existieren, weil ›die Umwelt‹ nicht existiert, um geschützt zu werden. Die von lebenden Organismen bevölkerte Welt wird durch die Aktivitäten all dieser Organismen ständig verändert und umgebaut, nicht nur durch die Aktivitäten des Menschen.« Würde der Mensch morgen von der Erde verschwinden, würde die Umwelt sich trotzdem immer weiter verändern.

Ein wichtiger Indikator für die Gesundheit der Natur sind Bäume. Im Laufe des 19. Jahrhunderts, als Brennholz zum Heizen und Kochen und gerodete Ackerflächen gebraucht wurden, nahm die Größe der bewaldeten Flächen schnell ab. Achtloses Abholzen hatte häufig die ungewollte Folge, dass der Boden ausgewaschen wurde und es zu Schlammlawinen kam. Als die 1980er-Jahre anbrachen, hatten die Emissionen von Kohlekraftwerken – hauptsächlich in Form von Schwefeldioxid, das sich in der Luft mit Wasser zu Schwefelsäure verbindet – so stark zugenommen, dass die Wälder in den Appalachen und im östlichen Europa durch sauren Regen bedroht waren. Ein »neuer stiller Frühling« wurde vorhergesagt: Falls die Wälder sterben sollten und somit keinen

Lebensraum für Vögel mehr bieten könnten, würden keine Sing-vögel mehr den Frühling begrüßen. Doch schon 1999 schrieb der Klimaaktivist Bill McKibben, die Gesundheit der Wälder sei ein gelöstes Problem: »Die Waldgebiete im Osten der Vereinigten Staaten sind heute ebenso groß wie vor der Amerikanischen Revolution.«[8]

Als Al Gore Vizepräsident der Vereinigten Staaten war, wurde die flächendeckende Vernichtung des Regenwaldes im Amazonas-gebiet vorausgesagt. Gore pflegte sein Publikum gern zu schockie-ren, indem er sagte, im Amazonasbecken werde jede Sekunde ein Stück Urwald in der Größe eines Footballfelds niedergebrannt oder abgeholzt. Daraus ergibt sich, dass bis heute in Brasilien eine Waldfläche von 14 Millionen Football-Feldern – 8,5 Millionen Hektar – verschwunden sein muss. Gores Vorhersage stellte sich als zutreffend heraus – und dies ist vielleicht das einzige Mal, dass jemand so etwas geschrieben hat! Doch obwohl sich eine Fläche von 8,5 Millionen Hektar für einen Bewohner einer dicht bewohn-ten Stadt wie San Francisco oder Tokio riesig anhören mag – unge-fähr so wie die Ausdehnung der Andromeda-Galaxie –, macht sie nur etwa ein Prozent des Regenwalds am Amazonas aus.

Seit etwa 2015 hat das Tempo der Abholzung am Amazonas auf etwa 800 000 Hektar pro Jahr zugenommen, was auf Satelliten-fotos zu erkennen ist, die von brasilianischen Wissenschaftlern zusammengetragen wurden.[9] Das ist zwar beunruhigend, aber selbst wenn die Entwaldung am Amazonas noch etliche Genera-tionen in diesem Tempo weitergehen sollte, wäre der Regenwald immer noch unermesslich groß. Aber auch abgesehen davon gibt es gute Gründe, warum das Wort »Entwaldung« uns Sor-gen machen sollte. Erstens wird durch Brandrodung von Regen-wald Kohlenstoff aus dem Boden freigesetzt: Die Entwaldung könnte gravierendere Folgen für die Erderwärmung haben als für den Erhalt unberührter Natur. Zweitens hat in der Menschheits-geschichte eine Entwaldung in vielen Fällen das Ende einer Gesell-schaft angekündigt, da es bei Bäumen so viel länger dauert als bei anderen Pflanzen, sie zu ersetzen. Der Geograf Jared Diamond von der University of California in Los Angeles ist davon überzeugt, dass die Zivilisationen der indigenen Völker Anasazi und Maya untergingen, weil sie durch zu schnelle Entwaldung den Verlust von fruchtbarem Boden (durch Erosion und Wind) herbeiführten, wodurch ihre Landwirtschaft zum Erliegen kam.[10] Die modernen Formen der Landwirtschaft würden vermutlich die heutige Welt vor solchen negativen Folgen schützen, aber dennoch sollten wir uns davor hüten, einen Fehler zu wiederholen, der in der Vergangenheit großes Leid über viele Menschen gebracht hat.

Der Baumbestand außerhalb des Amazonasbeckens hat sich seit mindestens einer Generation positiv entwickelt. Eine Gruppe von Forschern unter der Leitung von Thomas Crowther an der School of Forestry der Yale University gelangte anhand von Satellitenbildern zu der Einschätzung, dass der größte Verlust von Waldgebieten durch den Menschen schon vor dem 20. Jahrhundert stattgefunden hat, also nicht erst in unserer Zeit.[11] Sie kamen zu dem Ergebnis, dass es heute etwa drei Billionen Bäume auf der Erde gibt, das sind 425 Bäume pro Person. Im Jahr 2015 trug ein Forscherteam unter der Leitung von Simon Lewis vom University College London Satellitenaufnahmen von Südamerika zusammen, wertete sie aus und stellte fest, dass beinahe alle Waldgebiete des Kontinents, auch die meisten Regenwälder, in die Kategorie »am wenigsten beeinträchtigte Gebiete« fielen.[12]

Während manche Gefahren für Wälder zurückgingen, nahm der saure Regen zu, vor allem von ungefähr 1950 bis in die 1980er-Jahre hinein. Die Bedrohung von Waldgebieten im Osten der Vereinigten Staaten durch sauren Regen hörte erst auf, als 1990 ein Gesetz verabschiedet wurde, mit dem ein »Cap and Trade«-System (Emissionshöchstgrenzen und -handel) eingeführt wurde, das Höchstgrenzen für die Emission von Schwefeldioxid und ähnlichen Gasen durch Kraftwerke festlegte. Im Jahr 2016 berichtete die Environmental Protection Agency (EPA, US-Umweltschutzministerium), dass seit Inkrafttreten dieses Gesetzes die Schwefeldioxidemissionen in den Vereinigten Staaten um 81 Prozent zurückgegangen seien.[13] Das Cap-and-Trade-System wurde von Resources for the Future entwickelt, einem parteipolitisch unabhängigen Thinktank, und von William K. Reilly unterstützt, der Anfang der 1990er-Jahre als Direktor der EPA fungiert hatte (was der Rolle eines US-Umweltschutzministers gleichkommt). Es stellte sich heraus, dass dieses System wesentlich schneller Wirkung zeigte und deutlich weniger Kosten verursachte, als erwartet worden war. Darüber hinaus wird Reilly dafür gelobt, Anfang der 1990er-Jahre die Ölkonzerne unter Druck gesetzt zu haben, bei Ölbohrungen austretendes, störendes Erdgas nicht abzufackeln – Filmszenen von hohen Flammengarben neben Ölbohrtürmen zeigen, wie Erdgas abgefackelt wird. Dieses Erdgas sollte nicht abgefackelt, sondern als saubere Energiequelle genutzt werden, und außerdem vermutete Reilly völlig zu Recht, dass beim Abfackeln von Erdgas Methan in die Erdatmosphäre geblasen wird, ein Treibhausgas, das noch schädlicher ist als Kohlenstoffdioxid.

Den sauren Regen in den Griff zu bekommen war nicht teuer, weil das Cap-and-Trade-System sich auf die Kräfte des Marktes statt auf Verordnungen von oben verlässt: Den Ingenieuren eines Kraftwerks steht es frei, dessen Emissionen auf jede geeignete Weise zu senken, und falls sie über das Ziel – nämlich den gesetzlich vorgeschriebenen Grenzwert – »hinausschießen«, können sie die nicht genutzten Emissionsrechte an andere Kraftwerke verkaufen, die Schwierigkeiten haben, den Grenzwert einzuhalten. Kommentatoren, die vor Wut über dieses System schäumten, weil es das Recht festschreibt, die Umwelt zu verschmutzen, vergaßen stets zu erwähnen, dass die Gesamtemissionen kontinuierlich zurückgingen.

Nachdem das Cap-and-Trade-System gegen den sauren Regen in den Vereinigten Staaten eingeführt worden war, wurden auch in der Europäischen Union und in China ähnliche Maßnahmen umgesetzt, wodurch auch dort die Schwefeldioxidemissionen gesenkt werden konnten. Daraus lässt sich eine kleine und eine große Erkenntnis gewinnen. Die kleine ist, dass der Schutz von Wäldern weniger kostet und einfacher zu bewerkstelligen ist, als früher angenommen wurde. Die große ist, dass der saure Regen ohne internationale Regulierungen und ohne Aufsicht durch die Vereinten Nationen unter Kontrolle gebracht werden konnte –

in internationalen Abkommen wird saurer Regen nicht einmal erwähnt. Die Länder sind gegen sauren Regen vorgegangen, ohne dazu gezwungen zu sein, weil es sowohl erschwinglich als auch im nationalen Interesse ist, dieses Problem anzupacken. Dieses Beispiel ist einer der Gründe, die die Hoffnung nähren, dass auch die Treibhausgasemissionen unter Kontrolle gebracht werden können.

In der Zeit, als viele Kommentatoren befürchteten, es würde zu einem flächendeckenden Waldsterben kommen, war ein Mann namens Roger Sedjo der Waldexperte bei Resources for the Future. Er schrieb akademische Abhandlungen, in denen er vorhersagte, dass Bäume und die Lebensräume, die sie entstehen lassen – ein Großteil der Flora und Fauna in einem Wald entsteht unter dem Blätterdach oder gar unter dem Boden –, sich wieder völlig erholen würden. »Früher ging man davon aus, dass die Landwirtschaft es notwendig machen würde, auch noch den letzten Hektar Wald zu roden, aber schon in meiner Jugend ließen etliche Leitindikatoren erkennen, dass die Landwirtschaft immer weniger Fläche brauchen würde«, sagt Sedjo. Er schätzt, dass die weltweite Waldbedeckung seit 1980 um etwa 15 Prozent zugenommen hat und dass die Waldfläche in den Vereinigten Staaten heute ebenso groß ist wie 1950; zugleich ist der »wood stock« – der Holzbestand, nicht das Festival – seit 1980 um beinahe 50 Prozent gewachsen. Und diese Verbesserungen der Wald- und Holzbestände wurden erreicht, während die Zahl der Menschen, die auf der Welt leben, dramatisch gestiegen ist.

Sedjo ist davon überzeugt, dass der geringere Flächenbedarf der Landwirtschaft und verbessertes Abholzungsmanagement dazu geführt haben, dass der Baumbestand wieder wächst. In diesem Zusammenhang bedeutet »verbessertes Abholzungsmanagement« das Anlegen von Baumplantagen mit langen Reihen von schnell wachsenden Bäumen, die ein Unternehmen ernten wird, um Holz zu gewinnen. Solche Methoden könnten als »Vergewaltigung der Natur« aufgefasst werden. »Viele Menschen scheinen Baumplantagen aus mystischen Gründen abzulehnen, weil sie eine spirituelle Beziehung zu einem unberührten Wald haben«, sagt Sedjo. »Aber niemand hat eine spirituelle Beziehung zu einer Reihe Tomatenpflanzen. Es scheint niemand etwas dagegen zu haben, Gemüse in Reihen anzupflanzen, doch bei Baumreihen scheint so etwas falsch zu sein. Dabei sind es in beiden Fällen einfach nur von Menschen angebaute Pflanzen.«

Auf einer konzeptionellen Ebene gleichen Bäume großen Weizenhalmen – sie können gepflanzt, geerntet und wieder neu gepflanzt werden, in einem endlosen Zyklus. Ein abgeerntetes Weizenfeld ist ein visueller Eindruck von Wohlstand und herbstlicher Ernte, während eine Plantage mit Stümpfen von geernteten Bäumen Ablehnung hervorruft. Wenn die Natur ein Bewusstsein hätte, würde sie sich sehr darüber wundern, dass die Menschen es in Ordnung finden, Obst und Gemüse in Reihen anzubauen und zu ernten, aber gleichzeitig glauben, dass Bäume nur in ungeordneten Gruppierungen wachsen sollten.

Den Bäumen geht es also gut, aber wie ist es um die Tierwelt bestellt? Das Fazit von Rachel Carsons beklemmendem, 1962 erschienenem Bestseller *Silent Spring (Der stumme Frühling)* war, dass die meisten in Nordamerika heimischen Vogelarten bald ausgestorben sein würden. Tatsächlich hatten jedoch 33 der 40 Vogelarten, die in dem Buch als beinahe ausgestorben bezeichnet wurden, drei Jahrzehnte nach dessen Veröffentlichung eine stabile oder wachsende Population in den Vereinigten Staaten; bei sieben Arten ging der Bestand zwar zurück, aber sie waren weit davon entfernt, ausgestorben zu sein.[14] In der jährlichen Weihnachts-Vogelzählung der National Audubon Society, der umfassendsten Aufzeichnung von Bestandszahlen, wurden für 2016 »alarmierende« Rückgänge einiger Vogelarten festgestellt, doch die Populationen der meisten Arten werden größer. Es wurden 646 in den Vereinigten Staaten heimische Vogelarten gezählt, darunter 182 in Los Angeles – einer Stadt, die einmal so verschmutzt war, dass den dort wild lebenden Tieren die unmittelbar bevorstehende Ausrottung zu drohen schien.[15]

Ungefähr eine Woche, nachdem ich den Weißkopfseeadler über meinem Haus gesehen hatte, machte ich einen Waldspaziergang in einem Naturschutzgebiet, das nur etwa 25 Kilometer vom Weißen Haus entfernt liegt. Ich konnte drei wild lebende Truthähne beobachten – allerdings verzichtete ich wohlweislich darauf, mich ihnen zu nähern, da sie ziemlich streitlustig sein können. Die Populationen von Wildtruthähnen und einigen anderen Vogelarten haben sich erholt, seit die Amerikaner ihre Lebensmittel im Supermarkt kaufen und kein Wild mehr fürs Dinner schießen. Auch die Bestände von Adlern und anderen wild lebenden Tieren haben sich erholt, weil die Gesellschaft sich Carsons Warnung zu Herzen genommen und den gedankenlosen Einsatz von Insektiziden wie DDT eingeschränkt hat.

Diese geflügelten Beispiele lenken den Blick auf eine breitere Perspektive von wild lebenden Tierarten: Zwar gibt es Probleme, aber nicht in dem Ausmaß, wie es erwartet wurde, als viele Experten ein rapides, von Menschen verursachtes Massensterben vorhersagten, vergleichbar den verheerenden Folgen des Meteoriteneinschlags, der die Dinosaurier aussterben ließ. Die International Union for the Conservation of Nature kommt zu dem Schluss, dass die meisten bekannten Arten – wahrscheinlich gibt es eine Menge Lebewesen, von denen wir noch gar nichts wissen – in guter Verfassung sind. Die IUCN hält 1,3 Prozent der Arten für akut vom Aussterben bedroht und etwa 20 Prozent für anderweitig unter Druck, entweder durch Aktivitäten des Menschen oder aus natürlichen Ursachen.[16] Entsprechende Studien zeigen einen negativen Trend für Korallen, die durch die Erwärmung der Meere gefährdet sind, weil sie temperaturempfindlich und ortsgebunden sind. Katherine MacKinnon, eine Anthropologin an der St. Louis University, stellte 2017 fest, dass die Primaten – Menschenaffen, Schimpansen und Bonobos (Zwergschimpansen), also die Tiere, die dem Menschen am ähnlichsten sind – die am stärksten gefährdete Klasse sind, da der Mensch immer häufiger in ihre abgeschiedenen Lebensräume eindringt.[17]

Dass die früheren Vorhersagen eines großen, durch den Menschen verursachten Artensterbens nicht eingetroffen sind, bedeutet keineswegs, dass die Gefahren für unsere Mitgeschöpfe gebannt sind. Es bedeutet auch nicht, dass die Gefahr für uns selbst vorüber ist: Der Mediziner und Forscher Frank Fenner, der eine der treibenden Kräfte beim Ausmerzen der Pocken war, sagte 2010 voraus, dass der Mensch bis Ende des 21. Jahrhunderts aussterben werde.[18] Doch bis jetzt sind durch den Menschen weniger Arten ausgestorben, als vorhergesagt worden war.

Ozon ist mehr als ein Straßenname in Venice, Kalifornien. Ozon ist ein Gas, das aus Sauerstoffmolekülen mit drei Atomen besteht und seltener vorkommt als der gewohnte zweiatomige Sauerstoff. Dieser Unterschied klingt banal, aber da die Lungen von Säugetieren sich entwickelt haben, um zweiatomigen Sauerstoff zu verarbeiten, ist die dreiatomige Version – die heute als Bestandteil von städtischem Smog den Weg in unsere Lungen findet – schädlich für den Atmungsapparat. Der Mensch – vor allem Kinder und Senioren – sollte kein Ozon einatmen. Kilometerweit über unseren Köpfen, in der Stratosphäre, ist Ozon dagegen nützlich. Dort spielen die chemischen Prozesse, die unseren Lungen schaden können, keine Rolle, doch eine andere Eigenschaft von Ozon wirkt sich da oben umso nützlicher aus: Der dreiatomige Sauerstoff absorbiert UV-Strahlung und trägt so dazu bei, uns von den schädlichen Bestandteilen der Sonnenstrahlung abzuschirmen.

Dass die Ozonschicht der Erdatmosphäre sich regional unterschiedlich auswirkt, führt zu einem der verrückten Gleichgewichte der natürlichen Umwelt. Ozon schadet der Lunge, schützt jedoch die Haut vor schädlicher Strahlung: Es gab eine Zeit in der jüngeren Vergangenheit, als es für die Haut weniger gefährlich war, sich an einem Strand im versmogten Kalifornien zu sonnen als in einer Region mit gefährlich sauberer Luft wie Hawaii. Schwefeldioxid bewirkt ein anderes verrücktes Gleichgewicht: In den unteren Schichten der Erdatmosphäre wird dieses Gas zu saurem Regen, aber weiter oben in der Luft bildet es Partikel, welche die Wärmeenergie der Sonne in den Weltraum zurückstrahlen, wodurch die Erderwärmung verlangsamt wird. In Anbetracht der Menge an Treibhausgasen in der Atmosphäre müsste sich die Erde eigentlich stärker erwärmt haben, als es tatsächlich der Fall ist. Es gibt zahlreiche mögliche Erklärungen für die Beobachtung, dass die

Erde sich langsamer erwärmt, als zu erwarten gewesen wäre, zum Beispiel, dass Schwefeldioxid ein »Antitreibhausgas« ist, das den Planeten kühlt. Sind solche Initiativen, die Schwefeldioxidemissionen zu reduzieren, also Reformen, wie sie in diesem Kapitel gelobt wurden? Je weniger saurer Regen, desto stärkere Erderwärmung.

Seit Beginn der Nachkriegszeit wurden zunehmend sogenannte Fluorchlorkohlenwasserstoffe (FCKWs) und Halone als Kühlmittel und Brandhemmer eingesetzt. Entsprechende Messungen zeigten, dass FCKWs und Halone sich hoch oben in der Atmosphäre ansammeln und das »gute« Ozon zerstören. Im Jahr 1985 entdeckte eine Forschergruppe unter der Leitung von Joseph Farman von der Cambridge University in England ein »Ozonloch« in der Stratosphäre über der Antarktis. Da es sich über der Eisdecke des Südkontinents befand, stellte dieses Ozonloch keine Gefahr für Menschen dar, doch falls es sich ausdehnen sollte, würde die Welt durch Strahlung, die nicht mehr durch die Ozonschicht abgeschirmt war, gefährdet werden.

Im Jahr 1987 einigten sich die westlichen Länder darauf, den Einsatz von FCKWs und Halonen phasenweise auslaufen zu lassen. Bis 2012 hatten sämtliche Länder diese Vereinbarung ratifiziert, wodurch sie zu dem ersten weltweit gültigen Abkommen wurde, das auf unserem Blauen Planeten erreicht wurde. Der Ozonschwund in der Stratosphäre hat inzwischen aufgehört; das Ozonloch schrumpft und ist wahrscheinlich dabei, sich ganz zu schließen.[19] Halone und FCKWs wurden durch andere Stoffe ersetzt, die als Kühlmittel oder Brandhemmer ebenso gut funktionieren, ohne als Katalysatoren für den Ozonschwund zu wirken.

Es gibt einen Schnittpunkt zwischen dem Problem »Ozonloch« und dem Problem »Klimaveränderung«. Durch technologischen Dynamismus und entschlossenes politisches Handeln konnte die Ozonschicht repariert werden: Die Chemiker fanden eine Lösung, und nahezu alle Regierungen unterstützten die notwendigen Reformen. Das unterscheidet sich fundamental von der Reaktion der Welt auf die menschengemachte Klimaveränderung.[20] Im Fall des Ozonlochs war klar, dass FCKWs – chemische Verbindungen, die in der Natur nicht vorkommen – die Erdatmosphäre schädigen. Ebenso klar war, dass diese schädlichen Substanzen auf wirtschaftlich praktikable Weise verboten werden konnten. Im Fall der Klimaveränderung kommt der Hauptschuldige, nämlich Kohlenstoffdioxid, in der Natur in so riesigen Mengen vor, dass sie die Emissionen des Menschen bei Weitem übersteigen; hinzu kommt, dass fossile Brennstoffe nicht so schnell ersetzt werden können, wie es bei FCKWs und Halonen der Fall war.

Der vom Menschen verursachte Anstieg des Kohlenstoffdioxidgehalts der Atmosphäre, von 300 ppm (parts per million, also Teile pro Million oder Gramm pro Tonne) im Jahr 1900 auf 400 ppm heute, entspricht einem zusätzlichem Molekül von künstlich erzeugtem Kohlenstoffdioxid pro 10 000 Molekülen aller anderen Stoffe in der Luft. Viele Wissenschaftler meinten, eine so kleine Veränderung könne keine Auswirkungen haben auf ein System, das so gewaltig, aktiv und energiegeladen ist wie die Erdatmosphäre. Im Jahr 1991 war dies eine vernünftige, vom Mainstream getragene Auffassung: Die US National Academy of Sciences (Nationale Wissenschaftsakademie der USA) erklärte 1991, »es gibt keine Belege« für vom Menschen verursachte Auswirkungen auf das Klima.[21] Dann mehrten sich jedoch die Belege durch wissenschaftliche Forschung und Experimente und bestätigten die nicht gerade plausible These, dass ein neues Molekül pro 10 000 schon vorhandenen tatsächlich bewirken könne, dass die Atmosphäre mehr Wärme hält. Im Jahr 2005 schloss sich daraufhin die US National Academy of Sciences einem gemeinsamen Statement der Wissenschaftsakademien von Großbritannien, China, Deutschland und Japan an, in dem es heißt: »Inzwischen gibt es belastbare Belege dafür, dass eine signifikante Erderwärmung stattfindet.«[22]

Da zunächst erhebliche Zweifel bestanden, ob sich das Klima tatsächlich verändert, und da die weltweiten Lebensstandards abstürzen würden, wenn man einfach die Nutzung fossiler Brennstoffe verbieten wollte, wie man es mit den Ozonkillern getan hatte, verkam der öffentliche Diskurs zu einer ideologisch geführten Scheindebatte. Noch vor einer Generation unterstützte die

Republican Party der USA wissenschaftlich fundierten Umweltschutz: Ronald Reagan setzte sich für das Verbot von FCKWs
ein, und Präsident Bush senior unterzeichnete 1990 ein Gesetz
zur Reduzierung der Luftverschmutzung. Doch in den Jahren bis
zur Präsidentschaftskandidatur von Donald Trump hatten sich
die Republikaner zusehends vom Umweltschutz und der wissenschaftlichen Methode abgewandt; mittlerweile ist in der extrem
gespaltenen Parteienlandschaft von heute der Begriff »wissenschaftlich fundiert« in allen Lagern zu der Bedeutung verkommen: »Was auch immer den Interessen unserer Parteispender
dienen mag.« Trump hat Klimaveränderung als einen Schwindel bezeichnet, der »von den und für die Chinesen in die Welt
gesetzt wurde«. Dieser hanebüchene Unsinn half ihm, ins Weiße
Haus gewählt zu werden. Im Jahr 2017 reduzierte China die Treibhausgasemissionen, indem es den Bau von 103 Kohlekraftwerken
absagte, was natürlich die Frage aufwirft, wieso die chinesische
Regierung auf ihren eigenen Schwindel hereinfallen sollte.[23]

Alles geht irgendwann zu Ende, oder? Das klingt vernünftig, da
die Erde eine endliche Größe hat, und obwohl die Galaxie über
unseren Köpfen unermessliche Mengen an Rohstoffen enthält,
könnten noch Jahrhunderte vergehen, bevor das einen Unterschied für die Menschheit ausmacht. Weil es vernünftig klingt,
dass alles irgendwann zu Ende geht, halten manche Beobachter
die Erschöpfung der Rohstoffvorkommen für die schwarze Wolke,
die über der Natur schwebt.

Vor einer Generation nahmen Experten das Tempo, mit dem
wir Rohstoffe verbrauchen, multiplizierten es mit dem erwarteten
Bevölkerungswachstum und sahen eine düstere Zukunft voraus.
Diesen Ansatz könnte man als »the fallacy of the uninterrupted
trend« (Fehler des fortgeschriebenen Trends) bezeichnen. Hätte
man im späten 19. Jahrhundert die Anzahl aller Pferde in New
York City genommen und sie auf einen fortgeschriebenen Trend
projiziert, wäre man zu der Prognose gekommen, dass Manhattan zu einem riesigen Pferdestall werden müsse. Aber Trends
verändern sich – einerseits durch technische Innovationen und

andererseits, weil eine Marktwirtschaft eine effiziente Verwendung von Rohstoffen fördert. In der alten Sowjetunion wurden Prämien für Stahlwerke nicht etwa nach Kriterien wie Produktionsqualität oder dem tabuisierten Konzept von Profit gewährt, sondern vielmehr danach, wie viel Erz, Koks und Kohle das Werk verbraucht. Das führte dazu, dass Rohstoffe verschwendet und die Umwelt verschmutzt wurden.

Am 3. Oktober 1990, dem Tag der deutschen Wiedervereinigung, war der Energieverbrauch pro Kopf der Bevölkerung in Ostdeutschland um 25 Prozent höher als in Westdeutschland, obwohl der Lebensstandard im Westen wesentlich höher war; das von der Sowjetunion kontrollierte Wirtschaftssystem im Osten bot keine Anreize, um Verschwendung zu reduzieren.[24] In einer Marktwirtschaft macht derjenige Profit, der Rohstoffbedarf und Umweltverschmutzung reduziert, sowohl auf der Ebene des Produzenten als auch auf der des Konsumenten. Zum Beispiel enthalten Bierdosen heute nur noch 15 Prozent so viel Metall wie frühere Bierdosen.[25] Diese Reduzierung erfolgte nicht, um die Umwelt zu schonen, sondern weil leichtere Dosen weniger Material erfordern, wodurch es lukrativer wird, Bier zu verkaufen. Das Motiv ist zwar das Streben nach Gewinn, doch als Nebenwirkung bringt es auch eine geringere Belastung der Umwelt mit sich.

In den vergangenen Jahrzehnten war die Suche nach Möglichkeiten, aus immer weniger Rohstoffen immer mehr Produkte herzustellen, eine ausgeprägte Eigenschaft von marktwirtschaftlich organisierten Wirtschaftssystemen. Seit Beginn des 20. Jahrhunderts bis in die 1970er-Jahre hinein nahm der Pro-Kopf-Verbrauch von Metallen, Mineralien, Wasser und Energie in den Vereinigten Staaten und auf dem Gebiet der heutigen Europäischen Union immer weiter zu. Hätte sich dieser Trend fortgesetzt, wäre es womöglich zu Knappheiten gekommen. Tatsächlich geht jedoch der Pro-Kopf-Verbrauch der meisten Rohstoffe in den westlichen Ländern seit einer Generation zurück, obwohl die Lebensstandards weiterhin steigen. Die heute produzierten Fahrzeuge verbrauchen deutlich weniger Benzin als die Autos der 1970er-Jahre, obwohl sie mehr Leistung bringen (zu viel Leistung, könnte man in Anbetracht des immer weiter um sich greifenden aggressiven Fahrstils sagen). Die heute produzierten Kühlschränke, mit Bildschirm und anderen technischen Spielereien ausgestattet, verbrauchen nur etwa ein Viertel so viel Strom wie die Kühlschränke der 1980er-Jahre. Von den industriellen Fertigungsverfahren, die bei der Produktion eine wichtige Rolle spielen, bekommt der Verbraucher zwar nichts mit, doch sie benötigen immer weniger Energie und Metalle und können immer schneller an eventuell auftretende Rohstoffengpässe angepasst werden.

Morris Adelman, ein Ökonom am Massachusetts Institute of Technology (MIT), der in der frühen Nachkriegszeit sehr einflussreich war, vertrat seinerzeit die Auffassung, dass zumindest in den nächsten paar Tausend Jahren kein natürlicher Rohstoff ausgehen würde, da durch Preisentwicklung und technologischen Fortschritt immer mehr Nachschub aus einer geologischen Struktur extrahiert werden könne, die im Vergleich zu den Aktivitäten des Menschen immens groß sei. Die Erfahrungen aus der Praxis stützen diese Prognose. Im Laufe der vergangenen zehn Jahre, in denen Hunderte von Millionen Menschen sich ein Smartphone zugelegt haben, kam es wiederholt zu Engpässen bei der Versorgung mit Metallen der sogenannten Seltenen Erden, die bei der Herstellung von Feinelektronik gebraucht werden. China, einer der wichtigsten Produzenten von Seltenen Erden, schränkte deren Exporte ein, und zwar in der Hoffnung, dass Industriekonzerne ihre Produktion nach China verlagern würden, um Zugang zu den benötigten Rohstoffen zu bekommen. Dadurch stiegen die Marktpreise für Seltene Erden, wodurch es profitabel wurde, neue Quellen zu erschließen. Australien begann, diese Metalle zu fördern und den Markt damit zu überschwemmen, wodurch Seltene Erden nicht länger knapp waren, obwohl Apple mit seinen iPhones immer neue Verkaufsrekorde aufstellte.

Adelman und andere Ökonomen haben seit Langem darauf hingewiesen, dass es zu Rohstoffknappheiten kommen kann, wenn deren Preise niedrig sind, weil dann kaum Anreize bestehen, neue Lagerstätten, Vorkommen oder Felder zu erschließen; wenn dagegen die Preise steigen, werden Neuerschließungen wieder attraktiv, und plötzlich ist der Rohstoff wieder im Überfluss vorhanden. Oder steigende Preise können einen Anreiz schaffen, auf Alternativen umzusteigen. Im Jahr 2016 entwickelte Honda einen Hybridmotor, der ohne Seltene Erden gebaut werden kann, und machte so Chinas Strategie zunichte.

Das erstaunlichste Beispiel von Rohstoffen, die nicht zur Neige gehen, sind fossile Brennstoffe, die nach wie vor im Überfluss vorhanden sind (angesichts zu hoher Treibhausgasemissionen gibt es vor allem zu viel Kohle). In der 1972 vorgelegten akademischen Studie *The Limits to Growth (Die Grenzen des Wachstums)*, die viel Zustimmung bei Intellektuellen und Meinungsführern fand, wurde vorhergesagt, dass die weltweiten Erdölreserven schon 1992 erschöpft sein könnten, auf jeden Fall aber bis spätestens 2002 verschwunden sein würden.[26] Während der Amtszeiten der US-Präsidenten Nixon und Carter war häufig zu hören – auch von Wissenschaftlern und Experten des Weißen Hauses –, dass Rohöl auf dem Weg zu einem Preis von 325 Dollar pro Barrel sei (nach heutiger Kaufkraft).

Tatsächlich lag 2016 der Ölpreis nicht bei 325 Dollar, sondern bei 27 Dollar. Als *The Limits to Growth* erschien, verbrauchte die Welt 55 Millionen Barrel pro Tag – ein Wert, der nicht nur in dieser Studie, sondern auch von vielen anderen Kommentatoren als langfristig unhaltbar bezeichnet wurde. Heute sind es 96 Millionen Barrel pro Tag, und trotzdem gibt es eine Ölschwemme.[27] Kaufkraftbereinigt liegen die Benzinpreise in den Vereinigten Staaten heute ungefähr auf demselben Niveau wie zur Amtszeit von US-Präsident Dwight D. Eisenhower, wodurch die Verbraucher jedes Jahr viele Milliarden Dollar sparen. Der Geologe M. King Hubbert ist dafür bekannt, dass er 1956 die Vorhersage traf, die amerikanische Ölförderung werde gegen 1970 ihr Maximum erreichen; danach werde die Produktion unweigerlich zurückgehen, weil dann die Erdölreserven erschöpft sein würden. Für viele Aktivisten an den Rändern der Umweltschutzbewegung war Hubberts Prognose von »peak oil«, dem Erreichen des Ölfördermaximums, eine wunderbare Nachricht – unsere Zivilisation wird zugrunde gehen, und wir können sagen, dass wir euch davor gewarnt haben! Stattdessen ist die US-Ölproduktion so stark gestiegen, dass die Vereinigten Staaten kurz davor sind, Saudi-Arabien als Ölförderland zu überholen.

The Limits to Growth beruht auf Computermodellen, die entweder genau zu den Ergebnissen kommen, die zu produzieren ihre Algorithmen geschrieben wurden, oder unter Mängeln ihrer Input-Daten leiden, die meist entweder ungenau oder schlichtweg falsch sind. Man nehme zum Beispiel die auf Umfragedaten basierenden Computermodelle, die 2016 die Prognose produzierten, dass Hillary Clinton mit Sicherheit die Präsidentschaftswahlen gewinnen werde. Einige dieser Modelle waren aus mathematischer Sicht voreingenommen, andere wurden durch Input-Daten beeinträchtigt, die ungenau waren oder auf Schätzungen beruhten. Auch wenn man geschätzte Zahlen durch noch so raffinierte Algorithmen jagt, werden die Ergebnisse doch immer nur eines sein: Schätzungen.

Wahlprognosen, wie sie zum Beispiel von der viel frequentierten Website fivethirtyeight.com aufgestellt wurden, nehmen für sich in Anspruch, das Wahlergebnis auf die Nachkommastelle genau vorhersagen zu können; tatsächlich konnten sie 2016 nicht einmal den Wahlgewinner richtig vorhersagen. Solche Wahlprognosen sollte man eher als eine Form von Entertainment betrachten denn als statistisch valide; auch die Prognosen über die Klimaveränderung sollten mit einer gesunden Portion Skepsis betrachtet werden. Die meisten heutigen apokalyptischen Vorhersagen hinsichtlich der Klimaveränderung basieren auf Computermodellen und sind daher viel weniger überzeugend als tatsächlich beobachtete Klimadaten.

Erdgas wurde für so knapp gehalten, dass 1976 die Zeitschrift Foreign Affairs, damals der Inbegriff gepflegter Kaffeehauslektüre, eine Titelgeschichte brachte, in der gefordert wurde, die Verwendung dieses zur Neige gehenden Rohstoffs gesetzlich zu verbieten.[28] Im Jahr 1978 sagte James Schlesinger, der Chef des neu eingerichteten US-Energieministeriums, die Erdgasreserven der Vereinigten Staaten seien nahezu erschöpft. In jenem Jahr verabschiedete der US-Kongress den National Energy Act (Nationales Energiegesetz), der den Energieversorgern die Verpflichtung auferlegte, von Erdgas auf Kohle umzusteigen. Das lief letztlich darauf hinaus, dass der Kongress den Versorgungsunternehmen vorschrieb, ihre Treibhausgasemissionen zu erhöhen, da bei der Verbrennung von Kohle etwa doppelt so viel Kohlenstoffdioxid pro erzeugter Kilowattstunde entsteht wie bei der Verbrennung von Erdgas.

Bis 2016 war der Erdgaspreis auf den niedrigsten Stand seit 20 Jahren gefallen, obwohl mehr davon verbraucht wurde, wodurch – bei unveränderten Randbedingungen – der Preis hätte steigen müssen. Doch ein Überangebot an Erdgas führte in vielen US-Bundesstaaten zu fallenden Strompreisen, was abermals dem Normalverbraucher zugute kam. John Holdren, den Barack Obama zu seinem wissenschaftlichen Berater berief, hatte Anfang der 1970er-Jahre vorhergesagt, dass der Erdgaspreis explosionsartig steigen werde, bevor spätestens um 2010 herum die Reserven erschöpft sein würden.[29] Tatsächlich geschah dann das genaue Gegenteil: Die bekannten Erdgasreserven stiegen dramatisch an, und die Vereinigten Staaten wurden zu einem Erdgasexporteur.

Der Glaube, dass Öl und Gas bald erschöpft sein würden, gefolgt von der tatsächlichen Entwicklung, dass die bekannten Öl- und Gasreserven so sehr anwuchsen, dass die Wall Street über fallende Preise klagt, entstand aus mehreren irrigen Annahmen über die natürliche Umwelt. Die erste hat mit der Unermesslichkeit der Geologie unseres Planeten zu tun. Selbst wenn der Mensch 96 Millionen Barrel Öl pro Tag verbraucht – was ein Rationalist der Vergangenheit für schier unmöglich gehalten hätte –, ist das vernachlässigbar im Verhältnis zur ungeheuren Größe der Erde, vor allem wenn man bedenkt, dass fast alle menschlichen Aktivitäten auf der relativ dünnen Landoberfläche des Planeten stattfinden, während die meisten geologischen Strukturen tief unter der Erdoberfläche liegen oder unter dem Meer – oder unter beidem.

Eine weitere Ursache für Verwirrung besteht darin, dass die meisten Menschen die ökonomische Dynamik nicht verstehen, dass steigende Preise zu mehr Angebot führen, weil sie für Unternehmer Anreize schaffen, Innovationen in die Wege zu leiten oder tiefer zu graben oder beides. Einer der Gründe, warum es in den 1970er-Jahren zu Engpässen in der US-Energieversorgung kam, bestand darin, dass Präsident Nixon Preiskontrollen für Öl und Gas einführte, wodurch die Produktion weniger profitabel wurde. Nixon führte auch Kontrollen für den Transport von Erdgas (der zumeist über Pipelines erfolgt) zwischen verschiedenen US-Bundesstaaten ein, wodurch er es für die produzierenden Bundesstaaten (damals vorwiegend Louisiana und Texas) unattraktiver machte, ihr Gas an Verbraucherstaaten (damals vorwiegend in Neuengland) zu verkaufen, die es zum Heizen und für die Stromerzeugung brauchen. Die Abnehmerstaaten hatten ihren politischen Einfluss geltend gemacht, um durchzusetzen, dass den produzierenden Staaten belastende Preiskontrollen auferlegt wurden. Das hielten die Abnehmerstaaten in Neuengland für eine clevere Methode, die produzierenden Südstaaten zu nötigen, einen wertvollen Rohstoff zu Billigpreisen zu liefern. Allerdings führte das dazu, dass die Produzenten aufhörten, ihr Erdgas an die Betreiber von Interstate-Pipelines zu verkaufen, was beiden Seiten schadete: Die Abnehmer bekamen kein Erdgas mehr, und den Produzenten brachen die Gewinne weg, sodass sie Arbeiter entlassen mussten. Das politische System brauchte mehrere Jahre, um diese Pattsituation wieder aufzulösen.

Regierungen, die von Menschen geführt werden, die sich wirtschaftlichen Zwängen aktiv widersetzen, machen es noch schlechter. Jedes Mal, wenn in der Sowjetunion Preiskontrollen eingeführt wurden, ging der Schuss nach hinten los, sodass Knappheiten entstanden. Da eine sowjetische Regierung unter keinen Umständen zugeben konnte, einen Fehler gemacht zu haben, wurden solche Engpässe mit der Verknappung natürlicher Rohstoffe erklärt, wodurch auch in der Sowjetunion die Illusion von den zur Neige gehenden Ölreserven um sich griff. Sobald der kommunistische Monolith barst und die Gesetze von Angebot und Nachfrage auch wieder für russisches Öl galten, gab es plötzlich wieder reichlich Öl in der Russischen Föderation, die inzwischen das Land mit der höchsten Erdölproduktion ist.

Auch die Preiskontrollen und Rationierungen, die notgedrun-
gen von den Vereinigten Staaten während des Zweiten Weltkriegs verhängt wurden, führten dazu, dass es den Anschein
hatte, als würden Rohstoffe zur Neige gehen. Im Jahr 1943 schrieb
der US-Innenminister Harold Ickes senior einen Artikel mit der
Überschrift »We're Running Out of Oil!« (Uns geht das Öl aus!,
Ausrufezeichen im Original).[30] Auf der Potsdamer Konferenz im
Juli 1945 sagte der US-Marineminister den Repräsentanten der
Alliierten, sie sollten sich auf eine völlige Erschöpfung der Erdöl-
vorräte bis etwa 1960 gefasst machen.[31] Dann wurden die während
des Krieges verhängten Preiskontrollen aufgehoben, und bald gab
es wieder reichlich Öl.

Als es unter Nixon zu der ersten Ölkrise kam, war diese Lektion bereits vergessen. Damals glaubten die meisten Meinungsführer, dass die Reserven an fossilen Brennstoffen kurz vor der
völligen Erschöpfung stünden. Universitäten, Stiftungen, Medien-
unternehmer und das neu gegründete US-Energieministerium
boten jedem finanzielle Unterstützung, der diesen Irrglauben
propagierte: Aus Gründen, die damals wie heute seltsam erscheinen, hielten es die Eliten für entscheidend, den Normalbürger mit
der Hiobsbotschaft vor den Kopf zu stoßen, dass ihm bald seine
fossilen Brennstoffe weggenommen würden. Jeder, der schon einmal mit »Wildcatters« (unabhängigen Ölsuchern) zu tun hatte –
wie ich selbst in den 1970er-Jahren im Rahmen einer Langzeit-
studie –, weiß von ihnen, dass es reichlich Öl gibt: Das Problem
waren nicht schwindende Reserven, sondern politisch motivierte
Regeln. Die Zeitschrift *Washington Monthly* widersetzte sich
diesem Trend und widmete 1980 einen großen Teil ihres Okto-
berhefts einem Artikel, in dem es heißt, dass die Öl- und Gasreserven nicht zur Neige gingen, wie viele Experten behaupteten,
sondern vielmehr auf absehbare Zeit unerschöpflich seien. Darin
hieß es: »Erdgas geht keineswegs zur Neige, [sondern] ist vielmehr
so reichlich vorhanden, dass es keinen Grund gibt, nicht so viel
davon zu verwenden, wie wir brauchen.«[32] Man brauchte weder
CIA noch FBI, um das herauszufinden – man musste nur einmal
aktive Öl- und Gasfelder besuchen und Interviews mit Geologen

führen, die auf die Exploration von Öl- und Gasvorkommen spezialisiert sind. Dass die in Washington (und Brüssel) ansässigen Ministerien das nicht tun, sondern lieber Experten anheuern, die dafür bezahlt werden, den Weltuntergang anzukündigen, führt häufig zu falschen öffentlichen Auffassungen über Rohstoffe.

Bevor der pragmatisch-moderate Jimmy Carter 1981 aus dem Amt schied, deregulierte er Öl und Gas. Daraufhin nahm das Angebot so schnell zu, dass das Preiskartell der Organization of Petroleum Exporting Countries (OPEC) bröckelte und damit ein Monopol endete, das bis dahin unüberwindlich schien. In den darauffolgenden Jahren machten technische Fortschritte wie 3-D-Seismologie, horizontales Bohren und hydraulische Frakturierung (Fracking) die Gewinnung von Öl und Erdgas aus »shale deposits« (in Sand und Stein gebundene fossile Brennstoffe), die in Nordamerika häufig vorkommen, praktikabel. Bei der Exploration der Bakken-Formation in den US-Bundesstaaten Montana, Nord- und Süddakota sowie der kanadischen Provinz Saskatchewan wurden große neue Reserven entdeckt.

Es war keine staatliche Behörde, die die Forschungen angestellt hatte, die zu diesen Entwicklungen führten – was genau der Grund dafür ist, dass sie überhaupt geschahen! Staatlich geführte Initiativen, die Öl- und Gasversorgung zu steigern, führten zu kostspieligen, aber nutzlosen Forschungseinrichtungen, die riesige Beträge verpulverten, um ein paar Tropfen eines Erdölersatzstoffs zu produzieren. Jeder Student der Politikwissenschaft, der lernen will, wie man ein Problem *nicht* angehen sollte, wird fündig, wenn er sich die Geschichte der 1980 vom Kongress ins Leben gerufenen Synthetic Fuels Corporation ansieht.

Wenn eine staatliche Forschungseinrichtung gegründet worden wäre, um 3-D-Seismologie zu entwickeln, hätte diese Behörde imposante Gebäude bauen lassen, Hunderte von stellvertretenden beigeordneten Verwaltungsassistenten angeheuert und intensive Lobbyarbeit zur jährlichen Steigerung ihres Budgets betrieben – aber nie einen Tropfen Öl gefunden. Die Produktion von Erdöl und Erdgas ist in den Vereinigten Staaten und in anderen Ländern gestiegen, weil private Initiativen viel effizienter arbeiten als schwerfällige politische Systeme, die von Vetternwirtschaft, Protesten von Interessenverbänden und einem fehlenden Verständnis für ökonomische Zusammenhänge geplagt werden.

Das Ergebnis lässt einiges zu wünschen übrig. Ein großes Angebot an fossilen Brennstoffen führt zu fortgesetzten Treibhausgasemissionen, durch Fracking kann das Grundwasser belastet werden, und die Exzesse von Großkonzernen bei der Produktion von fossilen Brennstoffen können abstoßend sein. Wells Fargo, die drittgrößte amerikanische Bank und eines der führenden Institute bei der Finanzierung von Öl- und Gasexplorationen, räumte 2016 ein, systematisch Unterlagen gefälscht zu haben, und feuerte dann ihren CEO John Stumpf. Zum Abschied wurde ihm – in demselben Jahr, in dem er den einstmals ehrwürdigen Namen der Bank zu einem Synonym für »Betrug« gemacht und bereits 19 Millionen Dollar bezogen hatte – ein Bonus von 83 Millionen Dollar gezahlt.[33] War sein Gehalt von Angebot und Nachfrage diktiert worden, wie es die Bank behauptete? Dann müsste man glauben, dass Wells Fargo nicht in der Lage gewesen sei, eine Person – irgendjemanden – mit rudimentären Kenntnissen des Bankgeschäfts zu finden, die bereit gewesen wäre, für weniger als 19 Millionen Dollar pro Jahr tätig zu werden. Wie dem auch sei: Ungeachtet aller Mängel, mit denen der Weltmarkt der reichlich vorhandenen, von Großkonzernen verkauften fossilen Brennstoffe auch behaftet sein mag – wenn Öl und Erdgas tatsächlich zur Neige gingen, würde es der menschlichen Gesellschaft deutlich schlechter gehen, worunter der Normalbürger wesentlich stärker zu leiden hätte als die Reichen.

In den 1970er-Jahren glaubte man, dass insgesamt nur noch höchstens 500 Milliarden Barrel Erdölreserven im Boden seien. Seither wurden auf der Welt etwa eine Billion Barrel verbraucht, und heute wissen wir, dass noch Reserven von mindestens 1,7 Billionen Barrel vorhanden sind.[34] Obwohl also der Mensch mehr als das Doppelte dessen verbraucht hat, was vermeintlich vor einer Generation noch vorhanden war, sind die bekannten Reserven heute größer als damals. Diese Zahlen reflektieren nicht etwa eine wundersame Vermehrung der Bodenschätze, sondern vielmehr die Wirkung wirtschaftlicher Anreize, den technologischen Dynamismus und die enorme Größe der natürlichen Umwelt. Aus Sicht der weltweiten Ölproduktion scheint »peak oil« noch Jahrzehnte vor uns zu liegen, wenn dieser Moment denn überhaupt jemals kommen wird. Natürlich wird das Öl eines Tages zur Neige gehen, doch wahrscheinlich wird die Gesellschaft schon viel früher auf erneuerbare Energien umgestiegen sein, vor allem in Anbetracht des Umstands, dass »peak demand« – das Nachfragemaximum – schon viel früher erreicht werden könnte, da durch zunehmende Energieeffizienz die Gesamtnachfrage nach Öl und Gas sinkt. Die International Energy Agency (IEA) erwartet, dass die Nachfrage nach Öl um das Jahr 2040 herum ihr Maximum erreichen wird, bei nur etwa zehn Prozent über dem heutigen Verbrauch. Diese Prognose könnte sich als ebenso falsch herausstellen, wie es zahlreiche frühere Vorhersagen über Erdöl waren, aber jedenfalls lässt sie vermuten, dass die weltweite Gier nach Erdöl allmählich nachlässt. In meinem 2009 erschienenen Buch *Sonic Boom* (Überschallknall) habe ich geschrieben: »Vielleicht werden sich die Nachkommen der heutigen Ölscheichs wünschen, dass ihre Vorfahren auch noch den letzten Tropfen Öl verkauft hätten, solange noch irgendjemand das Zeug haben wollte.«[35]

Auf Flaschen gezogenes Wasser ist heute pro Liter teurer als Benzin, und die Versorgung mit Wasser könnte bald wichtiger werden als die Versorgung mit Benzin. Damals, als die Erdölreserven nahezu erschöpft zu sein schienen, gab es Süßwasser in rauen Mengen, aber eines Tages könnte Wasser ein Rohstoff sein, der wichtiger ist als Benzin oder Mineralien. Einstweilen geht auch beim Wasserverbrauch der Trend zu mehr Effizienz, ebenso wie bei anderen Rohstoffen. In einem 2014 veröffentlichten Bericht des US Geological Survey (USGS) heißt es, der Wasserverbrauch pro Kopf der US-Bevölkerung sei auf den niedrigsten Wert seit einem halben Jahrhundert gefallen, obwohl es in den Vereinigten Staaten etwa zehn Millionen mehr Swimmingpools und Badewannen gebe als in den 1960er-Jahren.[36] John Steinbecks 1952 erschienenes

Meisterwerk *East of Eden (Jenseits von Eden)* beginnt mit der Feststellung, Kalifornien sei hoffnungslos übervölkert, da der Südwesten der Vereinigten Staaten seit Jahrtausenden von Dürreperioden heimgesucht wird.[37] Heute leben in Kalifornien viermal so viele Menschen wie zu der Zeit, als Steinbeck seinen Roman verfasste: Sie trinken und baden und schwimmen und gießen ihre Orangenbäumchen, und sie nutzen effizienzsteigernde Techniken, die es zu Steinbecks Zeiten noch nicht gab. Kalifornien gewinnt Wasser aus den Schneedecken seiner Gebirgszüge. Als 2011 eine Dürreperiode begann, wurde die Lage in Kalifornien in den US-Medien als hoffnungslos dargestellt. Bis 2016 waren die Schneedecken zu ihrer normalen Stärke zurückgekehrt; dann brachte das Jahr 2017 sintflutartige Regenfälle, und sogar der Half Dome im Yosemite National Park trug eine Schneekappe.

Die Luft, die wir atmen, ist die engste Verbindung des Menschen zur natürlichen Umwelt. Seoul, die Hauptstadt des ansonsten hoch entwickelten Südkorea, wird häufig von einer gesundheitsschädlichen Smogdecke geplagt. In einigen Küstenstädten Chinas ist der Smog so dicht, dass es riskant ist, dort ein Kind großzuziehen.[38] In Peking wurde 2015 eine Smogwarnung der »Alarmstufe Rot« herausgegeben, und alle Schulen wurden für drei Tage geschlossen.[39] Im Jahr 2016 wurden über mehrere Tage alle Flüge von und nach Tianjin gestrichen, einer Hafenstadt, deren bloße Existenz im Westen weitgehend unbekannt ist, obwohl dort 15 Millionen Menschen leben; die Smogdecke hing selbst für moderne Verkehrsflugzeuge zu niedrig. In Peking ist die durchschnittliche Konzentration von Feinstaub – winzigen Partikeln aus industriellen Emissionen, die sich in der Lunge festsetzen können – dreimal so hoch wie der von der Weltgesundheitsorganisation empfohlene Grenzwert,[40] allerdings war sie vor zehn Jahren noch viermal so hoch.

Mehr als 30 Jahre erhielt die chinesische Regierung die Fiktion aufrecht, dass Luftverschmutzung ausschließlich natürlichen Ursprungs sei (was zum Teil stimmt, der größte Teil wird jedoch vom Menschen verursacht). Nach der »Alarmstufe Rot«-Smogwarnung gaben chinesische Funktionäre – die sich vermutlich Sorgen um die Gesundheit ihrer eigenen Kinder machten – endlich zu, dass China selbst für seine Probleme mit der Luftqualität verantwortlich sei, und bewilligten erhebliche Mittel für Investitionen in saubere Technologien. Einzuräumen, dass man ein Problem hat, ist immer der erste Schritt zu seiner Lösung.

Die Kohlekraftwerke in den Vereinigten Staaten sind mit aufwendigen Abgasreinigungsvorrichtungen ausgestattet, die einen großen Teil der entstehenden Verunreinigungen aus den Emissionen entfernen. Bis vor Kurzem war das bei chinesischen Kraftwerken nicht der Fall. Ein typisches amerikanisches Kohlekraftwerk setzt nahezu 40 Prozent des eingesetzten Brennwerts in elektrische Energie um. In China liegt der typische Wärmewirkungsgrad eines solchen Kraftwerks bei etwa der Hälfte dieses Werts, was bedeutet, dass pro erzeugter Kilowattstunde entsprechend mehr Kohle verbrannt wird und mehr Emissionen entstehen.[41] Der chinesische Staat kauft so viel Kohle, um seine verschwenderischen Kraftwerke zu befeuern, dass es häufig zu kilometerlangen Staus an der Grenze zur Mongolei kommt, aus der unzählige Lkws ihre schwarze Ladung nach China bringen. Viele Stadtbewohner in China, deren Etagenwohnungen mit Fernwärme aus Kohleverbrennung beheizt werden, klagen darüber, dass es in ihrem Zuhause oft viel zu warm ist; dagegen klagen viele Landbewohner darüber, dass sie häufig frieren müssten. Ein Grund, warum die chinesische Regierung die bereits erwähnten 103 Kohlekraftwerke nicht bauen lassen wird, besteht darin, dass sie unabhängiger von den antiquierten Kraftwerken des Landes werden will – und sie will den ausufernden Smog reduzieren, weil die immer häufiger auftretenden Atemwegserkrankungen vorerst ein dringlicheres Problem sind als die Klimaveränderung.

In vielen Städten Indiens ist die Luftqualität miserabel, sowohl durch Rauch von offenen Feuerstellen als auch durch Smog. In einer 2017 vorgelegten Studie des in Boston ansässigen Health Effects Institute (HEI, Forschungsinstitut für Gesundheitsfolgen) wurde eine Zunahme von verfrühten, durch Luftverschmutzung verursachten Todesfällen in Indien festgestellt.[42] Ein Grund, warum die iranische Regierung 2015 das Nuklearabkommen unterzeichnete, war die Luftverschmutzung in Teheran, dessen beckenartige Topografie die gleichen smogverstärkenden Bedingungen herbeiführt wie das Los-Angeles-Becken. Für den Iran war es dringend erforderlich, dass die Wirtschaftssanktionen aufgehoben wurden, damit das Land moderne Produkte aus dem Ausland kaufen kann, zum Beispiel Kraftstoff sparende Autos und emissionsarme Gasturbinen-Stromgeneratoren aus den Vereinigten Staaten und Großbritannien. Im Iran, in Indien und anderen Entwicklungsländern werden die Maßnahmen, die notwendig sind, um die Bevölkerung besser vor Atemwegserkrankungen zu schützen, die erfreuliche Nebenwirkung haben, die Treibhausgasemissionen zu reduzieren.

Auch Lärmbelästigung ist in vielen Entwicklungsländern ein Problem. Jeder, der schon einmal in diesem Jahrhundert Kairo besucht hat, weiß, dass die westlichen Großstädte leise sind im Vergleich zu dem ohrenbetäubenden Lärm, der dem Normalbürger in vielen Städten der Dritten Welt das Leben schwer macht, ganz zu schweigen von den Schwierigkeiten, dabei zu schlafen oder zu lernen. Der Lärm wird häufig von Dieselgeneratoren erzeugt, die nicht nur ineffizient und schmutzig sind, sondern im Vergleich zur im Westen üblichen Stromerzeugung auch sehr laut. Im Westen hat jeder Bürger Zugang zu Strom; in der Dritten Welt legen sich dagegen die Bessergestellten einen Dieselgenerator zu, und die Armen haben nichts außer Lärm und Abgasen.

Die Entwicklungsländer können von den positiven Ergebnissen des technologischen Fortschritts lernen, die den Smog in westlichen Städten reduzieren. Bei der heute üblichen Raffination von Benzin und Dieselkraftstoff werden zahlreiche Schadstoffe schon in der Raffinerie entfernt, sodass Smog verursachende Verbindungen gar nicht erst in den Auspuff gelangen. Dieses Verfahren wurde gegen Ende der 1980er-Jahre von Chemikern beim Ölkonzern Arco entwickelt; es ist ein Segen für die Gesellschaft, von dem die meisten Menschen überhaupt nichts wissen. Auch durch chemische Veränderungen, die den Dampfdruck von Benzin verändern, kommt es zu weniger Smog, und ebenso durch Verbesserungen der Katalysatoren, die unter Pkws und immer häufiger auch unter Lkws und Bussen eingebaut werden. Anfang 2017 lag der inflationsbereinigte Benzinpreis auf dem gleichen Niveau wie in den 1950er-Jahren, während die chemische Zusammensetzung des heutigen Benzins wesentlich ausgefeilter ist – also kaufen wir fürs gleiche Geld ein sehr viel besseres Produkt.

Und was ist mit den 125 »Stufe 1«-Smogwarnungen pro Jahr, zu denen es durchschnittlich im Los Angeles der 1970er-Jahre kam? Heute vergehen manchmal mehrere Jahre, bis es in Los Angeles zu einer »Stufe 1«-Smogwarnung kommt, und pro Jahr sind es nur noch sieben oder acht Tage mit schlechter Luftqualität – was natürlich immer noch ein Problem ist, aber keine Bedrohung mehr für die natürliche Umwelt oder die Gesundheit der Menschen.[43] Auch in Mexico City hat sich die Luftqualität erheblich verbessert; diese Entwicklung von ständigen Smogalarmen in den 1980er-Jahren zu einigermaßen sauberer Luft heute zeigt, dass die Umwelt auch ohne horrende Kosten geschützt werden kann, selbst wenn die Bevölkerung wächst.[44] Die Optimierung der Rezeptur des in Mexiko verwendeten Benzins, um dessen chemische Qualitäten zu verbessern und Schadstoffe zu eliminieren, war ein entscheidender Schritt zu dieser positiven Entwicklung.

Zwar ist die Liebesaffäre zwischen dem typischen Einwohner von Los Angeles und seinem Auto nach wie vor sehr leidenschaftlich, aber durch die gesetzlich vorgeschriebenen Abgasgrenzwerte für jedes neue Auto, das in den Vereinigten Staaten verkauft wird, wurden die Smog verursachenden Emissionen seit den 1970er-Jahren um 99 Prozent reduziert. Inzwischen wurden Abgasgrenzwerte für Flugzeuge, Bootsmotoren, Baumaschinen, Lokomotiven, Busse, Schneemobile, Lkws, Rasenmäher und Laubbläser festgelegt. (Falls Sie meinen, es lohne sich nicht, die Abgaswerte von Laubbläsern zu senken, sollten Sie Folgendes bedenken: Laut dem California Air Resources Board erzeugen benzingetriebene Gartengeräte in Los Angeles mehr Smog als sämtliche Autos in der Los Angeles County zusammengenommen.) Etliche Automobilhersteller haben die Emissionen ihrer Fahrzeuge auf die Klassifikation mit der amüsant klingenden Bezeichnung »partial zero« (teilweise null) gedrückt, während elektrisch angetriebene Fahrzeuge immer praxistauglicher werden und die Aussicht auf eine Nettoreduzierung von Emissionen eröffnen, unter Berücksichtigung der von Kraftwerken und Stromleitungen verursachten Anteile. Die Belastung durch Smog ist in den Vereinigten Staaten kontinuierlich zurückgegangen, seit 1980 um immerhin 33 Prozent, trotz immer strengerer Grenzwerte. Vor einigen Jahrzehnten hatte sich die Environmental Protection Agency für die Luft in Städten einen Zielwert von 120 ppb (parts per billion, also Teile pro Milliarde oder Milligramm pro Tonne) gesetzt; heute liegt der gesetzlich vorgeschriebene Grenzwert bei 70 ppb, und der aktuell gemessene Wert in amerikanischen Städten beträgt im Durchschnitt 48 ppb.

Über die vergangenen 25 Jahre hat die Luftqualität in den USA folgende Trends gezeigt – Blei: Rückgang um 99 Prozent, Kohlenstoffmonoxid: Rückgang um 77 Prozent, Schwefeldioxid: Rückgang um 81 Prozent, Stickoxide (die zur Entstehung von saurem Regen beitragen): Rückgang um 54 Prozent, Industriedunst: Rückgang um 37 Prozent, Ozon in den unteren Luftschichten (wo es schädlich ist): Rückgang um 22 Prozent.[45] In dieser Zeit nahm die amerikanische Bevölkerung um 28 Prozent zu, und das BIP pro Kopf verdoppelte sich, was bedeutet, dass die Luftverschmutzung pro Kopf der Bevölkerung deutlich zurückging, während die Luftverschmutzung im Vergleich zur Produktion der Wirtschaft spektakulär zurückging. Der Rückgang der Stickoxide (NO_x) lohnt einen zweiten Blick: Wir wissen, dass Volkswagen und Fiat Chrysler die Grenzwerte für diese Schadstoffklasse unterlaufen haben, aber trotz dieser Schummeleien sind die NO_x-Werte zurückgegangen. Kosten-Nutzen-Analysen zeigen immer wieder, dass die Kosten von Smog senkenden Technologien in Anbetracht von Folgen wie längerer Lebensdauer, weniger Atembeschwerden und verbesserter Lebensqualität in den Städten mehr als gerechtfertigt sind. Die Städte in den Vereinigten Staaten haben ein bemerkenswertes Comeback hingelegt, und zwar nicht zuletzt, weil die Bewohner wieder in einen blauen Himmel über sich schauen können, was den Menschen mehr Lebensfreude vermittelt und den Wert ihrer

Immobilien steigen lässt. Außer den Treibhausgasemissionen zeigen alle Umwelttrends in den Vereinigten Staaten eine zuverlässig positive Tendenz. Die übrige Welt kann das Gleiche erreichen.

Einer der Gründe für die verbesserte Luftqualität in den Vereinigten Staaten ist, dass die Stromversorger entweder Kohle durch Erdgas ersetzen oder statt Kohle aus den tiefer liegenden geologischen Schichten der Appalachen in Kentucky und Virginia mehr Oberflächenkohle aus den Tagebaugebieten um den Powder River in Montana und Wyoming verwenden. Die in geologische Strukturen der Rocky Mountains eingebetteten Kohlevorkommen am Powder River verursachen weniger Umweltverschmutzung als die Kohle aus den Appalachen, und die Arbeit im Tagebau ist weniger riskant für die Bergleute. Unter Tage herrschen höllische Arbeitsbedingungen, während die Schürfkübelbaggerfahrer im Tagebau an der frischen Luft arbeiten und keine tonnenschweren Felsmassen bedrohlich über ihren Köpfen hängen haben.

Hier ist ein Beispiel für die Art von Dilemma, wie es sich heute politischen Entscheidungsträgern häufig stellt: Wenn man Strom aus der Kohle vom Powder River erzeugt, reduziert man einerseits die Luftverschmutzung und verbessert die Arbeitssicherheit, wodurch ein breiter gesellschaftlicher Nutzen entsteht; doch andererseits verlieren die Kumpel im Osten, die unter Tage arbeiten, ihre Arbeitsplätze, wodurch lokal begrenzter Schaden entsteht. Im Präsidentschaftswahlkampf 2016 machten Donald Trump und Hillary Clinton vollmundige Versprechungen über mehr Arbeitsplätze im Kohlebergbau in den Appalachen. Diese Wahlkampfversprechen waren glatte Lügen; allerdings wäre es auch nicht gut gewesen, wenn sie wahr gewesen wären: Die Gesellschaft sollte den Untertage-Kohlebergbau beenden, nicht ausbauen. Aber im Wahlkampf ist es natürlich einfacher, fantastische Märchen zu erzählen über Arbeitsplätze von gestern, die plötzlich vom Himmel fallen, anstatt sich den unerfreulichen Problemen von Bildung und Gesundheitsvorsorge in Kommunen zu stellen, an denen der Zug der Zeit vorbeigezogen ist.

Ungeachtet der weitverbreiteten Auffassung, Europa sei aufgeklärter als die Vereinigten Staaten, sind die USA weltweit führend, wenn es um die Verbesserung der Luftqualität geht – in Paris ist der Smog oft schlimmer als irgendwo in den USA. Die Welt kann den Vereinigten Staaten folgen und ihren Vorsprung aufholen, da beinahe alle Erfolge der USA beim Reduzieren der Luftverschmutzung entweder auf regulatorische Modelle zurückgehen, deren Einzelheiten öffentlich sind, oder auf technische Ideen, die in Fachartikeln oder frei zugänglicher Open-Source-Literatur ausgeführt sind.

Das Ozonlochproblem war leicht zu lösen im Vergleich zu der Herausforderung, dass die Erde allmählich zu einem Treibhaus wird; das wird das Thema eines späteren Kapitels sein. Präsident Barack Obama hat 2015 gesagt, was ihn davon überzeugt habe, dass gegen die Erderwärmung etwas getan werden müsse, sei der Umstand, dass Kohlenstoffdioxidemissionen das Asthma verursacht hätten, an dem seine Tochter Malia in ihrer Kindheit gelitten habe.[46] Allerdings ist es Schwefeldioxid, nicht Kohlenstoffdioxid, das mit Asthma assoziiert ist, und seit Malia geboren wurde, ist der Schwefeldioxidgehalt der Luft in den Vereinigten Staaten um 64 Prozent zurückgegangen.

Obamas vermeintlicher Irrtum über die chemischen Aspekte von Luftverschmutzung war womöglich kein Zufall. Der Hintergrund seines Statements ist, dass der Clean Air Act der US-Regierung weitreichende Vollmachten in Bezug auf gesundheitsschädliche Emissionen verleiht, aber kein Mandat über Treibhausgase. Wenn sich erweisen würde, dass auch Treibhausgase die Gesundheit von Amerikanern gefährden, wären entsprechende staatliche Regulierungen unter den schon jetzt geltenden Vorschriften des Clean Air Act gerechtfertigt. Zahlreiche Politiker, die EPA, Berufungsgerichte und der Supreme Court (das Bundesverfassungsgericht der Vereinigten Staaten) haben sich in ergebnislosen Auseinandersetzungen über die Frage festgefahren, ob Kohlenstoffdioxid die öffentliche Gesundheit gefährdet oder nicht. Die Republikanische Partei will verhindern, dass ein Zusammenhang zwischen Kohlenstoffdioxid und Volksgesundheit offiziell anerkannt wird, weil sonst Treibhausgasemissionen nach dem Clean Air Act eingeschränkt werden könnten. Die Demokratische Partei will dagegen festschreiben lassen, dass Kohlenstoffdioxid gesundheitsschädlich sei, weil dann ein ganzer Sektor der Wirtschaft – nämlich fossile Brennstoffe – der Kontrolle der staatlichen Regulatoren unterworfen werden müsste.

In den Vereinigten Staaten ist die Gesetzeslage zur Luftqualität seit 1991 unverändert. Seither ist die Luftverschmutzung in den Städten stark zurückgegangen, aber zugleich wurde der Einfluss des Menschen auf die Klimaveränderung wissenschaftlich nachgewiesen. Dennoch geht es in den US-Gesetzen immer noch vorrangig um Smog – ein Problem, das weitgehend der Vergangenheit angehört –, ohne dass die Klimaveränderung angegangen wird, das Problem der Zukunft. Die meisten US-Umweltschutzgesetze – zu Wasserqualität, toxischen Schadstoffen, Artenschutz – sind seit Jahrzehnten überholt und basieren auf Voraussetzungen, die nicht mehr gegeben sind. Die parteipolitischen Grabenkämpfe in Washington haben verhindert, dass die Umweltschutzgesetze – wie es die Vernunft gebietet – der heutigen Situation angepasst werden. Dies ist einer der zahlreichen Fälle, wo die Eigeninteressen der Washingtoner Eliten – Parteipolitiker mögen endlose Stellungskriege, weil das Versprechen, sie zu beenden, ihnen Spendengelder einbringt – den Interessen des Landes zuwiderlaufen.

Falls Sie nicht glauben wollen, dass heute die Luft in den Vereinigten Staaten meistenteils sauber ist, liegt das vielleicht daran, dass Sie nicht genug Zeit im Freien verbringen. Die meisten Amerikaner, selbst wenn sie in Kalifornien, Colorado oder einem anderen Bundesstaat mit gutem Wetter und schöner Landschaft leben, verbringen viel zu viel Zeit in Gebäuden und Autos. Wenn Sie Ihr Lebensalter mit 0,9 multiplizieren, wissen Sie, wie viele Jahre Sie in Innenräumen verbracht haben. Gehen Sie vor die Tür – das ist gut für Sie! – und atmen Sie tief durch.

Die Antwort auf die Frage, warum die Natur nicht zugrunde geht, ließe sich so zusammenfassen: Die Natur geht nicht zugrunde, weil sie nicht kann. Aber die natürliche Umwelt kann sich auf eine Weise verändern, die sich für eine bestimmte Spezies ungünstig

auswirkt. Die meisten großen Landtiere aus der Zeit des Pleisto-
zäns – das Wollhaarmammut, der Höhlenlöwe, der Säbelzahn-
tiger – verschwanden schnell, als ihr Lebensraum sich veränderte.
Heute beherrscht der Homo sapiens die Welt, doch die Natur
könnte auch das ändern.

Also werden wir genug Nahrung und Rohstoffe haben, und
durch Reformen können wir die natürliche Umwelt bewahren.
Aber wird sich die Wirtschaft vielleicht in ihre Bestandteile zer-
legen?

4 Wird die Wirtschaft zusammenbrechen?

Im Jahr 2015 reiste der Generalsekretär der Kommunistischen Partei Vietnams nach Washington, D.C., und zwar nicht etwa, um dort ein Abkommen zu verhandeln oder dem Westen seine imperialistische Politik vorzuwerfen, sondern um Flugzeuge zu bestellen.[1] Bei einer feierlichen Zeremonie, an der zahlreiche amerikanische Manager und vietnamesische Models in farbenfroher Landestracht vor der Kuppel des Kapitols im Hintergrund teilnahmen, unterzeichnete Nguyen Phu Trong den Kaufvertrag für 19 Boeing 787 Dreamliner, das vermutlich fortschrittlichste Passagierflugzeug der Welt. Noch vor nicht allzu langer Zeit hatte Boeing die B52-Bomber gebaut, mit denen Indochina in Schutt und Asche gelegt worden war. Heute werden in den Fabriken des Konzerns die Prunkstücke der zivilen Flotte der Vietnam Airlines gebaut, fabelhafte Flugzeuge, die zu Freunden gewordene Feinde in den Urlaub nach Südostasien bringen.

Solche Veränderungen können schwindelerregend sein. Wir alle wünschen uns einen sicheren Arbeitsplatz und ein festes Einkommen, doch stattdessen produziert die moderne Wirtschaft ständig unerwartete Veränderungen. Während der Weltwirtschaftskrise und dann wieder in der Großen Rezession ab 2008 wurde das Wirtschaftssystem völlig aus der Bahn geworfen; jedes Mal erholte es sich wieder, aber ohne jede Garantie, dass der nächste Crash vermieden werden kann. Sogenannte Experten sind blind für das, was sich direkt vor ihren Augen abspielt. (Kurz bevor der US-Immobilienmarkt abstürzte, sagte Alan Greenspan, der damalige Chef der US-Zentralbank Federal Reserve: »Wir sehen keine Anzeichen für eine Überhitzung des nationalen Immobilienmarkts.«) Solche Vorhersagen sind Schall und Rauch. (Timothy Geithner, damals amtierender US-Finanzminister, sagte 2010, es sei »völlig ausgeschlossen«, dass die Ratingagenturen die »Triple-A«-Bonität der Vereinigten Staaten herunterstufen könnten; doch schon ein Jahr später geschah genau das.) Scheinbar sichere Arbeitsplätze verschwinden. (Ein Job in der Produktion von Kühlschränken bei Westinghouse oder von Schreibmaschinen bei Smith Corona wurde seinerzeit für bombensicher gehalten.) Neue Geschäftszweige entstehen aus dem Nichts. (Der Verkauf von Tablet-Computern stieg in fünf Jahren von null auf eine Milliarde weltweit.)

Ein solches Durcheinander schürt Kollapsängste. Vielleicht wird es eines Tages so weit kommen, dass die Regale in den Supermärkten leer sind, auf dem Wochenmarkt keine Lebensmittel mehr angeboten werden, an der Tankstelle kein Benzin mehr zu bekommen ist. Läden, Schulen, Warenlager werden geschlossen und verbarrikadiert sein. Das globale Wirtschaftssystem wird einfrieren und nie wieder in Gang kommen. Darum machen Sie sich Sorgen, oder?

Dann gestatten Sie mir, Ihre Sorgen zu zerstreuen, indem ich Sie hinter die Kulissen führe. Es gibt einen aufwendig gesicherten unterirdischen Bunker an einem Ort, den ich geheim halten muss. Darin befindet sich eine Kommandozentrale, die noch beeindruckender ist als alles, was jemals ein Schurke in einem James-Bond-Thriller gebaut hat. Der Raum wird von zahllosen Knöpfen, Schaltern und Bildschirmen beherrscht. Sämtliche Daten über jeden Produktions-, Finanz- und Verbrauchertrend laufen in diesem geheimen Kontrollzentrum zusammen, von wo aus die globale Wirtschaft gesteuert wird. Auf dem großen Chefsessel, für alles verantwortlich, sitzt – niemand. Der große Sessel ist frei. Das ist der Grund, warum die Kommandozentrale geheim ist – damit niemand das sieht und in Panik gerät.

Niemand dirigiert die Wirtschaft, die Amerikanern und Europäern solche Sorgen macht – weder der Präsident der Vereinigten

Staaten noch die Bundeskanzlerin, weder der Staatsrat der Volksrepublik China noch die Bilderberg-Gruppe, kein finsteres Komplott internationaler Banker und nicht einmal der CEO von Walmart. Dass die globale Wirtschaft funktioniert, ohne dass jemand sie steuert, ist ihre größte Stärke und der wichtigste Grund für die Hoffnung, dass ein Zusammenbruch vermieden werden kann. Slavoj Žižek, ein slowenischer Philosoph und der führende Marxist unserer Tage, hat einmal mit widerwilliger Bewunderung festgestellt:»Der Kapitalismus ist die einzige gesellschaftliche Ordnung der Weltgeschichte, die durch ihre eigene Instabilität noch stärker wird.«

Natürlich gibt es zahlreiche Probleme mit dem Wirtschaftssystem des Westens, sowohl auf nationaler als auch auf internationaler Ebene. Aber das leere Kontrollzentrum ist keines davon – ganz im Gegenteil: Wie gut, dass niemand das Sagen hat!

Nehmen wir an, der US-Präsident – oder irgendeine andere Person – würde tatsächlich die Wirtschaft kontrollieren. Dann würden heute die Amerikaner in Straßenkreuzern mit Heckflossen, aber ohne Sitzgurte durch die Gegend fahren, die über 20 Liter Benzin auf 100 Kilometer saufen; die Fahrzeugtechnik wäre irgendwann in der Vergangenheit eingefroren worden, um die Anzahl der Arbeitsplätze in Detroit zu sichern und dafür zu sorgen, dass die United Auto Workers (die größte Gewerkschaft der in der US-Automobilindustrie Beschäftigten) der Regierungspartei auch weiterhin reichlich Spenden zukommen lässt und dass reichlich Führungspositionen für männliche WASPs (white anglo-saxon protestants) zur Verfügung stehen, deren Väter gute Beziehungen hatten. Und Sie hätten heute kein Telefon in der Tasche: Die Wählscheibe wäre zum Gipfel des Fortschritts in der Telekommunikationstechnik geworden, damit die Bell Telephone Company (und später AT&T) ihr Telefonmonopol mit überhöhten Preisen und erbärmlichem Kundendienst hätte aufrechterhalten können. Es gäbe keine Notebook- oder Tablet-Computer: Die Erfindungen aus dem Silicon Valley wären »top secret« eingestuft worden und den Geheimdiensten vorbehalten geblieben; ein serviler Regierungsfunktionär hätte verkündet (wie es Ken Olsen, der Gründer der Digital Equipment Corporation, eines Elektronikgiganten der 1960er-Jahre, tatsächlich getan hat):»Es gibt keinen Grund für einen gesetzestreuen Bürger, zu Hause einen Computer zu haben.«[2] Nur die Reichen würden per Flugzeug reisen: Der Wettbewerb zwischen den Fluglinien wäre verboten, wodurch die Tickets für Normalbürger unerschwinglich gewesen wären, um die überhöhten Managergehälter bei Eastern Airlines, Pan Am und TWA zu finanzieren. Und der Lebensstandard wäre heute viel niedriger, da das mittlere Haushaltseinkommen vor 30 Jahren – bereinigt um Inflation und durchschnittliche Haushaltsgröße – unter der Hälfte des heutigen Niveaus lag.

Es hat zahlreiche Experimente mit Wirtschaftssystemen gegeben, die jemand unter Kontrolle hat – Faschismus, Kommunismus, Feudalismus, Monarchie. Diese Experimente waren ausnahmslos beklagenswerte Misserfolge, abgesehen davon, dass sie einer winzigen Elite ein Leben im Luxus ermöglichten. Der Faschismus verwüstete Deutschland und Japan. Unter einem kommunistischen Regime, wie es im maoistischen China, in der Sowjetunion, in Nordkorea und Venezuela praktiziert wurde, konnte jeder Tausendste ein Leben in Saus und Braus führen, während der Rest der Bevölkerung darben musste. In Monarchien und feudalistischen Herrschaftssystemen kam der gesellschaftliche Fortschritt beinahe völlig zum Erliegen, Frauen und Minderheiten wurden unterdrückt, und alles andere wurde durch Unfähigkeit noch verschlimmert.

Indermit Gill, ein aus Indien stammender Professor für Public Policy an der Duke University, hat darauf hingewiesen, dass Nord- und Südkorea beispielhaft zeigen, wie ein Wirtschaftssystem dem Normalbürger nützt oder schadet. Obwohl beide Länder die gleichen Voraussetzungen hatten – Geografie, Rohstoffvorkommen und Mentalität der Menschen –, entwickelte sich Nordkorea unter zentraler Herrschaft zu einem Albtraum an Armut, während Südkorea unter einer freien Marktwirtschaft die Armut im Land besiegte und den weltweit höchsten Anteil akademisch gebildeter Bürger hervorbrachte.

Außerdem hat Gill festgestellt, dass die meisten Entwick-

117

lungsländer, die den politischen Empfehlungen des Washington Consensus gefolgt sind, ihren Lebensstandard verbessert, das Bildungsniveau für Mädchen und Frauen angehoben und freie Wahlen durchgeführt haben, während die meisten Entwicklungsländer, die an einer zentralen Steuerung der Wirtschaft festhalten, nach wie vor verarmt und rückständig sind und von Dieben und Despoten beherrscht werden. Der Washington Consensus wurde in den 1980er-Jahren von einem internationalen Team von Ökonomen erarbeitet; darin wird den Entwicklungsländern empfohlen, ihre Wirtschaft auf ein System der freien Marktwirtschaft ohne zentrale Kontrolle umzustellen, sich nicht zu verschulden, staatliche Regulierungen abzubauen, für durchsetzbare private Eigentumsrechte zu sorgen, den Exporthandel und Direktinvestitionen aus dem Ausland zu liberalisieren und niedrige Höchststeuersätze einzuführen, die dann aber auch tatsächlich erhoben werden. (Überschuldete Länder wie Griechenland verhängen hohe Steuersätze und lassen es dann zu, dass Wohlhabende sich mit Schmiergeldern aus ihrer Steuerpflicht herauskaufen.) Manche Analysten verdammen den Washington Consensus, der das genaue Gegenteil einer absoluten zentralen Planwirtschaft mit bürokratischen Ministerien und Subventionen, so weit das Auge reicht, darstellt. Der Umstand, dass ein marktorientiertes Wirtschaftssystem normalerweise (wenn auch nicht immer) den Armen hilft, während eine Planwirtschaft ihnen schadet, scheint jedoch diese Diskussion beendet zu haben.

Ein Wirtschaftssystem, das von niemandem gesteuert wird, verbessert den Lebensstandard der meisten Bürger und fördert gesellschaftlichen Fortschritt, da selbst viele leitende Mitarbeiter von Großkonzernen erkennen, dass es ganz gut ist, wenn der eigene Laden hin und wieder aufgemischt wird. Zumindest nach dem heutigen Wissensstand geht es dem Durchschnittsbürger in einem System, das nicht unter einem zentralen Kommando steht, am besten. Aber natürlich ist der Gedanke, dass niemand im Chefsessel sitzt, etwas beunruhigend.

Die Mächtigen – Präsidenten, Premierminister, Zentralbankchefs – können natürlich eine Marktwirtschaft beeinflussen, indem sie ihre Führungsaufgaben gut oder schlecht erledigen, aber sie führen nicht das Kommando. Dennoch wurden im Präsidentschaftswahlkampf immer wieder absurde gegenteilige Behauptungen aufgestellt: So verkündete zum Beispiel Hillary Clinton, sie werde die »Oberbefehlshaberin unserer Wirtschaft« sein.[3] Massive politische Fehler können der Wirtschaft schaden, aber wenn sie ausbleiben, sind »politische Entscheidungen auf oberster Ebene ein relativ unwichtiger Faktor«, sagt Edward Lazear, Professor an der Stanford University und ehemaliger Vorsitzender des White House Council of Economic Advisers (Wirtschaftsbeirat des Weißen Hauses). Er behauptet zum Beispiel, die Große Rezession ab 2008 sei »hauptsächlich von der Wirtschaft selbst verursacht und auch wieder behoben« worden. Die meisten positiven und negativen wirtschaftlichen Entwicklungen werden von der Wirtschaft selbst verursacht und auch wieder behoben – weil niemand das Kommando führt.

Wirtschaftstheoretiker bezeichnen das, was sich in einer Marktwirtschaft vollzieht, als »verteilte Entscheidungsprozesse«. Keine einzelne Instanz diktiert den Lauf der Ereignisse. Das sorgt für Turbulenzen, die allgemein unbeliebt sind, aber auch das Risiko reduzieren, dass es zu einem kolossalen Fehler kommt. Eine enorme Zahl von verteilten Entscheidungen über das, was die Menschen wünschen und wie viel sie dafür zu zahlen bereit sind, fließen in das System ein. Diese vielen kleinen Entscheidungen bewirken eine Kanalisierung, die normalerweise die effizienteste Allokation von Rohstoffen darstellt. Kleine verteilte Entscheidungen können klug oder dumm sein: Zu viele Menschen fallen auf Schwindeleien herein, sparen nicht genug, kaufen teuer und verkaufen billig, begehen andere Fehler. Doch insgesamt bewirkt das verrückte, chaotische, führungslose Wesen einer Marktwirtschaft, dass es fast allen Beteiligten besser geht.

Das ist etwas anderes als zu behaupten, moderne Wirtschaftssysteme seien selbstregulierend. Diese These war immer wieder zu hören, vor den Wirtschaftspaniken im späten 19. Jahrhundert, vor dem Absturz der Wall Street im Jahr 1929 und vor dem Kollaps der Kreditmärkte, der 2008 die Große Rezession einläutete. Während der Großen Rezession sagte Nicholas Sarkozy, der damalige Präsident Frankreichs, der Zusammenbruch widerlege »die Vorstellung von einem allmächtigen freien Markt, der immer recht hat«.[4] Kein vernünftiger Mensch – auch kein vernünftiger Konservativer – wird behaupten, der freie Markt habe immer recht. Märkte unterliegen massiven Fehlentwicklungen: Gesetzliche Regulierungen sind notwendig. Doch es ist besser für uns alle, wenn keine einzelne Person oder Instanz für die Wirtschaft oder die Wirtschaftsgesetze verantwortlich ist. Dieser Grundsatz akzeptiert Ungewissheit als den Preis des Wohlstands; dadurch wird ein höherer Lebensstandard wahrscheinlich, aber Kollapsängste sind garantiert.

Das Funktionieren einer Marktwirtschaft wurde von Adam Smith, einem einflussreichen schottischen Ökonomen des 18. Jahrhunderts, einer »unsichtbaren Hand« zugeschrieben. Das ist jedoch eine irreführende Analogie, da sie impliziert, eine amorphe Intelligenz lenke den Lauf der Ereignisse auf ein bestimmtes Ziel. Die Wirtschaft hat kein Ziel – sie reagiert ganz einfach auf Veränderungen der Umstände, etwa Entdeckungen, Erfindungen, Knappheiten, wechselnde Bedürfnisse der Verbraucher und sich wandelnde gesellschaftliche Strömungen. Meist führt das dazu, dass es den meisten Menschen besser geht, doch dafür gibt es keine Garantie – und das führt zu Ängsten, selbst wenn die Zeiten objektiv gut sind.

Die Angst vor einem Zusammenbruch wird durch das rasante Tempo des Wandels noch verstärkt. Ständig entstehen neue Produkte und Arbeitsplätze und verschwinden wieder, wie subatomare Teilchen. Vor zehn Jahren expandierte Panasonic wie verrückt; der japanische Elektronikkonzern war ein attraktiver Arbeitgeber und ein gutes Investment für Altersrücklagen. Dann schätzte das Unternehmen den wachsenden Mobiltelefonmarkt völlig falsch ein, was zu Entlassungen und empfindlichen Verlusten führte. Bis 2015 hatte Panasonic sich neu erfunden, und zwar als weltweit führender Lieferant von leistungsfähigen Batterien, auf einem Markt mit großem Wachstumspotenzial. Heute baut Panasonic eine futuristische Fabrik in Nevada, die die Batterien für die Fahrzeuge von Tesla liefern wird. Außerdem soll dort auch eine neuartige Produktkategorie hergestellt werden, nämlich Batterien für den Hausgebrauch, die der Kunde nutzen kann, um nachts – wenn der Strom billig ist – elektrische Energie zu speichern, die er dann nachmittags – wenn der Strom teuer ist – verbrauchen kann. Heute ist Panasonic wieder ein attraktiver Arbeitgeber, aber eine solche Achterbahnfahrt macht niemandem Spaß – was die Leute wollen, ist Stabilität. Das ist freilich etwas, was die moderne Wirtschaft nicht leisten kann.

Viele Menschen, die sich die Wirtschaft als eine Nahrungskette vorstellen, mit Rohstoffen als Fundament, haben Angst, dass diese Rohstoffe zur Neige gehen könnten. Hinzu kommen Befürchtungen über das Geld selbst. Fast jeder im Westen verlässt sich heute auf die diffuse Annahme, dass irgendjemand – der Arbeitgeber, die Kunden, eine Bank, die Social Security Administration – ihm Geld geben wird. Und was genau ist eigentlich Geld? Früher waren es Goldmünzen in der eigenen Tasche, heute sind es Nullen und Einsen in einer Datei oder einem Chip auf einer Plastikkarte. Früher speicherten die Banken Bargeld in ihren Stahlkammern, heute speichern sie Buchungssätze auf Festplatten. Die Produktion von Ein-Dollar-Scheinen durch das Bureau of Engraving and Printing erreichte 2006 ihr Maximum und geht seither zurück; die meisten 20-Dollar-Scheine wurden 2005 gedruckt, in den Jahren danach immer weniger. Wenn heute die US-Zentralbank, die Federal Reserve, Geld »druckt«, bedeutet das nicht unbedingt, dass tatsächlich physische Geldscheine gedruckt werden.[5] Die Fed erklärt einfach, dass mehr Geld existiert; dann kauft sie (vereinfacht gesagt) einen Teil des neu geschöpften Geldes und bezahlt es mit zusätzlichen Nullen und Einsen.

Da Geld immer nur das wert ist, was ein anderer dafür zu geben bereit ist, hat es keinen immanenten Wert. In mancherlei Hinsicht ist Geld zu einer einvernehmlichen Massenillusion geworden. Wenn eine Krise dazu führt, dass die Menschen ihr

Vertrauen in das Geld verlieren – und dann im Wege des Tausch-handels reale Werte als Bezahlung fordern –, würde das moderne Wirtschaftssystem zum Erliegen kommen. Das hört sich nicht gerade wie eine sonderlich stabile Situation an.

Viele Menschen glauben: »Wenn wir nur dieses verrückte Tempo des Wandels aufhalten, Wissen und geistiges Eigentum vergessen und zu einer Wirtschaft zurückkehren könnten, die auf Metall und Holz basiert, würde die gute alte Zeit wiederkommen, als die Betriebe noch stabil und die Arbeitsplätze sicher waren.« Das ist eine verlockende Vorstellung, die freilich all die Vorteile außer Acht lässt, die diese hektische Wirtschaft uns gebracht hat. Solche Menschen glauben, sie könnten eine altmodische Wirt-schaft ohne die Auswirkungen der Globalisierung wiederher-stellen, aber trotzdem den hohen Lebensstandard, die moderne Gesundheitsvorsorge, billige Kommunikations- und sichere Transportmittel behalten, die von der heutigen hektischen und verrückten Wirtschaft hervorgebracht wurden. Das kann nicht funktionieren – es ist ein Gesamtpaket mit all seinen Vor- und Nachteilen.

Es hat noch nie ein wirtschaftlich goldenes Zeitalter gegeben, in dem alle Menschen einen völlig sicheren und guten Job hat-ten. Selbst während des Wirtschaftsbooms der Nachkriegszeit, als die Gewerkschaften den Höhepunkt ihrer Macht erreichten, weil die Nachfrage nach Arbeitskräften sehr hoch war, wurde (infla-tionsbereinigt) in fast allen Berufen weniger verdient als heute, die sozialen Leistungen waren vergleichsweise minimal, Fabriken schlossen ebenso häufig, und Schwarze und Frauen brauchten sich gar nicht erst zu bewerben. Dennoch glauben Millionen von Men-schen in den Vereinigten Staaten und Großbritannien, es habe einmal ein wirtschaftlich goldenes Zeitalter gegeben – »Tja, ich weiß auch nicht so genau, wann das war, aber Sie wissen schon – damals eben, als alles besser war.« Der Glaube, dass ihnen dieses wunderbare Idyll zu Unrecht genommen wurde, klingt wie ein guter Grund, um noch mehr staatliche Wohltaten im Hier und Jetzt zu fordern.

Der diffuse Glaube, dass die Wirtschaft irgendwann in der Vergangenheit irgendwie besser war, führte zu Millionen von Wählerstimmen für Donald Trump, dem die Menschen seine negative Sicht der wirtschaftlichen Entwicklung unter anderem deswegen abnahmen, weil die Berichterstattung der Medien über die US-Wirtschaft ausnahmslos pessimistisch ist. Als 2016 die Beschäftigungsquote stark zunahm, fand die *New York Times* die Vorstellung einer positiven Nachricht aus der Wirtschaft so abwegig, dass die Zeitung es schaffte, eine missbilligende Meldung zu bringen, und zwar auf Seite eins: »Jobless Rate Falls but Many Feel Passed By« (Arbeitslosenquote sinkt, aber viele fühlen sich übergangen)[6]. Ebenso gut hätte die Überschrift lauten können: »Utopia wurde immer noch nicht verwirklicht.« Als im Frühjahr 2017 die Arbeitslosigkeit in den USA auf 4,4 Prozent zurückging, brachte keine der Nachrichtensendungen der großen drei TV-Netzwerke diese großartige Nachricht als Aufmacher. Jede von ihnen räumte der Meldung weniger als 20 Sekunden Sendezeit ein. *ABC World News Tonight* sagte in einem negativen Kommentar, durch höhere Beschäftigung könnten die Zinsen steigen; *NBC Nightly News* grummelte, dass zwar die Entwicklung der Beschäftigung in diesem Monat gut, doch im Vormonat nur »schleppend« gewesen sei.

Der eigentliche Grund, warum sich die Wähler von Trumps negativer Darstellung angesprochen fühlten, waren ihre Ängste, die in einer nicht gesteuerten Wirtschaft unvermeidlich sind. Die Soziologin Carol Graham von der University of Maryland hat gezeigt, dass die Einschätzung der meisten Menschen über ihre wirtschaftliche Lage nicht darauf beruht, was in der Gegenwart passiert, sondern darauf, was sie für die Zukunft erwarten.[7] Obwohl die wirtschaftliche Lage heute gut ist, können wir nicht sicher sein, dass es so bleiben wird. Nein, das können wir wirklich nicht, wenn es auch am wahrscheinlichsten ist, dass der Fortschritt weitergehen wird. Trumps unterschwellige Botschaft über die Wirtschaft lautete: *Du kannst nicht sicher sein, dass die Zukunft gut sein wird, daher ist die Gegenwart schrecklich.* Das ist natürlich Unsinn, aber 63 Millionen Wähler haben es ihm geglaubt.

Freilich muss die Lage tatsächlich schlimm sein, da wir aus dem Präsidentschaftswahlkampf 2016 wissen, dass »die produzierende Industrie vernichtet wurde«. Laut Kandidat Trump befänden sich etwa 85 Prozent der amerikanischen Arbeitsplätze im produzierenden Sektor, dessen Bedarf an Arbeitskräften durch zunehmende Automatisierung sinke. Hinzu komme, dass immer mehr Konkurrenten aus dem Ausland auf den amerikanischen Markt drängten. Bald würden nur noch zwei Prozent der Arbeitsplätze auf den produzierenden Sektor entfallen, mit »verrosteten Fabriken« über die Landschaft »verstreut wie Grabsteine«.

Tatsächlich würde der vorstehende Absatz die Lage im Jahr 1900 zutreffend beschreiben, wenn man den Begriff »produzierender Sektor« durch das Wort »Landwirtschaft« ersetzen würde und »Kandidat Trump« durch »Präsident McKinley«. Zu Beginn des 20. Jahrhunderts hingen etwa 85 Prozent der amerikanischen Arbeitsplätze auf die eine oder andere Art von der Landwirtschaft ab, wo damals viele Feldarbeiter durch Maschinen – Traktoren, Mähdrescher – ersetzt wurden. Darüber hinaus begannen viele Agrarländer, Überschüsse zu produzieren, um sie zu exportieren. Hätte es schon im Jahr 1900 TV-Wirtschaftsexperten gegeben und Sie hätten einem von ihnen erzählt, dass im Jahr 2017 nur noch zwei Prozent der amerikanischen Arbeitsplätze auf die Landwirtschaft entfallen würden, hätte er einen Zusammenbruch der Wirtschaft prophezeit. Aber diese Zahl ist heute eine Tatsache, und allen geht es besser – auch den Farmern.

Ertragreiche Nutzpflanzen sowie Erntemaschinen führten in der Landwirtschaft zu extremen Veränderungen. Als 1944 die Baumwollpflückmaschine erfunden wurde, zogen Millionen von Afroamerikanern aus den ländlichen Gebieten der Südstaaten in die Städte im Norden, um sich dort Arbeit in der Industrie zu suchen. Der Wandel der Einwohnerschaft der South Side von Chicago, der wunderbare Blues-Musik, schreckliche Schießereien unter Gangsterbanden und den ersten schwarzen US-Präsidenten hervorbrachte, wird in einem der besten Bücher des 20. Jahrhunderts erzählt, *The Promised Land* (Das gelobte Land) von Nicholas Lemann.[8] Als immer mehr Arbeitsplätze in der Landwirtschaft durch den Einsatz von Erntemaschinen entfielen, hielt man das Schicksal der schwarzen Landbevölkerung für hoffnungslos. Tatsächlich zeigte sich dann aber, dass in der Industrie wesentlich höhere Löhne gezahlt wurden als auf einer Farm, und die neu entstandenen Arbeitsplätze in den Fabriken befanden sich wesentlich näher an Bildungseinrichtungen, auf die jeder Mensch angewiesen ist, der sich in der modernen Zeit ein besseres Leben erarbeiten will. Die Afroamerikaner, die nach Norden zogen, um sich Arbeit in den Fabriken zu suchen, trugen dazu bei, dass die Bürgerrechtsbewegung Fuß fassen konnte und die Einkommenslücke zwischen Schwarz und Weiß sich verringerte. Diese Einkommenslücke besteht nach wie vor: Ein weißer Beschäftigter verdient in den USA im Durchschnitt ein Drittel mehr als sein schwarzer Kollege.[9] Niemand, der halbwegs bei Verstand ist, würde die landwirtschaftliche Uhr auf den Stand von 1900 zurückdrehen wollen oder befürworten, dass die Baumwollernte im Mississippidelta wieder von Hand eingebracht werden sollte. Dennoch schien am Anfang der Rückgang der Beschäftigung in der Landwirtschaft eine schreckliche Wendung des Schicksals zu sein.

Obwohl die US-Landwirtschaft im Vergleich zu 1900 kaum noch Beschäftigte hat, erreicht ihre Produktion immer neue Höchststände. Entsprechend stellen auch die amerikanischen Fabriken mit immer weniger Beschäftigten immer neue Produktionsrekorde auf. Die meisten Amerikaner würden wahrscheinlich vermuten, dass der produzierende Sektor in den Vereinigten Staaten in den 1950er- oder 60er-Jahren sein Produktionsmaximum erreicht habe. Das ist jedoch ein Irrtum: Das Jahr mit der höchsten US-Industrieproduktion war 2017.[10] Glauben Sie vielleicht, dass die Fabriken in der »guten alten Zeit« mehr zu tun gehabt hätten, zum Beispiel während der Amtszeit von Präsident Reagan? Keineswegs: Seit Reagan ist die US-Industrieproduktion um 85 Prozent gestiegen. Während also die Produktion in nur einer Generation um beinahe das Doppelte zugenommen hat, ging in der gleichen Zeit die Zahl der Industriearbeitsplätze um 30 Prozent zurück. Dennoch ist die Beschäftigung in der Industrie keineswegs verschwunden, obwohl es in den Medien manchmal so dargestellt wird: Im Jahr 2016 gab es 12,3 Millionen Industriearbeitsplätze, mehr als in der Gastronomie.[11] Es ist aber einfach so, dass durch den technischen Fortschritt in der Industrie immer weniger Arbeitskräfte gebraucht werden – das ist genau die Dynamik, die vorher die Landwirtschaft erfasst hatte.

Viele Beobachter, auch Trump, machen den weltweiten Handel für den Rückgang der Industriearbeitsplätze in den Vereinigten Staaten verantwortlich. Die Ökonomen Martin Baily und Barry Bosworth von der Brookings Institution, einem Thinktank, der in der linken Mitte des politischen Spektrums angesiedelt ist, haben berechnet, dass der Rückgang der Beschäftigung in der amerikanischen Industrie im Verhältnis zum BIP schon um das Jahr 2000 herum weitgehend abgeschlossen war. In diesem Jahr trat China der World Trade Organization bei, was den Anfang der ungehemmten Globalisierung einläutete.[12] In den USA erreichte die Zahl der Industriearbeitsplätze im Verhältnis zur gesamten Beschäftigungszahl 1953 ihren Höchststand – damals war Japan noch eine ausgebombte Ruinenlandschaft und China eine abgeschottete provinzielle Gesellschaft. Noch hatte keines dieser Länder einen Einfluss auf die Industrie, den Dienstleistungssektor oder die Beschäftigungszahlen in den Vereinigten Staaten. Im Jahr 1960 machte die Industrieproduktion 11 Prozent des BIP der USA aus, die Zahl der Industriearbeitsplätze dagegen 24 Prozent der amerikanischen Wirtschaft. Bis 2013 war die Industrieproduktion auf zwölf Prozent der amerikanischen Wirtschaftsleistung gestiegen – ein höherer Anteil als 1960 –, doch die Zahl der Industriearbeitsplätze war auf neun Prozent der Wirtschaft zurückgegangen.

Wenn die Beschäftigung in der Industrie zurückgeht, steigt die Nachfrage nach Lehrern, Ingenieuren, Krankenschwestern und Facharbeitern (Elektrikern, Schweißern). Aus Sicht des Dynamismus ist das normal – einige Sektoren werden kleiner, andere größer. Das mag vielleicht normal sein, ist aber auch strapaziös für unsere kollektiven Nerven.

Die zunehmende Automatisierung ist einer der Gründe für den Rückgang von Fabrikarbeitsplätzen, aber nur einer. Wir alle sind vertraut mit den Eigenschaften der Produkte, die wir kaufen, doch die Eigenschaften der Fabriken, in denen diese Produkte hergestellt werden, sind ebenso wichtig. In meinem 2009 erschienenen Buch *Sonic Boom* (Überschallknall) habe ich ausführlich beschrieben, wie eine Lokomotivenfabrik des Elektrokonzerns General Electric in Erie, Pennsylvania, auseinandergenommen und in verbesserter Form wieder aufgebaut wurde, um Eisenbahntriebwerke in kürzerer Zeit bei geringeren Kosten bauen zu können – die außerdem auch noch zuverlässiger, sparsamer und umweltfreundlicher sind.[13] Die Optimierung der Lokomotivenfertigung war so ein Erfolg, dass General Electric noch eine zweite solche Fabrik in Fort Worth, Texas, baute, obwohl an der Wall Street erwartet worden war, dass der Konzern sich ganz aus dem Eisenbahngeschäft zurückziehen würde. Heute ist China der wichtigste Kunde für umweltfreundliche, von General Electric in Pennsylvania und Texas gefertigte Lokomotiven.

In vielen Produktkategorien kann es zu niedrigeren Preisen und besserer Qualität führen, wenn die Fertigung in der jeweiligen Fabrik optimiert wird. Auf einem riesigen Gelände in Renton im US-Bundesstaat Washington montiert Boeing seine Flugzeuge – 40 Prozent der kommerziell genutzten Flugzeuge auf der Welt hoben für ihren Jungfernflug vom Renton Airfield ab. Dort wird auch die Boeing 737 gebaut, ein Flugzeug, das 1967 auf den Markt gebracht wurde.[14] Damals konnten in Renton pro Monat vier 737 gebaut werden. Heute wird dort eine erheblich verbesserte Version der 737 hergestellt, die leiser, sparsamer und mit moderner Bordelektronik ausgestattet ist, und zwar 30 Flugzeuge pro Monat. Obwohl in der Fabrik in Renton heute in kürzerer Zeit ein besseres Produkt hergestellt wird, sind dort nur noch etwa halb so viele Mitarbeiter beschäftigt wie 1967, weil die Abläufe innerhalb der Fabrik optimiert wurden. Das hat dazu geführt, dass heute einige der Menschen, die sonst in der Fertigung der Boeing 737 beschäftigt wären, keinen solchen Job mehr haben. Aber alle anderen – sagen wir, 99,9 Prozent der Amerikaner – sind dadurch besser dran, weil es durch optimierte Fertigungsverfahren möglich wurde, Flugreisen sicherer und preisgünstiger zu machen.

Zunehmende Effizienz in der Stahlproduktion, diesem Kernbereich industrieller Aktivitäten, hat ähnliche Auswirkungen auf die Gesellschaft. Während seines Präsidentschaftswahlkampfs hat Trump gesagt: »Wir werden in Amerika produzierten Stahl wieder zu einem zentralen Stützpfeiler unseres Landes machen«, und zwar durch eine »gewaltige Zahl neuer Jobs in der Stahlindustrie«. Das war ein klassisches Wahlkampfmanöver – ein nicht vorhandenes Problem (dem US-Stahlsektor ist es nie schlecht gegangen), gefolgt von einem leeren Versprechen, es zu lösen (um eine »gewaltige Zahl neuer Jobs in der Stahlindustrie« zu schaffen, müsste die gesamte Branche gezielt wieder unwirtschaftlicher arbeiten, indem sie zum Beispiel moderne Fabrikschlote herausreißen und durch veraltete ersetzen würde). Dem American Iron and Steel Institute zufolge werden 71 Prozent des in den Vereinigten Staaten verwendeten Stahls auch dort produziert.[15] Die gesamte US-Stahlproduktion ist heute kaum niedriger als auf ihrem Maximum der Nachkriegszeit, während die Zahl der Arbeitsplätze in der Stahlindustrie aufgrund effizienterer Produktionsverfahren um 75 Prozent zurückgegangen ist. Schätzungsweise 15-mal so viele Menschen wie in der Stahlindustrie sind bei Unternehmen beschäftigt, die Stahl kaufen, etwa bei Baukonzernen oder Geräteherstellern. Das lässt vermuten, dass es für jeden Arbeiter, der in einer veralteten, ineffizienten Stahlfabrik beschäftigt sein könnte, Dutzende andere gibt, denen eine effizientere Produktion in der Stahlindustrie zugutekommt.

In allen modernen Volkswirtschaften des Westens helfen Effizienzsteigerungen, die zu niedrigeren Preisen führen, wesentlich mehr Menschen, als sie schaden. Im Laufe der vergangenen fünf Jahre hat Canadian Pacific Railway seine Belegschaft um 40 Prozent verkleinert, aber zugleich die Frachtpreise gesenkt und im Durchschnitt höhere Zuggeschwindigkeiten erreicht.[16] Den meisten Kanadiern kommt das zugute, während eine relativ kleine Zahl entlassen wurde. Die Gesellschaft muss neue Aufgaben für Menschen finden, die durch verbesserte Effizienz arbeitslos werden. Doch die wirtschaftliche Dynamik auszubremsen, die für die meisten Menschen Flugreisen oder Telefone oder Frachttransporte verbessert hat, würde den gesellschaftlichen Fortschritt aus der Bahn werfen.

Wenn Arbeitskräfte durch Kapital ersetzt werden – Menschen raus, Maschinen rein –, steigt der Lebensstandard für die Gesellschaft insgesamt, während einzelne Personen Nachteile erleiden. Manchmal beschleunigen eigentlich wünschenswerte, fortschrittliche Ideen solche Entwicklungen. Im Jahr 2017 begann die Fast-Food-Kette McDonald's, deren CEO Steve Easterbrook ein entfernter Verwandter von mir ist, Touchscreen-Bestellschalter zu installieren, durch die ein Teil des Kassenpersonals ersetzt wurde. McDonald's schafft Zehntausende Jobs für ungelernte Arbeitskräfte, darunter auch viele, die die jeweilige Landessprache nicht beherrschen. Entsprechende Gesetze und politische Interessengruppen drängen den Konzern – und andere ähnliche Arbeitgeber –, neu eingestellten Mitarbeitern einen Bruttostundenlohn von etwa 20 Dollar zu zahlen. Das erklärt, warum es für Easterbrook sinnvoll ist, die am geringsten qualifizierten Mitarbeiter durch Investitionen in Technik zu ersetzen. Hinzu kommt, dass Maschinen nicht streiken, nicht vor der Betriebsstätte demonstrieren (wie es 2016 McDonald's-Mitarbeiter in vielen Städten taten) und ihren Arbeitgeber nicht verklagen. Die objektiv bestehenden Anreize für Easterbrook und andere Wirtschaftsmanager, Mitarbeiter zu entlassen und in Maschinen zu investieren, sind der eigentliche Kern des maschinenstürmerischen Dilemmas unserer Tage, von dem in einem späteren Kapitel noch die Rede sein wird.

Im Jahr 2016 verabschiedete der District of Columbia, in dem die US-Hauptstadt Washington liegt, ein Gesetz, das vorschreibt, dass selbst neu eingestellten Mitarbeitern zwei Monate bezahlter Urlaub pro Jahr zustehen.[17] Das klingt zunächst wie eine sehr erfreuliche soziale Errungenschaft – etwas, das der Journalist Jack Shafer als »therapeutische Gesetzgebung« bezeichnet hat. Doch stattdessen hätte der District auch Werbeplakate aufhängen können, auf denen steht: »Arbeitgeber, ersetzt eure Mitarbeiter durch Maschinen!« Im Jahr darauf verhinderte die Bürgermeisterin von Baltimore – eine Afroamerikanerin, die der Demokratischen Partei angehört – ein Gesetz, mit dem ein Mindestlohn von 15 Dollar eingeführt werden sollte. Viele Kommentatoren zeigten sich schockiert, aber niemand, der versucht, in Baltimore Arbeitsplätze für niedrig qualifizierte Kräfte zu schaffen – darunter auch die Personalverwaltung der Stadt –, war schockiert.

Als vor etwa einem Jahrhundert die Beschäftigungszahlen in der Landwirtschaft abstürzten, wurden die Befürchtungen, dass die entlassenen Farmhelfer nie wieder so gute Arbeit würden finden können, durch besser bezahlte Jobs mit besseren Sozialleistungen aus dem Weg geräumt. Wenn heute viele Stahlarbeiter und Eisenbahn-Rangiermeister entlassen werden, wird erneut befürchtet, dass sie nie wieder so gute Arbeit finden werden. Diese Angst ist für viele Menschen durchaus berechtigt, doch vor dem gesellschaftlichen Nutzen, der durch Verbesserungen bei der Produktion und im Dienstleistungssektor entsteht, muss sie zurückstehen. Ein Beispiel ist die Situation in Pittsburgh, das lange die Hauptstadt der US-Stahlproduktion war. Dort ist heute das inflationsbereinigte Pro-Kopf-Einkommen etwa doppelt so hoch wie auf dem Höhepunkt der Stahlproduktion,[18] und es vollzieht sich eine urbane Renaissance: steigende Immobilienpreise, kristallklarer Himmel, eine lebendige Kunstszene, Spitzenforschung an der Carnegie Mellon University, Spitzenmedizin an der University of Pittsburgh. Niemand, der einigermaßen bei Verstand ist, würde die Uhr für Pittsburgh in die 1950er-Jahre zurückdrehen wollen, obwohl die wirtschaftliche Entwicklung einigen Bürgern der Stadt Nachteile gebracht hat.

Die falsche Vorstellung vom Niedergang der produzierenden Industrie in den Vereinigten Staaten konnte sich unter anderem deswegen im gesellschaftlichen Bewusstsein festsetzen, weil die Nachrichtenmedien ausführlich berichten, wenn eine Fabrik geschlossen wird, aber nicht, wenn eine neue in Betrieb geht. Als zum Beispiel 2008 der japanische Großkonzern Honda 800 Millionen Dollar in Greensburg, Indiana, investierte und dort eine Hightechfabrik mit 2300 Beschäftigten eröffnete, die den sehr sparsamen Honda Civic produzieren und dabei internes Recycling in einem solchen Ausmaß einsetzen, dass keine Abfälle deponiert werden müssen, ignorierten die nationalen Medien die feierliche Eröffnungszeremonie. Ein paar Jahre später schlug dagegen in dem nicht weit davon entfernten Ort Muncie, Indiana, die Schließung einer veralteten Fabrik für Fahrzeugteile hohe Wellen in den Medien; in einem Bericht war pathetisch vom »dying Rust Belt« die Rede.[19] Ganz so, wie die übertriebene Berichterstattung lokaler Medien über Brände und Mordfälle den Eindruck erweckt, dass Feuersbrünste und Gewaltverbrechen immer häufiger würden, obwohl tatsächlich bei beiden ein langfristig rückläufiger Trend zu verzeichnen ist, lässt die Konzentration der nationalen Medien auf die Schließung von Fabriken den Eindruck entstehen, die US-Industrieproduktion sei ein Relikt der Vergangenheit.

Im Journalismus finden durch den technologischen Fortschritt ebenso einschneidende Umwälzungen statt wie im Bergbau und in der produzierenden Industrie. In den Vereinigten Staaten erreichte die verkaufte Auflage gedruckter Zeitungen ihren Höhepunkt 1957, bei einem Exemplar pro 2,8 Einwohner und Tag; heute ist es ein Exemplar pro 7,7 Einwohner.[20] Die Arbeit eines Reporters wird (inflationsbereinigt) immer schlechter bezahlt, und einstmals sichere Arbeitsplätze für Journalisten werden immer mehr zu freiberuflichen Arrangements, die leicht gekündigt werden können und keine Sozialleistungen bieten. Das schafft viel Unzufriedenheit unter Mainstream-Journalisten, und diese Unzufriedenheit strahlen sie auf allen bekannten Kanälen aus. Aber ganz so, wie es noch nie eine bessere Zeit gegeben hat, um ein in den USA hergestelltes Produkt zu kaufen, hat es auch noch nie eine bessere Zeit gegeben, um Nachrichten zu konsumieren. Seit es das Internet gibt, ist das Angebot an Nachrichten und Meinungen ebenso gewachsen, wie der weltweite freie Handel das Angebot an Konsumgütern vergrößert hat. Je mehr aktuelle Berichte, Leitartikel und Schimpftiraden verbreitet werden, desto weniger wird jeweils dafür bezahlt – wodurch sich bei vielen Experten und Moderatoren das Gefühl eingestellt hat, der wirtschaftliche Wandel sei darauf aus, ihnen persönlich an den Kragen zu gehen.

Die in den Medien vorherrschende negative Grundstimmung hat schon lange vor dem Übergang von gedruckten auf digitale

Medien ihren Anfang genommen, mag jedoch durch aktuelle Entwicklungen noch verstärkt werden. Eine Folge der Parallelen zwischen Fabrikarbeitern und Journalisten könnte sein, dass Letztere vergleichsweise vereinzelte Auswirkungen schädlicher wirtschaftlicher Trends aufbauschen, während sie flächendeckende Verbesserungen des Lebensstandards, des Bildungsniveaus und der bürgerlichen Freiheiten herunterspielen. Ein 2016 auf der ersten Seite der *New York Times* erschienener Bericht über die Unzufriedenheit der Menschen im Mittleren Westen der Vereinigten Staaten war in Paris, Kentucky, verfasst worden – mitten im Herzen des Untertage-Kohlebergbaugebiets.[21] Der Rückgang der Kohlegewinnung in den Appalachen begann aber bereits, als die Beatles noch gemeinsam Konzerte gaben. Die Zahl der Arbeitsplätze im Kohlebergbau ist in den vergangenen 30 Jahren um 80 Prozent zurückgegangen, und zwar beinahe linear, also ganz unbeeinflusst davon, welche politische Partei gerade an der Macht war oder welche Wirtschaftspolitik sie verfolgte. Es besteht nach wie vor Bedarf an Hüttenkohle, aber allein in den Jahren seit 2000 ist die Binnennachfrage nach Kohlesorten, die zur Stromerzeugung gebraucht werden – ein vom internationalen Handel unabhängiger Sektor –, um 37 Prozent zurückgegangen. Und natürlich sind die Menschen in Paris, Kentucky, darüber nicht glücklich!

Nicht nur in den Vereinigten Staaten sind viele Menschen, die im Kohlebergbau arbeiten, unzufrieden. In China traten die Kohlekumpels 2016 in einen Streik, um gegen Entlassungen zu protestieren. Sie waren wütend über ausländische Konkurrenz – in diesem Fall über Kohleimporte aus der Mongolei. Minenarbeiter in Australien, Großbritannien, Deutschland und anderen Ländern sind keineswegs begeistert über das unvermeidliche Verschwinden ihrer Existenzgrundlage. Dennoch konstruiert die amerikanische Presse aus dem Niedergang des Untertage-Kohlebergbaus – der im Hinblick auf weniger Luftverschmutzung, Treibhausgasemissionen und Staublungenerkrankungen ein Segen ist – einen Vorwurf gegen die US-Wirtschaft. Nicht lange nach der Meldung aus Paris, Kentucky, brachte die *Washington Post* auf Seite eins eine herzzerreißende Geschichte über die kranken und traurigen Menschen im McDowell County, West Virginia, der Gemeinde mit der kürzesten Lebenserwartung in den Vereinigten Staaten.²² McDowell liegt an der Grenze zwischen Kentucky und West Virginia, mitten im Untertage-Kohlebergbaugebiet, wo viele arbeitslose und kranke Menschen leben. Das mag vielleicht spezielle Hilfsprogramme rechtfertigen, ändert aber nichts daran, dass es sich hier um eine Ausnahme handelt, die nicht typisch ist für das Leben in anderen US-Regionen. Die *Washington Post* stellte ihre Geschichte dagegen als die erschreckende Wahrheit über den Mittleren Westen dar.

Heute wäre eine Meldung über das »Lebensgefühl in Amerika« aus fast jedem Ort in Kalifornien oder Neuengland eine fröhliche Geschichte; auch aus Gegenden wie Arizona, Colorado, Nord- und Süddakota, Florida, Georgia, Hawaii, Minnesota, New Mexico, Oregon, Tennessee, Texas, Utah, Washington und den nördlichen Rocky-Mountains-Staaten gibt es fast nur Positives zu berichten. Da viele Journalisten über die Veränderungen in ihrem eigenen Beruf beunruhigt sind, neigen sie dazu, sich auf Gegenden zu konzentrieren, wo der wirtschaftliche Wandel die Menschen unzufrieden macht.

Ein weiterer Faktor ist, dass alle vier Jahre die industrialisierten »swing states« Indiana, Michigan, Ohio, Pennsylvania und Wisconsin – deren Wahlergebnisse typischerweise knapp und unvorhersehbar sind – große Aufmerksamkeit von Politikern und Medien erfahren. In diesen Bundesstaaten leben unverhältnismäßig viele Wähler, denen die Globalisierung geschadet hat. Neuengland, New York, Texas und die Westküste profitieren von der Globalisierung; diese Regionen werden in einem Präsidentschaftswahlkampf weitgehend ignoriert, weil von vornherein klar ist, wie sie wählen werden. Hinzu kommt, dass in den industrialisierten »swing states« zahlreiche Mitglieder von Industrie- und Bergbaugewerkschaften leben, die politische Kandidaten aktiv mit Spenden unterstützen. Wenn in einer anderen Branche Arbeitsplätze verloren gehen – etwa im Einzelhandel, weil viele große Kaufhäuser durch Online-Shopping immer mehr in Bedrängnis geraten –, stößt das auf viel weniger Interesse, weil deren Beschäftigte nicht in traditionsreichen Gewerkschaften organisiert sind, die Politikern viel Geld spenden. Während seines Präsidentschaftswahlkampfs hat Donald Trump gesagt:»Unser Handel mit China zerstört unser Land ... Überall im Land herrscht völlige Zerstörung durch den Handel ... Wir müssen wieder anfangen, selbst zu produzieren.« An dem Tag, als Donald Trump dies sagte, war die Industrieproduktion der Vereinigten Staaten höher denn je. Die Professoren Pankaj Ghemawat und Steven Altman von der New York University haben gezeigt, dass im Jahr 2016 – dem Jahr, in dem Trump sagte, die amerikanische Industrie sei durch Importe »völlig zerstört« worden – 84 Prozent der von Amerikanern konsumierten Güter und Dienstleistungen innerhalb der Vereinigten Staaten produziert worden waren.[23] Des Weiteren verkündete Trump, das Land werde von japanischen Autos »überflutet«. In den 1980er-Jahren mag diese Aussage richtig gewesen sein, einer Zeit, die sowohl Trump als auch Bernie Sanders als »Goldenes Zeitalter« verklärt hatten – obwohl in den 1980er-Jahren Bildungsniveau und Lebensstandard niedriger waren, die Erkrankungshäufigkeit und Kriminalitätsraten höher und die Umweltverschmutzung schlimmer. Zwei Drittel der 2016 in den USA verkauften japanischen Autos waren in amerikanischen Fabriken hergestellt worden, in denen amerikanische Arbeiter einen Bruttolohn von etwa 50 Dollar pro Stunde verdienen – etwa ebenso viel wie gewerkschaftlich organisierte Kollegen, die bei einem US-Hersteller in Detroit beschäftigt sind.[24]

Neben die altbekannte Frage »Wer hat China [an den Kommunismus] verloren?« tritt heute die Frage: »Wer hat unsere Arbeitsplätze an China verloren?« Im Wahlkampf erzählten Trump und Sanders ihren Zuhörern, dass viele Millionen amerikanische Arbeitsplätze an China »verloren« worden seien. Doch diese Arbeitsplätze sind heute weder in China noch sonst wo zu finden, weil sie nicht mehr existieren – Automatisierung und Produktivitätsverbesserungen haben stärkere Auswirkungen auf Beschäftigungstrends in der Industrie als der Handel, sowohl in Asien als auch im Westen. Der Anstieg der Beschäftigtenzahlen in der chinesischen Industrie ist wahrscheinlich vorbei (die Wirtschaftsdaten aus China sind notorisch unzuverlässig[25]), und vermutlich wird es bald zu einem Rückgang der Industriearbeitsplätze im Reich der Mitte kommen, wenn es nicht schon jetzt so weit ist. Wenn es in China demokratische Wahlen nach dem Muster der Vereinigten Staaten gäbe, würden die dortigen Kandidaten sich deswegen über die Arbeitsplätze aufregen, die an die USA »verloren« worden seien. Wie die Jobs in der Landwirtschaft vor einem Jahrhundert werden auch die »verlorenen« Industriearbeitsplätze von heute nie mehr zurückkehren. Die Herausforderung besteht darin, die betroffenen Menschen so fortzubilden, dass sie sich in den Jobs der Zukunft bewähren können.

Der Ökonom Michael Hicks von der Ball State University hat berechnet, dass etwa 13 Prozent des Rückgangs der Beschäftigtenzahlen in der US-Industrie mit Produktionssteigerungen im Ausland korrelieren – der Rest wurde durch effizientere Produktion innerhalb der Vereinigten Staaten, durch Produktinnovationen oder Veränderungen der Nachfrage bewirkt.[26] Sollten nun der US-Kongress und die Parlamente der Bundesstaaten Gesetze verabschieden, die effizientere Produktionsverfahren verbieten? Sollten sie Produktinnovationen verbieten? Die Senatorin Susan Collins aus dem Bundesstaat Maine sagte 2016 Ryan Lizza von der Zeitschrift *The New Yorker*, sie »sehe inzwischen den Freihandel skeptischer als früher«, weil »viele Papierfabriken in Maine in den letzten paar Jahren geschlossen wurden«.[27] Die Papierproduktion in China ist nicht der Grund, warum Papiermühlen in den USA schließen – der Grund ist vielmehr, dass immer weniger Amerikaner gedruckte Zeitungen und Hochglanzmagazine kaufen, sondern heute *The New Yorker* und die *Washington Post* in digitaler Form lesen, statt sie sich per Post zuschicken zu lassen. Die Ära der Tageszeitung, die brandaktuell aus der Rotation kommt und dann mit einem dumpfen »Plopp« vor der Haustür landet, hatte eine Romantik, die viele Menschen vermissen werden. Aber sollte deswegen der Kongress das Lesen von Nachrichten auf Smartphones und Tablets verbieten? Kindle, Tolino und den digitalen

New Yorker verbieten? Das würde die Papiermühlen von Maine wieder zurückbringen.

Als Trump und Sanders die angeblich an China »verlorenen« Arbeitsplätze 2016 zu ihrem wichtigsten Wahlkampfthema machten, zitierten viele Kommentatoren und Politiker die Forschungsergebnisse des Ökonomen David Autor vom Massachusetts Institute of Technology. Seine Studien zeigen, dass die Zahl der Arbeitsplätze in der US-Industrie infolge des internationalen Handels um 1,5 Millionen zurückgegangen sei.[28] Das entspricht etwa 13 Prozent der heutigen Beschäftigtenzahl in der US-Industrie – ungefähr das Ergebnis, zu dem auch die Studie der Ball State University gekommen war. Autors Studie erregte mehr Aufmerksamkeit, weil er ein ziemlich düsteres Bild malte, während die Ball-State-Studie hervorhob, dass der produzierende Sektor insgesamt gesund sei. Die Daten, die der MIT-Studie zugrunde liegen, enden 2007, was in diesem Zusammenhang wichtig ist, da ungefähr zu dieser Zeit auch der Abwärtstrend der Beschäftigtenzahl in der chinesischen Industrie begann.[29]

Die MIT-Studie berücksichtigt auch Arbeitsplätze, die unter »internationaler Handel« subsummiert werden, aber keine hinzugewonnenen Jobs. Das Wilson Center, ein parteipolitisch unabhängiger Thinktank, kam 2016 zu der Einschätzung, dass durch den Handel mit Mexiko sechs Millionen neue Arbeitsplätze in der US-Wirtschaft entstanden sind.[30] David Autor hat auch festgestellt, dass in US-Regionen, wo Industriearbeitsplätze durch den Handel verloren gegangen sind, das Pro-Kopf-Einkommen um 213 Dollar pro Jahr zurückgegangen ist. Das ist sicherlich unerfreulich, aber auch keine Katastrophe, wenn man bedenkt, dass dieselben Kräfte, die einen in Ohio oder Wisconsin lebenden Wähler 213 Dollar pro Jahr kosten, die Verbraucherpreise überall in den Vereinigten Staaten und der Europäischen Union niedrig halten. David Autor ist ein fähiger Akademiker, und mit diesen Sätzen will ich ihn keineswegs kritisieren; ich will nur zeigen, dass die heutigen politischen und medialen Systeme jede ökonomische Analyse, die negativ klingt, dankbar aufgreifen, während sie unwillkommene positive Komplikationen unter den Tisch fallen lassen.

Eine demografische Karte der Vereinigten Staaten zeigt, dass die an den Küsten lebenden Menschen wohlhabender und besser gebildet sind als jene im Landesinneren. Das soll nicht etwa heißen, dass Colorado und Montana nicht wunderschön wären, Atlanta und Chicago keine großartigen Städte oder Chattanooga und Provo mit ihrem kleinstädtischen Charme keine versteckten Perlen – sondern nur, dass die weltoffenen Küstenregionen von wirtschaftlichen Tendenzen bevorzugt werden. Das ist auf der ganzen Welt zu beobachten: Ein Grund, warum China im Gegensatz zur benachbarten Mongolei wohlhabend wurde, liegt darin, dass China eine lang gestreckte Küstenregion hat, während die Mongolei ein Binnenland ist. Der »komparative Vorteil« – eine These, die in den Wirtschaftswissenschaften allgemein anerkannt ist – wirkt sich in Regionen, die miteinander Handel treiben, zum allgemeinen Nutzen aus, und dieser Handel bringt neue Denkanstöße mit sich, die zu Innovationen führen. Der Handel – vor allem der maritime – spielt in der Geschichte der Menschheit eine wichtige Rolle. Das einflussreiche Buch *The Sea and Civilization: a Maritime History of the World* (Das Meer und die Zivilisation: eine maritime Weltgeschichte) von Lincoln Paine zeigt, dass sich seit 3000 Jahren die Regionen, Länder und Imperien, die über das Meer miteinander Handel trieben, schneller entwickelt haben als andere, die sich für Entdeckungen und Handel mit fremden Völkern nicht interessierten.[31] Stetige wirtschaftliche Interaktionen über die Meere zwischen verschiedenen Erdteilen förderten den Aufstieg der Moderne, und sie sind auch heute noch der Grund, warum die globale Wirtschaft weiterhin wächst und gedeiht.

Aber alles hat seine Vor- und seine Nachteile. Handel und Kommerz mit fernen Ländern bringen steten Wandel mit sich und führen dazu, dass Beschäftigungsverhältnisse immer unsicherer werden. Der Ökonom Paul Krugman hat darauf hingewiesen, dass in den USA an jedem Tag der vergangenen Jahre etwa 75 000 Menschen ihren Arbeitsplatz verloren.[32] Im selben Zeitraum haben allerdings auch 85 000 Menschen pro Tag einen neuen Job gefunden, sodass sich unterm Strich eine wachsende Beschäftigung ergibt. Aber niemand will sich dem Stress und Ärger aussetzen, gefeuert oder entlassen zu werden, selbst wenn auf der anderen Seite ein neuer Job in Sicht ist. Der Handel und andere Faktoren treiben diesen unaufhörlichen Wandel an.

Viele Länder, Regionen, Städte und Personen haben sich seit Jahrhunderten gewünscht, den wirtschaftlichen Wandel aufhalten zu können. Wie sehr hätten sich doch die Bergarbeiter in Cornwall im Südwesten Englands gewünscht, dass in Südamerika keine großen Zinnvorkommen gefunden worden wären! Wie sehr hätte sich doch meine Heimatstadt Buffalo, New York, gewünscht, das riesige Werk von Bethlehem Steel wäre nicht durch Konkurrenten aus dem Markt gedrängt worden, die neue Verfahren wie Stranggießen einsetzen! Oder dass die turmhohen Getreidesilos am Hafen der Stadt, die einst eine zentrale Rolle für den Getreidemarkt spielten, nicht ins Abseits geraten wären, als 1959 der Saint Lawrence Seaway eröffnet wurde. Und wie sehr haben sich die Werftarbeiter in Yizheng am Jangtsekiang gewünscht, dass nicht durch große Containerschiffe die Nachfrage nach Stückgutfrachtern eingebrochen wäre. Es gibt noch Hunderte ähnliche Beispiele.

Das Dilemma in Yizheng führt zu einem weiteren Aspekt der heute zu beobachtenden wirtschaftlichen Turbulenzen. Die weltweite Konkurrenz drückt nicht nur die Preise von Konsumgütern, sondern auch die Transportkosten. Eine Lieferung am nächsten oder übernächsten Tag war früher unbekannt und später den Wohlhabenden vorbehalten; heute erwartet dagegen ein durchschnittlicher Kunde in den USA oder Europa, dass ihm seine bestellte Ware umgehend an die Haustür geliefert wird, und das auch noch zu möglichst niedrigen Kosten. Massentransporte von Rohstoffen – die im Konsumentenmarkt keine Rolle spielen, für die Produktion jedoch entscheidend sind – werden immer billiger, was zwar gut für den Lebensstandard ist, aber noch mehr Veränderung herbeiführt.

Im 19. Jahrhundert brauchte ein Massengutfrachter für die Reise von der Ostküste der Vereinigten Staaten nach China etwa drei Monate; heute sind es nur noch drei Wochen. Interkontinentale 24-Stunden-Luftfracht wird heute nicht mehr nur für kleine Gegenstände in Anspruch genommen, sondern auch für schwere

Lieferungen. Durch schnellere Frachtschiffe und kleinere Schiffs-besatzungen sind die Kosten einer transozeanischen Lieferung auf bis zu zehn Dollar pro Tonne gefallen.[33] Durch Containerschiffe, die größer sind als die atomgetriebenen Superflugzeugträger der US-Marine, sind Transporte auf dem Seeweg so erschwinglich geworden, dass die Komponenten eines Smartphones in einem Dutzend verschiedenen Ländern in aller Welt hergestellt, nach Asien verschifft, dort montiert und dann wieder ins Abnehmer-land transportiert werden können, um dort zu immer günstige-ren Preisen verkauft zu werden. In den vergangenen 25 Jahren hat China eine ausgedehnte Infrastruktur von Containerter-minals und Verladekränen aufgebaut; Panama- und Suezkanal sind verbreitert worden, damit immer größere Schiffe passieren können; viele große Häfen in allen Teilen der Welt sind vertieft worden, damit diese Schiffe dort einlaufen können; eine Klasse von gigantischen Containerschiffen, die sogenannte Malaccamax, ist entstanden, deren Tiefgang auf den Meter genau darauf aus-gelegt ist, dass möglichst viele Container durch die Meerenge von Malakka transportiert werden können. Die riesige Berendrecht-schleuse in Antwerpen, die 1989 fertiggestellt wurde, ist eine der zahlreichen physischen Veränderungen der Erdoberfläche, durch die der Handel immer schneller und kostengünstiger wird. Fast alle profitieren wir von den dadurch möglich gewordenen nied-rigeren Preisen; doch derselbe immer schnellere Wandel, der die Lebensstandards verbessert, sorgt auch für immer mehr Unsicher-heiten.

Heute ertragen die Besatzungen von Containerschiffen sowie Schüttgutfrachtern, die Erze und Getreide transportieren, harte Arbeitsbedingungen, um ihre Familien zu ernähren. Bald wer-den automatisierte Frachtschiffe durch die Ozeane pflügen, die von Computern in den Zielhafen gesteuert werden. Dann wird es keine Besatzungsmitglieder mehr geben, die schlecht behandelt werden könnten, und die nächste Preissenkungsrunde im Ein-zelhandel wird zu einer weiteren Verbesserung der Lebensstan-dards führen. Sollten also nun Fortschritte, die unmenschliche Arbeitsplätze eliminieren, verboten werden? Oder wäre es nicht sinnvoller, Reformen der gesellschaftlichen Ordnung in die Wege zu leiten, sodass jeder seinen Platz hat?

Zum Teil bestand die Stimmung, die Donald Trump ins Weiße Haus trug, aus Ressentiments in »swing states« im Mittleren Westen gegen Handelsabkommen, die anderen Ländern gegenüber den Vereinigten Staaten Vorteile verschaffen. Weil es Trump war, der das behauptete, machten ihn Meinungsführer des Establishments lächerlich und sagten, das könne nicht stimmen. Aber viele der von den USA abgeschlossenen Handelsabkommen sind tatsächlich günstiger für die Partnerländer – und das ist etwas, worauf die Amerikaner stolz sein sollten.

Die von der Welthandelsorganisation getroffene Vereinbarung, der die Vereinigten Staaten im Jahr 2000 beitraten, erlaubt Peking, dreimal so hohe Importabgaben (Zölle und Mehrwertsteuer) zu erheben wie Washington. Damit soll der chinesischen Industrie geholfen werden, sich zu entwickeln. So wird Protektionismus für Peking legalisiert, aber für Washington verboten. Brasilien, Indien und die meisten afrikanischen Länder dürfen dreieinhalbmal so hohe Einfuhrabgaben erheben wie Washington, aus demselben Grund.[34] Jene Experten, die glaubten, die Menschen im Mittelwesten der USA seien zu dumm oder unwissend, um das mitzubekommen – die vorherrschende Meinung unter den Eliten in Washington –, wurden eines Besseren belehrt, da diese Menschen die Sachlage sehr wohl verstanden und ihre Meinung dazu kundtaten, indem sie Trump wählten. Dabei wird jedoch übersehen, dass die Amerikaner stolz sein sollten auf asymmetrische Handelsabkommen: Durch die im Jahr 2000 gemachten Zugeständnisse hinsichtlich der Einfuhrzölle gaben die Vereinigten Staaten – jahrelang die großzügigste aller Nationen – einen Teil ihres Wohlstands auf, um anderen Ländern zu helfen.

Angus Deaton, dem 2015 der Wirtschaftsnobelpreis zugesprochen wurde, hat sich eingehend mit der Ungleichheit zwischen der Dritten Welt und den Industrieländern beschäftigt. Er ist zu dem Schluss gekommen, das beste Mittel gegen die globale Ungleichheit sei mehr Handel zwischen den Entwicklungsländern einerseits und den Vereinigten Staaten und der Europäischen Union andererseits.[35] Viele Aspekte der Globalisierung machen der Mittelschicht im Westen Sorgen, aber Globalisierung ist gut für den größten Teil der Menschheit. Und die Globalisierung hat gerade erst begonnen – unser Planet ist im Begriff, noch viel globaler zu werden.

Stellen Sie sich vor, Sie würden einem Arbeiter, der seinen Job in einer Fabrik in Muncie, Indiana, verloren hat, Folgendes sagen: »Derselbe weltweite Handel, der dir geschadet hat, nützt den meisten Amerikanern und Europäern, weil er die Preise niedrig hält. Außerdem reduziert er in einem erstaunlichen Tempo die Armut auf der Welt.« Seine Antwort wäre wahrscheinlich ein deftiges Schimpfwort. Aber das ist die Dynamik der Welt: Relativ kleine wirtschaftliche Zugeständnisse in den wohlhabenden Ländern sind verknüpft mit enormen Fortschritten in den Regionen, wo der Großteil der Menschheit lebt. Diese Dynamik wird im Westen nicht gesehen – doch sie führt dazu, dass es der Menschheit insgesamt immer besser geht.

Es war eine schockierende Nachricht: In den Vereinigten Staaten bildet die Mittelschicht nicht mehr die Mehrheit der Bevölkerung. An einem Tag im Dezember 2015 war das der Aufmacher der *CBS Evening News*, unterfüttert mit bunten Tortendiagrammen, die den Eindruck erweckten, die Mittelschicht sei kurz davor, völlig zu verschwinden. Die Grafiken basierten auf einer Studie, die am selben Tag vom Pew Research Center veröffentlicht worden war, einem sehr glaubwürdigen Meinungsforschungsinstitut. Darin wird berichtet, die Mittelschicht stelle »nicht mehr die Mehrheit der US-Bevölkerung«. In der Studie heißt es, dass 1971 noch 61 Prozent der Bevölkerung der Mittelschicht angehört hätten, und bis 2015 sei dieser Anteil auf 50 Prozent gefallen – also nicht mehr die Mehrheit. Meldungen wie diese haben dazu beigetragen, im öffentlichen Bewusstsein die »Weltuntergangsstimmung« zu erzeugen, die Trumps Wahlerfolg im darauffolgenden Jahr zugrunde lag.

Wenn man sich die Pew-Studie etwas genauer ansieht, stellt man fest, dass 1971 etwa 14 Prozent der Amerikaner den oberen

Einkommensschichten angehörten und 25 Prozent den unteren; 2015 waren es dagegen 21 beziehungsweise 29 Prozent.[36] Also sind mehr Angehörige der Mittelschicht in die oberen Einkommensschichten aufgestiegen als in die unteren Schichten abgestiegen. Das heißt, dass mehr Menschen aus der Mittelschicht nach oben »verschwinden« als nach unten. Eine ebenfalls vom Pew Research Center vorgelegte Nachfolgestudie zeigt, dass es mehr Städte und Bezirke in den Vereinigten Staaten gibt, in denen mehr Familien aus allen Ethnien wirtschaftlich aufsteigen als absteigen. In den meisten EU-Ländern ist es ähnlich – es gibt mehr Aufsteiger als Absteiger. Positive Details wie diese lässt man gern unter den Tisch fallen, um sich lieber auf die beunruhigende Schlagzeile zu konzentrieren, dass die Mittelschicht nicht mehr die Mehrheit der Gesellschaft bildet – obwohl sie nach wie vor die größte und politisch einflussreichste demografische Gruppe ist.

Stephen Rose, ein gewerkschaftsnaher Ökonom am Urban Institute, einem in der linken Mitte des politischen Spektrums angesiedelten Thinktank, hat seit Jahren Studien produziert, die zeigen, dass die Mittelschicht hauptsächlich deswegen kleiner wird, weil viele Menschen wirtschaftlich aufsteigen.[37] Rose veröffentlichte seine Daten für 2016, als Trump gerade seiner Wählerschaft einredete, »everything is down, down, down«. Aufgrund etwas anderer Parameter als jener des Pew Research Center stellte Rose fest, dass 1979 13 Prozent der Amerikaner den oberen Einkommensschichten angehörten und 39 Prozent den mittleren; 48 Prozent hatten ein niedriges Einkommen oder lebten unterhalb der Armutsgrenze. Im Jahr 2014, so Rose, waren es dagegen 31 Prozent in den oberen Einkommensschichten, 32 Prozent in den mittleren und 37 Prozent in den unteren Einkommensschichten oder unterhalb der Armutsgrenze. Diese Zahlen stützen die häufig zu hörende Aussage, die Mittelschicht würde schrumpfen, sind aber im Großen und Ganzen fast ausschließlich positiv – ein wachsender Anteil von Besserverdienenden und weniger Geringverdiener. In welcher wirtschaftlichen Gesamtlage würden Sie lieber leben wollen – in der von 1979 oder der von 2014?

Die Vereinigten Staaten von 2014 waren nicht nur wohlhabender, es herrschte auch weniger Ungleichheit. Sehen wir uns noch einen Vergleich zu 1979 an. Damals stagnierte die Wirtschaft, doch die Inflation war hoch – eine lähmende Kombination. Präsident Jimmy Carter hielt eine bedrückte, landesweit im Fernsehen übertragene Rede, die unter Historikern als »malaise speech« bekannt ist; das meistdiskutierte ernsthafte Buch, *The Culture of Narcissism (Das Zeitalter des Narzißmus)* von Christopher Lasch, trug den Untertitel *American Life in an Age of Diminished Expectations* (Das Leben in Amerika in einer Zeit reduzierter Erwartungen).[38] Wenn man Inflation und Bevölkerungswachstum ausgleicht, wäre zu erwarten, dass heute das amerikanische BIP etwa 40 Prozent höher sein müsste als 1979. Tatsächlich ist es jedoch um 165 Prozent gestiegen – ein Wachstum um das Vierfache im Lauf einer Generation, die angeblich von »reduzierten Erwartungen« geplagt wird.

Selbst wenn man all die Fortschritte außer Acht lässt, die im Kampf gegen Diskriminierung, Kriminalität, Umweltverschmutzung und Krankheiten erzielt wurden, zeigen die Wirtschaftsdaten, dass es sich heute in den Vereinigten Staaten besser lebt als noch vor einer Generation, mit höheren Lebensstandards, besseren Aufstiegsmöglichkeiten und mehr gesellschaftlicher Gerechtigkeit. Dennoch machen viele Amerikaner die Gegenwart schlecht und wünschen sich die Vergangenheit zurück.

Das Pew Research Center berücksichtigt nur die Bruttoeinkommen vor Steuern und Abzügen, um die Mittelschicht abzugrenzen. Der Ansatz, ausschließlich die Einkommen heranzuziehen, wird auch von den Senatoren Bernie Sanders (Vermont) und Elizabeth Warren (Massachusetts) verfolgt, den bekanntesten »declinists« (sinngemäß: Niedergangspropheten, Apokalyptiker) des linken Flügels, die Wut und Negativität schüren. Diese Methode wird auch von Thomas Piketty an der École d'Économie de Paris (Wirtschaftshochschule Paris) sowie von Emmanuel Saez von der University of California in Berkeley angewendet. Piketty und Saez haben zahlreiche Diagramme und Grafiken produziert, die

Folgendes zeigen: Der Umstand, dass die Kapitalrenditen das Einkommenswachstum übersteigen, führt dazu, dass es denjenigen an der Spitze, die das meiste Eigenkapital besitzen (hauptsächlich in Form von Aktien), besser ergehen wird als dem Durchschnittsbürger.

Diese Schlussfolgerungen beruhen nur auf dem Bruttoeinkommen, das Piketty und Saez für »den einfachsten und aussagekräftigsten Indikator« für gesellschaftliche Ungleichheit halten.[39] Ich will gar nicht bestreiten, dass das Bruttoeinkommen der aussagekräftigste Indikator für Ungleichheit ist. Aber nur, weil er der einfachste ist, muss er nicht unbedingt richtig sein; Körpergröße ist das einfachste Auswahlkriterium für einen Basketballspieler, doch es wäre nicht klug, eine Mannschaft ausschließlich aufgrund der Körpergröße zusammenzustellen. Niemand in den Vereinigten Staaten oder Europa schaut als Familienvorstand ausschließlich auf das Bruttoeinkommen; er oder sie muss auch die Höhe von Steuern, Sozialleistungen und Verbraucherpreisen sowie die Größe des Haushalts berücksichtigen. Pikettys 2013 erschienener Wälzer *Le Capital au XXIe siècle (Das Kapital im 21. Jahrhundert)* wurde von zahlreichen Rezensenten und Wissenschaftlern als ein überzeugender Nachweis dafür gehalten, dass die zunehmende Ungleichheit der Bruttoeinkommen bedeute, die Wirtschaft des Westens befinde sich in einer Notlage.[40] Das Buch zieht sich über 976 Seiten hin, ohne zu analysieren, inwieweit sich Steuern, Sozialleistungen und Verbraucherpreise auf den Normalbürger auswirken, zu dessen Anwalt Piketty sich aufschwingt. Steuern, Sozialleistungen und Preise sind wesentliche Faktoren im Leben der meisten Menschen, und wenn man sie berücksichtigt, sieht die wirtschaftliche Lage des Westens besser aus, als wenn man nur die Bruttoeinkommen in Betracht zieht. Im Ergebnis versteifen sich viele Ökonomen und Politiker auf das Bruttoeinkommen – den negativen Indikator – und tun so, als würde der Rest keine Rolle spielen.

Einkommen sind weniger wert, wenn sie hoch besteuert oder durch Inflation untergraben werden. Einkommen, die durch Sozialleistungen aufgestockt werden, sind mehr wert; das gilt auch für Einkommen, von denen weniger Menschen leben müssen, weil die durchschnittliche Haushaltsgröße abnimmt. Viel wichtiger als das Bruttoeinkommen allein ist die Kaufkraft, die sich aus einer (modellhaften) Gleichung mit fünf Variablen ergibt: Einkommen minus Steuern plus Sozialleistungen multipliziert mit einem Faktor, der steigende oder fallende Preise ausgleicht, dividiert durch die Haushaltsgröße.

(Einkommen – Steuern + Sozialleistungen) × Verbraucherpreis-index / Haushaltsgröße

Die meisten Amerikaner wissen, dass in den vergangenen Jahrzehnten die Steuersätze für die Reichen gesenkt wurden; dabei gibt es durchaus gute Argumente, um die höheren Einkommensschichten stärker zu besteuern. Doch vielen Wählern und Experten scheint weniger klar zu sein, dass die Einkommensteuer auf Bundesebene auch für die amerikanische Mittelschicht gesenkt wurde. Und 2001 wurde unter Präsident Bush junior die Einkommensteuer auf Bundesebene für das untere Fünftel der Haushalte praktisch abgeschafft, eine durchaus fortschrittliche Maßnahme.

Während der Amtszeiten von Bush junior und Obama wurden die Einkommensteuern auf Bundesebene für nahezu alle Bürger gesenkt und die Sozialleistungen des Bundes erhöht. In einer 2013 vorgelegten Studie berechnete das Congressional Budget Office (CBO, Haushaltsabteilung des Kongresses), dass eine typische Mittelschichtfamilie vor einer Generation einen höheren Betrag an Steuern zahlte, als sie an Sozialleistungen vom Bund erhielt.[41] Heute ist es umgekehrt: Eine typische Familie der Mittelschicht zahlt 7800 Dollar weniger Einkommensteuer auf Bundesebene, als sie an Sozialleistungen vom Bund erhält. Gleichzeitig ging die durchschnittliche Haushaltsgröße etwas zurück. Der Umstand, dass sich die zunehmende Kaufkraft in einem typischen amerikanischen Haushalt auf immer weniger Personen verteilt, wird in Diskussionen um Einkommenszuwächse kaum berücksichtigt. Unterdessen sind die inflationsbereinigten Preise zahlreicher Produkte gefallen. Am ersten Tag des 20. Jahrhunderts gab ein typischer amerikanischer Haushalt 59 Prozent seines Einkommens für Nahrungsmittel und Kleidung aus.[42] Bis zum ersten Tag des 21. Jahrhunderts war dieser Anteil auf 21 Prozent zurückgegangen, und zwar hauptsächlich, weil die realen Preise von Nahrungsmitteln und Kleidung gefallen waren, trotz Qualitätsverbesserungen in beiden Bereichen.

Zu welchem Ergebnis kommen wir, wenn wir die Steuersenkungen auf Bundesebene von 1982, 1986, 2001, 2003, 2010 und 2012, die höheren Sozialleistungen, die kleinere Haushaltsgröße und die verschwindend geringe Inflationsrate berücksichtigen? Im Jahr 2014 stellte der Ökonom Gary Burtless von der Brookings Institution diese Frage und stellte fest, dass seit 1980 die Kaufkraft des unteren Fünftels der US-Bevölkerung um 49 Prozent gestiegen ist.[43] Das mittlere Fünftel – also die Mittelschicht – konnte einen Anstieg seiner Kaufkraft um 36 Prozent verzeichnen. In den meisten EU-Ländern sieht es ähnlich aus. Dieser Anstieg vollzog sich beinahe linear, teilweise auch in den Jahren der Großen Rezession. Das soll natürlich nicht heißen, dass niemand mehr finanzielle Sorgen hat – aber das wird ohnehin nie der Fall sein. Insgesamt hat sich die Kaufkraft für den Normalbürger gut entwickelt und setzt einen bereits seit mehreren Generationen anhaltenden Trend fort. Die jüngsten Statistiken des Census Bureau zeigen, dass die Kaufkraft der Mittelschicht seit 2000 ungefähr mit dem Nachkriegsdurchschnittswert von etwa drei Prozent pro Jahr gestiegen ist, wenn niedrigere Steuern, höhere Sozialleistungen und niedrigere Verbraucherpreise berücksichtigt werden.[44]

Präsidentschaftskandidaten, Wirtschaftsexperten, Journalisten und selbst Entertainer erzählen Amerikanern und Europäern ständig, dass sie wirtschaftlich zurückfallen, obwohl es so gut wie allen Menschen im Westen finanziell besser geht als vor einer Generation. In der Überzeugung, dass es ihnen schlechter geht, gaben 63 Millionen amerikanische Wähler Trump ihre Stimme. Mit ein paar Millionen Stimmen mehr wäre Bernie Sanders als Kandidat der Demokratischen Partei gegen Trump angetreten; in einem Wahlkampf zwischen Trump und Sanders hätten beide

Kandidaten den Wählern weisgemacht, dass es ihnen schlechter geht als in einer weitgehend imaginären »guten alten Zeit«.

In seinem Wahlkampf verkündete Sanders, die Mittelschicht werde durch »abstürzende Löhne ausgequetscht«. Wie Trumps Behauptung, die Kriminalität nehme zu, obwohl sie tatsächlich zurückgeht, gehört Sanders' These, die Löhne würden fallen, obwohl sie tatsächlich steigen, in die rätselhafte Kategorie negativer Behauptungen, die von den Wählern geglaubt werden *wollen*. In einem Bericht des Labor Department (Arbeitsministerium) heißt es, dass 2016 die Stundenlöhne um 2,9 Prozent gestiegen sind, etwa das Doppelte der Inflationsrate, was 2016 zu einem guten Jahr für die Lohnentwicklung machte.[45] Im Frühjahr 2017 betrug der Durchschnittslohn außerhalb des Agrarsektors im Durchschnitt 26,19 Dollar pro Stunde – ein Rekord, sowohl absolut als auch inflationsbereinigt. In der Zeit von 2007 bis 2017 stieg der durchschnittliche Stundenlohn – ein wichtiger Leitindikator für die Mittelschicht – um 26 Prozent. Natürlich gibt es Millionen von Menschen, die Schwierigkeiten haben, über die Runden zu kommen – aber das ist etwas ganz anderes als die seltsam beliebte und völlig falsche Behauptung, die Löhne seien gefallen.

Da seit geraumer Zeit die Inflationsraten gegen null tendieren, halten mittlerweile viele Amerikaner und Europäer eine niedrige Inflation für selbstverständlich. Eine hohe Inflation schadet dem Normalbürger weit mehr als jede andere wirtschaftliche Entwicklung außer Arbeitslosigkeit, nicht jedoch den Reichen. Dennoch wird im Westen die lange Phase niedriger Inflation – die aus Sicht der Kaufkraftentwicklung einem langen Aufschwung gleichkommt – in der öffentlichen Meinung so gut wie ignoriert. Viele Senioren in den Vereinigten Staaten protestieren mürrisch, weil es jahrelang kein oder nur ein minimales »cost-of-living adjustment« (COLA, Teuerungszulage) ihrer Sozialhilfeleistungen gegeben hat. Das liegt daran, dass es auch so gut wie keine Inflation gegeben hat: Würde es etwa den Senioren bei höheren Bezügen, aber auch höheren Verbraucherpreisen besser gehen? Ein Politiker aus früheren Zeiten würde zu einer Beruhigungspille greifen, wenn man ihm sagen würde, dass die Zentralbanken heutzutage erfolglos versuchen, die Inflationsraten in die Höhe zu treiben. Alles hat seine Vor- und Nachteile: Dieselben wirtschaftlichen Kräfte, die für turbulente Veränderungen sorgen, halten auch die Verbraucherpreise niedrig, was jedem Normalbürger sehr zugutekommt.

Es ist unvermeidlich, dass die wirtschaftliche Effizienz, die für die meisten Normalbürger die Kaufkraft verbessert, manchen Menschen schadet, deren Arbeitsplatz oder besondere Qualifikation nicht mehr gebraucht wird. In der heutigen politischen und Medienlandschaft besteht die Tendenz, die traurige Geschichte von der kleinen vergessenen Stadt als Indiz für ein wie auch immer geartetes Versagen der Gesamtwirtschaft zu deuten. Dabei wird außer Acht gelassen, dass es den meisten Normalbürgern jedes Jahr besser geht als im Jahr zuvor. Ein Reporter oder Politiker, der zum Beispiel nach Johnsonburg, Pennsylvania, kommt, würde eine trostlose, heruntergekommene Industriestadt vorfinden, in der viel zu viele Menschen morgens nicht mehr aufstehen müssen, um zur Arbeit oder in die Schule zu gehen. Die verfallene, 100 Jahre alte Papiermühle am Ufer des mäandernden Clarion River könnte als Symbol des Niedergangs der Vereinigten Staaten dargestellt werden, da man diese Papierfabrik sehen kann, den insgesamt zunehmenden Wohlstand dagegen nicht. Jeder, der etwas Mitgefühl hat, würde sich die Geschichte von Johnsonburg und ähnlichen Städten zu Herzen nehmen – aber das ist nicht das Gleiche wie die Überzeugung, dass es der Nation besser ginge, wenn sie in die Vergangenheit zurückreisen würde, als die Papiermühle noch im Zweischichtbetrieb lief, aber der Lebensstandard insgesamt niedriger und Diskriminierung, Umweltverschmutzung und Krankheiten schlimmer waren.

Vielleicht fixieren sich so viele Wähler und Kommentatoren auf das Negative, weil es zum menschlichen Wesen gehört, sich selbst bemitleiden zu wollen. Andere werden sich vielleicht einfach taub stellen für alles, was ihnen nicht passt. Da es jedoch keinen zweiten Garten Eden auf Erden gibt, wird es nie so weit kommen, dass es niemandem an Geld, Gesundheit, Liebe oder Freundschaft fehlt. Aber das große Bild ist wichtiger, und es ist meistenteils gut und wird immer besser.

Der verbreitete Irrglaube, die Wirtschaft des Westens würde versagen, obwohl tatsächlich die Lebensstandards generell und nach wie vor immer besser werden, ist bestenfalls ein etwas verwirrender Ausdruck des menschlichen Wesens; schlechtestenfalls gehört er zu der Sorte gefährlicher Trugschlüsse, die dazu führen, dass verrückte Politiker gewählt werden.

Gibt es versteckte Arbeitslosigkeit? Im Internet machen komplizierte Gerüchte über abgestürzte UFOs die Runde; im Talkradio ist die Behauptung ein beliebter Lückenfüller, dass die beeindruckend hohen Beschäftigungszahlen in den Vereinigten Staaten manipuliert seien. Dieser Verschwörungstheorie zufolge werden die Zahlen manipuliert, um eine niedrige Beschäftigungsquote – den Anteil gesunder Menschen im arbeitsfähigen Alter, die einen Job haben – zu verschleiern. Im Dezember 2016, kurz bevor Barack Obama aus dem Amt schied, erzählte der Radio-Talkmaster Rush Limbaugh seinen Zuhörern, die Beschäftigungsquote sei »auf einem Allzeittief«.

Tatsächlich fiel die Beschäftigungsquote 1966 auf ihren tiefsten Stand seit dem Zweiten Weltkrieg; damals hatten 60 Prozent der gesunden Amerikaner im arbeitsfähigen Alter einen Job.[46] Wenn 2017 die Beschäftigungsquote gleich hoch wäre wie 1966 und das Bevölkerungswachstum berücksichtigt wird, müssten heute 117 Millionen Amerikaner beschäftigt sein; tatsächlich waren es 2017 jedoch 152 Millionen, die in Lohn und Brot standen. Das bedeutet, dass heute relativ zum Bevölkerungswachstum 35 Millionen mehr Menschen arbeiten als in jener »guten alten Zeit«. Aber die Zuhörergemeinde der im Talkradio zum Besten gegebenen Verschwörungstheorien glaubt, die schockierenden Tatsachen über die Arbeitslosigkeit würden verschleiert; eine Behauptung, die Trump während seines Präsidentschaftswahlkampfs aufgriff und weiterverbreitete.

Laut der Federal Reserve Bank of St. Louis ist die Beschäftigungsquote bei Männern in den vergangenen Jahrzehnten in der Tat zurückgegangen; 1950 waren es 86 Prozent, 2015 nur noch 69 Prozent.[47] Zugleich hat die Beschäftigungsquote bei Frauen

149

stark zugenommen, nämlich von 33 Prozent im Jahr 1950 auf 57 Prozent 2015. Wenn man diese Trends zusammenfasst – ein moderater Rückgang bei arbeitenden Männern, eine etwas höhere Zunahme bei Frauen, die einer bezahlten Arbeit nachgehen –, ergibt sich ein gesundes Bild der Beschäftigung in den Vereinigten Staaten, obwohl es natürlich noch besser werden muss. Wenn ein Kommentator behauptet, die US-Beschäftigungsquote sei eine wirtschaftliche Katastrophe, sagt er im Endeffekt, er halte es für wichtiger, dass ein Mann einen Arbeitsplatz hat als eine Frau. Oder dass es wichtiger sei, dass weiße Männer in Lohn und Brot stehen als Afroamerikaner und Latinos. Ungefähr seit 2000 geht die Beschäftigungsquote bei weißen Männern zurück, während sie bei männlichen Afroamerikanern und Latinos steigt.

Der Soziologe Charles Murray hat in seinem 2010 erschienenen Buch *Coming Apart* (Auflösungserscheinungen) gezeigt, dass die größte Veränderung der Beschäftigungsquote bei Männern auf ledige Weiße zurückzuführen ist, die sich aus der Arbeitswelt verabschiedet haben.[48] Murray schreibt, dass manche weißen Männer im arbeitsfähigen Alter nicht etwa aufhören zu arbeiten, weil sie keinen Job finden können, sondern weil sie keinen mehr wollen und brauchen. Und warum nicht? Weil sie nicht verheiratet sind. Susan B. Anthony stellte 1877 die These auf, dass »eine Epoche lediger Frauen« heraufziehe. Im 21. Jahrhundert ist diese Epoche tatsächlich angebrochen: In den Vereinigten Staaten leben heute mehr Frauen, die nie verheiratet waren, verwitwet oder geschieden sind, als verheiratete Frauen. Die zunehmende Zahl lediger Frauen bringt eine entsprechend höhere Zahl lediger Männer mit sich – gleichgeschlechtliche Ehen kommen nicht häufig genug vor, um in diesem Zusammenhang eine Rolle zu spielen –, und viele ledige Männer wollen gar keine feste Arbeit. Als Faktotum oder Saisonarbeiter, der schwarz bezahlt wird und gleichzeitig Sozialhilfe oder eine Kriegsversehrtenrente bezieht, kann er vielleicht nicht in Saus und Braus leben, hat aber genug Einkommen, um ein Zimmer zu mieten, sich zu ernähren und sich hin und wieder bescheidene Vergnügungen zu leisten. Ein Mann mit Frau und Kindern habe keine andere Wahl, als zu arbeiten, so Murray, wäh-

rend ledige Männer »nicht annähernd so fleißig sind wie verheiratete«.

Der Anteil der ledigen Männer nimmt in den Vereinigten Staaten unter anderem deswegen zu, weil ein Mann, der nicht stu-
diert hat, in der heutigen Wirtschaft immer weniger wert ist. Die
Journalistin Anne Kim hat darauf hingewiesen, dass vor einer
Generation ein Mann mit College-Abschluss inflationsbereinigt
7000 Dollar mehr im Jahr verdiente als einer, der keinen solchen
Abschluss vorweisen konnte. Das bedeutet, dass Highschool- und
College-Absolventen wirtschaftlich gesehen als potenzielle Ehepartner ähnlich attraktiv waren.[49] Heute verdient ein männlicher
Hochschulabsolvent pro Jahr im Durchschnitt 20 000 Dollar
mehr als einer, der nur einen Highschool-Abschluss hat. Männer, die nicht studiert haben, verdienen immer weniger und werden daher als potenzielle Lebenspartner weniger attraktiv. Immer
mehr von ihnen bleiben ledig und verzichten dann auch darauf,
sich einen festen Job zu suchen.

Murray untersuchte auch, was nicht beschäftigte, ledige weiße
Männer im arbeitsfähigen Alter mit ihrer vielen freien Zeit anfangen, und kam zu einem gespenstischen Ergebnis: Sie schlafen bis
in die Puppen, spielen Videospiele und hängen stundenlang vor
dem Fernseher. Die Tatsache, dass sich heute immer mehr Männer
die Decke über den Kopf ziehen, die Außenwelt aussperren und
dann die besten Jahre ihres Lebens damit vergeuden, auf einen
Bildschirm zu starren, mag ein zweifelhaftes Licht auf die amerikanische Gesellschaft werfen – doch an der Wirtschaft liegt es
nicht. Während ich dies schreibe, lag die Arbeitslosenquote bei
4,4 Prozent – die meisten Ökonomen definieren alles unter 5 Prozent als »Vollbeschäftigung«.[50] Für alle, die arbeiten wollen, sind
Jobs vorhanden.

Das niedrige Wirtschaftswachstum, das einst von Intellektuellen
gefordert wurde, haben wir heute, und vielen gefällt es nicht. In
den 1960er-Jahren wuchs die US-Wirtschaft mit rasanten fünf
Prozent pro Jahr; in den 1980er- und 90er-Jahren wurden häufig
vier Prozent erreicht. Im Durchschnitt wuchs die US-Wirtschaft

zwischen 1950 und 2000 von Jahr zu Jahr um 3,3 Prozent.[51] Ein Wirtschaftswachstum in dieser Größenordnung bedeutet stetig wachsende Haushaltseinkommen und ein langsameres Zunehmen der Staatsverschuldung. In den Vereinigten Staaten und der Europäischen Union kam das Wirtschaftswachstum in der Großen Rezession schlagartig zum Erliegen. Seit der Zeit um 2010 herum hat sich das wirtschaftliche Leben im Großen und Ganzen wieder normalisiert, das Wachstum jedoch nicht – es liegt heute in den Vereinigten Staaten bei durchschnittlich zwei Prozent pro Jahr, in Europa ist es noch geringer.

Ein niedriges Wirtschaftswachstum ist der wichtigste Grund, warum der Staat sich schneller verschuldet – und hat nichts damit zu tun, dass viele Intellektuelle und städtische Aktivisten einst sagten, sie würden von niedrigem Wachstum träumen. Die Wachstumstrends können sich arithmetisch auswirken; bei dem durchschnittlichen Wachstum, das zwischen 1950 und 2000 verzeichnet wurde, verdoppeln sich die Haushaltseinkommen in ungefähr 25 Jahren.[52] Bei den heutigen Wachstumsraten dauert es wesentlich länger, bis die Haushaltseinkommen sich verdoppelt haben.

Phillip Longman hat geschrieben: »Die Vorstellung, den Amerikanern sei es vom Schicksal vorherbestimmt, immer wohlhabender zu werden, ist seit dem Zweiten Weltkrieg ein Glaubensbekenntnis gewesen.«[53] Die westliche Gesellschaft ist in eine Phase eingetreten, in der sie sehr damit beschäftigt ist, zuvor unbekannte Sorgen für sich zu entdecken, so zum Beispiel, dass die nächste Generation wegen geringeren Wirtschaftswachstums möglicherweise nicht dramatisch besser leben wird als die jetzige. Der Ökonom Robert Gordon von der Northwestern University hat viel Anerkennung unter Wirtschaftsexperten gefunden, weil er in seinen Studien und Essays die Auffassung vertritt, das langsamere Wirtschaftswachstum sei nicht nur schlecht für die Staatsverschuldung, sondern ein Unglück, das den »American Dream« beende.[54]

Diese aggressive Behauptung kann man bestreiten. Die Pew Charitable Trusts (Pew Wohltätigkeitsstiftungen) stellten in einer

2013 veröffentlichten Studie fest, dass 84 Prozent der Amerikaner mehr verdienen, als ihre Eltern es taten, wobei Lebensalter und kleinere Familiengrößen berücksichtigt wurden.[55]

Wenn darüber geklagt wird, dass die Haushaltsbruttoeinkommen nicht mehr so schnell steigen wie früher, ist das ungefähr so, als wolle man sich darüber beklagen, dass Passagierflugzeuge seit einer Generation nicht mehr schneller geworden sind, obwohl sich ihre Geschwindigkeit in der Anfangsphase der Luftfahrt in jeder Generation verdoppelt hat. Heute sind Flugreisen schnell, sicher und erschwinglich, wenn auch vielleicht ein bisschen beengt. Es besteht keine Notwendigkeit, mit Schallgeschwindigkeit oder noch schneller zu reisen; viel wichtiger ist es, die Möglichkeit, schnell, sicher und erschwinglich per Flugzeug zu reisen, auch für kommende Generationen zu erhalten. Und für die Wirtschaft gilt das Gleiche. Die Frage, ob die heutigen wirtschaftlichen Standards für nachfolgende Generationen bewahrt werden können, ist viel wichtiger als die Frage, ob zukünftige Generationen jeden nur denkbaren Wunsch erfüllt bekommen werden.

Der Ökonom Martin Feldstein von der Harvard University vertritt die Auffassung, dass die Formel zur Berechnung des Bruttoinlandsprodukts das Wirtschaftswachstum zu niedrig ansetzt, weil sie nur Output und Preise erfasst, nicht jedoch die Lebensqualität.[56] Zwei Beispiele: Die Qualität von chirurgischen Eingriffen in den 1950er-Jahren wird von der BIP-Formel mit der Qualität der heutigen Chirurgie gleichgesetzt, obwohl heute fast jede Operation mit weniger Leiden ein besseres Ergebnis erbringt. In den 1950er-Jahren lebte ein Drittel der Ruheständler in den Vereinigten Staaten in Armut. Bis 2013 war dieser Anteil auf neun Prozent zurückgegangen, was zwar immer noch zu hoch ist, aber dennoch eine enorme soziale Verbesserung darstellt, die in den BIP-Wachstumsstatistiken nicht erfasst wird.[57] Feldsteins These: Würde man berücksichtigen, dass die allgemeine Lebensqualität ständig steigt und die heutigen Produkte sicherer und zuverlässiger sind (ein modernes Fahrzeug ist wesentlich verkehrssicherer als die Autos vor einer Generation, und es springt auch im Winter zuverlässig an), sei das Wirtschaftswachstum der Vereinigten

Staaten nach allen Kriterien – außer dem Bruttoeinkommen – in guter Verfassung. Da das Bruttoeinkommen der einzige negative Indikator ist, dominiere es die öffentliche Diskussion.

Die Vorstellung, das langsamere Wachstum von BIP und Lebensstandard werde den American Dream beenden, findet ein dankbares Publikum, da sie pessimistisch ist, was dem heutigen Zeitgeist entspricht. Im Jahr 1960 hatten zwölf Prozent der amerikanischen Haushalte eine Klimaanlage; heute sind es 90 Prozent. Im Norden des Landes braucht man keine Klimaanlage; ist also ein Wachstum über 90 Prozent hinaus überhaupt sinnvoll? Ein neu erbautes Einfamilienhaus in den Vereinigten Staaten hatte in den 1980er-Jahren im Durchschnitt eine Wohnfläche von 156 Quadratmetern. Bei der Volkszählung von 2010 wurde festgestellt, dass mittlerweile ein neu erbautes Haus 222 Quadratmeter groß ist – eine Zunahme um 44 Prozent in einer einzigen Generation.[58] Würde die Gesellschaft überhaupt wollen, dass die Durchschnittsgröße eines neuen Einfamilienhauses um weitere 44 Prozent wächst? Dann hätte es eine Wohnfläche von 321 Quadratmetern. Nur eine große Familie braucht so viel Platz, und die typische Familie in den USA und Europa wird seit Langem immer kleiner. Doch nach der Logik der Pessimisten endet der American Dream, wenn die nächste Generation keine ultragroßen Häuser bekommt.

Soweit sich die Regierungspolitik auf das Wirtschaftswachstum auswirkt – zum großen Teil läuft die Wirtschaft ohne staatliche Eingriffe, doch die Wirtschaftspolitik hat durchaus einen gewissen Einfluss –, wirken die neuerdings verabschiedeten Gesetze und Vorschriften so, als sollten sie das Wachstum bremsen. Der 2002 von George W. Bush unterzeichnete Sarbanes-Oxley Act und der 2010 von Barack Obama in Kraft gesetzte Dodd-Frank Act erschweren aktiv die Gründung neuer Privatunternehmen und errichten Hürden für die Vergrößerung bereits existierender Publikumsgesellschaften. Der Dodd-Frank Act umfasst 2300 Seiten und hat 22 000 Seiten an Durchführungsvorschriften hervorgebracht, von denen viele darauf abzielen, das Eingehen von Risiken zu bestrafen und zögerliches Verhalten zu belohnen, wodurch die traditionellen Anreize, die zu Wirtschaftswachstum führen, auf den Kopf gestellt wurden. Der altgediente Investmentbanker William Cohan schrieb 2017: »Der Job von jedem Fünften an der Wall Street besteht heute darin, darüber zu wachen, was die anderen vier tun.«[59] Manche Vorschriften wirken sich durchaus positiv aus; wenn jemand an einer Vorschrift zum Schutz der Umwelt etwas auszusetzen hat, wird er vielleicht deren positive Auswirkungen – vor allem zur Verbesserung der öffentlichen Gesundheit – beiläufig abtun. Doch das heutige Regulierungsdickicht verursacht sinnlose Transaktionskosten, die nur den Interessen von Anwälten, die ihre Gebühren hochtreiben wollen, und Beamten auf Bundes-, Landes- und Gemeindeebene, die ihre Pfründe schützen wollen, dienen.

Etliche Studien der parteipolitisch unabhängigen Kauffman Foundation zeigen, dass etwa 80 Prozent der in den Vereinigten Staaten neu entstehenden Arbeitsplätze durch Start-up-Firmen geschaffen werden.[60] Gleichwohl behandelt der von einem Repräsentantenhaus unter republikanischer Kontrolle verabschiedete Sarbanes-Oxley Act einen Unternehmensgründer als schuldig, bis er seine Unschuld bewiesen hat, wodurch höhere Kosten und unnötige Verzögerungen entstehen. Etablierte Großunternehmen befürworteten viele der Gesetze und Vorschriften, die Innovationen behindern, da ihre Rechtsabteilungen die darin enthaltenen juristischen Schikanen nutzen können, um innovative neue Konkurrenten, die sich keine teuren Anwälte leisten können, zu vernichten. »Jeder weiß, wie man ein Gesetz gegen Raub einhält, aber niemand weiß, wie man die 2300 Seiten des Dodd-Frank Act befolgt«, schrieb ein Analyst.[61] Etablierte Unternehmen beschäftigen Lobbyisten, die regulatorische Probleme konstruieren können: So werden Start-ups zu Fall gebracht, was die etablierten Firmen erreichen wollen. Aber dadurch wird das Wachstum gebremst.

Jedes Jahr werden in den Vereinigten Staaten immer mehr Aktivitäten unter die Kontrolle von Gesetzen oder Vorschriften gestellt, deren Bandbreite von »progressiv« über »wirtschaftsunfreundlich« bis hin zu regelrecht »albern« variiert. Albern: Es ist ein »federal crime« (sinngemäß: schwerer Straftatbestand) –

nicht etwa schlechte Manieren, sondern ein *schwerer Straftatbestand* –, auf dem Parkplatz eines Nationaldenkmals Schneeschuhe zu tragen. Wirtschaftsunfreundlich: Der *Code of Federal Regulations* (CFR, Bestand der Bundesvorschriften) ist inzwischen auf 178 000 Seiten angewachsen, in denen es hauptsächlich um wirtschaftliche Aktivitäten geht; dennoch tun Politiker und Kommentatoren überrascht, wenn sich das Wirtschaftswachstum verlangsamt. Ökonomen der George Mason University kamen 2016 zu der Einschätzung, dass Regulierungen auf Bundes- und Landesebene, weil sie die Investitionstätigkeit hemmen, »jedes Jahr das Wachstum des US-Bruttoinlandsprodukts um durchschnittlich 0,8 Prozent verringern«.[62] Würde das BIP jedes Jahr um 0,8 Prozent stärker wachsen, würden die Löhne steigen, die Staatsverschuldung abnehmen, und es würde sich niemand mehr über zu niedriges Wachstum beschweren.

In den ersten Jahrzehnten nach den Verheerungen des Zweiten Weltkriegs wuchs die Wirtschaft in den westlichen Industrieländern so stark, dass es unrealistisch ist zu glauben, dieses starke Wachstum würde niemals enden. Der Lebensstandard im Westen ist inzwischen so hoch, dass es heute darauf ankommt, diesen hohen Standard für nachfolgende Generationen zu bewahren, ohne dass jemand zurückgelassen wird. *Das* sollte der »New American Dream« sein.

Ein kleineres Problem im Hinblick auf die US-Wirtschaft ist, dass mehr Brücken gebraucht werden. Die Regierung ist nicht in der Lage, das Wachstum oder die Löhne direkt zu steigern; häufig sind Politiker kaum mehr als passive Zuschauer der wirtschaftlichen Entwicklungen. Ein Grund, warum Smartphones und das Internet so rapide Fortschritte machten und die Preise ebenso rapide fielen, liegt darin, dass die Regierung von beiden Entwicklungen überrascht wurde – die sich daher ausbreiten konnten, bevor Washington lähmende Restriktionen einzuführen vermochte.

Es gibt einen Bereich, in dem staatliches Handeln tatsächlich die Wirtschaftsleistung steigert, nämlich die Infrastruktur. Auf diesem Schauplatz haben die US-Verwaltungsbehörden auf

Bundes-, Landes- und Gemeindeebene seit einer Generation ausgesprochen dürftige Arbeit geleistet. Viele Highways, Brücken und Staudämme müssen dringend repariert werden; die Bevölkerung wächst immer weiter, aber neue Straßen und Nahverkehrsmittel werden kaum gebaut; die Nahverkehrsbahnen und überregionalen Eisenbahnen in Europa sind in einem wesentlich besseren Zustand als ihre Pendants in den USA. Die deutschen Automobilhersteller sind inzwischen dazu übergegangen, bei Fahrzeugen, die auf dem amerikanischen Markt verkauft werden sollen, andere Aufhängungen einzubauen, weil dort die Highways im Vergleich zu deutschen Autobahnen in einem deutlich schlechteren Zustand sind. Das Department of Transportation (US-Verkehrsministerium) hat festgestellt, dass 2016 in den Vereinigten Staaten 55 000 Brücken hätten saniert oder ersetzt werden müssen, darunter jede fünfte Brücke in den Bundesstaaten Iowa, Pennsylvania und Rhode Island.[63] Öffentlich finanzierte Sportstadien – die zu den Lieblingsprojekten von Lokalpolitikern zählen, als Kulisse für werbewirksame Fotos mit Spitzensportlern – sind für das Wachstum der Wirtschaft überflüssig: In einer 2015 vorgelegten Studie sind Ted Gayer und Alex Gold von der Brookings Institution zu dem Ergebnis gekommen, dass »kein positiver Zusammenhang zwischen dem Bau von Sportstätten und wirtschaftlicher Entwicklung zu erkennen ist«.[64] Dagegen haben Straßen, Brücken und Buslinien eindeutig Multiplikatoreffekte. Für den Staat kann es sinnvoll sein, Darlehen aufzunehmen, um die Infrastruktur zu verbessern, ebenso wie es für einen Eigenheimbesitzer vernünftig sein kann, die Renovierung seines Hauses über einen Kredit zu finanzieren. Doch obwohl Washington ausgiebig Schulden macht, um Interessengruppen zu subventionieren, ist für Investitionen in die Instandhaltung der Infrastruktur kein Geld da.

Im Jahr 2014 beklagte Präsident Obama den Zustand der amerikanischen Infrastruktur: »Dafür geben wir zu wenig Geld aus.« Tatsächlich geben die Vereinigten Staaten dafür eine Menge Geld aus, bekommen dafür jedoch zu wenig, da amerikanische Infrastrukturprojekte zu teuer sind, ihre Fertigstellung zu lange braucht und sie schlecht gemanagt werden. Das Crossrail-Projekt, eine ehrgeizige Hochgeschwindigkeits-U-Bahn-Linie, die unter den Straßen Londons gebaut wird, kostet 177 Millionen Dollar pro Kilometer; der längste und tiefste Eisenbahntunnel der Welt, der 2016 in den Schweizer Alpen in Betrieb ging, hat 255 Millionen Dollar pro Kilometer gekostet; die U-Bahn-Tunnel, die zur gleichen Zeit in San Francisco und Seattle gebohrt wurden, haben dagegen 621 Millionen Dollar pro Kilometer gekostet, also weit mehr als in England oder der Schweiz. Hier ist eine Geschichte aus drei Nationen: Der 2017 gebaute Bullet Train, der zwischen der südkoreanischen Hauptstadt Seoul und den Sportanlagen für die Olympischen Sommerspiele 2018 pendelt, hat 33 Millionen Dollar pro Kilometer gekostet; die East London Line U-Bahn-Erweiterung, die in einer der dichtbesiedeltsten Städte der Welt gebaut wurde, hat 56 Millionen Dollar pro Kilometer gekostet; eine Regionalbahn in einem Washingtoner Vorort in Maryland hat 106 Millionen Dollar pro Kilometer gekostet und eine Regionalbahn in Durham, North Carolina, 115 Millionen Dollar pro Kilometer. Die amerikanischen Regionalbahnen waren Projekte zu ebener Erde und ohne komplizierte technische Herausforderungen, aber trotzdem pro Kilometer mehr als dreimal so teuer wie der koreanische Bullet Train, und pro Kilometer doppelt so teuer wie das technisch anspruchsvolle britische U-Bahn-Projekt.

Wenn das doch nur vereinzelte Ausnahmen wären – aber leider ist es die Regel. Die Tappan Zee Bridge nördlich von New York City wurde 1955 fertiggestellt, nach einer Gesamtinvestition von 700 Millionen Dollar (inflationsbereinigt); eine Ersatzbrücke, die 2018 dort eröffnet werden soll, wird mindestens vier Milliarden Dollar kosten, also das Sechsfache des Originals. Die John F. Kennedy Memorial Bridge in Louisville, Kentucky, die 1963 für 85 Millionen Dollar gebaut wurde, soll durch eine neue Brücke ersetzt werden, die zwölfmal so teuer sein wird. Unter einem Boulevard unweit von Washington, D.C., baut ein Bauunternehmen eine Fußgängerunterführung von einer U-Bahn-Haltestelle zum Walter Reed National Medical Center. Laut Plan soll der Bau dieser kurzen Unterführung 70 Millionen Dollar kosten und vier

Jahre dauern.⁶⁵ Bei diesen Brücken-, Regionalbahn- und Unterführungsprojekten trägt der Bund – ebenso wie bei vielen anderen Infrastrukturmaßnahmen – einen großen Teil der Kosten, doch das Projektmanagement wird von Funktionären auf Landes- und Gemeindeebene durchgeführt; eine Anreizstruktur, die Kostenüberschreitungen und Bauverzögerungen belohnt.

Inzwischen sind Überregulierung, Kostenüberschreitungen und Verzögerungen durch Gerichtsverfahren und Anwohnerproteste (Stichwort »NIMBY«, das steht für »not in my backyard«, also sinngemäß: im Prinzip ja, aber bitte nicht in meinem Hinterhof) in den USA zur Normalität geworden, was dazu führt, dass staatliche Bauvorhaben zu lange dauern, zu teuer sind und der Allgemeinheit zu wenig Nutzen bringen. Die Regionalbahn in North Carolina soll laut Plan von der Konzeption bis zur Inbetriebnahme sage und schreibe *fünfzehn Jahre* brauchen, eine Baugeschwindigkeit von kaum mehr als einer Meile pro Jahr – nach der Formel »Finanzierung vom Bund« plus »lokales Projektmanagement« gleich »Schneckentempo«.⁶⁶ Bei vielen Infrastrukturprojekten werden Gewerkschaften großzügig bedacht, die wiederum an politische Kandidaten spenden: für alle praktischen Zwecke ein Schmiergeldsystem. Auch in europäischen Infrastrukturprojekten sind die Bauarbeiter in Gewerkschaften organisiert, aber die spenden nicht an Politiker.

Seit der Amtszeit von US-Präsident Eisenhower ist der Ohio River wegen einer veralteten Schleusenanlage ein Nadelöhr für die Binnenschifffahrt. Ein vom Bund finanziertes Projekt, die Schleuse zu modernisieren, ist seit *30 Jahren* in Arbeit, die Kosten haben sich in dieser Zeit (inflationsbereinigt) verdreifacht. Während ich dies schreibe, ist die Schleuse immer noch nicht fertiggestellt.⁶⁷ Eine größere Schleuse, die in den Niederlanden am Gent-Terneuzen-Kanal im Bau ist, soll innerhalb von fünf Jahren bei Kosten von etwa einer Milliarde Dollar fertiggestellt sein; die US-Regierung hat bis jetzt *30 Jahre* und dreimal so viel Geld für eine Schleuse gebraucht, die immer noch nicht betriebsbereit ist. Wenn die US-Regierung der Wirtschaft zu mehr Wachstum verhelfen will, sollte sie aufhören, den Landes- und Gemeindeverwaltungen immer mehr Geld zum Verpulvern zu geben – die Lösung besteht darin, staatliche Projektmanager auf die gleiche Weise zur Rechenschaft zu ziehen, wie es bei privaten Bauprojekten üblich ist.

Ein großes Problem für die meisten Volkswirtschaften im Westen ist die jeweilige Staatsverschuldung. Inflationsbereinigt haben sich die Schulden der Vereinigten Staaten – damit ist der Betrag gemeint, den das Land anderen Ländern oder Investoren schuldet, nicht die interne Buchhaltung im Zusammenhang mit der Social Security (US-Sozialversicherung) – in der kurzen Zeit von 2006 bis 2015 glatt verdoppelt. In nur zehn Jahren haben die Vereinigten Staaten mehr Schulden gemacht als in den vorangegangenen 216 Jahren seit Gründung der Republik.[68] In diesen zehn Jahren waren das Weiße Haus, der Senat und das Repräsentantenhaus abwechselnd unter demokratischer und republikanischer Kontrolle, was bedeutet, dass beide Parteien dafür gleichermaßen verantwortlich sind. Diese zehn Jahre lagen kurz vor Einsetzen des Ruhestandsalters der Babyboomer-Generation, waren also eine Zeit, in der die Vereinigten Staaten für die steigenden Rentenansprüche hätten Rücklagen bilden sollen. Stattdessen hat die Nation Schulden gemacht und Geld ausgegeben, als gäbe es kein Morgen – und dabei nicht einmal ihre Infrastruktur saniert.

Doch über kurz oder lang wird der Tag der Abrechnung kommen.

Manche Wirtschaftswissenschaftler halten die Sorge wegen zu hoher Staatsschulden für altmodisch. Die Epigonen der »Modern Monetary Theory« vertreten die Auffassung, die Hartwährungsländer (Australien, Kanada, die EU-Länder, Japan, Singapur, die Schweiz, Großbritannien und die Vereinigten Staaten) könnten sich beliebig hoch verschulden und dann Geld drucken, um ihre Schulden zu bedienen. Genauer gesagt: Sie könnten ihre Schulden mit neu geschöpften Nullen und Einsen bezahlen. Ob diese Theorie auf soliden Beinen steht, sei dahingestellt; wenn man jedoch experimentell herausfinden wollte, ob diese »moderne Geldtheorie« auch in der Praxis funktioniert, würde man den Bankrott der westlichen Welt riskieren.

Von Politstrategen bekommt man häufig zu hören: »Schulden können nicht wählen.« Der amerikanische Wähler wolle höhere Sozialleistungen und mehr Subventionen und schere sich nicht darum, ob der Staatshaushalt ausgeglichen ist. Im Präsidentschaftswahlkampf 2016 taten Trump und Sanders sich hervor, indem sie grandiose Versprechungen machten (flächendeckende Steuersenkungen bei Trump, alles kostenlos bei Sanders), aber kaum etwas dazu sagten, wie sie diese Wohltaten finanzieren wollen. Hillary Clinton legte einen gut recherchierten und ausgearbeiteten Plan vor, um ihre Wahlkampfversprechen zu finanzieren, ohne dass die Staatsverschuldung steigen müsste. Wie altmodisch! Und heute wissen wir ja, wie es Clinton erging ...

Es gab einmal eine Zeit, als Regierungen es für unverantwortlich hielten, immer mehr Schulden zu machen. George Washington, der erste Präsident der Vereinigten Staaten, hielt es 1789 für die wichtigste Verpflichtung der neu gegründeten Nation, ihre Schulden aus dem Revolutionskrieg zu tilgen, um sich und seine Zeitgenossen nicht dem Vorwurf auszusetzen, sie würden »in schäbiger Weise den Nachkommen die Last aufbürden, die wir selbst tragen sollten«. Die Präsidenten Reagan und Bush senior setzten sich gegen ihre republikanischen Spender durch und erhöhten die Steuern auf Bundesebene, um die Staatsschulden unter Kontrolle zu halten, deren Höhe sie schon damals besorgniserregend fanden – bei einem Bruchteil des heutigen (inflationsbereinigten) Betrags. Im Jahr 2006 weigerte sich der junge Senator Barack Obama, einer Erhöhung der nationalen Schuldengrenze um 700 Milliarden Dollar zuzustimmen. Er sagte dazu: »Washington bürdet unseren Kindern und Enkelkindern die Lasten aus schlechten Entscheidungen auf.«[69] Als Präsident erhöhte Obama die Staatsverschuldung um 7,3 Billionen Dollar – das Zehnfache dessen, was er ein paar Jahre früher als »unverzeihlich« bezeichnet hatte.

Im Jahr 2003 verabschiedete der Kongress mit Zustimmung des jüngeren Bush einen Staatshaushalt mit einem Defizit von 500

Milliarden Dollar für das kommende Fiskaljahr, einer damals beispiellosen Neuverschuldung. Und was passierte dann? Nichts.
Eine Reihe von Ökonomen – und auch einige Kongressabgeordnete – befürchteten, ein so großes Defizit würde verheerende
Folgen haben, vor allem nach den Haushaltsüberschüssen gegen
Ende der Amtszeit Bill Clintons. Stattdessen wagte der Kongress
das Experiment mit einer riesigen Neuverschuldung – und nichts
passierte. Also machte der Kongress im folgenden Jahr noch mehr
Schulden – und nichts passierte. Dann wurden immer wieder
und immer mehr Schulden gemacht – und nichts passierte. Bis
2009 war das jährliche Haushaltsdefizit auf 1,4 Billionen Dollar
gestiegen. In Obamas letztem Amtsjahr wurde das Defizit von
587 Milliarden Dollar mit Erleichterung zur Kenntnis genommen – obwohl alle Präsidenten vor Obama und Bush junior diesen Betrag für schockierend hoch gehalten hätten, selbst unter
Berücksichtigung der größeren Bevölkerung.

Da Staatsschulden durch starkes Wirtschaftswachstum zurückgehen können, behaupten Politiker gern, sie würden Steuersenkungen, Wahlgeschenke und Verschuldungsorgien »gegen-
finanzieren«, indem sie von abenteuerlich hohen künftigen
Wachstumsraten ausgehen. Im Wahlkampf 2016 sagte Trump voraus, in Zukunft werde die Wirtschaft um sechs Prozent pro Jahr
wachsen; Sanders ging von fünf Prozent aus. Beide Prognosen liegen deutlich über dem tatsächlich verzeichneten Wachstum: Von
1977 bis zum Beginn der Großen Rezession im Jahr 2008 wuchs
die US-Wirtschaft um 2,8 Prozent pro Jahr. Der Ökonom Austan
Goolsbee von der University of Chicago bezeichnet solche Wahlkampfversprechen als »magic flying puppies« (magische fliegende
Hündchen).[70] Sobald ein Kandidat an die ersehnte Macht gekommen sei, würden diese »magic flying puppies« vom Himmel fallen.
Sehr bald, nachdem er als Präsident vereidigt worden war, verkündete Trump, die Bekämpfung der Staatsverschuldung sei »keine
Top-Priorität mehr«.

Zur selben Zeit, als die Staatsverschuldung auf Bundesebene
immer weiter aufgebläht wurde, gerieten die staatlichen Ren-
tenkassen in die roten Zahlen. Die Pew Charitable Trusts haben

herausgefunden, dass die Bundesstaaten mindestens eine Billion Dollar an ungedeckten Verbindlichkeiten vor sich herschieben, möglicherweise sogar drei Billionen Dollar.[71] Die Pensionsfonds der Bundesstaaten gehen von der unrealistischen Annahme aus, dass ihre Kapitalanlagen eine durchschnittliche Rendite von 7,6 Prozent pro Jahr einbringen werden – fast so hoch wie die Versprechungen, die Bernie Madoff seinen Opfern machte, um sie auszuplündern. Indem sie unrealistische Renditen zu einem unbestimmten Zeitpunkt in der Zukunft prognostizieren, können Gouverneure und Bürgermeister so tun, als würden sie verantwortungsvoll mit Steuergeldern umgehen. Und die Fondsmanager der Pensionsfonds von Bundesstaaten und Kommunen können sich großzügige Bonuszahlungen genehmigen, während sie die laufenden Beiträge der Versicherten an die Rentner auszahlen, als seien sie Kapitalerträge – genau so hat es auch Bernie Madoff gemacht, ein klassisches Schneeballsystem. Connecticut, Illinois, New Jersey und viele Städte in Kalifornien zählen zu den Versicherungsträgern, die ihre ungedeckten Verbindlichkeiten aus Rentenansprüchen nicht mehr bedienen können: In Illinois belaufen sie sich auf 22 500 Dollar pro Kopf der Bevölkerung, und der Bundesstaat ist nicht mehr in der Lage, für eine stetig wachsende Zahl von Ruheständlern Rücklagen zu bilden. Dallas schiebt ungedeckte Verbindlichkeiten aus Pensionsansprüchen vor sich her, die dem vierfachen Jahreshaushalt der texanischen Großstadt entsprechen. Die Lehrer-Pensionsfonds – die in vielen Bundesstaaten hohe Bonuszahlungen an Anlageverwalter rechtfertigen, weil die angeblich das Treuhandvermögen so hervorragend gemehrt hätten – schieben Verbindlichkeiten von mindestens 500 Milliarden Dollar vor sich her, für die sie keine Rücklagen gebildet haben, und setzen in vielen Fällen ein Schneeballsystem ein. Arizona, Illinois, Michigan und Wisconsin zählen zu den Bundesstaaten, wo die laufenden Mittel für den Schulunterricht gekürzt werden, um sie in Pensionskassen umzuleiten, aus denen Renten gezahlt werden, die angeblich gedeckt waren. In einer 2016 veröffentlichten Studie des Manhattan Institute heißt es: »Der allergrößte Teil der Steuermittel, die in Pensionskassen für Lehrer fließen, wird inzwischen dazu verwendet, um Schulden aus früheren Pensionszahlungen zu tilgen, anstatt für Ansprüche zurückgelegt zu werden, welche die heutigen Lehrer erwerben.«[72] Solche Buchhaltungstricks garantieren, dass die Lage immer schlimmer werden muss. Im Vergleich zu den Pensionskassen der Bundesstaaten und Kommunen ist die Social Security Administration ein leuchtendes Vorbild an Korrektheit. Wenn solche Versicherungsträger bankrottgehen, wird der Druck auf Washington wachsen, noch mehr Schulden zu machen, um für die Verantwortungslosigkeit der Bundesstaaten und Kommunen aufzukommen.

Die Verschuldungsorgie des Staats, die zu Beginn des 21. Jahrhunderts begann, mag etwas mit dem langsameren Wirtschaftswachstum zu tun haben, wenn auch die altbekannten, sonst durch Staatsverschuldung heraufbeschworenen Ängste ausblieben – kein plötzliches Ansteigen der Inflation, keine Weigerung der Banken, neue Kredite zu vergeben. Das scheint den US-Kongress und viele europäische Parlamente davon überzeugt zu haben, dass die alten Regeln nicht mehr gelten und dass auf Pump finanzierte Staatsausgaben ad infinitum fortgesetzt werden können. Mit dem Ausspruch »Heute sind wir alle Keynesianer« war einmal gemeint, dass staatliche Verschuldung gerechtfertigt sei, wenn damit ein Abwärtszyklus der Wirtschaft durch Ankurbeln der Nachfrage umgekehrt werden kann. Aber John Maynard Keynes' Rezept hatte zwei Zutaten: schuldenfinanzierte Staatsausgaben, wenn die Wirtschaft schwächelt, und Zurückfahren der Ausgaben und Schulden zurückzahlen, wenn sie wieder brummt. Heute sind viele Regierungen im Westen und in Asien voller Leidenschaft, wenn es an die erste Empfehlung geht – die staatliche Wohltaten zur Beschwichtigung von Interessengruppen rechtfertigt –, ignorieren jedoch die zweite, die Selbstdisziplin erfordert. In Wirklichkeit sind wir heute alle Semi-Keynesianer.

Wenn Regierungen Schulden machen und nichts Schlimmes passiert, warum sollte man sich darüber noch Sorgen machen? Lassen wir einmal den Geist von Franklin D. Roosevelt wieder aufleben, der gern Vergleiche anstellte zwischen dem Regieren einer Nation und dem Führen eines Privathaushalts. Nehmen wir an, ein Eigenheimbesitzer beleiht das Haus der Familie, um sich einen Ferrari zu kaufen, eine Kreuzfahrt erster Klasse zu machen und zum Frühstück teuren Champagner zu schlürfen. Zunächst würde nichts Schlimmes passieren – aber dann, wenn das Geld verprasst ist und die Hypothekenzinsen und -tilgungen fällig werden, würde die Bank das Haus pfänden. Der US-Kongress, diverse Präsidenten und die Parlamente zahlreicher Länder haben sich verhalten wie dieser verschwenderische Pleitier. Griechenland und Spanien können sich finanziell kaum noch über Wasser halten, Japans Schulden sind höher als das BIP, und in China vergeben die Gemeinden Kredite, die eigentlich von der Zentralregierung kommen, weil man hofft, so das Ausmaß der Verschuldungssucht des Landes verschleiern zu können. Im Jahr 2017 stufte die Ratingagentur Moody's Investors Service Chinas Bonität herunter und warnte, das Reich der Mitte steuere auf die Pleite zu.[73]

Richard Samans vom Schweizer Weltwirtschaftsforum hat 2017 berechnet, dass heute Rentenverpflichtungen in Höhe von weltweit 70 Billionen Dollar ungedeckt sind; bis 2050 werde dieser Betrag auf atemberaubende 400 Billionen Dollar steigen, wobei der Großteil der Ansprüche gegen Regierungen besteht, vor allem in China und Indien.[74] Dieser Betrag entspricht etwa dem Fünffachen der heutigen Jahreswirtschaftsleistung der Welt. In seinem beeindruckenden Buch *The Reckoning (Auslaufmodell Supermacht)* schreibt Michael Moran, dass große Nationen der Geschichte nicht an territorialer Überdehnung zugrunde gingen und nicht an Barbaren vor den Toren, sondern weil sie sich leichtfertig verschuldeten und dann im Grunde genommen gepfändet wurden.[75]

Durch Verschuldung entsteht »funny money« (ungedecktes Papiergeld), mit dem Parlamente ihre Wohltaten über Interessengruppen ausschütten können, die sich dafür mit großzügigen Parteispenden revanchieren. Es wäre deutlich billiger für den Steuerzahler, wenn die Vereinigten Staaten eine Wahlkampfkostenerstattung für politische Parteien einführen und Parteispenden verbieten würden, anstatt Funktionären zu erlauben, riesige Summen zu verschwenden, weil sie davon einen kleinen

Teil als Wahlkampfspende zurückbekommen. Neue Schulden versetzen eine Regierung in die Lage, unbequeme politische Entscheidungen auf die lange Bank zu schieben. Durch den Aufzinsungseffekt werden Schuldenprobleme immer schlimmer, solange man nichts dagegen tut. Trotzdem drücken sich Regierungen davor, sich um ihre Schulden zu kümmern – »kicking the can down the road« (sinngemäß: etwas auf die lange Bank schieben) nannte es Präsident Obama, und der muss es schließlich wissen, da auch er schon ein paar Mal die sprichwörtliche Bierdose mit einem kräftigen Tritt weitergekickt hat.

Die enorme Größe des nationalen Schuldenbergs ist nicht das Problem – denn schließlich stellen die Vereinigten Staaten, da ihre Bevölkerung immer weiter wächst, fast jedes Jahr einen neuen Rekord für fast alles auf. Es ist anschaulicher, die Entwicklung der staatlichen Schulden pro Kopf der Bevölkerung zu betrachten, inflationsbereinigt und unter Berücksichtigung des Bevölkerungswachstums. Daraus ergibt sich folgender Trend:

- Jahr 1960 betrug die US-Staatsverschuldung 12 800 Dollar pro Kopf der Bevölkerung.
- Bis 1980 war sie auf 11 450 Dollar pro Kopf gefallen.
- Bis 2000 war sie auf 27 700 Dollar pro Kopf gestiegen, also auf über das Doppelte als 40 Jahre zuvor.
- Als Obama 2017 aus dem Amt schied, hatten die Schulden der Vereinigten Staaten einen Stand von 65 000 Dollar pro Kopf erreicht; jeder Amerikaner schuldete einen höheren Betrag als das mittlere Haushaltseinkommen in jenem Jahr.
- Legt man das vom Census Bureau erwartete Bevölkerungswachstum und die vom Congressional Budget Office prognostizierten Staatsausgaben zugrunde, ergibt sich bis 2047 eine Pro-Kopf-Verschuldung von 235 000 Dollar. Das bedeutet, dass jeder Amerikaner mit mehr als vier Jahreseinkommen verschuldet sein wird – eine Last, die ihm frühere Generationen aufgebürdet haben werden.

Diese beängstigende Zahl für 2047 basiert auf der Annahme, dass die Zinsen niedrig bleiben und der Staat sich dadurch billig verschulden kann. Die Federal Reserve hielt während der gesamten Amtszeit Präsident Obamas an ihrer »zero interest-rate policy« (ZIRP, Nullzinspolitik) fest. Wenn unter Obama die Verzinsung von »treasury notes« (Schatzwechsel, eine bestimmte Art von Staatsanleihen) zu ihrem Nachkriegsdurchschnitt zurückgekehrt wäre, dann wären in seinen zwei Amtszeiten nicht 7,3 Billionen, sondern zehn Billionen Dollar zur US-Staatsverschuldung hinzugekommen. Wieso die Zinssätze so lange so niedrig bleiben konnten, ohne höhere Inflationsraten herbeizuführen, ist unter Wirtschaftswissenschaftlern heftig umstritten. Wie dem auch sei: Falls die Zinssätze von der aktuellen Null wieder zu ihrem Nachkriegsdurchschnitt zurückkehren, wird sich die Staatsverschuldung vervielfachen, und die fiskalische Verantwortungslosigkeit in den Vereinigten Staaten – und in Japan und vielen anderen Ländern – wird alle anderen politischen Probleme verdrängen.

Vielleicht denken Sie angesichts dieser Zahlen: »Dann müssen wir Verschwendung, Betrug und Missbrauch eindämmen.« Regierungen könnten schlanker werden. In vielen Bundes-, Landes- und Gemeindeverwaltungen sitzen viel zu viele Beamte, die ihre Tage mit Arbeitsbeschaffungsmaßnahmen zubringen oder sich gegenseitig übereinander beschweren; auf den oberen Ebenen ist Betrug weitverbreitet. Aber Verschwendung, Betrug und Missbrauch machen einen relativ kleinen Anteil der Staatsausgaben aus. Diese Forderung ist zu einer bei Politikern beliebten Methode verkommen, um vom leichtfertigen Schuldenmachen abzulenken.

Im Jahr 2017 umfasste der US-Bundeshaushalt vier Billionen Dollar; davon entfielen 3,4 Billionen Dollar auf Sozialleistungen, Verteidigung und Schuldendienst, sodass für alle anderen Haushaltstitel nur 600 Milliarden Dollar übrig blieben, also 15 Prozent des Budgets. Nehmen wir an, sämtliche diskretionären (nicht unbedingt notwendigen) Ausgaben würden gestrichen – kein FBI, keine Flugsicherung, Privatisierung der Nationalparks, keine Mittel für Bildung, Straßen, Weltraum- und medizinische Forschung, keine Bundesgerichtsbarkeit, kein Strafvollzug, kein Grenzschutz. Dadurch würden die Staatsschulden nur langsamer wachsen – aber selbst dann wäre es noch nicht möglich, bereits vorhandene Schulden zu tilgen. Umfragen zeigen, dass die meisten Amerikaner glauben, etwa 25 Prozent des Bundeshaushalts sei für Entwicklungshilfe vorgesehen; tatsächlich macht Entwicklungshilfe gerade einmal ein Prozent der Ausgaben des Bundes aus.[76] Nach der Devise, »in der Politik kommt es nicht auf Tatsachen an, sondern darauf, was die Menschen glauben«, hat Donald Trump 2017 gesagt: »Wir machen uns große Sorgen wegen der ausufernden Staatsverschuldung, und darum kürzen wir die Entwicklungshilfe.« Das Budget des Bundes wird zu 85 Prozent für Verteidigung, Umverteilung (Sozialleistungen) und Schuldendienst ausgegeben. Wenn jemand den aufgeblähten Staatsapparat auf zu hohe Entwicklungshilfe sowie Verschwendung, Betrug und Missbrauch zurückführt, wie Präsident Trump es tut, täuscht er damit nur vor, das Schuldenproblem anzupacken, obwohl er in Wirklichkeit nichts tut (außer Golf spielen, in Trumps Fall).

Nach dem vorstehenden Absatz denken Sie jetzt vielleicht: »Dann müssen wir eben die Sozialleistungen und Subventionen für illegale Immigranten streichen.« Dies ist ein weiterer Bereich, in dem die Politik durch das getrieben wird, was die Menschen glauben wollen. Die Amerikaner wollen glauben, ihre Steuergelder und neu aufgenommenen Staatsschulden würden ausgegeben, um illegal im Land lebende Menschen und Leute, die eigentlich arbeiten sollten, zu unterstützen. Beides trifft in gewissem Maße zu, macht jedoch einen verschwindend geringen Anteil des Bundeshaushalts aus. Der mit Abstand größte Ausgabenposten des Bundes sind Leistungen für Senioren, die durch die Systeme von Social Security und Medicare (staatliche Krankenversicherung des Bundes für ältere und behinderte Amerikaner) ausgezahlt werden – 2017 waren es zusammen 1,6 Billionen Dollar. Die in den USA gebürtige weiße Mehrheit will glauben, sie würde sich voll und ganz selbst versorgen, während Minderheiten und Immigranten ihr auf der Tasche lägen. Tatsächlich fließen jedoch Social Security und Medicare – die beiden größten Ausgabenposten unter den Sozialleistungen – überwiegend an gebürtige Amerikaner. Mit dem drittgrößten Umverteilungsprogramm, nämlich Medicaid in Höhe von 545 Milliarden Dollar, werden tatsächlich Arme und Immigranten unterstützt, aber auch Pflegeleistungen finanziert, von denen hauptsächlich gebürtige Amerikaner profitieren. Die Zuwendungen des Bundes, die ausschließlich Armen zugutekommen, sind nicht vernachlässigbar, werden jedoch von diesen Leistungen an die Mehrheit in den Schatten gestellt.

Und obwohl es eine beruhigende Fiktion ist, dass die Social Security nur das Geld auszahlen würde, das der Empfänger angespart habe, bleibt es eine Fiktion. Heute bezieht der typische Social-Security-Empfänger mehr als das Doppelte dessen, was er eingezahlt hat, plus Zinsen. Um den Rentnern mehr auszahlen zu können, als sie eingezahlt haben, wird so gut wie jeder Cent, den die Social Security einnimmt, im selben Jahr wieder ausgezahlt, oder er wird verwendet, um die Staatsverschuldung auf Bundesebene zu reduzieren. Das geschieht über den »Trust Fund« – klingt das nicht vertrauenerweckend? –, eine Buchhaltungsmasche, bei der nicht nur Geld, sondern auch Schuldscheine zwischen verschiedene Konten der Regierung hin- und hergeschoben werden. Als Obama sein Präsidentenamt antrat, sagten die Treuhänder der Social Security Administration – die gezeigt haben, dass sie sich mit versicherungsmathematischen Angelegenheiten auskennen –, die Social Security werde 2037 zahlungsunfähig werden. Als Obama aus dem Amt schied, hatte man diese Prognose auf 2034 vorgezogen. Es ist zu erwarten, dass Medicare 2029 pleite ist, die Berufsunfähigkeitsversicherung der Social Security schon 2028.[77] Um zu verhindern, dass Social Security und Medicare in naher Zukunft zahlungsunfähig werden, müsste laut einer Schätzung der besagten Treuhänder von jedem Haushalt eine Steuer von etwa 1400 Dollar pro Jahr erhoben werden – und dabei wird sogar eine höhere Besteuerung der Reichen vorausgesetzt, zum Beispiel durch Anheben der Social-Security-Bemessungsgrenzen.

Da das Verhältnis zwischen Leistungsempfängern und Beitragszahlern (die »Belastungsquote«) immer weiter steigt, werden Social Security, die Pensionsfonds der Bundesstaaten und ähnliche Sozialkassen immer mehr Geld brauchen. Es ist zu erwarten, dass auch die Kosten von Medicare steigen werden, da die Gesellschaft altert und immer mehr Versicherte selbst im hohen Alter sehr teure chirurgische Eingriffe verlangen, obwohl ihre Genesung unwahrscheinlich ist. Auch die Kosten von Medicaid steigen rasant, da die Armen ebenso gute medizinische Leistungen erwarten wie alle anderen – früher waren sie noch bereit, still zu leiden. Und immer mehr gebürtige Amerikaner erwarten, dass nicht ihre Familienangehörigen, sondern Medicaid die Kosten trägt, wenn sie in ein Pflegeheim umziehen. Vor einem halben Jahrhundert wurden überhaupt keine Pflegekosten aus Bundesmitteln bezahlt; 2015 trug Medicaid dagegen die Kosten von zwei Dritteln aller Pflegeheimbewohner, von denen eine Mehrheit gebürtige Amerikaner und nicht arm waren.

Angesichts der demografischen Gewissheit einer alternden Bevölkerung, die Renten, medizinische Versorgung und Pflegeleistungen erwartet, hätte die Gesellschaft Rücklagen bilden sollen. Stattdessen haben wir Geld ausgegeben, als gäbe es kein Morgen. Das war nicht nur »schäbig«, sondern läuft darauf hinaus, dass die ältere Generation – die die Politik dominiert – sich bedient hat und erwartet, dass die Jungen dafür zahlen.

Michael Mullen, ein Admiral a. D. und ehemaliger Vorsitzender der Joint Chiefs of Staff (Gemeinsamer Generalstab), der heute als Professor an der Princeton University lehrt, hat 2012 gesagt: »Die Staatsverschuldung ist die größte einzelne Bedrohung für die nationale Sicherheit der Vereinigten Staaten.«[78] Er wollte keineswegs schlau daherreden, und das Militär hatte keine Vorteile von seiner Sicht der Dinge. Niemand hat Lust, sich mit Schulden auseinanderzusetzen, was uns sagt, dass das Problem angepackt werden muss – vor allem, wenn in Zukunft hohe neue Ausgaben zu erwarten sind.

Da in diesem Kapitel gesagt wurde, dass die Staatsverschuldung die beunruhigendste Gefahr für die US-Wirtschaft und einige andere westliche Volkswirtschaften ist, scheinen große neue Ausgaben in der Zukunft das Allerletzte zu sein, was eine Nation braucht. Doch sie könnten unvermeidlich sein, allerdings nicht für Senioren, die schon jetzt das am höchsten alimentierte Segment der amerikanischen Gesellschaft und vieler europäischer Gesellschaften sind. Der Grund, warum die heute vorhandene Staatsverschuldung reduziert werden muss, liegt darin, dass in naher Zukunft alle Wege zu einem wie auch immer gearteten bedingungslosen Grundeinkommen führen könnten. In einem späteren Kapitel werde ich ausführlich auf dieses Konzept eingehen. Vorerst kommt es darauf an, dass in naher Zukunft sowohl das Wirtschaftswachstum als auch die soziale Gerechtigkeit irgendeine Form von Einkommensgarantie geboten erscheinen lassen könnten, für allem für gering qualifizierte Personen, deren Arbeit zwangsläufig immer weniger wert sein wird. Ein bedingungsloses Grundeinkommen könnte bewirken, dass es in den Vereinigten Staaten und einigen europäischen Ländern mehr Freiheit und Gerechtigkeit geben wird. Aber diese Reform wird nicht billig sein – der erste Schritt muss sein, den bereits vorhandenen Schuldenberg abzutragen.

Die Antwort auf die Frage, warum die Wirtschaft nicht zusammenbrechen wird, ließe sich so zusammenfassen: Die Wirtschaft wird nicht zusammenbrechen, weil niemand sie lenkt.

Da sie von niemandem gelenkt werden, sind die Volkswirtschaften des Westens in besserer Verfassung, als allgemein angenommen wird, und das wird wahrscheinlich auch so bleiben – obwohl wir uns dessen nicht sicher sein können. Was bedeutet, dass endlose Sorgen über einen Kollaps der Wirtschaft garantiert sind.

Was aber passiert, wenn die Menschheit durch Verbrechen oder Kriege vernichtet wird?

5 Wieso geht die Gewalt zurück?

Im Januar 2017 gab die World Health Organization (WHO) ein ziemlich langes Dokument heraus,[1] das Frédéric Bastiat fasziniert hätte, den französischen Philosophen, der den Essay *Ce qu'on voit et ce qu'on ne voit pas (Was man sieht und was man nicht sieht)* verfasst hat. Darin fordert er den Leser auf, über das, was nicht passiert ist, ebenso intensiv nachzudenken wie über das, was tatsächlich geschah. In der WHO-Studie wird berichtet, dass in dem letzten Jahr, für das Statistiken vorlagen, 54,5 Millionen Menschen gestorben waren – mehr als die gesamte Bevölkerung Frankreichs in Bastiats Geburtsjahr – und dass Herz-Kreislauf-Erkrankungen, Schlaganfall und Atemstillstand die häufigsten Todesursachen der Zivilisation seien.

Bastiat wäre vermutlich aufgefallen, dass Tuberkulose – an der er 1850 im Alter von 49 Jahren starb – auf den neunten Platz der häufigsten Todesursachen zurückgefallen war. Das hätte er sicherlich als Zeichen des Fortschritts angesehen: In vielen früheren Jahrhunderten hatte Tuberkulose die meisten Todesopfer gefordert. Bastiat wäre auch aufgefallen, dass heutzutage die häufigsten Todesursachen altersbedingt sind. Im 21. Jahrhundert leben die Menschen so lange, dass sie an chronischen Altersbeschwerden sterben, weil sie nicht schon früher von Infektionskrankheiten dahingerafft werden, wie es in allen früheren Jahrhunderten der Fall war.

Nachdem er über die Ergebnisse der Studie nachgedacht hätte, wäre Bastiat erstaunt gewesen über das, was nicht zu sehen ist.

Gewalt, so hätte er verwundert ausgerufen, ist keine der führenden Todesursachen mehr. Seit unsere Vorfahren im vorsintflutlichen Nebel Keulen und Speere anfertigten, wird die Menschheit von Morden und Kriegen geplagt. Doch heute sind sie nicht einmal mehr unter den zehn häufigsten Todesursachen – und das in einer Welt, die unter erheblichem Bevölkerungsdruck steht und in der es viel zu viele Schusswaffen gibt.

In der öffentlichen Wahrnehmung geht Gewalt keineswegs zurück. Von den nationalen Medien wird der Eindruck verbreitet, überall auf der Welt herrsche Chaos. In den Lokalnachrichten geht es überwiegend um Mord und Totschlag, Großbrände, Raub und Entführungen, wodurch der Eindruck entsteht, es gebe kaum noch etwas anderes im Leben. Viele Internetplattformen reagieren eher auf Verbrechen als auf gesellschaftliche Fortschritte. Viele Kommentatoren beschwören den Weltuntergang herauf: Der aus London stammende außenpolitische Korrespondent Roger Cohen sagte 2014, die Menschen seien »noch nie so beunruhigt über den Zustand der Welt« gewesen, nicht einmal während der Schreckensherrschaft der Nazis.[2] Die politische Klasse erzeugt den Eindruck, als herrsche überall Gewalt und Zerstörung: »Die Welt versinkt im Chaos«, sagte Henry Kissinger 2016.[3] Von politischen Kandidaten ist zu hören, es würden mehr Morde begangen als jemals zuvor. Im Präsidentschaftswahlkampf sprach Donald Trump häufig von einer »Verbrechenswelle«, die das Leben in vielen amerikanischen Städten zur »Hölle auf Erden« mache.

Was auch immer man sonst von Donald Trump halten mag, eines steht fest: Er ist ein Medienpräsident. Er sieht zwanghaft fern – wenn er im Weißen Haus ist, sind es laut der Journalistin Elaine Godfrey fünf Stunden pro Tag –, und er optimiert sein öffentliches Image für Menschen, die ebenso fernsehsüchtig sind.[4] Auch in den sozialen Medien ist er ständig präsent. Im künstlichen Universum des Fernsehens wird die Kriminalität von Tag zu Tag schlimmer: Der anständige Bürger sei trotz verrammelter Türen in den eigenen vier Wänden nicht mehr sicher. Senioren sitzen länger vor dem Fernseher als jüngere Leute und verinnerlichen dabei den falschen Eindruck von zunehmender Kriminalität. Unter Senioren ist die Wahlbeteiligung höher; ein Politiker, der verkündet, die Städte seien höllisch gefährlich, wird an der Wahlurne von Senioren belohnt, von denen die meisten das Wiederaufleben der Städte in den letzten 25 Jahren gar nicht so recht mitbekommen haben.

Junge Menschen fühlen sich heute in den amerikanischen Städten sicher, gehen aber nicht so häufig zur Wahl wie Senioren. Bei einer Rede vor Jurastudenten der University of Chicago sagte Barack Obama im April 2016: »Es wurde noch nie ein Kandidat bei Wahlen abgestraft, weil er zu entschlossen gegen Kriminalität vorzugehen scheint.«[5] Älteren weißen Wählern, die in den Randbezirken und Vororten der Großstädte oder auf dem Land leben, zu erzählen, die Innenstädte seien ein Albtraum – »unsere Innenstädte sind eine Katastrophe; auf dem Weg zum Supermarkt wirst du erschossen«, so Trump im Wahlkampf –, ist eine Methode, um sich Vorurteile der Wähler zunutze zu machen, ohne als Rassist dazustehen. Da viele junge Menschen und Angehörige von Minderheiten zu bequem sind, um wählen zu gehen, konzentrieren sich die Wahlkampagnen inhaltlich auf die Vororte, und dort vor allem auf Senioren. Das führt dazu, dass in landesweiten US-Wahlkämpfen ständig von immer mehr Verbrechen die Rede ist, aber kaum von anderen Problemen, etwa dem Kampf gegen Armut.

Im Fernsehen ist die gleiche Tendenz zu beobachten. Die Fernsehnachrichten werden hauptsächlich für Senioren gemacht – daher auch die vielen Werbespots für rezeptpflichtige Pharmaprodukte –, und ältere Menschen sind leicht zu ängstigen; betont man das Grauen, fesselt man ihre Aufmerksamkeit. Auch in vielen Unterhaltungssendungen geht es hauptsächlich um Gewalt. Von den 25 beliebtesten Fernsehformaten zur besten Sendezeit in der Saison 2015/2016 entfielen zehn auf Kriminalserien, sechs auf Realityshows, vier auf Liveübertragungen von NFL-Footballspielen, und fünf auf alle anderen Kategorien.[6] In schablonenhaften »procedurals« – ein von Drehbuchautoren verwendeter Begriff für die zur besten Sendezeit ausgestrahlten Kriminaldramen – wird drastisch übertrieben, wie oft es zu einem Mord an einem Bürger der Mittelschicht kommt. Die Ausgangssituationen in solchen Krimis sind oft völlig absurd – eine junge Frau im Minirock stakst auf ihren Pumps durch eine dunkle Seitenstraße nach Hause. Der absurde Handlungsablauf führt dann zu drastischen Gewaltdarstellungen, die in HD-Qualität direkt in die heimische Wohnstube gesendet werden. Obwohl solche Krimis als »frei erfunden« gekennzeichnet sind, erweckt ihre gehäufte Ausstrahlung den Eindruck, überall würden gewalttätige Verbrecher Amok laufen.

Der historische Trend sieht dagegen ganz anders aus: Während der Prohibition (Alkoholverbot in den USA von 1920 bis 1933) nahm die Kriminalitätsrate zu, ging dann zurück, nahm Anfang der 1960er-Jahre wieder zu, erreichte Anfang der 1990er-Jahre ihren Höchstwert und ist seither im Abwärtstrend: In manchen Städten, darunter auch New York City, hat sie ein historisch niedriges Niveau erreicht. Im Jahr 1990 wurden in New York City etwa 2245 Menschen ermordet – das sind etwa sechs Mordfälle pro Tag.[7] Bis 2016 war diese Zahl auf 335 Mordfälle zurückgegangen – kaum noch einer pro Tag.

Statistiken des FBI zeigen, dass die Mordwelle in den Vereinigten Staaten 1993 ihren Höhepunkt erreichte: Von diesem Jahr an sind Tötungsdelikte durch Schusswaffen um 49 Prozent zurückgegangen, eine Zahl, die leichte Zunahmen in den Jahren 2014 und 2015 mit einschließt.[8] Seit diesem Jahr mit der höchsten Kriminalitätsrate sind alle Formen von Gewaltverbrechen um fast 300 Prozent zurückgegangen: Die US-Kriminalstatistik zeigt, dass Körperverletzung, Einbruch, Vergewaltigung und Raub seit 1993 in beinahe jedem Jahr zurückgegangen sind. Der Rückgang bei Tötungsdelikten durch Schusswaffen ist unter anderem darauf zurückzuführen, dass durch verbesserte Hilfeleistungen bei Schussverletzungen zahlreiche Opfer gerettet werden konnten. Viele Notfallsanitäter und Notfallambulanzen an Krankenhäusern leisten immer bessere Arbeit. Am Memorial-Day-Wochenende 2017 wurden in Chicago 46 Menschen angeschossen; eine entsetzliche Zahl, aber 41 von ihnen überlebten.[9] Insgesamt sind Schussverletzungen seit 1993 um beinahe 75 Prozent zurückgegangen – eine Zahl, die abermals leichte Zunahmen in den Jahren 2014 und 2015 mit einschließt. Auch in den meisten anderen Ländern der Welt kommt es zu immer weniger Gewaltverbrechen, obwohl es schreckliche Ausnahmen gibt – in Brasilien ist die Mordrate siebenmal so hoch wie in den Vereinigten Staaten.[10]

Die Fortschritte im Kampf gegen Gewaltverbrechen sind vielleicht am besten anhand der Wahrscheinlichkeit zu erkennen, dass ein Bürger zum Opfer einer solchen Tat wird. Im Jahr 1990, also während der Kriminalitätswelle, wurde einer von 3500 Einwohnern New York Citys ermordet – ein guter Grund, nach Einbruch der Dunkelheit nicht mehr auf die Straße zu gehen. Bis 2016 war die Mordrate in New York City auf ein Opfer pro 24 000 Einwohner gefallen (in diesem Zusammenhang gilt: je größer die Zahl, desto besser).

Der langfristige Trend zeigt, dass im Jahr 1900 einer von 17 000 Amerikanern ermordet wurde. Bis 1990 war die landesweite Mordrate auf ein Opfer unter 10 000 Bürgern gestiegen – das entspricht ungefähr der Mordrate während der Prohibition. Seit 1990 ist die landesweite Mordrate in den USA beinahe jedes Jahr zurückgegangen – im Jahr 2015 auf 1 zu 21 000. Das ist eine niedrigere Mordrate als im 19. Jahrhundert, als die Menschen, wenn man unserer kollektiven Nostalgie Glauben schenken will, auf den Straßen noch sicher waren. Heute sind Tötungsdelikte laut den Centers for Disease Control in der Liste der häufigsten Todesursachen auf Platz 17 gerutscht – noch hinter Blutvergiftung und »Lungenentzündung durch exogene Substanzen«.[11]

Dennoch glauben so gut wie alle Amerikaner, dass immer mehr gemordet wird, während sich nur das Krankenhauspersonal Sorgen um Blutvergiftungen macht. Das Meinungsforschungsinstitut Gallup führt seit Jahrzehnten Umfragen unter Amerikanern durch, die unter anderem die Frage enthalten, ob die Häufigkeit von Gewaltverbrechen zu- oder abnehme. In den 15 Jahren vor den Präsidentschaftswahlen 2016 hat stets eine Mehrheit der Befragten geantwortet, sie würde zunehmen.[12] Diese falsche Wahrnehmung hielt sich auch nach Trumps Vereidigung; bei einer 2017 durchgeführten Umfrage stellte das Pew Research Center fest, dass 70 Prozent der Amerikaner glauben, die Kriminalität nehme zu.[13] Soweit US-Wahlen durch die Stimmen von Senioren entschieden werden, kann es gut sein, dass ältere Menschen – die selbst seit Jahren nicht mehr in einer Innenstadt waren und viele Stunden damit verbringen, sich die systematisch übertriebenen Gewaltdarstellungen im Fernsehen anzusehen – den Schwerpunkt der öffentlichen Meinung bilden, dass die Gewalt auf den Straßen außer Kontrolle geraten sei.

Und wie ist es mit diversen Kriegen? Wüten die nicht völlig außer Kontrolle? Jedenfalls ist das die Vorstellung, die Kommentatoren und Politiker den Bürgern einimpfen.

Vor 400 Jahren hat der englische Mathematiker und Philosoph Thomas Hobbes gesagt, jeder Regierungschef versuche, dem Volk weiszumachen, ein Krieg stünde unmittelbar bevor, weil das Volk ihm dann mehr Macht übertragen würde. Seit Hobbes waren immer wieder Varianten dieser These zu hören. Abraham Lincoln und Franklin D. Roosevelt waren große Präsidenten, aber beide nutzten sie einen Krieg als Vorwand, um sich außergewöhnliche Machtbefugnisse zu verschaffen, die sehr wahrscheinlich nicht durch die nationalen Interessen gerechtfertigt waren, oder zumindest nicht aus den von Lincoln und Roosevelt angeführten Gründen.[14] Auch die US-Präsidenten John Adams, John Tyler, James K. Polk, William McKinley, Woodrow Wilson, Lyndon B. Johnson, Richard Nixon, Ronald Reagan, George W. Bush und Barack Obama nutzten einen Krieg oder die Gefahr eines Kriegs als Vorwand, um Gesetze oder den US-Kongress oder beides zu missachten.[15] Zahlreiche Regierungschefs, auch in liberalen Demokratien, beriefen sich auf einen Krieg oder die Gefahr eines Kriegs, um außergewöhnliche Machtbefugnisse für sich zu fordern oder von ihrer Rechenschaftspflicht entbunden zu werden. Nach den Terroranschlägen vom 11. September 2001 auf Ziele in New York City und Washington wäre ein Militärschlag gegen die Regierung Afghanistans durchaus berechtigt gewesen; aber machte das wirklich verfassungswidrige Maßnahmen notwendig? Waren Lauschangriffe, Überwachungsmaßnahmen und die Invasion des Irak, der an den 9/11-Anschlägen nicht beteiligt gewesen war, wirklich erforderlich? Ungeachtet dieser Fragen forderte Bush junior spezielle Vollmachten für sich, die von anderen Regierungsinstanzen nicht geprüft werden konnten. Die Annahme, dass ein Krieg im Laufe der Zeit immer schlimmer wird, nützt Regierungschefs, die mehr Macht anstreben oder die öffentliche Aufmerksamkeit von Korruption, Stümpereien und Kungeleien ablenken wollen. Wie bei Kriminalität ist auch bei kriegerischeren Auseinandersetzungen ein rückläufiger Trend zu beobachten. Im Rahmen des Conflict Data Program an der Uppsala Universitet in Schweden wurde festgestellt, dass im Laufe der vergangenen 25 Jahre die Häufigkeit, Intensität und Schadenshöhen von Kriegen abgenommen haben.[16] In dieser Zeit sind bei allen Formen organisierter Auseinandersetzungen etwa zwei Millionen Menschen ums Leben gekommen – durch Kriege zwischen verschiedenen Ländern, Bürgerkriege, nichtstaatliche Gewalt durch Terroristen und Warlords sowie durch sogenannte einseitige Kämpfe, bei denen eine bewaffnete Gruppe hilflose Menschen terrorisiert. Die Zahl von zwei Millionen Kriegsopfern in 25 Jahren ist entsetzlich, doch in den 100 Jahren des 20. Jahrhunderts waren 160 Millionen Kriegsopfer zu beklagen. Das heißt, dass in den Kriegen des 20. Jahrhunderts die Menschen mit einer 20-mal so hohen Rate getötet wurden wie in den vergangenen 25 Jahren.

Wenn man die größere Bevölkerung berücksichtigt und wenn es heute ebenso wahrscheinlich wäre wie 1960, durch einen Krieg ums Leben zu kommen, wären 2015 immerhin 400 000 Menschen auf dem Schlachtfeld gestorben – tatsächlich waren es jedoch etwa 100 000. Niemand würde das als Erfolgsgeschichte bezeichnen wollen – diese Zahl ist nach wie vor entsetzlich hoch, aber sie zeigt einen Schritt in die richtige Richtung an. Die Zahl von 2015 bedeutet, dass weltweit etwa jeder siebzigtausendste Mensch durch einen Krieg ums Leben gekommen ist, entweder direkt als Soldat oder ziviles Opfer oder indirekt durch kriegsbedingte Embargos oder Versorgungsengpässe. Die Zahlen für andere Jahre der jüngeren Vergangenheit sind ähnlich. Ein Kriegsopfer unter 70 000 Menschen liegt im unteren Bereich der Kriegsopferraten, die in der Geschichte des Menschen zu verzeichnen waren. Das Risiko von 1 zu 70 000, im Jahr 2015 durch einen Krieg zu sterben, war wesentlich geringer als die Gefahr, im selben Jahr durch einen Verkehrsunfall ums Leben zu kommen.[17] Daher wäre es keine Übertreibung, wenn man sagen wollte, dass in der heutigen Generation der Straßenverkehr gefährlicher war als Kriege. Doch Politik und öffentliche Wahrnehmung sind eher auf das eingestimmt, was die Menschen glauben wollen, als auf Tatsachen. In jedem US-Wahlkampf werfen zum Beispiel die Demokraten den Republikanern vor, sie wollten die natürliche Umwelt ausplündern, während die Republikaner behaupten, die Demokraten wollten das Land militärisch schwächen. Keines von beiden stimmt, aber beides wird geglaubt und deswegen endlos wiederholt. Da es eher darauf ankommt, was die Leute glauben, als auf Tatsachen, kann die Behauptung, dass Kriminalität und Kriege immer weiter um sich greifen würden, politischen Kandidaten helfen, Wählerstimmen zu gewinnen und so an die Macht und Pfründe zu kommen, die sie vorrangig anstreben.

Wieso kommt es also nicht zu mehr Gewalt? Bei seiner Rede an der University of Chicago sagte Barack Obama: »Niemand kann den erstaunlichen Rückgang der Kriminalität vollständig erklären.« Darüber besteht Einigkeit bei den Exekutivbehörden und unter Kriminologen.

An der University of Chicago ging der Präsident sehr detailliert auf knifflige Fragen der besten Jurastudenten des Landes ein, sprach über den Kurs der Regierung zu Problemen wie Kriminalität, Terrorismusbekämpfung und militärischen Einsätzen. Obama war sehr offen, aber da er sich zu gesellschaftspolitischen Fragen äußerte, statt den politischen Gegner anzuprangern, wurde seine Rede von den meisten Nachrichtenmedien ignoriert. Nichts langweilt die Medien mehr als gesellschaftspolitische Fragen. Hätte Obama jemanden beleidigt, dann hätte jede Nachrichtensendung damit aufgemacht, und Facebook wäre für das Thema dankbar gewesen. Dass heute sowohl Nachrichtenmedien als auch soziale Medien wütende Tiraden einer vernünftigen Diskussion vorziehen, bereitete den Boden für die Beleidigungsmaschinerie der Trump-Kampagne, die bald darauf begann.

Niemand kann den erstaunlichen Rückgang der Kriminalität vollständig erklären. Vielleicht wurde die Zunahme einst durch den grassierenden Konsum von Crack verursacht, einer Kokain-Variante, die den User sehr schnell süchtig, bösartig und aggressiv macht.[18] Vielleicht ist der Anstieg auf zu lasche Gesetze über den Gebrauch von Handfeuerwaffen zurückzuführen. Mit Schrotflinten und Gewehren werden kaum Straftaten begangen; typischerweise werden dabei häufiger Messer und Handfeuerwaffen eingesetzt. Letztere werden auf zweierlei Weise eingesetzt: als verdeckt getragene Waffen bei Schwerverbrechen wie Bankeinbrüchen oder Geiselnahmen und als Seitenwaffen von Polizeikräften. (Soldaten halten nichts von Seitenwaffen; für sie ist zusätzliche Gewehrmunition wertvoller.) Vielleicht nahm die Kriminalität durch Wohlfahrtsgesetze zu, die ungewollt dazu führten, in armen Familien den Vater aus dem Haus zu treiben, wodurch den Söhnen kein anderes männliches Vorbild mehr bleibt als der lokale Drogendealer. Männliche Jugendliche, die ohne Vater heranwachsen, begehen häufiger Gewalttaten als jede andere Bevölkerungsgruppe.[19] Vielleicht nahm die Kriminalität durch die Verherrlichung von Mord und Vergewaltigung in Filmen und Fernsehserien zu, die von Großkonzernen vermarktet werden. (In Spielfilmen wird nicht mehr gezeigt, dass jemand eine Zigarette raucht, um den Zuschauer nicht zu verführen, aber stattdessen wird immer häufiger Gewalt verherrlicht, zum Beispiel in Form von Hollywoodstars, die mit Schusswaffen posieren – das führte zu einem Rückgang des Zigarettenkonsums, aber auch zu immer mehr Verbrechen mit Schusswaffen, also genau zu dem, was Hollywood als nachahmenswert darstellt.) Vielleicht gehen »limousine liberals« (Politiker, die reich, elitär und liberal sind) zu sanft mit Verbrechern um. Oder vielleicht sind einfach immer mehr Menschen immer bösartiger geworden.

Die Polizei hat auf die Verbrechenswelle reagiert, indem sie zunehmend neue Taktiken einsetzt, etwa das Computerprogramm CompStat. Dieses System weist Schutzpolizisten ihre Runden aufgrund von aktuellen lokalen Brennpunkten zu, an denen es vermehrt zu Straftaten gekommen ist, und ersetzt auf diese Weise traditionelle Dienstpläne. New York City und andere Städte legen heute den Schwerpunkt ihrer Polizeiarbeit darauf, Verbote von verdeckt getragenen Waffen durchzusetzen, damit ein Kleinkrimineller es sich zweimal überlegt, bevor er eine Waffe einsteckt. Aufgrund einer Bürgerinitiative verschärfte der größte US-Bundesstaat Kalifornien das Strafmaß für viele Tatbestände ganz erheblich, vor allem für Wiederholungstäter (»three-strikes law«); andere Bundesstaaten zogen nach. Der Kongress führte zwingende Mindeststrafen ein, die viele Bundesstaaten übernahmen; Gewaltverbrechen unterliegen im Allgemeinen der Gerichtsbarkeit der Bundesstaaten. Durch eine Reihe von höchstrichterlichen Entscheidungen des Supreme Court wurde es weitgehend unmöglich gemacht, Beweismaterial zu unterdrücken: Heute werden im Strafrecht 90 Prozent der Angeklagten vom Staatsanwalt überführt und daraufhin verurteilt, oder sie bekennen sich schuldig.[20]

Präsident Bill Clinton unterstützte 1994 einen Gesetzentwurf, der die Befugnisse des Bundes bei der Bekämpfung von Straftaten erweiterte, mehr Mittel für Polizeikräfte bereitstellte und strengere Strafen einführte, unter anderem auch die Todesstrafe für zusätzliche Tatbestände. Durch neue Ermittlungsverfahren, etwa die Identifizierung eines Täters durch seinen genetischen Fingerabdruck oder Mobilfunkortung, können wesentlich mehr Straftäter dingfest gemacht und überführt werden. Heute landen mehr Menschen, vor allem männliche Personen aus ethnischen Minderheiten, im Gefängnis, wo sie länger bleiben. Im Jahr 1970 saß einer von 500 Amerikanern im Gefängnis; an dem Tag, als Clintons Strafrechtsverschärfung verabschiedet wurde, war es einer von 200. Im Jahr 2008 saß einer von 125 Amerikanern hinter Gittern – die höchste Inhaftierungsquote der Welt.[21]

Man könnte meinen, dass strengere Gesetze und eine hohe Inhaftierungsquote den Rückgang der Kriminalität vollständig erklären können. Gleichwohl ist Raymond Kelly, der frühere Polizeipräsident von New York City, davon überzeugt, dass durch »Stop-and-frisk« (Anhalten und Filzen) – eine Polizeitaktik, die während seiner Amtszeit eingeführt wurde, um die ausufernde Kriminalität in den Griff zu bekommen – über 7000 Afroamerikanern und Latinos das Leben gerettet wurde, und zwar durch den Anteil des Rückgangs von Tötungsdelikten in New York City, der auf die Beschlagnahme von illegalen, bei solchen Durchsuchungen entdeckten Waffen zurückzuführen ist.[22]

Im Jahr 2016 wurde Bill Clinton von Aktivisten der Bewegung Black Lives Matter (Schwarze Leben zählen) verhöhnt, als er die Strafrechtsverschärfung von 1994 verteidigte. Darauf erwiderte Clinton, die wichtigste Folge dieses Gesetzes sei gewesen, dass vielen schwarzen Menschen das Leben gerettet wurde, da Afroamerikaner einem höheren Risiko ausgesetzt sind als Weiße, ermordet zu werden. Gegen die Welle von Gewaltverbrechen wurden aber nicht nur verschärfende Maßnahmen ergriffen. Der Kriminalreporter Joseph Goldstein hat berichtet, dass Tötungsdelikte in der von Verbrechen schwer gebeutelten Stadt Camden, New Jersey, unter anderem durch ein »Hippokratisches Ethos« der Polizeiarbeit um ein Drittel reduziert werden konnten; nach dieser Taktik sind Polizeibeamte gehalten, sich nicht nur für Opfer, sondern auch für Tatverdächtige einzusetzen.[23]

Allerdings war auch in Städten, die ihre Polizeitaktiken nicht änderten, ein etwa ebenso hoher Rückgang der Kriminalität zu beobachten. Die Kriminalität ist auch in Städten, die ungefähr ebenso groß sind wie Camden, aber für ihre Polizeiarbeit völlig andere Strategien einsetzen, zurückgegangen. Und in Kanada ist die Kriminalitätsrate etwa ebenso stark zurückgegangen wie in den Vereinigten Staaten, obwohl in Kanada die Gesetze weniger streng sind und die Inhaftierungsquote bei 1 zu 900 liegt. In New York City ging die Kriminalitätsrate auch dann noch weiter zurück, als seit 2013 der Einsatz von Stop-and-Frisk um etwa 85 Prozent zurückgefahren wurde.[24]

Die Häufigkeit von Tötungsdelikten ist in weiten Teilen der Welt – wenn auch nicht überall – zurückgegangen, und zwar unabhängig von Gesetzeslage, Strafmaß und Polizeitaktik. In Guatemala, Honduras, Mexiko und einigen anderen Ländern hat die Häufigkeit von Tötungsdelikten zugenommen, in anderen ist sie zurückgegangen, etwa in El Salvador und Nicaragua – Länder, in denen es noch gar nicht so lange her ist, dass Gewaltverbrechen an der Tagesordnung waren.[25]

Ist der Rückgang der Kriminalitätsraten darauf zurückzuführen, dass die Umwelt und viele Produkte geringer mit Blei belastet sind? Blei ist ein starkes Gift, assoziiert mit niedrigerem IQ und geringerer Impulskontrolle. Bleihaltige Wandfarbe kann mit der Zeit abblättern und von Kleinkindern verschluckt werden. Seit den 1920er-Jahren wurde Benzin mit Blei versetzt, um die Oktanzahl (Klopffestigkeit) zu erhöhen. Als nach dem Zweiten Weltkrieg der Benzinverbrauch durch Konsumenten rapide zunahm, wurde die Atmosphäre immer stärker durch Bleiemissionen verschmutzt – und obwohl die meisten Säuglinge keine abgeblätterten Farbreste verschlucken, muss jeder Mensch atmen, was dazu führt, dass er durch bleihaltige Luft geschädigt werden kann. In den 1960er-Jahren stieg der Bleigehalt der Luft in den meisten Ländern an – und wenn Kinder, die in eine Umgebung mit bleihaltiger Luft hineingeboren wurden, zu Teenagern herangewachsen waren, begingen viele von ihnen Gewaltverbrechen.

In den Vereinigten Staaten werden neue Autos, die verbleites Benzin benötigen, seit 1976 nicht mehr zugelassen; 1978 verboten die USA bleihaltige Farbe, und 1995 wurde schließlich auch verbleites Benzin verboten. Daraufhin nahm der Bleigehalt der Luft deutlich ab. Wenn Kinder, die in eine Umgebung mit sauberer Luft hineingeboren werden, zu Teenagern heranwachsen, werden sie mit geringerer Wahrscheinlichkeit als ihre Vorgänger Gewaltverbrechen begehen. Ungefähr zur selben Zeit wurde es auch in der Europäischen Union und den meisten anderen Ländern verboten, Blei in Benzin, Farben und vielen anderen Industrieprodukten einzusetzen, woraufhin in fast allen Fällen ein Rückgang der Kriminalität zu verzeichnen war. Während ich dies schreibe, darf verbleites Benzin – die wichtigste Ursache von Kontaminierung mit Blei – nur noch in Afghanistan, Algerien, im Iran, im Irak, in Myanmar, Nordkorea und im Jemen verkauft werden – allesamt Länder mit drückenden gesellschaftlichen Problemen. Die meisten Wohngebäude in den USA und Europa sind heute frei von bleihaltigen Farben. West Baltimore ist eine Ausnahme, weil dort die bleihaltige Farbe von vielen alten Wohnblöcken nicht entfernt wurde; in West Baltimore ist die Kriminalitätsrate höher als im US-Durchschnitt.[26]

Falls Blei der Hauptschuldige an der Zunahme von Gewaltverbrechen sein sollte, wäre das Verbot von Blei der wichtigste Beweis für den Wert von Reformen. Früher benötigten Verbrennungsmotoren verbleites Benzin, um ordentlich zu funktionieren. Die heutigen Motoren brauchen das nicht mehr, durch eine verbesserte chemische Zusammensetzung des Benzins, bessere Motorentechnologie, verbesserte Raffinerieverfahren und die Einführung von Vorschriften, deren Vorteile die Kosten weit überwiegen.

Während die Gewaltkriminalität insgesamt zurückgeht, hält sie sich an manchen Orten hartnäckig. In Chicago wurden 2016 mehr Menschen umgebracht als in Los Angeles und New York City zusammen. Chicago musste in jenem Jahr 762 Morde ertragen, mehr als doppelt so viele wie New York City, das wesentlich größer ist. Der New Yorker Stadtteil Brooklyn hat etwa die gleiche Einwohnerzahl wie Chicago, und einen ähnlichen Mix aus Ethnien und Einkommen; dennoch hat Brooklyn den Wandel von »gewalttätig« zu »beschaulich« geschafft, während es in Chicago 2016 zu viermal so viel Morden kam wie in Brooklyn. In New York City sind mehr Polizeibeamte pro Kopf der Bevölkerung im Einsatz als in Chicago. Handfeuerwaffen sind in Indiana frei erhältlich, nur eine kurze Autofahrt über die Stadtgrenze von Chicago entfernt; im Bundesstaat New York werden dagegen die meisten Vorbestraften durch eine gründliche Überprüfung des persönlichen Hintergrunds erwischt, wenn sie eine Waffe kaufen wollen. Und in der Umgebung von New York gibt es keinen leicht erreichbaren Bundesstaat mit einem Schwarzmarkt für Handfeuerwaffen. Vermutlich am wichtigsten ist jedoch, dass das New York Police Department (NYPD) für seine hohen Standards bei Einstellung, Ausbildung und ethnischer Vielfalt seiner Beamten bekannt ist, während das Chicago Police Department (CPD) sich in keinem dieser Bereiche hervorgetan hat. Vor diesem Hintergrund drängt sich eine Reform geradezu auf – durch Erhöhen der Standards für Einstellung, Ausbildung und ethnische Vielfalt von Polizeikräften sinkt die Kriminalitätsrate.

Die meisten Morde in Chicago haben mit Auseinandersetzungen zwischen Banden zu tun; ein Drittel davon konzentriert sich auf einige wenige Stadtviertel. Von Banden terrorisierte Nachbarschaften und unzulängliche Polizeiarbeit sind eine toxische Mixtur. Nachdem führende Polizeifunktionäre in Chicago 2016 einräumen mussten, dass sie und die Stadtregierung mit einem aufwendigen Vertuschungsmanöver versucht hatten, die Veröffentlichung einer Videosequenz zu verhindern, die zeigt, wie ein unbewaffneter 17-jähriger Afroamerikaner von einem Polizeibeamten durch einen Schuss in den Rücken getötet wird, verpflichtete sich das CPD, ebenso häufig weiße männliche Personen zu überprüfen wie solche, die ethnischen Minderheiten angehören. Indessen hat die auf Polizeiarbeit spezialisierte Analystin Heather MacDonald zu Recht darauf hingewiesen, dass die Beamten mehr schwarze als weiße Männer und Heranwachsende überprüfen sollten, da 77 Prozent der Mordverdächtigen im Bezirk Cook County Afroamerikaner sind.[27] Wenn die Standards einer Polizeidirektion niedrig sind und ihre Leistungen unzulänglich, wird ihren Beamten Rassismus vorgeworfen, wodurch es noch komplizierter wird, die öffentliche Sicherheit zu gewährleisten.

Ein unerwarteter Faktor des Kriminalitätsrückgangs könnte das allgegenwärtige Mobiltelefon sein. Bis vor Kurzem musste ein Passant, wenn eine Straftat, ein Brand oder ein Verkehrsunfall passierte, entweder panisch eine Telefonzelle suchen oder an die nächste Haustür klopfen, in der Hoffnung, dass jemand zu Hause sein möge und telefonisch Hilfe herbeirufen könne. Wenn heute eine Straftat oder ein Unfall passiert, erfährt der Polizeinotruf innerhalb von 30 Sekunden davon. Der Rückgang der Kriminalität nach den 1990er-Jahren hat fast überall stattgefunden – was sonst ist in ungefähr dieser Zeit nahezu allgegenwärtig geworden? Fast alle Männer und Frauen tragen heute ein Gerät bei sich, mit dem sie sofort einen Notruf absetzen können. Daher ist das Risiko eines Straftäters, erwischt und aus dem Verkehr gezogen zu werden, heute wesentlich höher – es sei denn, er wird von dem Wissen abgeschreckt, dass er von Menschen umgeben ist, die die Polizei herbeirufen können.

In den letzten zehn Jahren hat die zunehmende Verbreitung von Smartphones mit eingebauter Videokamera die öffentliche Wahrnehmung von polizeilicher Arbeit verändert. Seit Generationen haben dunkelhäutige Amerikaner gesagt, die Polizei würde sie entweder nicht schützen oder sie schikanieren. Paul Butler, ein Juraprofessor an der Georgetown University, hat geschrieben: »Unter anderem wurde die NAACP [National Association for the Advancement of Colored People, Nationaler Verband zur Förderung farbiger Menschen] 1909 gegründet, weil Bundes- und Landesregierungen vor weißer Gewalt gegen Schwarze die Augen verschlossen.«[28] In einer ihrer 1954 erschienenen Ausgaben brachte die *New York Times* auf der ersten Seite eine Geschichte über Schwarze, die routinemäßig von weißen Polizisten misshandelt würden, und das nicht nur in den Südstaaten. In vielen Fällen gab es kaum Beweise für solche Misshandlungen. Heute, da so gut wie jeder Passant eine Videokamera bei sich hat, gibt es häufig solche Beweise. Eric Garner, der unbewaffnete afroamerikanische Mann, der 2014 von einem Polizisten erwürgt wurde, obwohl er röchelnd rief, er würde keine Luft bekommen; Walter Scott, der unbewaffnete afroamerikanische Mann, der 2015 von einem Polizeibeamten durch einen Schuss in den Rücken getötet wurde – es gibt gefilmte Beweise solcher Schandtaten. Und sie führen bei manchen Beobachtern – zumal solchen, die nach dem Höhepunkt der Welle von Gewaltverbrechen geboren wurden – zu der Annahme, der Rückgang der Kriminalität sei nicht durch positive Reformen wie reduzierte Bleiemissionen verursacht worden, sondern durch Unterdrückung.

Selbst ein einziger Fall von ungerechtfertigtem Schusswaffeneinsatz ist ein moralischer und rechtlicher Verstoß. Aber durch Smartphone-Videos entsteht der Eindruck, viele Polizeibeamte würden wild um sich schießen, obwohl die Statistik eine ganz andere Geschichte erzählt. Vor 40 Jahren wurden pro Jahr etwa

90 Menschen von Beamten des NYPD erschossen; als die Kriminalitätswelle vor 25 Jahren ihren Höhepunkt erreichte, waren es noch etwa 30 Fälle pro Jahr.[29] Im Jahr 2015 – dem letzten, für das Statistiken vorliegen – wurden nur noch acht Menschen von Beamten des NYPD getötet. In den meisten Städten, auch in Chicago, zeigt die Anzahl der Tötungen von Verdächtigen durch Polizeibeamte einen langfristigen Abwärtstrend. (Polizisten in Dallas und Philadelphia feuern häufiger gezielte Todesschüsse ab als Beamte in Chicago; der Grund dafür ist ein weiteres der zahlreichen ungelösten Rätsel um dieses Thema.)

Es gibt keine einheitliche Datenbank mit Informationen über tödlichen Schusswaffeneinsatz durch Beamte der vielen Polizeibehörden auf Bundes-, Landes- und Gemeindeebene – es liegt auf der Hand, dass bessere Daten erforderlich sind. Die *Washington Post* hat ein Team von Reportern gebildet, das Daten über den tödlichen Einsatz von Gewalt durch und gegen Polizeibeamte im Jahr 2016 zusammengetragen hat.[30] Dabei kam heraus, dass 2016 insgesamt 963 Amerikaner bei Konfrontationen mit Polizeibeamten getötet wurden. Die meisten von ihnen, nämlich 88 Prozent, drohten mit einer Waffe, als sie erschossen wurden; bei 5 Prozent von ihnen war bekannt, dass sie unbewaffnet waren, wodurch der tödliche Schusswaffeneinsatz sowohl vor dem Gesetz als auch aus Sicht des polizeilichen Ethos nicht zu rechtfertigen ist; bei den restlichen 7 Prozent der Fälle war die Situation nicht eindeutig.

Das bedeutet, dass 2016 durch Polizeibeamte 48 unschuldige Bürger getötet wurden – gewiss eine zutiefst beunruhigende Zahl, aber keine hemmungslose Schlächterei. In jenem Jahr lag das Risiko, dass ein unbewaffneter Amerikaner durch einen Polizisten getötet wird, bei 1 zu 6,5 Millionen – vergleichbar mit der Wahrscheinlichkeit, bei einem Flugzeugabsturz ums Leben zu kommen. Im selben Jahr wurden 64 der 900 000 Polizeibeamten der Vereinigten Staaten im Einsatz erschossen, was einem Risiko von 1 zu 14 000 entspricht, dass ein Polizist von einem Zivilisten getötet wird. Also war es im Jahr 2016 15-mal so wahrscheinlich, dass ein Polizist bei einem Einsatz für Recht und Ordnung getötet wird, als dass ein unschuldiger Bürger von einem bösen Polizisten umgebracht wird. Angesichts dieser Zahlen kann man schwerlich behaupten, dass ständig unschuldige Menschen durch Amok laufende Gesetzeshüter niedergemetzelt werden – obwohl viele Amerikaner das zu denken scheinen.

Etwa zur selben Zeit, als die allgegenwärtige Smartphone-Kamera das Gefühl aufkommen ließ, dass Fehlverhalten von Polizisten an der Tagesordnung sei, kamen viele Beobachter – auch von republikanischen Präsidenten ernannte Bundesrichter – zu der Ansicht, die in den USA geltenden Standards zur Verurteilung und Inhaftierung von Straftätern seien exzessiv geworden – nämlich zu streng bei der Art von Drogendelikten, die von entrechteten Mitgliedern von Minderheiten begangen werden, und zu milde bei Wirtschaftsdelikten, wie sie von Privilegierten begangen werden. Im Jahr 2012 wurde aufgrund einer weiteren Volksabstimmung das »three-strikes law« (Strafvorschrift für Wiederholungstäter) gemildert: Die Wähler waren zu Recht der Meinung, die Strafgesetze seien übers Ziel hinausgeschossen. Der Supreme Court befand in einem 2015 ergangenen Urteil, dass gewisse Aspekte von gesetzlich vorgeschriebenen Mindeststrafen verfassungswidrig seien.[31] Konservative Gelehrte und Politiker, darunter auch Bruce Rauner, der konservative republikanische Gouverneur von Illinois, begannen, sich für kürzere Haftstrafen, ein Ende der üblichen Praxis – in manchen Fällen sogar der gesetzlichen Vorschrift –, entlassene Straftäter nicht einzustellen, sowie für eine Lockerung der Bewährungs- und Kautionsauflagen einzusetzen.

Heute steht jeder sechzigste Amerikaner unter Bewährung oder wird aus anderen Gründen polizeilich beobachtet – die weltweit höchste Überwachungsquote. Das Kautionssystem wird zunehmend als Methode gesehen, das Leben eines Menschen zu ruinieren, dem noch keine Straftat nachgewiesen wurde. Wenn ein mittelloser Mensch oder ein Geringverdiener es sich nicht leisten kann, Kaution zu stellen, kann er seinen Job oder seine Familie verlieren, bevor das Justizsystem so weit ist, die Worte »nicht schuldig« auszusprechen – ein schwacher Trost, wenn es erst einmal so weit gekommen ist. Die Legislative hat sich – zögerlich – in Richtung eines größeren Ermessensspielraums für Richter bewegt, weil sich allmählich die Erkenntnis durchsetzt, dass es bei einer vorgeschriebenen Mindeststrafe nicht in erster Linie darauf ankommt, wie die Geschworenen die Beweislage beurteilen, als vielmehr, welcher Straftaten der Staatsanwalt den Beschuldigten anklagt. Gilad Edelman hat 2016 festgestellt: »Während die Legislative die Gesetze beschließt und die Polizei die Verhaftungen vornimmt, ist es der Staatsanwalt, der entscheidet, welche Tatbestände einem Beschuldigten zur Last gelegt werden.«[32] Ein Staatsanwalt kann eine entrechtete Person jedes nur denkbaren obskuren Vergehens anklagen – es gibt 300 000 Gesetze in den Vereinigten Staaten,[33] von deren Existenz die meisten Bürger überhaupt nichts wissen –, oder er kann eine Person mit guten Beziehungen zu milde anklagen, indem er im Austausch für ein Schuldbekenntnis zu einem minderschweren Vergehen schwerwiegendere Anklagepunkte fallen lässt.

Kriminologische Studien zeigen immer wieder, dass eine hohe Wahrscheinlichkeit, erwischt und bestraft zu werden, eine stärkere abschreckende Wirkung hat als ein hohes Strafmaß. Das heißt, wenn eine Person glaubt: »Wenn ich diesen Laden ausraube, werde ich erwischt und eingesperrt«, wird sie stärker abgeschreckt, als wenn sie glaubt: »Wenn ich diesen Laden ausraube, besteht ein winziges Risiko, dass ich jahrzehntelang hinter Gittern sitzen muss.« Zu den starken moralischen und religiösen Argumenten gegen die Todesstrafe kommt das praktische Argument, dass ihre abschreckende Wirkung gering ist im Vergleich zur abschreckenden Wirkung effektiver polizeilicher Ermittlungsarbeit. Das heißt, wenn eine Person glaubt: »Wenn ich einen Mord begehe, werde ich erwischt und verbringe den Rest meines Lebens im Knast«, wird sie stärker abgeschreckt, als wenn sie glaubt: »Wenn ich einen Mord begehe, besteht ein winziges Risiko, dass ich hingerichtet werde.«

Dass potenzielle Straftäter immer häufiger glauben, sie könnten einer Bestrafung nicht entgehen, mag letzten Endes der wichtigste Grund für den Rückgang der Kriminalität sein. Überwachungskameras, Mobilfunkortung, Identifikation durch den genetischen Fingerabdruck und andere Fortschritte haben die Wahrscheinlichkeit erhöht, dass ein Straftäter ermittelt und verurteilt wird. Da die Gewissheit einer Bestrafung erhöht worden ist, kann das Strafmaß reduziert und resozialisierende Maßnahmen können verstärkt werden. Selbst die extrem konservativen Milliardäre Charles und David Koch haben 2015 gesagt, sie würden kürzere Haftstrafen, weniger Inhaftierung und effektivere Resozialisierungsmaßnahmen befürworten.[34] Die meisten Reformen, die notwendig sind, um Kriminalität unter Kontrolle zu bringen, wurden bereits vollzogen; was jetzt gebraucht wird, sind Reformen, die Kriminellen helfen, anständig zu werden.

Terroristische Anschläge sind eine Form von Kriminalität, die die Gesellschaft peinigt. Leider sind solche Anschläge nichts Neues – in den 1970er-Jahren waren von linken Fanatikern begangene Bombenanschläge in Europa und den Vereinigten Staaten ebenso häufig wie die terroristischen Anschläge, die heute von fanatischen Islamisten verübt werden. Selbst wenn man auch die Anschläge mit berücksichtigt, die 2015 und 2016 in Frankreich von dschihadistischen Hassgruppen begangen wurden, ist heute das Risiko eines französischen Bürgers, durch einen Terroranschlag ums Leben zu kommen, geringer als in den 1970er- und 80er-Jahren.[35] Solche Anschläge sollen unter anderem das Gefühl erzeugen, ein unschuldiger Mensch könne sich nirgendwo mehr seines Lebens sicher sein; objektiv gesehen trifft das nicht zu.

Der heutige Terrorismus spielt sich hauptsächlich außerhalb der Vereinigten Staaten und Europas ab; das macht ihn keineswegs weniger schlimm, straft jedoch die Nachrichten- und sozialen Medien Lügen, die den Eindruck erwecken, es seien vor allem Nordamerika und Europa, die von Gewalttaten dschihadistischer Hassgruppen betroffen wären. Von Januar 2015 bis Sommer 2016 kamen weltweit etwa 28 700 Menschen durch Terroranschläge ums Leben; 98 Prozent von ihnen im Nahen Osten, in Afghanistan, Pakistan oder Afrika.[36]

Während ich dies schreibe, wurden in den Vereinigten Staaten seit dem Horror der 9/11-Anschläge 123 Menschen von Terroristen getötet. Im selben Zeitraum kamen dort 850 Menschen durch Blitzschlag ums Leben; also ist für einen Amerikaner das Risiko, vom Blitz erschlagen zu werden, siebenmal höher, als bei einem Terroranschlag getötet zu werden. Der Journalist Nicholas Kristof, der sich für soziale Gerechtigkeit einsetzt, hat darauf hingewiesen, dass seit 9/11 etwa 16 000 amerikanische Frauen (und ein paar Männer) von ihrem Ehepartner ermordet wurden; also sind Ehemänner in den USA 130-mal so tödlich wie Terroristen.[37] Selbst wenn man die Todesopfer von 9/11 hinzuzählt, sind Ehemänner in den USA immer noch fünfmal so tödlich wie Terroristen. Wenn man mit dem Jahr 2000 anfängt, um auch den Horror von 9/11 zu berücksichtigen, und bis Ende 2016 zählt, sind in den Vereinigten Staaten etwa 530 000 Menschen bei Verkehrsunfällen ums Leben gekommen, und etwa 3000 bei terroristischen Anschlägen auf amerikanischem Boden. Also ist das Risiko eines Amerikaners, durch ein Auto ums Leben zu kommen, 175-mal höher, als von einem Terroristen getötet zu werden.

Natürlich suchen wir uns unsere Autos und Ehepartner selbst aus, während uns Terroranschläge von anderen aufgezwungen werden. In gewisser Hinsicht ist es klar, dass wir mehr Angst vor etwas haben, was wir nicht kontrollieren können, als vor vertrauten Gefahren wie dem Familienauto. Ein Terroranschlag wird mit teuflischer Absicht begangen, während hinter einer natürlichen Gefahr keine Absicht steckt und die meisten Verkehrsunfälle durch Zufall passieren.

Aber dennoch wird die Bedrohung durch Terrorismus in der öffentlichen Wahrnehmung übertrieben. Nicht nur Nachrichten- und soziale Medien heben den Terrorismus hervor, um Aufmerksamkeit auf sich zu ziehen, sondern auch Politiker. Kurz nach den Anschlägen vom 11. September sagte Rudy Giuliani, der damalige Bürgermeister von New York, in den Vereinigten Staaten werde es zweifellos bald zu »vielen Dutzenden« solcher Katastrophen mit Zigtausenden Todesopfern kommen.[38] Sein Statement war von einer beinahe sehnsüchtigen Qualität, da Menschen wie er, wenn sich tatsächlich weitere große Anschläge ereignet hätten, zu mehr

Macht, Ruhm und Geld gekommen wären. Thomas Hobbes hätte ihn verstanden.

Kriege verhelfen Regierungsfunktionären zu mehr Macht, und wenn sie so tun, als sei Terrorismus allgegenwärtig, hilft ihnen das auf eine ganz prosaische Weise, da es die Maßnahmen zu ihrem persönlichen Schutz rechtfertigt, die sie – aber nicht die Steuerzahler – heute genießen. Als ich in den 1980er-Jahren im Washingtoner Stadtteil Capitol Hill lebte, konnte man ganz einfach ins Kapitol hineingehen und an die Tür eines Kongressabgeordneten klopfen. Manche Leute liefen die grandiosen Stufen vor dem Gebäude hinauf und herunter, um fit zu bleiben, oder aßen ihr mitgebrachtes Mittagessen auf diesen Stufen. Nach 9/11 wurden Befestigungsanlagen rings um das Kapitol gebaut, und das Gebäude ist nicht mehr frei zugänglich. Manche Parlamentsgebäude von Bundesstaaten und Rathäuser sind zu Festungen ausgebaut worden, und viele Regierungsgebäude von Bundes-, Länder- und sogar Gemeindeverwaltungen werden aufwendig geschützt. Angeblich dienen solche Maßnahmen dazu, die darin arbeitenden Menschen vor Terroristen zu schützen; tatsächlich sorgen sie jedoch hauptsächlich dafür, dass normale Bürger draußen bleiben, sodass drinnen die Abgeordneten und Funktionäre ungestört mit Lobbyisten, Publicity-Managern und Spendern interagieren können. Ein Teil der seit Anfang des 21. Jahrhunderts zunehmenden Wut auf Politiker ist sicherlich auf die neuen Barrieren zurückzuführen, die zwischen Normalbürger und regierender Klasse aufgebaut wurden.

Vielleicht haben die nach dem 11. September 2001 in den Vereinigten Staaten und Europa eingeführten zusätzlichen Sicherheitsmaßnahmen tatsächlich Menschenleben gerettet; wir können nicht wissen, was ohne die vielen neuen Sicherheitskräfte, Metalldetektoren und Absperrungen hätte passieren können, die außerdem die willkommene Nebenwirkung haben könnten, die Straßenkriminalität zu reduzieren. Laut einer Schätzung des Politologen John Mueller von der Ohio State University haben die Vereinigten Staaten seit dem 11. September 2001 eine Billion Dollar für Sicherheitsmaßnahmen gegen Terrorismus ausgegeben, wobei ein Großteil dieses Geldes Regierungs-Insidern zugutekommt, nicht dem Normalbürger.[39] Dana Priest schreibt in ihrem Buch *Top Secret America*, die Vergrößerung der Geheimdienste und ihrer Mitarbeiterstäbe – sie hat ausgerechnet, dass 854 000 Angestellte und Selbstständige für den Staat arbeiten, deren Arbeit der Geheimhaltung unterliegt – habe weitere zwei Billionen Dollar gekostet.[40]

In einem 2010 in *The New Republic* erschienenen Artikel heißt es:

Um sich in Sicherheitsfragen beraten zu lassen, hat der Präsident inzwischen einen Verteidigungsminister, einen Außenminister, einen Direktor der nationalen Geheimdienste, einen nationalen Sicherheitsberater, eine Central Intelligence Agency (CIA), einen nationalen Sicherheitsrat, einen President's Intelligence Advisory Board (Geheimdienst-Beirat des Präsidenten), eine National Security Agency (NSA), eine Defense Intelligence Agency (DIA), separate Geheimdienstkommandos der Air Force, Navy, Marine, Army und sogar der Coast Guard, ein nationales Terrorismusabwehrzentrum, ein FBI Directorate of Intelligence, ein dem Außenministerium unterstelltes Bureau of Intelligence and Research, ein National Reconnaissance Office (NRO, Nationales Aufklärungsamt) und eine National Geospatial-Intelligence Agency (Nationale Behörde für geografische Aufklärung). Selbst das Finanzministerium hat ein Office of Terrorism and Financial Intelligence (Amt für Aufklärung in den Bereichen Terrorismus und Finanzwesen).[41]

Der neue Hauptsitz der National Geospatial-Intelligence Agency (NGA) in Springfield, Virginia, ist das drittgrößte Regierungsgebäude der Vereinigten Staaten. Die meisten Wähler wissen nicht einmal, dass es diese Behörde gibt, geschweige denn, was sie tut. (Die NGA fertigt extrem detailreiche topografische Kar-

ten an und trägt unter hohen Kosten Luftbilder und Satelliten-
fotos zusammen, die jenen irritierend ähnlich sehen, die Google
Earth kostenlos verteilt.) Wenn die Vereinigten Staaten seit
9/11 drei Billionen Dollar in zusätzliche Sicherheitsmaßnahmen und ihre Geheimdienste investiert haben, entspricht das
etwa 1,5 Prozent ihrer Wirtschaftsleistung in diesem Zeitraum.
Würde man das BIP der USA um 1,5 Prozent erhöhen, würde
das Wirtschaftswachstum von »verhalten« auf »dynamisch« zunehmen.

Martin Dempsey, ein Armeegeneral a. D. und ehemaliger Vorsitzender der Joint Chiefs of Staff, der heute als Professor an der
Duke University lehrt, hat 2016 gesagt, dass Resilienz (psychi-
sche Widerstandskraft) gegen Terrorismus – also den westlichen
Lebensstil nicht aufzugeben – wichtiger sei als physische Sicherheit.[42] Die in der Türkei geborene Soziologin Zeynep Tufekci von
der University of North Carolina hat geschrieben, die übliche
Reaktion der Mainstream-Medien auf einen Terroranschlag –
endlose Wiederholung von Szenen mit weinenden Opfern und rot
blinkende Laufzeilen: »Terroralarm! Terroralarm!« – sei »buchstäblich das Ziel von Terroristen«.[43] Nachdem am 22. Mai 2017 ein
islamistischer Selbstmordattentäter bei einem Popkonzert im englischen Manchester 23 Menschen getötet hatte, die meisten davon
Kinder, zeigte BBC TV rund um die Uhr die Wiederholung von
Szenen blutüberströmter, vom Tatort fliehender Opfer. Die großen amerikanischen TV-Netzwerke flogen Starmoderatoren und
Produktionsteams nach Manchester ein, um die nächsten Abend-
nachrichten live vom Anschlagsort aus zu übertragen, komplett
mit etlichen Szenen panisch fliehender Menschen aus verschiedenen Kameraperspektiven.

Im Westen wird zwar enorm viel Wert auf physische Sicherheitsvorkehrungen gegen terroristische Gewalt gelegt, aber
kaum jemand legt Wert auf Resilienz. Eine resiliente Reaktion
nach einem Anschlag wäre ein Nachrichtensprecher, der direkt
in die Kamera blickt und sachlich die harten Fakten vorträgt,
ohne sensationslüsterne Videos – und sicherlich ohne Szenen
von panischen Menschen, durch die andere Fanatiker animiert

werden, erneut zuzuschlagen. Wahrscheinlich besteht kaum ein Zusammenhang zwischen öffentlicher Reaktion und Straßenkriminalität, doch bei Terroranschlägen sieht das anders aus – die öffentliche Reaktion ist das erklärte Ziel terroristischer Verbrechen. Resilienz ist die richtige Reaktion darauf.

Es besteht ein starker Wunsch nach einer überzeugenden Erklärung der Tatsache, dass beinahe alle Formen von Kriminalität zurückgegangen sind – einer Erklärung, die den Zusammenhang zu einzelnen Ursachen herstellt. Doch es ist natürlich durchaus denkbar, dass *niemand den erstaunlichen Rückgang der Kriminalität vollständig erklären kann* – ein frustrierendes Ergebnis, wenn nicht letzten Endes die Theorien des Kognitionswissenschaftlers Steven Pinker, auf die am Ende dieses Kapitels näher eingegangen wird, diese Erklärung liefern können.

Der Grund, warum auch Kriege zurückgegangen sind, ist dagegen relativ einfach.

Joshua Goldstein, ein Forscher an der University of Massachusetts in Amherst, schwimmt seit Jahren gegen den Strom der gängigen Meinung, indem er den Rückgang kriegerischer Auseinandersetzungen dokumentiert. Seit der Koreakrieg 1953 mit einem Waffenstillstand beendet wurde, ist es nicht mehr zu direkten Kampfhandlungen zwischen den Großmächten gekommen, und seit dem Niedergang der Sowjetunion 1991 hat es auch keinen Stellvertreterkrieg mehr zwischen den Großmächten gegeben. Goldstein dokumentiert vor allem die ungesehenen Aspekte von Krieg – das, was nicht geschehen ist.[44] Seit dem Ende des Zweiten Weltkriegs wurden keine Atomwaffen mehr eingesetzt. Die letzte große Seeschlacht fand 1944 statt, die letzte große Luftschlacht 1972. Seit den 1980er-Jahren hat es überhaupt keine Seeschlacht mehr gegeben, und nur einige kleinere Scharmützel in der Luft, wenn auch nach wie vor Bomben abgeworfen werden, hauptsächlich von amerikanischen Flugzeugen. Ein kurzes Luftgefecht über Syrien im Jahr 2017 war das erste Gefecht zwischen gegnerischen Flugzeugen im 21. Jahrhundert. Seit Beginn der 1990er-Jahre hat es keine großen Schlachten mehr gegeben, bei denen Panzerverbände eingesetzt

wurden. Die sogenannten »non-state actors« (NSA, nichtstaatliche Akteure; damit sind Terroristen gemeint) verbreiten nach
wie vor Angst und Schrecken, aber Kampfhandlungen zwischen
regulären Armeen mit Panzern, Artillerie und Unterstützung der
Luftwaffe – die destruktivste Form von Kampf – sind praktisch
verschwunden, ein enormer Fortschritt gegenüber der Zeit von
1914, dem Beginn des Ersten Weltkriegs, bis 1991, dem Ende des
Zweiten Golfkriegs. In dieser Zeit waren Kampfhandlungen zwischen regulären Armeen mit Panzern, Kanonen und Bombern auf
der ganzen Welt an der Tagesordnung. Und der Kalte Krieg wurde
nie heiß: eine Leistung, die weithin als selbstverständlich angesehen wird – etwas, das nicht geschehen ist.

Rüstungswettläufe sind ein Alarmsignal. Sie leiteten fast alle
Kriege des 20. Jahrhunderts ein: beide Weltkriege, den Polnisch-
Sowjetischen Krieg, Korea- und Vietnamkrieg, arabische Angriffe
auf Israel und zwei furchtbar destruktive, im Westen kaum
bekannte Konflikte, den Iran-Irak-Krieg (Erster Golfkrieg) und
den Chinesisch-Vietnamesischen Krieg. In den vergangenen Jahrzehnten sind Rüstungswettläufe zur Ausnahme geworden; das
jahrhundertelange internationale Wettrüsten scheint zu Ende
gegangen zu sein. Das Stockholm International Peace Research
Institute (Internationales Friedensforschungsinstitut Stockholm)
beobachtet diese Entwicklung systematisch und berichtet, dass
seit 1988 die weltweiten Rüstungsausgaben pro Kopf der Bevölkerung um 28 Prozent zurückgegangen sind.[45] Heute geben fast
alle Länder weniger als zwei Prozent ihres BIP für Waffen und
Armeen aus; bis in die 1980er-Jahre hinein waren es im weltweiten
Durchschnitt 3,4 Prozent des BIP. Die Amerikaner gaben 2016
mehr Geld in Restaurants aus (780 Milliarden Dollar) als ihre
Regierung für den Verteidigungshaushalt (610 Milliarden Dollar).
Wenn doch bloß alle Länder ihre Gastronomie für wichtiger halten würden als ihre Artillerie!

Kriminalität und Krieg haben gemein, dass sie heute durch die
bessere Kommunikationstechnologie stärker verbreitet zu sein
scheinen, obwohl sie tatsächlich auf dem Rückzug sind. Die erste
Nachrichten-Minicam kam 1974 in Los Angeles zum Einsatz; bis

dahin erforderte jede Fernsehübertragung eine aufwendige Verkabelung, was bedeutet, dass es weniger Liveübertragungen von Kampfhandlungen und Naturkatastrophen gab. Heute können im Fernsehen Livebilder von jedem Ort der Welt gesendet werden, selbst aus Kriegsgebieten, und Hunderte von Millionen Menschen tragen einen winzigen Video-Camcorder bei sich, der in Sekundenschnelle Filmsequenzen an weltweit zugängliche soziale Medien übertragen kann – eine Demokratisierung der Berichterstattung, die der Gesellschaft auf vielerlei Weise nützt, aber auch das Negative vor dem Positiven hervorhebt. Kurz vor ihrem Tod im Jahr 1989 schrieb die überragende Historikerin Barbara Tuchman:»Nach der täglichen Zeitungslektüre erwartet man, sich in einer Welt von Streiks, Verbrechen, Machtmissbrauch, Stromausfällen, Wasserrohrbrüchen, entgleisten Zügen, geschlossenen Schulen, Straßenräubern, Drogenabhängigen, Neonazis und Sexualverbrechern wiederzufinden. ... Allein die Tatsache der Berichterstattung vervielfältigt die äußerliche Bedeutung irgendeines bedauerlichen Ereignisses um das Fünf- bis Zehnfache.«[46] Und das schrieb sie vor dem Aufkommen des allgegenwärtigen World Wide Web und der kleinen, preiswerten Smartphones, die mehr Möglichkeiten bieten als ein mit Satellitenschüssel bestückter Übertragungswagen vor 30 Jahren. Man stelle sich einmal vor, was sie heute denken würde.

Durch die rapide Verbreitung von Livebildern schrecklicher Vorgänge entsteht der Eindruck, dass Krieg, diese Geißel der Menschheit, immer weiter um sich greift, obwohl die Gesellschaft lange Phasen erlebt hat, in denen die Militärs sich nicht gegenseitig an die Gurgel gegangen sind. In Kolumbien wurde 2016 ein (schwieriger) Frieden mit Guerillagruppen geschlossen, wodurch ein seit 52 Jahren anhaltender Bürgerkrieg beendet wurde. Ein anderer denkwürdiger Augenblick verstrich fast unbemerkt: Nirgendwo in der westlichen Hemisphäre herrschte Krieg. Juan Manuel Santos, der Präsident von Kolumbien, sagte dazu: »Wir leben in einer Welt, die weit davon entfernt ist, vom Krieg beherrscht zu werden, obwohl viele Menschen das glauben. Wir leben in einer Welt, in der fünf von sechs Menschen in Gebieten wohnen, die größtenteils oder ganz frei von bewaffneten Auseinandersetzungen sind.«[47]

Die Häufigkeit und Intensität von Kriegen und die Höhe der Rüstungsausgaben pro Kopf der Bevölkerung gehen erst seit 25 Jahren zurück – noch nicht lange genug, um einen grundlegenden Wandel zu manifestieren. Auch in der Vergangenheit hat es 25 Jahre lange Phasen von allgemeinem Frieden gegeben – und enttäuschte Hoffnungen, dass es nie wieder zu einem großen Krieg kommen möge. Dennoch lassen mehrere Indikatoren vermuten, dass in Bezug auf Krieg eine positive Entwicklung zu erwarten ist.

Der erste davon sind die letzten Todesseufzer des Kolonialismus, der nicht nur moralisch verwerflich war, sondern auch gewaltsame Konflikte heraufbeschworen hat: Heute sind fast alle ehemaligen Kolonien unabhängig, wodurch es seltener zu Kriegen kommt. Man denke zum Beispiel an Asien, das über ein Jahrhundert lang ständig von diversen Kriegen geplagt wurde, gleichsam in einem K.-o.-Turnier um koloniale Unterdrückung, Invasion und Gegeninvasion in China, Indonesien und den südostasiatischen Ländern, durch England, Frankreich, Deutschland, Japan, Russland und die Vereinigten Staaten. Heute ist Asien – abgesehen von der demilitarisierten Zone zwischen Nord- und Südkorea – weitgehend frei von bewaffneten Konflikten. Und was ist der Unterschied? Es gibt keinen Kolonialismus mehr in Asien. Spannungen gibt es nach wie vor, etwa im Südchinesischen Meer, aber Spannungen sind allemal besser als Luftschläge.

Das Sechstel der Weltbevölkerung, das immer noch von Kriegen geplagt wird, lebt in einem breiten Streifen, der sich von Nigeria über Schwarzafrika und den Nahen Osten bis Afghanistan und Pakistan erstreckt, einschließlich des südöstlichen Balkans. Dies ist die Region, wo der Kolonialismus noch nicht geendet hat und wo nach wie vor der Feudalismus herrscht, ein Stiefkind des Kolonialismus. Und dann sind da noch die Gebiete, in denen hochgerüstete Streitkräfte (Russland auf der Krim, in Syrien und der Ukraine, die Vereinigten Staaten im gesamten Nahen Osten, die Türkei in Syrien und im Irak) die Lage ständig verschlimmern, ganz unabhängig davon, welche Ziele sie verfolgen.

Seit einem Jahrhundert sind der Nahe Osten und die afrikanischen Maghreb-Länder in einem endlosen Zyklus kolonialer Gewalt gefangen gewesen, der immer wieder angefacht wurde von Einmischungen der USA, Großbritanniens, Frankreichs, des Osmanischen Reichs und Russlands. Im Irak wurde seit 1990 etwa die gleiche Feuerkraft in Form von Bomben, Granaten und Raketen entfesselt wie im gesamten Zweiten Weltkrieg gegen die Achsenmächte Europas. Dennoch können wechselnde US-Regierungen einfach nicht verstehen, warum sich im Fruchtbaren Halbmond der Antike keine zivile Gesellschaft entwickelt.

Ständige militärische Einmischungen von außen haben verhindert, dass der Nahe Osten und der Maghreb in Bezug auf Wirtschaft, Bildungswesen und Demokratie in die Moderne eintreten konnten. Man stelle sich vor, die eine oder andere Großmacht hätte seit einem Jahrhundert im Nordosten der Vereinigten Staaten ebenso viele Bomben abgeworfen und Invasionstruppen hineingeschickt wie ausländische Streitkräfte im Nahen Osten, seit nach dem Ende des Ersten Weltkriegs die Siegermächte beschlossen hatten, die Region unter sich aufzuteilen. Wären die Vereinigten Staaten mit dem gleichen Ausmaß an ständigen Angriffen überzogen worden wie der Nahe Osten, wären New York City, Boston und Washington heute zernarbte Mondlandschaften ohne funktionierende Schulen, Gerichte und Krankenhäuser und ohne legale Beschäftigung. Banden würden die Ruinen unsicher machen und denen auflauern, die zu arm sind, um zu fliehen. Vielleicht würden diese Banden sich auf eine unausgegorene Ideologie berufen, um ihre Plünderungen zu rechtfertigen. Die Desperados, die über die Ruinen von New York City herrschen würden, wären vergleichbar mit den Terroristen des sogenannten ISIS – nur unter einer anderen Abkürzung.

Der Rückzug ausländischer Mächte war entscheidend für die Entwicklung der jungen Vereinigten Staaten. Wenn die Amerikaner denken, der Nahe Osten könne nicht den gleichen Übergang zu geordneten politischen Verhältnissen schaffen, ist das nicht nur paternalistisch, sondern auch sinnlos in Anbetracht der Feststellung, dass nach einem enormen Einsatz von Leben und Geld im Irak der brillante US-Masterplan für den Nahen Osten einfach nicht funktioniert.

Die Geschichte zeigt, dass eine zivile Gesellschaft nicht erfolgreich Fuß fassen kann, bevor ausländische Mächte sich zurückgezogen haben. China, Frankreich, Japan und die Vereinigten Staaten haben ein Jahrhundert lang versucht, Vietnam unter Kontrolle zu bringen; aber ganz gleich, was in die Luft gejagt oder wer bestochen wurde, es wurde keine Kontrolle erreicht, und es konnte sich keine Zivilgesellschaft entwickeln. Das Einzige, was funktionierte, war der Abzug der Kolonialmächte, wie zuletzt die USA: Zwei Generationen später ist Vietnam wohlhabend, sicher und auf dem Weg zur Demokratie. Der Zweite Weltkrieg hat gezeigt, wie töricht Eroberungskriege sind; der Vietnamkrieg hat gezeigt, wie töricht der Glaube ist, dass Bomben politische Probleme lösen können; und nun wird es Zeit, diese Lektionen auf den Nahen Osten und den Maghreb anzuwenden. Wenn die Großmächte einfach aufhören würden, sich in diesen Regionen einzumischen, könnte die Gewalt auch dort allmählich verschwinden. Ein neuer Satz Zielkoordinaten ist nicht die Lösung.

Als vor einigen Generationen weite Teile der Welt von Kriegen verwüstet wurden, fehlte es den meisten Ländern an einer auf einer restriktiven Verfassung basierenden Regierung. Heute haben die meisten Länder eine Verfassung – wenn auch unterschiedlicher Qualität – und werden zusehends wohlhabender, während kriegerische Auseinandersetzungen auf dem Rückzug sind. Der Historiker Timothy Snyder von der Yale University hat festgestellt: »Ein häufiger Irrtum der Amerikaner besteht in dem Glauben, Freiheit erwachse aus dem Fehlen staatlicher Autorität.«[48] Solange die Macht des Staates durch eine Verfassung eingeschränkt wird, dient die Existenz einer Regierung dem Gemeinwohl und fördert die bürgerlichen Freiheiten. Die heutigen Länder mit einer durch Gesetze eingeschränkten Regierung, welche die Persönlichkeitsrechte und Landesgrenzen schützt, ohne nach Eroberungen zu streben, sind die friedlichen und wohlhabenden Nationen. Andere Länder, die keine stabile oder eine korrupte Regierung haben, waren schon immer die unglücklichen Länder der Welt und sind es auch heute noch.

»Die beste Regierung ist die, welche am wenigsten regiert« – diese Maxime von Henry David Thoreau wird in der politischen Mythologie der Vereinigten Staaten fehlgedeutet als die Sehnsucht, überhaupt nicht regiert zu werden. Diese Sehnsucht sollte sich stattdessen auf eine Regierung richten, die durch Gesetze eingeschränkt wird, die klar formuliert sind und nicht per Dekret ausgehebelt werden können. Auf den polnischen Schriftsteller Stanislaw Lem geht das Konzept von der »warsphere« (Kriegszone) zurück – Regionen, wo die Menschen sich endlos bekriegen, weil sie nicht wissen, wie sie damit aufhören können.[49] Den Ländern in der heutigen Kriegszone, die sich von Nigeria über den Nahen Osten bis Pakistan erstreckt, fehlt eine stabile, durch eine Verfassung eingeschränkte Regierung. Nordamerikaner, Europäer und andere, die die Rechte und den Schutz eines Rechtsstaats genießen, sollten daran denken, dass – in Umkehrung eines Ausspruchs von Ronald Reagan – eine Regierung nicht das Problem ist, sondern im Gegenteil: Wenn sie in angemessener Weise durch Gesetze eingeschränkt wird, dann ist eine Regierung die Lösung.

In den letzten 100 Jahren hat jedes Mal, wenn eine Diktatur und eine Demokratie gegeneinander in den Krieg gezogen sind, die Demokratie gewonnen. Der Rückgang kriegerischer Auseinandersetzungen hat sich ungefähr zur selben Zeit vollzogen, als die Demokratie immer mehr an Boden gewann. Natürlich muss der Umstand, dass zwei Entwicklungen sich parallel vollziehen, nicht unbedingt bedeuten, dass die eine die andere bedingt hat. Aber die Parallelität der beiden Trends zu mehr Demokratie und weniger Krieg ist so auffällig, dass die Vermutung eines Zusammenhangs sich geradezu aufdrängt. Die Entwicklung zu mehr Demokratie mit freien Märkten und freier Meinungsäußerung führt zu weniger kriegerischen Auseinandersetzungen.

Die durchschnittliche Familiengröße nimmt seit einem Jahrhundert in fast allen Ländern ab, was auch mit dem Rückgang von Kriegen zu tun haben mag. (Aufgrund der sehr hohen Zahl junger Menschen auf der Welt wird die Weltbevölkerung höchstwahrscheinlich zumindest über die kommenden paar Jahrzehnte weiterhin wachsen, obwohl die Reproduktionsrate sinkt.) Im Jahr 1800 gebar eine Frau in Großbritannien im Durchschnitt siebenmal ein lebendes Kind, und es gab kaum öffentlichen Widerstand gegen die zahlreichen Kriege und gewaltsamen Eroberungen des Landes. England zog ein ums andere Mal in den Krieg, mit einem scheinbar unerschöpflichen Nachschub an jungen Soldaten. Bis 1900 war die Geburtenrate auf drei Kinder zurückgegangen, und die Pflicht, als Soldat im Ersten Weltkrieg zu kämpfen, wurde immer kontroverser diskutiert. Eine Familie mit vielen Söhnen konnte einen von ihnen im Krieg verlieren; die Eltern einer kleineren Familie sahen das unter Umständen ganz anders. Heute liegt die Reproduktionsrate in den westlichen Ländern bei etwas unter zwei Kindern. Den Eltern sind ihre Kinder lieb und teuer geworden, also wollen sie diese nicht mehr dem Staat überlassen, auf dass sie in einer sinnlosen Schlacht sterben, die nur vom Zaun gebrochen wird, damit ein alternder egoistischer Kriegsherr die Schuld auf andere abwälzen kann. In den Ländern der Kriegszone ist die Reproduktionsrate am höchsten.[50] Wenn die Familien auch in Zentralafrika, im Nahen Osten und in Pakistan kleiner werden, wird es auch dort zu immer weniger Kriegen kommen.

Nukleare Abschreckung dämpft Kriegsgelüste, setzt aber offensichtlich das Schicksal der Menschheit aufs Spiel. In Europa, dem Schauplatz beider Weltkriege und vieler früherer bewaffneter Auseinandersetzungen, herrscht seit der Erfindung der Atombombe Frieden. Man könnte denken, diese infernalische Waffe sei die ganze Erklärung für den Frieden in Europa in der jüngeren Vergangenheit. Freilich haben die meisten europäischen Länder keine Atomwaffen, sodass sie ein Nachbarland angreifen könnten, ohne die umgehende eigene Vernichtung zu riskieren. Wenn man nicht Russland als Teil Europas klassifizieren will, war die einzige militärische Auseinandersetzung innerhalb Europas im letzten halben Jahrhundert die Bombardierung Belgrads durch die NATO im Jahr 1999, mit der serbische Kräfte gezwungen werden sollten, ihre Massaker an Unschuldigen im Kosovo zu beenden – die »einseitigen Kämpfe« nach der in Uppsala geprägten Terminologie. Der NATO-Militäreinsatz von 1999 war der Versuch überwiegend christlicher Länder, von Christen verfolgten Muslimen das Leben zu retten; das scheint jedoch in der islamischen Welt kaum der Rede wert zu sein. Aber davon abgesehen haben die Ereignisse von 1999 gezeigt, dass nuklear bewaffnete Länder in Europa einen konventionellen Krieg führen können, ohne dass er zu einer nuklearen Konfrontation eskaliert. Der Umstand, dass konventionelle Kriegsführung in Europa nach wie vor möglich ist, es jedoch fast nie dazu kommt, ist eines der hoffnungsvollen Zeichen, dass die Gesellschaft mit den Worten Joshua Goldsteins dabei ist, »den Krieg gegen den Krieg zu gewinnen«.

Der Rückgang von Krieg und Pro-Kopf-Militärausgaben wird kaum zur Kenntnis genommen, was ein rätselhafter Aspekt unserer Zeit ist. Für einen Historiker der Zukunft könnte das eigentliche Rätsel darin bestehen, dass der Abbau unseres apokalyptischen Waffenarsenals weitgehend unbemerkt bleibt. Das von Veteranen des Manhattan-Projekts gegründete *Bulletin of Atomic Scientists* hat berechnet, dass 1986 mit 64 449 einsatzbereiten Sprengköpfen – die meisten davon im Besitz der Vereinigten Staaten und der Sowjetunion – der Höhepunkt der nuklearen Rüstung erreicht wurde.[51] Das waren mehr als genug, um unsere Zivilisation zu beenden und vielleicht auch alles menschliche Leben: Wenn die meisten dieser Bomben explodiert wären, dann hätte der darauffolgende nukleare Winter auch ein massenhaftes Aussterben zahlreicher Arten verursacht. Im Jahr 2016 war das Arsenal an nuklearen Sprengköpfen auf 10 215 geschrumpft. Seit der erste START-Vertrag 1994 in Kraft trat, laufen die Nuklearwaffen-Fabriken in den Vereinigten Staaten und der Russischen Föderation sozusagen im Rückwärtsgang: Sie demontieren Atombomben und schmelzen die Teile ein, unter den wachsamen Blicken der Inspekteure der anderen Seite.

Diese Zahlen sagen uns, dass in der Lebenszeit der Millennials 85 Prozent der Weltuntergangsbedrohung eliminiert wurde.

Die jüngste START-Vereinbarung, die vom US-Senat mit 71 zu 26 Stimmen ratifiziert wurde, schreibt eine weitere weltweite Abrüstung auf insgesamt etwa 4000 nukleare Sprengköpfe vor; damit würde dieses Schreckensszenario auf 6 Prozent der Gefährdung von vor 30 Jahren schrumpfen. In der Lebenszeit der jüngeren Generationen hat kaum etwas Wichtigeres stattgefunden, aber dessen ungeachtet begegnen die Nachrichten- und sozialen Medien dieser nuklearen Deeskalation mit völligem Desinteresse – sie ist ein Teil des Ungesehenen, des Weltuntergangs, der nicht geschieht.

Als Barack Obama 2009 in Prag eine Rede hielt, forderte er »eine Welt ohne Atomwaffen«. Wäre das wünschenswert? Man muss kein Dr. Seltsam sein, um zu erkennen, dass das Risiko eines weiteren Weltkriegs geringer ist, wenn jede Großmacht ein paar nukleare Sprengköpfe behält, denn dann könnte kein rationaler Oberbefehlshaber einen nuklearen Erstschlag anordnen, ohne den Untergang der eigenen Gesellschaft heraufzubeschwören. Stattdessen besteht die Sorge, dass ein Verrückter in den Besitz einer primitiven Atomwaffe kommen könnte oder dass selbst ein relativ begrenzter regionaler Schlagabtausch mit Atomwaffen zu der globalen Katastrophe eines nuklearen Herbstes führen würde. So beunruhigend diese Gefahren auch sein mögen, stellen sie doch immer noch eine enorme Reduzierung der Risiken dar, denen die Welt mit 64 449 Wasserstoffbomben und nervösen Fingern auf dem Abschussknopf ausgesetzt war.

Die bei der politischen Rechten so verhassten internationalen Organisationen könnten bewirkt haben, dass es zu immer weniger Kriegen kommt. Im Rahmen einer Volksabstimmung beschloss Großbritannien 2016, aus der Europäischen Union auszutreten, die berüchtigt ist für einen bürokratischen Wasserkopf und lächerliche Vorschriften: So hat Brüssel zum Beispiel befunden, dass Eier kiloweise verkauft werden müssen statt im Dutzend. Aber andererseits war seit der Gründung der Europäischen Union im Jahr 1957 (damals noch unter einem anderen Namen) die 1999 erfolgte Bombardierung von Belgrad der einzige innereuropäische

Militärkonflikt. In den Jahrhunderten vor 1957 hatte es mehr Phasen mit innereuropäischen Kriegen gegeben als ohne. Mittlerweile sind 60 Jahre mit nur einer einzigen, relativ kurzen kriegerischen Auseinandersetzung vergangen, nach der die Sieger keine territorialen Gewinne oder Reparationszahlungen forderten. Es muss ein Zusammenhang bestehen zwischen der wachsenden Europäischen Union und dem Verschwinden der europäischen Kriegszone; unsere Nachkommen mögen eines Tages das heutige Europa für gedankenlos halten, weil es die EU für selbstverständlich hielt.

Weltgesundheitsorganisation, Weltbank, Welthandelsorganisation, Internationale Organisation für Migration, Organisation für wirtschaftliche Zusammenarbeit und Entwicklung, Internationaler Währungsfonds, Internationale Föderation der Rotkreuz- und Rothalbmond-Gesellschaften, die furchtlose Nothilfeorganisation Ärzte ohne Grenzen und die christliche Hilfsorganisation World Vision International wurden in der gleichen Ära, in der es zu immer weniger Kriegen kam, gegründet oder erheblich vergrößert. Auch hier dürfte ein Zusammenhang bestehen. Es gibt viele gute Gründe, über die kopflastige Verwaltung und das theatralische Gehabe der Vereinten Nationen zu spotten; die Amerikaner beschweren sich zu Recht darüber, dass sie diese Organisation finanzieren und schützen, doch im Gegenzug routinemäßig von ihr diffamiert werden. Gleichwohl fällt die Epoche ohne Kampfhandlungen zwischen den Großmächten mit der Existenz der Vereinten Nationen zusammen – dieser Zusammenhang kann sicherlich kein bloßer Zufall sein.

Die ehemalige Pentagon-Funktionärin Rosa Brooks hat geschrieben: »Heute haben militärisch mächtige Staaten viel weniger Freiheiten, ihre Ziele mit offener Gewalt durchzusetzen, als vor der Ära der Vereinten Nationen.«[52] Bevor die Vereinten Nationen gegründet wurden, hatte ein Staat, der einen anderen Staat überfiel, nur mit Widerstand von dessen Alliierten zu rechnen, wenn es denn Alliierte gab. Heute kann die Eroberung eines Nachbarlandes – etwa Iraks Einmarsch in Kuwait im Jahr 1990 – den Widerstand aller anderen Nationen provozieren. Franklin D. Roosevelt hatte die Vision, dass die Vereinten Nationen das

Wort »Weltkrieg« aus dem Lexikon der Menschheit streichen sollten. FDR war keineswegs naiv; er wusste durchaus, dass die völlige Ausmerzung aller Gewalt ein Traum für die ferne Zukunft sei. Doch einstweilen mag das Ausmerzen von Weltkriegen ein erreichbares Ziel sein. In dem Vierteljahrhundert vor Gründung der Vereinten Nationen kam es zu zwei Weltkriegen; in dem Dreivierteljahrhundert danach hat es keinen Weltkrieg mehr gegeben.

Im Laufe der Zeit wird die Qualität der meisten Produkte immer besser – Stereoanlagen, Daunenjacken, Craft Beer, eigentlich alles ist heute besser als früher. Auch die Kunst der Diplomatie wird immer besser. In der Vergangenheit sind zahlreiche diplomatische Vereinbarungen geschlossen worden, die Differenzen beilegen sollten, dann aber nur als Vorwand für weitere Kriege dienten. Der 1887 geschlossene Rückversicherungsvertrag zwischen Deutschland und Russland sollte den Frieden sicherstellen, trug aber dann dazu bei, dass der Erste Weltkrieg ausbrach. Der Friedensvertrag von Versailles und seine vielen Abkömmlinge, etwa die Verträge von Locarno, endeten in einem Fiasko und setzten den Zweiten Weltkrieg in Gang. In der Zeit zwischen den Weltkriegen schien das Wettrüsten der Kriegsflotten, das einen Großteil der Militärausgaben der Großmächte auffraß, durch Verträge beendet und die militärische Besetzung des Rheinlands durch das Deutsche Reich verhindert worden zu sein. Ersteres Abkommen wurde von Großbritannien widerrufen, letzteres von Frankreich ignoriert, und so wurden allmählich solche Abkommen immer weniger ernst genommen. Viele andere Verträge der damaligen Zeit waren das Papier nicht wert, auf dem sie geschrieben standen, so etwa der 1928 geschlossene Kellogg-Briand-Pakt zur Ächtung des Krieges. Vielleicht hätte man auch Schimpfwörter und verregnete Tage verbieten sollen.

Doch allmählich steigt die Qualität der Diplomatie. Die Vereinigten Staaten und die Russische Föderation halten sich seit 24 Jahren an die START-Vereinbarungen (Strategic Arms Reduction Treaty, Vertrag zur Reduzierung strategischer Waffen), mit denen sich beide Seiten verpflichtet haben, den Großteil der destruktivsten und teuersten Waffensysteme, die jemals gebaut wurden, abzurüsten. Stellen Sie sich vor, Sie wollten Bismarck oder Metternich sagen, sie hätten die Monarchen ihrer Zeit davon zu überzeugen, ihre besten Waffensysteme aufzugeben. Die beiden Staatsmänner hätten sie ausgelacht. Doch den amerikanischen und russischen Diplomaten ist es gelungen, ihre Regierungschefs davon zu überzeugen, Schwerter zu Pflugscharen zu machen – oder in diesem Fall zu Brennstäben, die nur in zivil genutzten Atomreaktoren verwendet werden können. Das Aufkommen von Satellitenaufklärung und anderer elektronischer Aufklärungsverfahren ermöglicht es den beteiligten Staaten, in Erfahrung zu bringen, ob ihre Vertragspartner schummeln; das Ergebnis sind weniger Schummeleien. Die zunehmende Qualität internationaler Schlichtungsverfahren – durch fähigere und besser informierte Diplomaten, denen schmerzlich bewusst ist, dass beiden Weltkriegen fundamental gescheiterte Verhandlungen vorangegangen waren – führt zu tragfähigeren Abkommen.

Natürlich können selbst gut durchdachte Verträge gebrochen oder manipuliert werden; als Barack Obama aus dem Amt schied, war Moskau gerade dabei, sich um die Regeln eines Vertrags herumzulavieren, der den Bau vom Boden abgeschossener Marschflugkörper einschränken soll. Doch im Großen und Ganzen wird die Diplomatie immer besser, und im Hintergrund lauernde multilaterale Organisationen schaffen Anreize für Staaten, eventuelle Differenzen untereinander beizulegen, bevor sie sich zu internationalen Krisen auswachsen. (Die meisten Regierungen verhandeln lieber mit einer anderen Regierung, als ihre Probleme vor der Vollversammlung der Vereinten Nationen auszubreiten.) Durch Satellitenaufklärung, die erst seit den 1960er-Jahren möglich ist und seit den 1990er-Jahren Aufnahmen in immer höherer Auflösung liefert, werden immer häufiger Verifizierungsklauseln – nach der Devise »Vertrauen ist gut, Kontrolle ist besser« – in Verträge aufgenommen, um die eine Regierung kaum noch herumkommen kann.

In gewissem Maße zeigt sich der Beweis, dass Verträge effektiver werden, wenn keine Vereinbarungen getroffen werden. In diplomatischen Begriffen endete der Zweite Weltkrieg erst

1990, nämlich mit dem weitgehend unbekannten Vertrag über die abschließende Regelung in Bezug auf Deutschland, besser bekannt als Zwei-plus-Vier-Vertrag. Mit diesem bei einer Zusammenkunft von Diplomaten in Moskau unterzeichneten Staatsvertrag wurden die Wiedervereinigung der beiden deutschen Staaten ermöglicht, noch bestehende Rechte der vier alliierten Mächte – Vereinigte Staaten, Großbritannien, Sowjetunion und Frankreich – auf Deutschland übertragen und das neue Deutschland zu einer liberalen Demokratie gemacht statt zu einem Polizeistaat wie die DDR. Die Spannungen des Kalten Kriegs lösten sich, Europa wurde wohlhabender, und das Ende der sowjetischen Despotie wurde eingeläutet: Nach dem 1990 geschlossenen Souveränitätsvertrag für Deutschland fragten sich die Russen: »Wieso kann ein Land, das wir erobert haben, frei sein, wir selbst aber nicht?« Das Fehlen eines Friedensvertrags, der den Zweiten Weltkrieg formal beendet hätte, war ein wenig beachteter Bestandteil der Spannungen und Risiken des Kalten Kriegs; sobald der Zwei-plus-Vier-Vertrag unterzeichnet war, entspannte sich die Lage für alle beteiligten Parteien, und der Kalte Krieg ging zu Ende.

Dagegen ist der Koreakrieg auf diplomatischer Ebene immer noch nicht beendet: Es gibt keinen Friedensvertrag, sondern nur einen Waffenstillstand, der zwar die Waffen ruhen lässt, aber die angespannte Lage nicht auflöst. Nordkorea ist nach wie vor eine verarmte Diktatur, weil die dort herrschende Dynastie verwirrter Tyrannen der Bevölkerung weismachen kann, das Land befinde sich immer noch im Krieg. Was Nord- und Südkorea wirklich brauchen, ist ein Friedensvertrag – eine Art Dokument, die sich in den vergangenen Jahrzehnten als nützlicher erwiesen hat, als allgemein verstanden wird.

Von der Antike bis Pearl Harbor haben sich diverse Großmächte ebenso sehr zur See bekriegt wie zu Lande. Karthago, Rom und Troja lieferten sich ein ums andere Mal Seeschlachten auf dem Mittelmeer. Riesige Flotten – die 1588 zusammengezogene spanische Armada bestand aus 130 Schiffen – durchpflügten die Ozeane und lieferten sich Schlachten mit anderen Flotten, machten Beute und nahmen fremde Territorien in Besitz. Selbst zu Zeiten der Segelschifffahrt kreuzten Kriegsschiffe über die Meere: Zu Beginn des 16. Jahrhunderts stießen chinesische und portugiesische Marineverbände in dem Seegebiet vor dem heutigen Hongkong wiederholt aufeinander. Über Jahrtausende versenkten kriegerische Nationen enorme Summen, die alle Armut hätten beenden können, in ihre Flotten, nur um sie dann buchstäblich versinken zu sehen. In der Moderne haben Argentinien, Brasilien, Chile, Deutschland, Frankreich, Großbritannien, Japan, Russland und die Vereinigten Staaten für ihre Kriegsschiffe ächzende Schatztruhen geplündert. Zwischen Großbritannien und Deutschland trugen Rivalitäten zur See dazu bei, beide Weltkriege zu entfachen. Im Zweiten Weltkrieg begann der Seekrieg auf dem Pazifik einerseits, weil die Vereinigten Staaten beschlossen, ihre Flotte von Kalifornien nach Hawaii vorzuverlegen, näher an Tokio heran, und andererseits, weil Japan eine existenzbedrohende Wette auf die maritimen Theorien eines gewissen Alfred Thayer Mahan einging, die sich nach seinem Tod allesamt als falsch herausstellten.[53] Viele Jahrhunderte des Rüstungswettlaufs zur See kulminierten im Oktober 1944 in der Schlacht im Golf von Leyte, bei der 367 Kriegsschiffe und 1800 Kampfflugzeuge mit Kanonen, Bomben, Torpedos und bis zu 3000 Pfund schweren Seegranaten aufeinander einhämmerten.

Dann hörten das Wettrüsten zur See und die Seeschlachten auf. Seit beinahe 75 Jahren herrscht Frieden auf den Meeren – womöglich die längste Zeit ohne maritimes Blutvergießen, seit das erste Segel gesetzt wurde.

Einige argentinische und britische Schiffe stießen 1982 im Falklandkrieg aufeinander, und Mitte der 1980er-Jahre umkreisten iranische und irakische Schiffe einige Öltanker, aber nennenswerte Auseinandersetzungen zur See sind ausgeblieben, und das maritime Wettrüsten der Großmächte ist zu Ende gegangen. Das letzte Mal, als es zu einer größeren Seeschlacht kam, war Indien noch eine britische Kolonie, der Halbleitertransistor war noch nicht erfunden, und Deutschland war noch kein einziges Mal Fußballweltmeister geworden. Der jahrhundertelange Rüstungswettlauf zur See endete mit einem Punktestand von 10:0 – das ist die Anzahl der Supercarrier-Schlachtverbände der Vereinigten Staaten (zehn) und aller anderen Nationen zusammen (null). Nach dem Zweiten Weltkrieg lagen die Kriegsschiffe der Achsenmächte auf dem Meeresgrund. Die Sowjetunion versuchte, die Lücke mit klapprigen Seelenverkäufern zu füllen, die sich nach baldiger Rückkehr in den sicheren Hafen sehnten; seit etwa 1960 hat die US Navy ihre Hegemonie über die blauen Meere durchgesetzt. Der Begriff »Hegemonie« hat einen schlechten Klang in der Politikwissenschaft, und er wird stets als nicht wünschenswert aufgefasst. In diesem Fall haben jedoch die Größe, Macht und Kompetenz der US Navy kriegerische Auseinandersetzungen vom größten Teil der Erdoberfläche verbannt.

Seit einem halben Jahrhundert hat keine Nation auch nur versucht, diese Vorherrschaft der US Navy infrage zu stellen. Die von den Vereinigten Staaten gebauten, vollelektrisch angetriebenen Kreuzer mit Stahlrumpf sind technisch so hochgezüchtet – sie werden wegen ihrer Feuerkraft auch als »arsenal ships« bezeichnet –, dass bisher kein anderes Land versucht hat, mit einem Schiff dieser Klasse auch nur zu experimentieren. Die Supercarrier-Schlachtverbände der USA – atomgetriebene Flugzeugträger mit Volldeck, die Langstrecken-Kampfflugzeuge tragen, von Lenkwaffenzerstörern geschützt und von Atom-U-Booten abgeschirmt werden – sind so mächtig und so teuer (2017 hat ihre maritime Hegemonie die Vereinigten Staaten 155 Milliarden Dollar gekostet[54]), dass bisher kein anderes Land versucht hat, einen solchen Verband zu bauen. China und Russland besitzen keine atomgetriebenen Supercarrier und haben auch keine im Bau. Die dieselgetriebenen Flugzeugträger mit Teildeck, die China 2015 zu bauen begann, sind geeignet, um Küstengewässer zu kontrollieren, aber nicht den offenen Ozean. Dagegen ist alles, was die US Navy baut, darauf ausgelegt, weit hinter den Horizont zu fahren.

Da die US Navy in großen Entfernungen von der Heimat operiert, machen sich viele Amerikaner keine Vorstellung von ihrer Größe und Macht. Soldaten der Infanterie können am 4. Juli, dem Nationalfeiertag der Vereinigten Staaten, bei prachtvollen Paraden marschieren, und die Kampfflugzeuge der Air Force können beim Super Bowl, dem Finale der US-Football-Liga, kühne Fly-overs vollführen, doch die Schiffe der Navy sind nur auf dem Wasser zu sehen. Auch die meisten Ausländer machen sich keine realistische Vorstellung von der US Navy – es gibt keinen zwingenden Grund, über eine Streitkraft nachzudenken, die sich gesittet aufführt und auf der anderen Seite des Erdballs stationiert ist.

Unter der Hegemonie der US Navy gibt es zwar immer noch Piraterie, aber seit drei Generationen hat keine Großmacht mehr ein Handelsschiff aufgebracht. Dass der Kapitän eines Frachtschiffs, auf dessen Decks sich Container mit wertvollen Gütern turmhoch stapeln, heute überall hinfahren kann, ohne befürchten zu müssen, von einem Kriegsschiff aufgebracht zu werden, ist der ungesehene Grund, warum der weltweite Handel so rasant zugenommen hat. Vom globalen Handel profitieren wir fast alle, und er vermindert das Kriegsrisiko. Die Tatsache, dass die US Navy die Meere beherrscht, reduziert eine historische Konfliktursache und ermöglicht den Wohlstand unserer heutigen Zeit.

Bei einer Rede, die Obama 2009 in West Point hielt, sagte er, die Vereinigten Staaten würden ihre Macht nicht einsetzen, um sich fremde Territorien oder Rohstoffe anzueignen.[55] Vielmehr werde diese Macht eingesetzt, um das zu bewirken, was nach Überzeugung der US-Regierung das Beste für die Welt ist. Solche Überzeugungen mögen falsch sein, vielleicht sogar auf tragische Weise – aber hat jemals eine andere Nation mit überwältigender militärischer Macht darauf verzichtet, Gewalt einzusetzen, um Eroberungen zu machen oder sich zu bereichern? Dies ist die ungesehene Frage, die über den Ozeanen schwebt – ungesehen, weil es auf den Meeren keine Kampfhandlungen mehr gibt.

Viele der heute zu beobachtenden Trends deuten darauf hin, dass Norman Angell recht hatte. Er wurde 1872 in England geboren und war ein Labour-Abgeordneter im Unterhaus, der 1913 ein Pamphlet veröffentlichte – ein Pamphlet zu schreiben war damals so ähnlich wie heute ein Instagram-Post –, in dem er die These darlegte, dass die wirtschaftlichen Beziehungen unter modernen

Staaten dazu geführt hätten, dass Kriege kontraproduktiv und sinnlos seien.[56] Ein Jahr später brach der Erste Weltkrieg aus, und Angell wurde als falscher Prophet verspottet.

Aber er hatte keineswegs gesagt, es würde keine Kriege mehr geben, sondern nur, dass Kriege kontraproduktiv und sinnlos seien. Der Erste Weltkrieg war ein Eroberungskrieg. Die Anstifter – das Deutsche Reich, die Österreichisch-Ungarische Monarchie und das Osmanische Reich – wollten stehlen, besetzen und abschlachten. Tatsächlich schadeten sie sich selbst – im von ausländischen Mächten besetzten Deutschland hungerten die Menschen, und die beiden anderen Reiche zerfielen wie vom Winde verweht. Das zeigt, wie sinnlos der Erste Weltkrieg war. Die Anstifter des Zweiten Weltkriegs, Deutschland und Japan, wollten stehlen, besetzen und abschlachten. Letzten Endes schadeten sie sich selbst – ihre Menschen starben zu Millionen, ihre Städte und Industrien wurden in Schutt und Asche gelegt. Das zeigt, wie kontraproduktiv der Zweite Weltkrieg war. Seit dem Ende des Zweiten Weltkriegs scheinen die Regierenden rings um die Welt verstanden zu haben, dass Kriege sinnlos und kontraproduktiv geworden sind. Angell hatte recht; die Welt brauchte nur etwas länger, als von ihm erwartet, um seine These anzuerkennen.

Bis etwa zum Beginn des 20. Jahrhunderts, so Angell, bereicherten sich viele Nationen, indem sie sich Territorium und Rohstoffe aneigneten. Zweifellos bereicherte sich das britische Empire durch militärische Eroberung fremder Länder und Völker in aller Welt. Nach Anbruch des Industriezeitalters, so Angell weiter, konnte eine Nation sich einfacher durch Produktion, Wachstum und Handel bereichern als durch Invasionen. Für ihn waren das einfache wirtschaftliche Zusammenhänge: Vormals machten sich der Blutzoll und die finanziellen Kosten eines Eroberungskriegs in Form von Kriegsbeute bezahlt; später erbrachte eine ebenso hohe Investition durch wirtschaftliche Aktivitäten eine höhere Rendite. Dieser wirtschaftliche Wandel habe Kriege kontraproduktiv und sinnlos gemacht, außer zum Zweck der Selbstverteidigung, wenn keine andere Wahl bleibe. Und wir stellen heute fest, dass ungefähr über den Zeitraum der vergangenen 75 Jahre – obwohl der Bevölkerungsdruck zugenommen hat und Waffen einfacher zu beschaffen sind – fast keine Eroberungskriege mehr stattgefunden haben.

John Mueller von der Ohio State University unterstützt nachdrücklich Angells Thesen in seinem weithin unterschätzten, 1989 erschienenen Buch *Retreat from Doomsday* (Rückzug vom Jüngsten Gericht), in dem er weitblickend voraussah, dass der sowjetische Monolith bald zerfallen würde.[57] Die Moskauer Diktatur, so Mueller, habe auf dem archaischen Konzept einer kriegerischen Großmacht beruht, und »keine Gesellschaft, die rings um kriegerische Macht organisiert ist, kann heute noch überdauern« – eine These, die sich bis heute als richtig erwiesen hat. Mueller vermutet, dass Eroberungskriege kein unausweichlicher Ausdruck des menschlichen Wesens seien, »sondern lediglich eine Idee – und außerdem eine sehr schlechte Idee, so ähnlich wie sich zu duellieren«.

Die wirtschaftliche Vernetzung, deren Loblied Angell gesungen hatte, wird mit jedem Jahr enger. Der Vorgänger der Europäischen Union, die Europäische Wirtschaftsgemeinschaft (EWG), war ursprünglich nur ein gemeinsamer Markt für Stahl. Die EWG schuf Anreize für die europäischen Nationen, die sich lange gegenseitig mit Kriegen überzogen hatten, sich um Zusammenarbeit zu bemühen, anstatt sich über Kimme und Korn ins Visier zu nehmen. Sie hatten natürlich auch vorher schon Handel miteinander getrieben, aber da Handelshemmnisse und Einfuhrzölle sehr restriktiv waren, konnte der Handel sich nicht zu einem zentralen Aspekt einer Volkswirtschaft entwickeln. In den Jahren, bevor Deutschland den Ersten Weltkrieg auslöste, hatten Exporte weniger als 20 Prozent seines BIPs ausgemacht – die Junker jener Zeit mögen sich gedacht haben, dass es vielversprechender sei, sich das Eigentum anderer anzueignen, als legitimen wirtschaftlichen Aktivitäten nachzugehen. Heute entfallen laut der Weltbank 47 Prozent des deutschen BIPs auf den Export von Waren und Dienstleistungen. Dieser deutlich höhere Anteil des Handels hat dazu geführt, dass die deutsche Gesellschaft heute international vernetzt und friedliebend ist – genau so, wie Angell es sich erhofft hatte.

Der Politologe Graham Allison von der Harvard University hat den Begriff »Thucydides Trap« (Thukydides-Falle) geprägt, um die Situation zu schildern, dass eine aufsteigende Macht (in seiner Analogie das antike Athen) unausweichlich in Konflikt mit der dominierenden Macht (Sparta) geraten muss.[58] Da die Vereinigten Staaten heute die dominierende Macht sind, könnte China, die aufsteigende Macht, in eine Thukydides-Falle geraten. Zwischen Sparta und Athen bestanden jedoch kaum wirtschaftliche Verbindungen, während es noch nie zwei große Volkswirtschaften gegeben hat, die so eng miteinander verflochten sind wie die chinesische und die amerikanische.

Viele Fabrikarbeiter im oberen Mittelwesten der USA beklagen sich darüber, dass sie durch den Handel mit China benachteiligt würden, und zwar durchaus zu Recht, aber dieser Handel hat nicht nur die Armut unzähliger Menschen reduziert, sondern kann vielleicht auch die apokalyptische Katastrophe eines Krieges zwischen den USA und China verhindern. Es ist kein Szenario eines solchen Krieges vorstellbar, das nicht beide Volkswirtschaften ruinieren würde.

Norman Angell würde sagen, dass die Chinesen bereits zu diesem Schluss gekommen und entschlossen seien, die Thukydides-Falle zu vermeiden. Abgesehen von der International Space Station der NASA ist das teuerste Infrastrukturprojekt aller Zeiten das Süd-Nord-Wassertransferprojekt, ein Megaaquädukt, der für geplante 90 Milliarden Dollar im Bau ist, um Chinas Wasserknappheit zu beheben. Dieses fabelhaft konzipierte System aus Kanälen, Schleusen und Pumpen könnte in ein paar Stunden durch die Übermacht der US Air Force wertlos gemacht werden. Die chinesischen Funktionäre treiben dieses Projekt voran, weil sie glauben, dass es nicht zu einem Krieg mit den Vereinigten Staaten kommen wird. Auch die Staatenlenker in den Vereinigten Staaten sollten daran glauben.

Können wir wirklich glauben, dass die wirtschaftlichen Kräfte sich tatsächlich vom Krieg fortverlagert haben? Ein führender Kopf der klassischen Ökonomik war David Ricardo, der 1772 in London geboren wurde. Er war davon überzeugt, dass die Grundlage von Wohlstand die Herrschaft über Grund und Boden ist, und befürchtete, dass die Welt aus den Fugen geraten würde, wenn die Bevölkerung immer weiter wächst, die Landfläche jedoch nicht. Zu Ricardos Lebzeiten war die ertragreiche Landwirtschaft noch nicht entwickelt worden, und daher ging er davon aus, dass eine wachsende Bevölkerung nur durch Bewirtschaften von mehr Land ernährt werden kann. Er wusste, dass der Reichtum und die Privilegien des europäischen Adels auf Grundbesitz beruhten, und er wusste, dass Kriege entweder geführt wurden, um sich mehr Land anzueignen oder den Zugang zu Seewegen zu sichern. Der Landadel besaß Grund und Boden und kassierte dafür Pacht, ohne selbst etwas Nützliches zu tun, und vererbte dann das Land an seine Nachkommen. Die Begriffe »idle rich« (reicher Müßiggänger), »landed family« (Landbesitzerfamilie) und »landed gentry« (Landadel) reflektieren dieses Feudalsystem, das seit Jahrhunderten das Fundament der Wirtschaftssysteme in Europa und Asien gewesen war.

Zu Ricardos Zeit war es in Europa für einen einfachen Bürger so gut wie unmöglich, Land zu erwerben, wodurch die soziale Mobilität erheblich eingeschränkt war – weil der Adel es genau so haben wollte. Amerikaner hängen gern der romantischen Vorstellung nach, ihre Vorfahren hätten sich auf den weiten Weg in die Neue Welt gemacht, weil sie nach politischer und religiöser Freiheit strebten; bei vielen war das auch so, aber viele von ihnen wollten auch die Chance ergreifen, ihr eigenes Land zu besitzen und dadurch wohlhabend zu werden. Um noch einmal aus *Jenseits von Eden* zu zitieren: Steinbeck schreibt über die in Kalifornien ankommenden weißen Siedler, »Vielleicht gingen ihnen noch dünne Erinnerungen aus dem Europa der Feudalwirtschaft nach, wo große Familien groß geworden und geblieben waren, weil sie über Grundbesitz verfügten.« Daher waren sie immer weiter nach Westen gezogen, bis sie in einer Gegend ankamen, wo auch sie große Ländereien in Besitz nehmen konnten.[59]

In der Zeit vor der Amerikanischen Revolution gab es in England von Jahr zu Jahr mehr Aristokraten, aber nicht mehr Land, auf dem sie als Lords und Ladys hätten leben können. Die Lösung für die Aristokraten – wie für die einfachen Menschen – war die Neue Welt. Ich lebe in Maryland, einem US-Bundesstaat, dessen Counties nach den Adligen benannt sind, die dort Ländereien in Besitz nahmen: Calvert County, benannt nach Cecil Calvert, der als »Lord Baltimore« in die Geschichte einging, oder Anne Arundel County, benannt nach seiner Gemahlin, der »Baroness Baltimore«. Solche Grundbesitzübertragungen waren letztlich Übertragungen von Wohlstand, da die Herrschaft über Grund und Boden der wichtigste Weg zu Reichtum war. Die Neuankömmlinge aus Europa und die Ureinwohner Nordamerikas gerieten über dieses Konzept in Konflikt, da die Letzteren privaten Grundbesitz nicht anerkannten. Der Cherokee-Häuptling Sequoyah, der die Verfassung der Vereinigten Staaten studiert hatte und bewunderte, entwarf eine Cherokee-Verfassung, die in jeder Hinsicht der Gründungsurkunde der Vereinigten Staaten nachempfunden war – mit Ausnahme des Artikels, dass Grund und Boden nur einem Volk, nicht jedoch einem Individuum gehören könne. Natürlich dauerte es dann nicht mehr lange, bis Siedler und Indianer sich erbittert bekämpften, wobei es meist um Grundbesitz ging.

Da Grundbesitz Reichtum bedeutete, zogen über die Jahrtausende unzählige Warlords, Prinzen, Könige, Königinnen, Kaiser, Zaren und Eroberer für diese Form der Beute in den Krieg. Endlose Schlachten um Land prägten das 19. und das frühe 20. Jahrhundert; hier nur einige Beispiele: der Chinesisch-Französische Krieg zwischen dem Chinesischen Kaiserreich der Qing-Dynastie und Frankreich wurde 1884 über die Herrschaft in Nordvietnam ausgefochten; in den Balkankriegen vor dem Ersten Weltkrieg ging es um Land; während des gesamten Ersten Weltkriegs kämpften Deutschland und Frankreich um die Herrschaft über große Landstriche in Ostafrika und in Elsass-Lothringen; Österreich versuchte 1864, Mexiko einzunehmen, um sein Territorium zu vergrößern; der Grund für Englands brutale Unterdrückung der Buren in Südafrika war hauptsächlich Land; Japan und Russland zogen 1904 in einen Krieg um die Herrschaft über einige Landstriche an der chinesischen Küste; und andere Kriege um Land wurden auch jeweils im heutigen Ägypten, Algerien, Armenien, Australien, Bangladesch, Bosnien, Deutschland, England, Frankreich, Georgien, Griechenland, Indien, Israel, Kanada, Kroatien, Litauen, Mazedonien, Marokko, Neuseeland, Österreich, Pakistan, Palästina, Polen, Russland, Serbien, in der Slowakei, in Spanien, Syrien, der Tschechischen Republik, Türkei, Ukraine, in Ungarn und den Vereinigten Staaten geführt.

Bei Ausbruch des Zweiten Weltkriegs war mehr »Lebensraum« das erklärte Ziel der Nazi-Invasionen in Polen und der Ukraine. Snyder hat über Hitler geschrieben, er »dachte, Dasein bedeute Kampf um Land und die Schätze der Natur«.[60] Im letzten Jahr des Ersten Weltkriegs kam es bei den Mittelmächten (Deutsches Reich, Österreich-Ungarn, Osmanisches Reich und Bulgarien) zu Hungersnöten, da die Entente (Großbritannien, Frankreich und Russland) durch Seeblockaden die Lieferung von Nahrungsmitteln verhinderte und die Deutschen nicht genug Ackerflächen besaßen, um sich selbst zu versorgen. Da er glaubte, mehr landwirtschaftliche Nutzfläche sei der einzige Weg, um den Ernteertrag zu erhöhen, wollte Hitler mehr Land erobern, um mehr Nahrung für die wachsende deutsche Bevölkerung zu produzieren. Er sagte: »Ich brauche die Ukraine [und Polen], damit man uns nicht wieder wie im letzten Krieg aushungert.« Er schwärmte von Amerikas »Weite und Leere des Raumes« und wies in einer vor dem Krieg gehaltenen Rede darauf hin, dass die Bevölkerungsdichte in Deutschland 13-mal höher sei als in den Vereinigten Staaten. Die USA, so Hitler, hätten genug Land, um ihre Bevölkerung zu ernähren, Deutschland dagegen nicht. Damit begründete er den Drang zu mehr »Lebensraum« im Osten, der auch schon seit Jahrzehnten vor Aufkommen des Nationalsozialismus das Ziel deutscher Machthaber gewesen war.

Seit Mitte des 20. Jahrhunderts wurde durch die Grüne Revolution der Ernteertrag unabhängig von der bewirtschafteten Fläche. Durch den Schutz von geistigem Eigentum wurde Wohlstand unabhängig von Naturschätzen, und es kam immer seltener zu Kriegen. Heute ist die Bevölkerung Deutschlands um 20 Prozent größer als während der Nazizeit, und kein Deutscher muss sich mehr Sorgen machen, wo seine nächste Mahlzeit herkommen soll, oder begehrliche Blicke auf das Territorium von Nachbarländern werfen.

Seit einigen Generationen ist es billiger geworden, Land zu kaufen als fremde Länder zu erobern. Heute ist Grundbesitz nur einer von vielen Wegen, zu Wohlstand zu kommen – und ein längerer und verschlungenerer Weg als das Investieren in ein Start-up. Obwohl fruchtbarer Ackerboden immer begehrt bleiben wird, kommt es heute nicht mehr durch Nahrungsmittelknappheiten zu politischen Zwängen, und hoffentlich wird das auch so bleiben. Nationen, die sich früher argwöhnisch beäugt haben, können heute nach Herzenslust wirtschaftlich miteinander konkurrieren. Sie können Devisenreserven ansparen, mit denen sie im Ausland Unternehmensanteile oder Land kaufen können, in einer Welt, in der Güter ungehindert übers Meer gehandelt werden können und Kapital frei über Grenzen hinweg fließen kann (jedenfalls meist). Der genaue Grund, warum die Vereinigten Staaten 2003 in den Irak einmarschierten, war nie ganz klar; aber wir können sicher sein, dass dies kein Eroberungskrieg war, da es wesentlich weniger gekostet hätte, die gesamten irakischen Ölreserven zu kaufen, als das Land gewaltsam zu besetzen. Überall auf der Welt ist es heute billiger – und wesentlich praktischer –, Land zu kaufen, als einen Angriffskrieg zu führen. Und es kommt immer seltener zu Kriegen.

An dieser Stelle muss noch einmal gesagt werden, dass die positiven Trends zu weniger häufigen und schweren Kriegen und zur Steigerung von nationalem Wohlstand durch wirtschaftliche Produktion statt durch Eroberungen sich erst seit einem Vierteljahrhundert zeigen. Nach historischen Maßstäben ist das nicht lang. Vielleicht steht der Welt eine schreckliche Wende des Schicksals bevor; am schlimmsten wäre es, wenn eine der Atommächte den größten aller Fehler machen würde. Einstweilen leben wir in einer Welt, in der alle Formen von Gewalt im Vergleich zum Bevölkerungswachstum zumindest geringfügig – und manche sogar deutlich – zurückgehen. Und das führt uns zu den Theorien von Michael Tomasello und Steven Pinker.

Tomasello forscht an der Duke University und am Max-Planck-Institut in Leipzig über soziale Kognition. Seine Studien haben ergeben, dass der Mensch, obwohl er als indifferent gegenüber den Bedürfnissen seiner Mitmenschen wahrgenommen wird, durchaus Anreize hat, sich uneigennützig zu verhalten. Das kommt nicht nur dem Gemeinwohl zugute, sondern erhöht auch die Erfolgschancen des Individuums. Tomasellos 2009 erschienenes Buch *Why We Cooperate (Warum wir kooperieren)*[61] hätte auch den Titel: »Egoistische Gründe, ein besserer Mensch zu werden« tragen können. Seine Studien haben gezeigt, dass kleine Kinder sich instinktiv gegenseitig helfen; später wird ihnen freilich in der Welt der Erwachsenen beigebracht, zuerst an sich selbst zu denken. Warum muss uns die von Natur aus vorhandene Neigung, miteinander zu kooperieren, durch Erziehung ausgetrieben werden? Die von Tomasello vertretene Denkschule besagt, es sei der Menschheit nicht vom Schicksal vorherbestimmt, ständig im Streit zu leben: Menschen aus verschiedenen Schichten und Kulturen können durchaus harmonisch zusammenleben – oder zumindest aufhören, sich über jede Kleinigkeit zu streiten.

Die Antwort könnte sein, dass wir manchmal die Welt der Natur falsch deuten. Der Mensch nimmt an, in der Natur kämpfe jeder gegen jeden, bis auf den Tod; wenn wir als Kind lernen, dass der Wolf das Lamm frisst, imitieren wir das später in der Staatskunst, der Wirtschaft, bei der Partnersuche. Doch die Natur besteht nicht nur aus Jägern und Gejagten. Zwischen vielen Lebensformen bestehen gegenseitige Abhängigkeiten, oder zumindest kommen sie sich nicht in die Quere. Der Zuckerahorn hat tiefe Wurzeln, die mehr Grundwasser an die Oberfläche befördern, als der Baum selbst braucht, der dann das überschüssige Wasser in den umgebenden Boden abgibt, sodass eine Pflanze wie die Goldrute, die nur kurze Wurzeln hat, in seiner Nähe gedeihen kann. Im Gegenzug hält die Goldrute mit ihren Wurzeln den Boden rings um den Baum, was wiederum dem Baum nützt. Es gibt zahlreiche ähnliche Beispiele solcher Symbiosen. In Bezug auf die Natur wird der Begriff »survival of the fittest« häufig falsch verstanden als das »Überleben des Stärksten«, obwohl er eigentlich »Überleben des Bestangepassten« bedeutet. In diesem Sinne kann Kooperation ebenso wirkungsvoll sein wie die scharfen Krallen eines Raubtiers.

Pinker, wie Tomasello ein Sozialpsychologe, forscht an der Harvard University über Kognition. Er vertritt eine breiter angelegte These: Ebenso wie die Dinge, die wir herstellen, allmählich immer besser werden, wird auch unsere Moral allmählich immer besser.[62] Mit jedem Jahr, das ins Land geht, erkenne ein immer größerer Teil der Menschheit, dass Verbrechen und Kriege moralisch verwerflich seien.

»Dass der Kalte Krieg zu Ende ging, ohne dass die Sowjetunion Europa angegriffen hätte, obwohl sie die Macht und die Gelegenheit für Zugewinne hatte, ist einer der hellen Momente der menschlichen Geschichte«, sagt Pinker. Der Umstand, dass der Kalte Krieg nicht zu einem heißen Krieg wurde, gehört in die Kategorie des Ungesehenen, doch es lohnt sich, über den Aspekt des Nicht-Geschehens nachzudenken. Pinker weiter: »Die Sehnsucht nach einer allumfassenden Erklärung erschwert es den Menschen, über den Rückgang der Kriminalität nachzudenken oder zu akzeptieren, dass es immer seltener zu Kriegen kommt, weil die Wissenschaft in keinem dieser Fälle eine einzelne, auf einer einzigen Ursache beruhende Erklärung anbieten kann. Natürlich könnte es wieder zu einem Weltkrieg kommen, aber ich sehe keinen fundamentalen Kampf der Kulturen. Und es gibt keinen Konflikterhaltungssatz.«

Der »Energieerhaltungssatz« besagt, dass in einem geschlossenen System zwar die Form der vorhandenen Energie sich ändern kann, nicht jedoch ihre Menge. Bis vor ungefähr 50 Jahren benahm sich die menschliche Gesellschaft so, als gebe es einen Konflikterhaltungssatz – die Ursachen und Schauplätze von Auseinandersetzungen und Kriegen mochten sich vielleicht ändern, doch die Gesamtmenge des bösen Willens sei stets gleich geblieben. Pinker hält das für falsch. »Die Moral nimmt allmählich zu – die Gesellschaft entwickelt ein immer stärkeres moralisches Bewusstsein«, sagt Pinker. »Mitleid ist als sekundäre Emotion abgetan worden, es ist jedoch die Grundlage von weniger Gewalt in der Zukunft. Mitleid basiert auf der Wahrnehmung, dass andere leiden. Dieses Bewusstsein hat es schon seit Langem innerhalb von Familien und lokalen Gruppen gegeben, es kann sich aber auch auf größere Gemeinschaften ausdehnen, dann auf die Nation, dann auf die Menschheit insgesamt.«

Heute sind viele Politiker und Kommentatoren davon besessen, Keile zwischen verschiedene soziale Identitätsgruppen zu treiben. Pinker hält das für eine vorübergehende Modeerscheinung, die darauf beruht, dass Politiker, Entertainer und Nachrichtenmedien ihren Platz in der neuen global vernetzten Welt noch nicht gefunden haben. »Je besser die Kommunikationsmöglichkeiten werden und je billiger und einfacher es wird zu reisen, umso weiter werden die Menschen die sozialen Kreise ausdehnen, für die sie Mitleid empfinden. Wir werden nicht netter miteinander umgehen, weil wir befürchten, erwischt und bestraft zu werden, wenn wir anderen schaden, sondern weil immer mehr Menschen zu der Einsicht kommen werden, dass es einfach *falsch* ist, anderen zu schaden.«

Solche Ansichten könnte man für übertrieben optimistisch halten, und Optimismus kann naiv wirken. Es ist irritierend leicht, sich albtraumhafte Szenarien auszumalen: Japan rüstet wieder auf, um sich gegen Raketen aus Nordkorea zu verteidigen; die Bürgerkriege in Afrika werden immer schlimmer; zwischen Indien und Pakistan kommt es zu einem vermeintlich »begrenzten« nuklearen Schlagabtausch; die Vereinigten Staaten beschließen, die aufstrebende chinesische Flotte wieder zurück in den Hafen zu treiben; ein religiöser Fanatiker verschafft sich eine Atombombe. Selbst wenn Pinker recht hat, werden Generationen vergehen, bevor wir sicher sein können, dass die Menschen tatsächlich moralischer werden. Aber wenn die Welt sich tatsächlich auf die Seite der Moral stellen sollte, werden die Regeln gegen Gewalt, die wir uns freiwillig selbst auferlegen, viel wirkungsvoller sein als alle Regeln, die uns von Gerichten, Polizeien oder Armeen auferlegt werden.

Die zusammenfassende Antwort auf die Frage, warum Kriminalität und Kriege zurückgehen, muss zurückhaltend sein, um kein Unheil heraufzubeschwören: Die Menschen fangen endlich an, klüger zu werden.

Aber was passiert, wenn unsere eigene Technologie uns zum Verhängnis wird?

6 Wieso wird die Technologie sicherer statt gefährlicher?

Viele von uns können sich noch gut an Carl Sagan erinnern, den Astronomen von der Cornell University, der 1996 starb, nachdem er – zumindest in den USA – der bekannteste seriöse Akademiker seiner Zeit geworden war. Sagan hat ein erfülltes Leben geführt – zum Beispiel war er an der Planung des Voyager-Programms der NASA beteiligt, dem ersten Versuch der Menschheit, ein Objekt in den Weltraum außerhalb unseres Sonnensystems zu schicken. Als *Voyager One* unser Sonnensystem in Richtung Kosmos verließ, überzeugte Sagan die NASA, die Kamera der Raumsonde zurück auf die Erde zu richten. Das Ergebnis war »Pale Blue Dot« (Blassblauer Punkt), das vielleicht erstaunlichste Foto in den Annalen der Wissenschaft. Aus sechs Milliarden Kilometer Entfernung ist unser Heimatplanet ein blasser, stecknadelkopfgroßer Punkt, der aufgrund seiner ungewöhnlichen – und soweit wir bislang wissen, einzigartigen – Atmosphäre aus Sauerstoff und Stickstoff im blauen Bereich des Lichtspektrums zu sehen ist. Sauerstoff ist chemisch sehr reaktiv, und daher wird sauerstoffhaltige Luft wahrscheinlich nur dort zu finden sein, wo ein Prozess stattfinden kann, der das Leben spendende Gas erzeugt: Auf der Erde ist dieser Prozess das pflanzliche Leben.

Im Jahr 1974 sendeten Sagan und einige Kollegen über ein Radioteleskop eine Botschaft aus, mit der sie eventuelle Empfänger auf einem fernen Planeten aufforderten, Kontakt zur Erde aufzunehmen.[1] Sagan glaubte, das würde ein wundervolles Ereignis

werden, da eine Zivilisation, die fortgeschritten genug für inter-
stellares Reisen sei, kriegerische Gelüste längst hinter sich gelassen
haben müsste. Er machte sich Sorgen über die Klimaveränderung
und nukleare Machtspiele, doch im Grunde war er ein Optimist,
der glaubte, das Menschheitsabenteuer habe gerade erst begonnen.
Seit 1996 sind viele Entdeckungen gemacht worden, die darauf
hindeuten, dass dieses Abenteuer großartig sein wird. Wäre Sagan
noch am Leben, müsste er seine Botschaft, dass »unzählige Milliarden« Sterne entstanden seien, in »unzählige Trilliarden« ändern.

Etwa zur selben Zeit, als Sagan optimistische Argumente
über die zu erwartende Entwicklung der Technologie verbreitete, wurde Ulrich Beck, ein Soziologe an der Ludwig-Maxi-
milians-Universität in München, in Europa ähnlich bekannt wie
Sagan, indem er pessimistische Warnungen zum gleichen Thema
abgab. Beck vertrat die Auffassung, dass unsere Technologie
immer gefährlicher werden würde, was unweigerlich zu immer
größeren Risiken führen müsse, die menschliche Individualität
und vielleicht sogar alles Leben auf der Erde auslöschen könnten.[2] Die technologische Entwicklung, so Beck, sei Großkonzernen und Regierungen zu Diensten, die darauf aus seien, mithilfe
von Maschinen, Elektronik und chemischen Substanzen ihre
Macht auszuweiten. Er meinte, der Begriff »Fortschritt« müsse
als Feind alles Menschlichen in Anführungszeichen gesetzt werden; Wissenschaft und Ingenieurskunst seien selbst dann Bedrohungen, wenn sie von wohlmeinenden Philosophen kontrolliert
würden. Beck hatte ein beängstigendes Argument für seine Thesen, dass nämlich Risiko – wie Geld – ungleichmäßig verteilt sei;
die Armen und die Arbeiterklasse würden viel wahrscheinlicher
geschädigt werden als die Wohlhabenden.

Bevor er 2014 starb, hellte sich seine düstere Stimmung etwas
auf, weil er gesehen hatte, dass beinahe 70 Jahre vergangen waren,
ohne dass die Europäer sich gegenseitig massakriert hätten – was
ihn hoffen ließ, dass vielleicht doch noch nicht alles verloren sei.

Vor einigen Jahrzehnten sah es so aus, als würde Becks pessimistische Sicht der technologischen Entwicklung sich mit höherer Wahrscheinlichkeit als richtig erweisen als Sagans optimis-

tische. Aufgrund der industriellen Produktion litten viele Städte unter erdrückendem Smog und völlig verschmutzten Gewässern. Lebensmittel waren voller Chemikalien mit unaussprechlichen Namen, gefährliche Giftstoffe entwichen in die Umwelt oder wurden absichtlich dort »entsorgt«. In vielen Arztpraxen standen Röntgengeräte, die wegen zu hoher Strahlendosierung Geburtsfehler bei Neugeborenen verursachten. Kinderschlafanzüge wurden mit der Chlorverbindung Tromethamin behandelt, einem krebserzeugenden Gift. Die Menschen reisten nicht mehr zu Fuß oder zu Pferd, sondern mit zwei Tonnen schweren Projektilen mit einer irren Beschleunigung, die auf alles und jeden zurasen konnten. Zu Beginn des 20. Jahrhunderts lag der Geschwindigkeitsrekord zu Lande bei 106 Stundenkilometern; heute kann ein Teenager schneller fahren, während er Musik hört und mit seinem Smartphone textet. Immer mehr Menschen begannen, mit dem Flugzeug zu reisen – es wurde befürchtet, dass durch zu viel Luftverkehr über kurz oder lang völliges Chaos am Himmel ausbrechen würde. Die Äcker wurden ausgiebig mit Pestiziden, Herbiziden und Fungiziden besprüht; über vielen Wohngebieten wurden aufs Geratewohl durch tief fliegende Flugzeuge Insektizide versprüht.

Und das war ja nur der zivile Bereich des gesellschaftlichen Lebens. Auch beim Militär, dessen ganze Existenzberechtigung ja aus Gefahr besteht, wurde die Technologie immer destruktiver. Kampfflugzeuge wurden immer schneller, Panzer immer leistungsfähiger, Bomber konnten immer mehr Tonnage über immer größere Entfernungen und immer genauer ins Ziel bringen. Die beim amerikanischen Bürger so beliebten Schusswaffen entwickelten sich über manuell auszulösende Revolver mit Niedrigenergiemunition geringer Reichweite zu halbautomatischen Waffen mit großen Magazinen, deren Geschosse 3000 Stundenkilometer schnell sind. Es schien so, als ob die Technologie immer nur noch gefährlicher werden konnte. Vielleicht würde eine Rückkehr zu einem dörflichen Lebensstil mit von Ackergäulen gezogenen Pflügen und kleinen Schmieden uns retten können.

Stattdessen wird die Technologie für die heutige Generation

nach beinahe allen Kriterien immer sicherer und sauberer. Fangen wir mit der größten technologischen Bedrohung an, die einem typischen Menschen der Moderne jemals begegnen wird – dem Automobil.

Bei Verkehrsunfällen kommen weltweit in jedem Jahr mehr Menschen ums Leben als durch Kriege.[3] Diese Zahl ist in zweierlei Hinsicht eine jüngere Entwicklung – die Zahl der Kriegsopfer ist zurückgegangen, während das Risiko, bei einem Verkehrsunfall zu sterben, gestiegen ist, weil der weltweite Bestand an Pkws, Pickups und SUVs sich rapide vergrößert hat. Betrachtet man das Auto als Verursacher zahlloser Todesfälle, scheinen die Länder geradezu miteinander zu wetteifern, um möglichst viele dieser selbstfahrenden, potenziell tödlichen Waffen herzustellen.

Der Großteil des Schadens, der durch Fahrzeuge angerichtet wird – neben unzähligen Todesopfern auch 50 Millionen Verletzte pro Jahr –, entsteht in Entwicklungsländern, weil es dort wegen schlechter Straßen und ungesicherter Kreuzungen zu mehr Unfällen kommt. Der Straßenverkehr in Entwicklungsländern ist umso gefährlicher, weil die Menschen dort alte Fahrzeuge ohne Sicherheitsvorkehrungen fahren, und das häufig bei sehr riskantem Fahrstil. Pro gefahrenem Kilometer kommt es in Algerien, der Dominikanischen Republik, Gambia und Thailand zu fünfmal mehr Verkehrstoten als in Italien (das für seine schnellen Autos bekannt ist), in Indien sind es viermal mehr als in den Niederlanden, in Jordanien dreimal mehr als in den Vereinigten Staaten und in Kanada.[4]

Sicheres Fahren erfordert Selbstbeherrschung. Erst seit der heutigen Generation haben zahlreiche Bürger von Entwicklungsländern Zugang zu einem Auto, und für viele von ihnen ist es das erste Mal, dass sie sich auf irgendeine Weise mächtig fühlen können. Mit diesem Gefühl der Macht können viele von ihnen nicht gut umgehen, und in ihrem gesellschaftlichen Umfeld ist das – in den meisten westlichen Kulturen fest etabliert – Bewusstsein nicht vorhanden, dass Selbstbeherrschung im Interesse aller liegt. Wenn man zum Beispiel in Indien und Pakistan – ich bin in beiden Ländern im Straßenverkehr gefahren, was ich niemandem empfehlen kann – mit den Scheinwerfern blinkt, bedeutet das nicht etwa: »Fahren Sie zuerst«, sondern vielmehr: »Ich und meine Familie würden eher eines sinnlosen Todes sterben, als dir auch nur einen Zentimeter nachzugeben.« Überall in den Entwicklungsländern ist der Straßenverkehr gefährlicher als im Westen, und wenn dann ein Unfall passiert, kann es ewig dauern, bis ein Krankenwagen auftaucht. Schnell wachsende Städte wie Lagos, São Paulo und Seoul sind so vom Verkehr verstopft, dass ein Krankenwagen einfach nicht zum Unfallort durchkommt.

Wer oder was hat also Schuld an den vielen Verkehrsunfällen – die Technologie oder die Kultur? Die Technologie ist der Übeltäter, wenn damit die Technologie gemeint ist, mit der Autos und Lkws in riesigen Stückzahlen produziert werden. Die weltweite Produktion stieg von 8 Millionen Fahrzeugen im Jahr 1950 auf 25 Millionen 1971 und auf 68 Millionen 2014 an – im letzteren Jahr wurden fast neunmal so viele Fahrzeuge gebaut wie 1950. In diesem Zeitraum hatte sich die Weltbevölkerung verdreifacht, woraus sich ein wesentlich höheres Verhältnis von Fahrzeugen zu Menschen ergibt.[5] (Außerdem werden heute weltweit zehnmal so viele Fahrräder hergestellt wie 1950.) Seit einigen Jahren werden in China mehr Autos hergestellt als in den Vereinigten Staaten. Vor einer Generation ließen sich dort nur Parteifunktionäre in einem Auto durch die Gegend chauffieren; heute sind die chinesischen Städte so verstopft von den Autos einfacher Bürger, dass mit Bussen experimentiert wird, die auf aufgestelzten Fahrspuren über den Verkehrsstau hinweggleiten.

Umgekehrt ist statt der Technologie die Kultur der Übeltäter, wenn mit Kultur der moderne Drang, woanders zu sein, gemeint ist. Auf der Welt wird viel Zeit darauf verschwendet, von A nach B und dann wieder zurück nach A zu rasen. Im Leben vieler Paare kommt ein Moment, in dem sie sich fragen: »Was haben wir eigentlich in all den Jahren gemacht?« Immer häufiger lautet die Antwort: »Im Auto gesessen.«

Dabei werden die Autos, Lkws und Busse selbst immer sicherer. In den Vereinigten Staaten war bis 1968 in Fahrzeugen kein

Sicherheitsgurt vorgeschrieben; und das Anlegen der Gurte wurde erst Jahre später zur Pflicht. Die Epidemiologin Devra Davis hat dokumentiert, dass bis etwa 1980 die Automobilhersteller sich gegen die Einführung von Drei-Punkt-Gurten mit Schultergurt sträubten, die wesentlich wirkungsvoller sind als Zwei-Punkt-Gurte. Später wehrten sie sich gegen die Einführung von Airbags.[6] Außerdem hatte die Automobilindustrie sich lange geweigert, Benzinverbrauchszahlen zu veröffentlichen, und bezeichnete sie als »Geschäftsgeheimnis«. Davis hat gezeigt, dass in der Fahrzeugwerbung die Überlebenschancen bei einem Verkehrsunfall ein Tabuthema waren – Unfallursachen wurden auf höhere Gewalt zurückgeführt, nicht auf menschliches Versagen oder auf das Fehlen von technischen Sicherheitsvorkehrungen.

Das hat sich inzwischen grundlegend geändert. Heute hat jeder neu zugelassene Pkw eines beliebigen Herstellers, der in Nordamerika oder Westeuropa verkauft wird – und die meisten neu zugelassenen Pick-ups –, Bremsen mit Antiblockiersystem (ABS), Airbags und eine Eigenschaft, die für die Kunden unsichtbar ist: eine Karosserie und ein Fahrzeuggestell, die so konstruiert sind, dass bei einem Zusammenstoß die Lenksäule nicht in den Innenraum gedrückt wird, wodurch es früher häufig zu tödlichen Verletzungen kam. Ebenfalls unsichtbar für den Kunden, aber in den meisten neuen Pkws und Lkws vorhanden, sind Gurtstraffer, die ursprünglich für Kampfhubschrauber entwickelt wurden.[7] Wenn ein Beschleunigungsmesser den rapiden Geschwindigkeitsrückgang misst, zu dem es bei einem Zusammenstoß kommt, strafft diese Vorrichtung den Schultergurt über dem Brustkorb des Fahrers (oder Beifahrers) und verhindert dadurch heftige ruckartige Bewegungen. Manche Studien sind zu dem Ergebnis gekommen, dass Gurtstraffer – die billiger und einfacher sind als ein Airbag und nicht das niedrige, aber dennoch vorhandene Risiko einer Airbag-Explosion mit sich bringen – den Airbag überflüssig machen würden.[8]

Viele Autos sind heute mit Rückfahrsystem, Totwinkel-Assistent, Antriebsschlupfregelung (ASR) und Fahrdynamikregelung zur Reduzierung des Risikos von Drehern und Überschlägen ausgestattet, mit einem Spurhalteassistenten, der den Fahrer warnt, wenn er aus der Spur driftet, sowie einem Notbremsassistenten, der aktiviert wird, wenn ein winziges Radarsystem erkennt, dass ein anderes Fahrzeug oder ein Fußgänger angefahren werden könnte, wenn das Auto nicht sofort abgebremst wird.[9] Obwohl Radarsysteme zuerst – wie andere Technologien – exotisch und teuer waren, werden sie heute auch in Endverbraucherprodukte eingebaut. Viele neue Fahrzeuge haben einen Postkollisionsassistenten, der dafür sorgt, dass das Auto sich nach einem Zusammenstoß auf einer geraden Linie weiterbewegt – wenn es in den entgegenkommenden Verkehr schlingert, könnte aus einem Blechschaden ein tödlicher Unfall werden –, und der ein beliebiges Smartphone an Bord nutzt, um einen Notruf an Polizei oder Feuerwehr abzusetzen. In der Europäischen Union haben neu zugelassene Autos Frontscheinwerfer, die beleuchten, was hinter einer Biegung kommt; amerikanische Autos werden sie ab 2018 haben. Mit einem Gerät, dass zurzeit in der Erprobungsphase ist, dem sogenannten V2V (»vehicle to vehicle«), kann ein Auto seine Position und Geschwindigkeit an die entsprechenden Geräte anderer Fahrzeuge in seiner Nähe übertragen.

Eine von Becks Annahmen über technologiebedingte Gefahren war, dass sie nicht durch gesetzliche Vorschriften in den Griff zu bekommen seien, weil reiche Konzerne den Regulierungsprozess in ihrem Sinne beeinflussen könnten. Das galt früher für die Automobilindustrie, die keine Kosten und Mühen scheute, um über ihre Lobbyisten gesetzliche Vorschriften über Sitzgurte und Emissionsgrenzwerte zu verhindern. Volkswagen hat versucht, die Zulassungsbehörden über Abgasemissionen zu täuschen, und manipulierte zu diesem Zweck angeblich »saubere« Dieselmotoren, sodass sie die Zulassungsprüfung bestanden, obwohl sie im Alltagsgebrauch die Luft verschmutzten: Der Schuss ging nach hinten los, als die Manipulationen aufflogen und der Konzern etwa 20 Milliarden Dollar an Strafgeldern zahlen musste und Marktanteile einbüßte. Heute versuchen viele Automobilhersteller stattdessen, den staatlichen Regulierern zuvorzukommen. So wurden zum Beispiel radargesteuerte Notbremssysteme in

Eigeninitiative entwickelt und tauchen heute ohne viel PR-Wirbel in immer mehr Automodellen auf. Der Honda meiner Frau hat solche Automatikbremsen – keine Luxuslimousine, sondern ein Honda. Toyota hat angekündigt, bis 2018 alle seine Modelle mit radargesteuerten Notbremssystemen auszustatten, auch die Kompaktwagen; andere Hersteller wollen bis spätestens 2021 nachziehen.

Ein Wendepunkt war die Einführung eines Sterne-Rankingsystems in Bezug auf die Fahrzeugsicherheit, das die US-Zulassungsbehörde 1994 einführte; es veränderte die Verkaufsdynamik. »Die Automobilindustrie hatte gesagt, ein Sterne-System für die Verkehrssicherheit würde nie funktionieren«, sagt Stefan Duma, Professor für Ingenieurswissenschaften an der Virginia Tech University. »Das hat sich als völlig falsch erwiesen. Ein Sterne-Rating informiert den potenziellen Autokäufer auf klare und einfache Weise. Und diese Ratings motivieren die Hersteller, ihre Fahrzeuge immer weiter zu verbessern, um ein Fünf-Sterne-Rating zu bekommen, mit dem sie werben können. Das hat dazu geführt, dass Autofahren heute weniger gefährlich ist als früher.«

In den Vereinigten Staaten ist die Zahl der Verkehrstoten – sowohl pro gefahrenem Kilometer als auch insgesamt – seit zwei Generationen stetig zurückgegangen.[10] Sie erreichte 1973 mit 52 000 ihr Maximum und ging dann bis 2016 auf 39 000 zurück. Hätte diese Zahl im Gleichschritt mit Bevölkerungswachstum und gefahrenen Kilometern zugenommen, wären im Jahr 2016 etwa 150 000 Menschen bei Verkehrsunfällen ums Leben gekommen – immerhin das Vierfache der tatsächlichen Zahl. Im Umkehrschluss bedeutet das, dass Autofahren in den Vereinigten Staaten 1973 viermal so gefährlich war wie heute.

Auch heute noch sind zu viele Tote und Verletzte durch Verkehrsunfälle zu beklagen: Etwa vier Millionen Amerikaner werden jedes Jahr im Straßenverkehr verletzt. In einem der vorigen Kapitel wurde gesagt, dass unklar ist, warum immer mehr Amerikaner eine Behindertenrente beziehen, obwohl es aufgrund des medizinischen Fortschritts immer weniger Behinderte geben müsste. Ein Grund dafür könnte sein, dass durch sicherere Fahrzeuge und bessere medizinische Versorgung mehr Opfer von Verkehrsunfällen überleben, die früher gestorben wären, und die dann als Behinderte aus dem Krankenhaus entlassen werden. Sowohl das persönliche Leid als auch der wirtschaftliche Schaden durch solche Fälle können unbemerkt bleiben.

Fahren unter Alkoholeinfluss ist zurückgegangen, aber abgelenktes Fahren hat zugenommen. Im Jahr 2013 kamen mehr amerikanische Teenager dadurch ums Leben, dass sie beim Fahren durch ihr Smartphone abgelenkt waren, als durch Fahren unter Alkoholeinfluss. Laut der National Highway Traffic Safety Administration (US-Bundesbehörde für Verkehrssicherheit) war bei mindestens 90 Prozent aller Unfälle der Fahrer abgelenkt, und immer häufiger gehen solche Ablenkungen von Smartphones und Bordelektronik aus; bei solchen Unfällen kamen 2015 etwa 3500 Amerikaner ums Leben, und 400 000 wurden verletzt.[11] Wären im Jahr 2015 bei einem terroristischen Anschlag in den USA 3500 Todesopfer und 400 000 Verletzte zu beklagen gewesen, hätte die Nation massive Vergeltungsmaßnahmen gefordert; dagegen wurde der allmählich ansteigende Blutzoll durch Smartphones völlig desinteressiert zur Kenntnis genommen, da er nicht durch ein einzelnes, katastrophales Ereignis verursacht wurde.

Einschlägige Studien haben gezeigt, dass Telefonieren über eine Freisprechanlage ebenso gefährlich ist wie über ein in der Hand gehaltenes Gerät – der Inhalt des Gesprächs ist es, was den Fahrer ablenkt, nicht das Telefon am Ohr. Eine 2016 von der Versicherungsgesellschaft State Farm durchgeführte Umfrage zeigte, dass 36 Prozent aller Autofahrer zugaben, sich beim Fahren mit Textbotschaften zu beschäftigen; und das ist nur der Prozentsatz, der das *einer Versicherung gegenüber zugibt*.[12]

Viele neue Autos haben eine Art Fernseher im Armaturenbrett, über den Musikvideos und sogar Spielfilme abgespielt werden können. Die Hersteller bezeichnen solche Geräte als »Infotainment-System« und verwenden diesen Begriff nicht nur in internen Marketingunterlagen, sondern auch in ihrer öffentlichen Werbung.

Das beantwortet die Frage, warum die Anzahl der Verkehrstoten nicht noch stärker zurückgegangen ist. Zwar haben Autohersteller und Aufsichtsbehörden den Verkehr durch Systeme wie ABS-Bremsen sicherer gemacht, aber beide haben die Augen verschlossen vor den Gefahren von Smartphones und Bordelektronik. In den meisten neuen Pkws und Pick-ups ist ein Smartphone in die Fahrzeugelektronik integriert – gewissermaßen eine fest eingebaute Ablenkungsquelle. In manchen neuen Autos kann sich der Fahrer Textbotschaften laut vorlesen lassen und dann eine Antwort diktieren. In neuen Pkws und Pick-ups, die mit Apples CarPlay oder Googles Android Auto ausgestattet sind, kann der Fahrer im fahrenden Wagen Textbotschaften über einen Touchscreen am Armaturenbrett eingeben. Dieser Irrsinn wird erst aufhören, wenn die Automobilhersteller ein paar kostspielige Schadensersatzklagen verloren haben, weil ein Autofahrer bei einem Verkehrsunfall getötet wurde, da er durch ein Infotainment-System abgelenkt war.

Warum dieselben Hersteller, die großen Wert auf die Verkehrssicherheit ihrer Fahrzeuge legen, etwa in Form von Knautschzonen, völlig blind sind für die durch elektronische Geräte entstehenden Gefahren, ist rätselhaft – abgesehen davon, dass die Kunden in ihr Smartphone verliebt sind und wollen, dass zusammen mit ihrem Auto aus dieser Affäre eine Ménage-à-trois wird. Dass die Regierung es nicht geschafft hat zu verhindern, dass die Ausstattung moderner Autos solche Texting-Tragödien ermöglicht, steht auf einem anderen Blatt. Zwar haben Aufsichtsbehörden und Gesetzgeber nichts getan, um Texten beim Fahren zu verhindern, aber einer anderen Möglichkeit haben sie einen Riegel vorgeschoben: Die in moderne Fahrzeuge eingebauten GPS-Navigationssysteme könnten den Fahrer vor Radarfallen an der Strecke warnen, tun es aber nicht. Ein Autofahrer, der Wert legt auf solche Warnungen, muss sich ein Zusatzgerät auf dem freien Zubehörmarkt kaufen, das er nur von einem Händler bekommen kann, der unabhängig vom Fahrzeughersteller ist. Da das erklärte Ziel einer Radarfalle ist, die Verkehrsteilnehmer dazu zu bewegen, langsamer zu fahren – europäische Aufsichtsbehörden wollen so den »Verkehr beruhigen« –, sollte man denken, dass solche Warnungen vom eingebauten Navi sinnvoll und statthaft sind und die Fahrer darauf reagieren würden, indem sie langsamer fahren. Aber dadurch würden der örtlichen Kommune Einnahmen entgehen. Also gibt es keine eingebauten Radarfallenwarnungen, weil sie die Einnahmen der Kommunen gefährden, aber reichlich eingebaute Texting-Technik, wodurch Menschenleben gefährdet werden. Und trotzdem wird Autofahren immer sicherer.

Unsere Autos werden nicht nur sicherer, sondern auch sauberer und sparsamer. Ulrich Beck ging davon aus, dass ein leistungsfähigerer Motor – das offensichtliche Ziel von Entwicklungsingenieuren und Automanagern – höhere Risiken und Verschwendung von Rohstoffen bedeutet. Doch diese Annahme hat sich als falsch erwiesen. Im Vergleich zum Stand der Technik von 1970 bringt ein moderner Motor deutlich mehr Leistung und Drehmoment, verbraucht dabei aber weniger Benzin und emittiert – wie ein früheres Kapitel schon gezeigt hat – wesentlich weniger smogerzeugende Schadstoffe. Dank Kaliforniens aggressiver Kampagne gegen Smog und dem Clean Air Act, der die Souveränität des Golden State gegenüber der Bundesregierung stärkt, ist Kalifornien führend in Bezug auf saubere Fahrzeugtechnik: Wenn die Bundesstaaten in Neuengland nachziehen und vergleichbare Umweltschutzvorschriften einführen – wie sie es in der Regel tun –, wird der gesamte nationale Fahrzeugmarkt wesentlich sauberer werden. Im Jahr 2017 hatte nur ein Prozent der in den Vereinigten Staaten verkauften Neuwagen einen emissionsfreien Elektroantrieb; das California Air Resources Board hat festgelegt, dass bis 2025 mindestens 15 Prozent der in Kalifornien verkauften Neuwagen emissionsfrei sein müssen. Das wird wahrscheinlich dazu führen, dass 2025 auch 15 Prozent der in den gesamten Vereinigten Staaten verkauften Neuwagen emissionsfrei sein werden; Porsche ist bereits einen Schritt voraus und hat angekündigt, bis 2025 werde die Hälfte seiner in Kalifornien verkauften Fahrzeug einen Elektroantrieb haben. Wenn Beck in Kalifornien gelebt hätte, dem politisch progressivsten US-Bundesstaat, hätte er den Aufsichtsbehörden vielleicht etwas mehr Effektivität zugetraut.

Der Kraftstoffverbrauch von Autos – in diesem und den folgenden Absätzen geht es hauptsächlich um die Vereinigten Staaten, die weltweit führende Nation eines automobilen Lebensstils – geht kontinuierlich zurück, wenn auch nicht schnell genug. Die US-Regierung hat behauptet, im Jahr 2015 habe der US-Flottenverbrauch bei 6,8 Liter/100 Kilometer gelegen. Auf der UN-Klimakonferenz 2015 in Paris prahlte Obama mit diesem beeindruckenden Wert, wobei er von Beamten der Environmental Protection Agency und etlichen Kongressabgeordneten unterstützt wurde, so zum Beispiel von John Conyers aus Michigan, dem Kernland der US-Automobilindustrie. Michael Sivak von der University of Michigan hat dagegen errechnet, dass 2015 ein durchschnittlicher, in den Vereinigten Staaten verkaufter Neuwagen 9,4 Liter/100 Kilometer verbraucht und der US-Flottenverbrauch (bei dessen Berechnung der Verbrauch von Pkws, Pick-ups und SUVs berücksichtigt wird) bei 13,1 Liter/100 Kilometer lag.[13] Das ist zwar ein deutlicher Fortschritt – vor einer Generation lag der Verbrauch eines in den USA verkauften Neuwagens im Durchschnitt bei 16,8 Liter/100 Kilometer und der Flottenverbrauch bei 23,5 Liter/100 Kilometer –, aber beileibe nicht so gut, wie Obama behauptet hatte; der zu niedrige Wert, mit dem er geprahlt hatte, lag immerhin 28 Prozent unter dem tatsächlichen Flottenverbrauch.

Damals, als Ölimporte eine nationale Sorge und die in Detroit hergestellten Autos echte Spritschlucker waren, verabschiedete der Kongress ein Gesetz mit zwei Zielen: Das motivierende Ziel war, Druck auf die Automobilindustrie auszuüben, den Benzinverbrauch ihrer Fahrzeuge zu senken, und das abschreckende Ziel lautete, aus politischen Gründen die erzielten Fortschritte als besser darzustellen, als sie tatsächlich waren. Wenn im Jahr 2015, als der offizielle Durchschnittsverbrauch von US-Neuwagen bei 6,8 Liter/100 Kilometer lag, ein Autokäufer einen Showroom einer beliebigen Automarke betrat, hatte er Schwierigkeiten, auch nur ein einziges Modell zu finden, dessen Verbrauch niedriger war als der angebliche durchschnittliche US-Flottenverbrauch.

Die US-Vorschriften zum Benzinverbrauch sollten unverständlich sein, und dieses Ziel erreichten sie auch. Im Jahr 2011 lud Obama Topmanager der US-Automobilindustrie ins Weiße Haus ein und überzeugte sie, einem durchschnittlichen Flottenverbrauch von 4,3 Liter/100 Kilometer ab dem Modelljahr 2025 zuzustimmen. Wenn tatsächlich in der realen Welt ein so niedriger Verbrauch erreicht werden könnte, würden die weltweiten Ölpreise aufgrund der sinkenden Nachfrage abstürzen. Da jedoch der tatsächliche Durchschnittsverbrauch von Neuzulassungen im Jahr 2015 bei 13,1 Liter/100 Kilometer lag, wäre eine Reduzierung um mehr als 67 Prozent in zehn Jahren notwendig, um diesen Wert auf 4,3 Liter/100 Kilometer zu senken. Wenn man bedenkt, dass in den vorangegangenen 40 Jahren eine Verbesserung um nur 44 Prozent erreicht wurde, wird das wohl ein frommer Wunsch bleiben.

Sivaks Studien lassen erwarten, dass das Hokus-Pokus-Ziel von 4,3 Litern/100 Kilometer für 2025 dazu führen wird, dass dann der tatsächliche Verbrauch eines durchschnittlichen Neuwagens bei ungefähr 6,5 Liter/100 Kilometer liegen wird. Falls das erreicht werden sollte, würde es zu einer deutlichen Senkung des Ölverbrauchs der Vereinigten Staaten führen und ihre Treibhausgasemissionen um etwa zehn Prozent reduzieren. (Der Kohlenstoffdioxidausstoß eines Fahrzeugs verhält sich proportional zu der Menge an fossilen Brennstoffen, die es verbraucht.) Durch eine deutliche Reduzierung des Benzinverbrauchs würden außerdem die Autofahrer beim Tanken viel Geld sparen. Im Jahr 2017 stellte Fiat Chrysler seinen Pacifica vor, einen Minivan mit Hybridantrieb: Mit einem akkugetriebenen Elektromotor und einem benzingetriebenen Verbrennungsmotor kann der Wagen auch lange Strecken fahren, ohne an eine Ladestation zu müssen. Das Auto ist schnell (von 0 auf 100 km/h in 7,7 Sekunden), geräumig, hat jedes nur denkbare Ausstattungs- und Sicherheitsmerkmal – und verbraucht nur 2,8 Liter/100 Kilometer. Mit einem Listenpreis von 45 000 Dollar ist das Fahrzeug zu teuer für den Normalverbraucher, obwohl Fiat Chrysler selbst bei diesem Preis bei jedem verkauften Wagen einen Verlust macht; daher ist der neue Pacifica noch keine ausreichende Antwort auf den für 2025 anvisierten US-Flottenverbrauch. Aber dass es ihn gibt, zeigt immerhin, dass ein großes, schnelles, geräumiges und sparsames Auto aus technischer Sicht durchaus machbar ist. Sparsame, bequeme und sichere Autos werden bei den Kunden gut ankommen, vor allem wenn Sivak mit seiner Vermutung recht hat, dass die von ihm so genannte Motorisierung – damit ist gemeint, wie viele Fahrzeuge insgesamt zugelassen sind und wie viel sie gefahren werden – ihr Maximum erreicht hat und in Zukunft allmählich zurückgehen wird.

Aber nicht nur Autos, sondern auch so gut wie alles andere – Flugzeuge, Schiffe, Eisenbahnen, Haushaltsgeräte, Bürolichtsysteme, Industriemaschinen, Fabriken, sogar Kraftwerke selbst – wird immer energieeffizienter.

Als Anfang der 1970er-Jahre in den Vereinigten Staaten und der Europäischen Union Energieeffizienzstandards für Kühlschränke eingeführt wurden, beklagten sich die Haushaltsgerätehersteller lautstark. Ebenso wie die Automobilindustrie geklagt hatte, dass ihre Autos durch Umweltschutzauflagen unerschwinglich teuer werden müssten, behaupteten die Hersteller von Kühlschränken das auch für ihre Produkte. Nach Daten des US Department of Energy (US-Energieministerium) verbraucht ein typischer, im Jahr 2010 verkaufter neuer Kühlschrank nur etwa 40 Prozent des Stroms, den sein Vorgänger 1970 verbrauchte, ist aber doppelt so groß und kostet (inflationsbereinigt) nur ein Drittel.[14] Indem die alten Stromfresser allmählich durch energiesparende Kühlschränke ersetzt wurden, konnten sich die Kunden über niedrigere Stromrechnungen freuen; außerdem sank der Strombedarf in den Vereinigten Staaten von 1987 bis 2011 so weit, dass 31 neue, große Kraftwerke nicht gebaut werden mussten, die die Verbraucher sonst hätten bezahlen müssen.

In einem der einflussreichsten Artikel nach dem Zweiten Weltkrieg warnte Amory Lovins 1976 in *Foreign Affairs*, das US-Stromnetz sei kurz davor, durch Überlastung zusammenzubrechen, wovon es sich nie wieder erholen würde. Die Netzlast wird in

»Quads« gemessen, was für »quadrillions of BTUs« (Billiarden British thermal units) steht. In seinem Artikel hatte Lovins die 1976 beobachteten Trends bis ins 21. Jahrhundert extrapoliert, wodurch er zu dem Ergebnis kam, dass die Vereinigten Staaten im Jahr 2011 alljährlich 235 Quads an Strom verbrauchen würden. Tatsächlich wurden jedoch 2011 nur 98 Quads verbraucht.[15] Der viel geringere Verbrauch wurde durch stromsparende Technologien möglich, obwohl viele Elektrogeräte, etwa Kühlschränke, größer und besser geworden waren.

US-Präsident Gerald Ford sagte 1975, bis 2000 müssten 200 neue Atomkraftwerke gebaut werden; tatsächlich wurden es dann 19, und heute wird zu viel Strom produziert. In der öffentlichen Meinung herrschte die Vorstellung vor, dass immer mehr Energie verschwendet wird, obwohl das Gegenteil der Fall war – vielleicht *wollten* die Leute das glauben, weil es negativ war. Vizepräsident Dick Cheney verkündete 2001, wenn die Vereinigten Staaten bis 2021 nicht mindestens 1300 zusätzliche Kraftwerke bauen würden – was allein in Kalifornien 150 neue Kraftwerke bedeutet hätte –, würde es überall im Land ständig zu Spannungsabfällen kommen.[16] Nach Cheneys Dekret waren bis 2018 nur eine Handvoll neuer Kraftwerke ans Netz gegangen, und es wurde zu viel Strom produziert.

Es gibt zahlreiche durch technologische Fortschritte beflügelte Energieeffizienz-Initiativen, und zwar unter anderem, weil sie durch die Kräfte des Marktes gefördert werden. In den vergangenen Jahren wurden an Containerschiffen »Segel« in Form von großen Drachen an langen Leinen angebracht, und Rotoren, die wie Schornsteine aussehen: Beide senken den Treibstoffverbrauch des Schiffs. Auch in der Automobilindustrie wurden solche Schritte unternommen; so entwickelte Ford zum Beispiel einen Pick-up, der leichter ist, weil viele Stahlteile durch eine neue Art von Aluminium ersetzt wurden. Auch Flugzeuge werden weitgehend aus Aluminium gebaut; es ist wesentlich leichter als Stahl, galt aber bis jetzt als zu teuer für Verkehrsmittel, die nicht fliegen. Ford hat ein Verfahren entwickelt, um Aluminium kostengünstig mit anderen Metallen zu legieren – eine beeindruckende

Ingenieursleistung, die den F-150 Pick-up-Truck ermöglichte, das meistverkaufte Fahrzeug in den Vereinigten Staaten. Es verbraucht etwa 20 Prozent weniger Benzin als das komplett auf Stahl basierende Vorgängermodell.

Andere Automobilhersteller forschen zu kostengünstigem Aluminium und neuen, leichteren Glasarten für Fahrzeugscheiben. Seit Jahrzehnten läuft das elektrische System von Pkws und kleinen Trucks mit einer Betriebsspannung von 12 Volt. Zurzeit werden 48-Volt-Systeme entwickelt, die es ermöglichen werden, Klimaanlage und Heizung eines Fahrzeugs durch die Batterie antreiben zu lassen statt durch den Motor, wodurch der Benzinverbrauch gesenkt wird. Elektroautos werden immer alltagstauglicher und schaffen immer größere Reichweiten; sie brauchen kein Erdöl mehr, sondern Strom aus zentralen Kraftwerken, die idealerweise mit erneuerbaren Energien oder Atomkraft betrieben werden und daher weder die Diktaturen am Persischen Golf unterstützen noch Treibhausgasemissionen verursachen.

Es gibt lediglich eine Maßnahme zur Verbrauchssenkung, die kein Autohersteller ernsthaft in Erwägung zieht, und das ist eine Reduzierung der Motorleistung. Die heutigen Verbrennungsmotoren sind zwar wesentlich effizienter als ihre Vorläufer, aber die meisten Effizienzverbesserungen wurden für mehr Leistung und Drehmoment genutzt statt für geringeren Verbrauch. Im Jahr 1980 hatte ein durchschnittlicher, in den Vereinigten Staaten verkaufter Neuwagen eine Leistung von 110 Pferdestärken; bis 2015 war die durchschnittliche Leistung auf 245 PS gestiegen. Die Hubraumleistung ist die Maßzahl für die Effizienz eines Verbrennungsmotors. Der Ford Mustang GT von 1982 hatte einen V8-Motor, der 32 PS pro Liter Hubraum leistete; der Mustang von heute ist ein Vierzylinder mit Direkteinspritzung und Turbolader, der eine Literleistung von 135 PS erreicht, eine um das Vierfache höhere Effizienz als sein Vorgänger von 1982. Solche Fortschritte haben absurd hohe Motorleistungen alltäglich werden lassen. General Motors, einer der großen US-Automobilhersteller, wurde 2009 mit Steuermitteln vor einer Insolvenz gerettet; man dankte es dem Steuerzahler mit dem Cadillac CTS-V, mit seinen 640 PS ein dermaßen übermotorisiertes Spielzeug für Reiche, dass es gesellschaftlich unverantwortlich ist.

Vor etwa 20 Jahren wurde in den Vereinigten Staaten aggressives Fahrverhalten zu einem Problem, da immer mehr Autos so viel Leistung hatten, dass jeder Durchschnittsfahrer – nicht die Besitzer von frisierten Sportwagen, sondern die Fahrer von Familienkutschen – Beschleunigungsrennen an der Ampel veranstalten und nach gewagten Überholmanövern andere Verkehrsteilnehmer schneiden konnte. Elektroautos haben viele wünschenswerte Eigenschaften, könnten aber die Unsitte von Beschleunigungsrennen an der Ampel noch verschlimmern. Bei Pkws und Lkws überwindet das Drehmoment des Motors die Massenträgheit des Fahrzeugs und sorgt so für die anfängliche Beschleunigung, dann kommt durch Pferdestärken Geschwindigkeit dazu. Da Elektromotoren ein hohes Drehmoment haben, kommen Elektroautos aus dem Stand sehr schnell in Fahrt. Der Porsche Panamera von 2018 beschleunigt in 3,1 Sekunden von 0 auf 100 – der sagenumwobene Pontiac GTO von 1964, der Star des damaligen Pop-Hits *Little GTO*, brauchte dafür noch 7,3 Sekunden. Bevor der Straßenverkehr noch hektischer wird, sollte auch die Leistung von Elektromotoren gedrosselt werden, ebenso wie bei benzingetriebenen PS-Monstern.

Wenn bei der Konstruktion von Fahrzeugen durch geringere Motorleistung ein niedrigerer Benzin- oder Stromverbrauch erreicht wird, würden dadurch die Treibhausgasemissionen reduziert werden (entweder direkt durch das Auto selbst oder indirekt durch Kraftwerke), und es würde etwas gegen aggressives Fahrverhalten getan. Die Automobilhersteller befinden sich quasi in einem Wettrüsten: Wenn ein Konkurrent mehr Motorleistung anbietet, müssen sie nachziehen. Würde der Kongress die Motorleistung begrenzen, würden Autos, Pick-ups und SUVs sicherer und sauberer und der Verkehr weniger hektisch werden. Manch ein Autofahrer denkt: »Wenn ich ein PS-starkes Auto haben will, lasse ich mir von niemandem sagen, was ich kaufen darf und was nicht.« Das ist nicht richtig, zumindest nicht auf US-Straßen. (Private Rennstrecken sind etwas anderes.) US-Gerichte haben wiederholt geurteilt, dass das Verhalten im Straßenverkehr durch den Staat geregelt werden darf, um Sicherheit und Umweltschutz zu gewährleisten und die Auswirkungen auf das öffentliche Leben in geordnete Bahnen zu lenken. Aber der Umstand, dass viele Amerikaner zu glauben scheinen, dass sie ein Recht auf übermotorisierte Autos haben, macht es schwierig, das Sterberisiko, den Treibstoffverbrauch und den Fahrstress im Straßenverkehr zu reduzieren.

Wenn die Menschen sich gegen vernünftigere Autos wehren, sollte man versuchen, den menschlichen Fahrer überflüssig zu machen. Wahrscheinlich werden schon bald immer mehr selbstfahrende Autos auf den Markt kommen. Je mehr Autos von einem Computer gelenkt werden, desto weniger Unfälle werden passieren: Ein Computer wird nicht müde und versucht nicht, ein anderes Fahrzeug zu schneiden. Es wird zu weniger Verkehrsstaus kommen; der Verkehr fließt gleichmäßiger, wenn alle Autos mit der gleichen Geschwindigkeit fahren und nicht unnötig die Spur wechseln, um ein paar Sekunden früher anzukommen. Wissenschaftler vom Massachusetts Institute of Technology sind in entsprechenden Studien zu dem Ergebnis gekommen, dass es in einem Verkehrssystem, das ausschließlich aus selbstfahrenden Autos besteht, zu 80 Prozent weniger Staus kommen würde – selbst in den Tunneln von Manhattan würde der Verkehr frei fließen.[17]

Die Vorortfamilie mit drei Autos – etwa ein Drittel der amerikanischen Haushalte besitzt mindestens drei Fahrzeuge – wird nur noch ein Auto brauchen, da das Fahrzeug von selbst dorthin fährt, wo ein Familienmitglied gerade abgeholt oder hingebracht werden soll. Bürogebäude, Schulen und Veranstaltungsstätten werden keinen Parkplatz mehr vor der Tür brauchen: Das Auto wird seine Herrschaften absetzen, dann allein zum entfernt gelegenen Parkplatz fahren und wiederkommen, wenn es herbeibeordert wird. Es werden sich Gruppen von Freunden zusammenfinden, um gemeinsam ein selbstfahrendes Auto zu kaufen, statt jeder selbst eines zu fahren: Alle Mitglieder einer solchen Eigentümergemeinschaft werden niedrigere Fahrzeug- und Versicherungskosten haben, wodurch ihr Lebensstandard abermals steigen wird. Das PS-Wettrüsten wird zu Ende gehen, da ein Auto, das sich weigert, schneller als erlaubt zu fahren – was einige Leute erfreuen, andere dagegen auf die Palme bringen wird –, mit überflüssiger Leistung nichts anfangen kann.

Etliche Automobilhersteller haben Forschungslabors in oder unweit von Palo Alto, Kalifornien, eingerichtet, weil sie den Input von Technologiegenies brauchen, um selbstfahrende Autos zu entwickeln. Ford erwartet, spätestens 2021 ein völlig selbstständig – also ohne Lenkrad – fahrendes Auto anzubieten, das für Eigentümergemeinschaften konzipiert ist. Man könnte denken, das sei eine etwas verspätet in Erfüllung gegangene »Summer of Love«-Hippie-Fantasie, wenn es nicht die Marketingstrategie eines Großkonzerns wäre. Wenn das Auto erst einmal durch computergesteuertes Fahren sicherer, durch Carsharing kostengünstiger, durch geringeren Treibstoffverbrauch sauberer und durch das Ende von innerstädtischen Staus weniger belastend geworden ist, wird uns die Autokultur bis auf Weiteres erhalten bleiben, jahrzehnte- oder jahrhundertelang – oder gar, bis die Sonne explodiert.

Das computergesteuerte Auto wird uns den Spaß am Fahren nehmen, uns aber dafür mehr Sicherheit, Bequemlichkeit, Kosteneinsparungen und weniger Stress im Alltag bringen. Vielleicht wird der Griesgram der Zukunft für die gute alte Zeit schwärmen, in der die ganze Familie viel Zeit zusammen im Auto verbrachte, weil sie so oft im Stau steckte. Senioren werden mobiler werden, wenn sie dem Auto nur noch sagen müssen, wohin es fahren soll. Der bedrückende Anblick eines Kreuzes am Straßenrand, wo ein Teenager sein Leben verloren hat, könnte der Vergangenheit angehören. Das computergesteuerte Auto wird die schlimmste Art eines unnatürlichen Todes in der heutigen Welt immer seltener machen: Die heutigen Autos sind wesentlich gefährlicher, als den meisten von uns bewusst ist. Unsere Enkelkinder werden sagen: »Oma, früher bist du selbst *gefahren*? War das nicht furchtbar gefährlich?« Ja, das ist es.

Autos, SUVs und Pick-ups mit Elektronengehirn werden auch

Nachteile haben – abgesehen davon, dass kein Fluchen und Trommeln aufs Armaturenbrett sie dazu bringen wird, das Tempolimit zu überschreiten, werden sie ausführlich protokollieren, wo sie gewesen sind und wann; jede Regierung wird behaupten, sich nicht für diese Daten zu interessieren, aber unweigerlich darin herumschnüffeln. Eine Fehlfunktion eines Autos wird für jeden, der das gleiche Modell ganz oder anteilig besitzt, eine Quelle des Schreckens sein. Da wir heute alle von unseren Fähigkeiten als Autofahrer sehr überzeugt sind – 83 Prozent aller Amerikaner sagen, sie seien überdurchschnittlich gute Autofahrer –, denken wir, es müsse an der Achtlosigkeit irgendeines Idioten gelegen haben, wenn wir von einem Autounfall hören; das wird bei einem Unfall eines computergesteuerten Autos nicht mehr infrage kommen.

Durch einen Hackerangriff auf die Betriebssoftware eines computergesteuerten Autos kann eine ferngelenkte Präzisionswaffe mitten in einer Großstadt entstehen; keine noch so sichere Zugangssperre kann das völlig ausschließen. Wenn selbstfahrende Autos der Zukunft tatsächlich keine Pedale und kein Lenkrad mehr haben werden, sondern nur noch Sitze für die Passagiere, wird ein Cyberangriff, der die GPS-Ortungssignale stört, das gesamte gesellschaftliche Leben zum Erliegen bringen.

Auch Busse und Lkws werden von Computern gesteuert werden. Fernfahrer sind häufig überarbeitet und müde; wesentlich mehr Menschen sterben bei von Lkws verursachten Verkehrsunfällen als bei Flugzeugabstürzen, und die Zahl der Todesopfer bei solchen Unfällen hat in den vergangenen Jahren zugenommen, obwohl die Zahl der Toten aufgrund anderer unnatürlicher Ursachen zurückgeht. Für die meisten Familien wird der größte Vorteil selbstfahrender Autos mehr Bequemlichkeit sein. Speditionen werden Löhne, Sozialleistungen und Arbeitsgerichtsprozesse durch eine Investition in selbstfahrende Autos ersetzen können, die abgeschrieben werden kann. Schon jetzt erprobt die Lkw-Sparte von Mercedes Prototypen von selbstfahrenden Lkws auf deutschen Straßen. Arbeitsökonomen, die Langstrecken-Lkws als »Sweatshop auf Rädern« kritisieren, fordern höhere Löhne und kürzere Arbeitszeiten für Fernfahrer.[18] Aber damit werden sie nur erreichen, dass der Beruf des Fernfahrers überflüssig wird.

Taxi-, Uber-, Lkw- und Busfahrer werden ihre Jobs verlieren; es wird weniger Autohändler geben; viele Autoverkäufer und Automechaniker werden entlassen werden, wenn immer mehr Familien nur noch ein Auto – oder ein halbes – besitzen statt mehrere; es wird zu vielerlei anderen gesellschaftlichen Veränderungen und Verwerfungen kommen. Sofern Sie nicht im Ernst glauben, dass Gesetze den Wandel der Fahrzeugtechnik aufhalten können – und zum Glück konnten sie das nicht, als es noch keine Sitzgurte gab –, wird diese Zukunft kommen: Sie wird sicherer, sauberer und bequemer sein und weniger Berufe für Menschen ohne abgeschlossenes Studium bieten.

Fliegen wird immer sicherer, und das sogar in noch höherem Maße, als selbst Luftfahrtenthusiasten es erwartet hätten. Die Zahl der zivilen Flugzeugabstürze erreichte 1972 ein Maximum und nimmt seither stetig ab.[19] Im Jahr 2013 kamen 462 Menschen bei Flugzeugabstürzen ums Leben; es ist ungefährlicher, durch eine Gewitterfront zu fliegen, als an einem sonnigen Tag mit dem Fahrrad in den Park zu fahren. Das Risiko, bei einem planmäßigen Flug einer der großen Fluglinien ums Leben zu kommen, ist auf etwa 1 zu 20 Millionen zurückgegangen; die Wahrscheinlichkeit, bei einer Fahrt im Auto ums Leben zu kommen, liegt bei etwa 1 zu 6 Millionen. Das Reisen per Flugzeug ist durch verbesserte Elektronik, zuverlässigere Triebwerke und besseres meteorologisches Wissen immer sicherer geworden. So wurde zum Beispiel die empfohlene Reaktion auf Windscherungen verändert, nachdem Meteorologen auf Messdaten basierende Karten entwickelt hatten, die zeigen, was innerhalb eines solchen Wetterphänomens passiert; mit dem Erfolg, dass weniger Flugzeuge durch Windscherungen abstürzen.

Während Fliegen immer sicherer wird, bleiben Pilotenfehler eine dreimal so häufige Absturzursache wie technisches Versagen. Man braucht kein Mitglied einer Pilotengewerkschaft zu sein, um zu erkennen, dass es aufgrund dieser Umstände wohl immer häufiger zum Einsatz von Flight Management Systems (FMS) kommen wird.

Oder sogar zum Einsatz von selbstfliegenden Flugzeugen. Der angesehene Journalist James Fallows, ein für Instrumentenflug zugelassener Pilot und Verfasser von zwei Büchern über Luftfahrt, erwartet, dass automatisierte Flugzeuge schon bald nach selbstfahrenden Autos eingeführt werden.[20] Kleine Jets, die ohne die Kosten von Cockpitpersonal und ohne Wartezeiten am Flughafen betrieben werden können, würden praktische, kostengünstige Lufttaxis ermöglichen, die per Smartphone bestellt werden können, so ähnlich wie schon jetzt bei Taxi-Bestell-Apps. Vielleicht denken Sie jetzt: *Ich werde auf keinen Fall in ein Flugzeug ohne Pilot einsteigen.* Doch künftige Generationen werden das möglicherweise ohne Zögern tun; der russische Schachgroßmeister und Dissident Garri Kasparow hat 2017 darauf hingewiesen, dass einstmals viele Menschen sich weigerten, einen Fahrstuhl zu benutzen, der nicht von einem Liftboy bedient wurde.[21]

So gut wie alles, was mit Technologie, Wissenschaft und Ingenieurskunst zu tun hat, ist sicherer geworden. Der Wechsel von manueller Arbeit zu Bürotätigkeit, begleitet von der Gründung der Occupational Safety and Health Administration (OSHA, US-Verwaltung für Sicherheit und Gesundheit am Arbeitsplatz), verbesserte Sicherheitsmaßnahmen in Fabriken und Warenlagern sowie sicherere Baumaschinen haben zu immer weniger tödlichen Unfällen am Arbeitsplatz geführt. Im Jahr 1970 kam einer von 4800 Vollzeitarbeitnehmern am Arbeitsplatz ums Leben; diese Zahl ist seither in beinahe jedem Jahr zurückgegangen, auf 29 600 im Jahr 2016.[22] Also war es 1970 sechsmal so gefährlich wie heute, zur Arbeit zu erscheinen.

Brände und Todesopfer durch Brände kommen ebenfalls seit vielen Jahren immer seltener vor.[23] Im Jahr 1977 kam es zu 1,1 Millionen Gebäudebränden in den Vereinigten Staaten, bei denen 6505 Menschen ums Leben kamen. Beide Zahlen sind seither fast jedes Jahr zurückgegangen – auf 501 500 Gebäudebrände und 2685 Todesopfer durch Feuer im Jahr 2015. Absolut gesehen ist das ein Rückgang der Zahl von Bränden um 55 Prozent und ein Rückgang der Todesopfer durch Feuer um 59 Prozent. Wenn man berücksichtigt, dass nicht nur die Bevölkerung, sondern auch die Zahl der Gebäude in diesem Zeitraum zugenommen hat, ist dieser Rückgang noch erstaunlicher. Es kommen immer weniger Menschen durch Feuer ums Leben, weil immer häufiger Sprinkleranlagen, brandhemmende Baumaterialien und kostengünstige Rauchmelder eingesetzt werden, eine der technischen Erfindungen mit dem besten Preis-Leistungs-Verhältnis. Heute sind viele Stadtfeuerwehren eher Einsatzzentralen für Rettungswagen. Seit dem heldenhaften Einsatz des Fire Department New York am 11. September 2001 zeigen sich Politiker gern mit einem FDNY-Schutzhelm und treten im Wahlkampf mit Feuerwehrmännern auf; als John Kerry sich 2004 um das Amt des Präsidenten bewarb, trat er häufig mit Feuerwehrmännern in Uniform an seiner Seite auf, bevor er seine Pläne erklärte, die lokalen Feuerwehren auf nationaler Ebene zu erweitern. Aber die Nation braucht weniger Feuerwehrleute, nicht mehr. Dies ist ein weiterer Bereich, in dem es zum Abbau von Arbeitsplätzen kommen wird, obwohl bei einer alternden Bevölkerung der Bedarf an Rettungssanitätern – im Rahmen der Funktion von Feuerwehren als Einsatzzentralen für Rettungswagen – zunehmen wird.

Die Gegner der Todesstrafe (zum Beispiel ich) runzeln die Stirn, wenn sie hören, dass ein Mittel, das für Hinrichtungen eingesetzt wird, nach den gesetzlichen Vorschriften »sicher und wirksam« sein muss. Wie kann eine Substanz, deren Zweck es ist, jemanden zu töten, als »sicher« eingestuft werden? Das führt zu einem Paradox: Moderne Hightechwaffen werden zugleich effektiver und weniger tödlich.

Von der Entwicklung von Hinterladerkanonen mit Drall im 19. Jahrhundert über das welterschütternde Artilleriesperrfeuer des Stellungskriegs im Ersten Weltkrieg zum Zweiten Weltkrieg, in dem ganze Städte durch Bombardierung aus der Luft dem Erdboden gleichgemacht wurden, bis hin zur Einführung der grauenerregenden »Stahlregen«-Raketen 1991 im Zweiten Golfkrieg – im

Krieg kam es schon immer darauf an, mit immer schnelleren Geschossen und immer schwereren Bomben immer flächendeckendere Zerstörungen anzurichten.

Ruth Sivard, Ökonomin und Abrüstungsanalystin des US-Außenministeriums, hat 1996 berechnet, dass in den großen Kriegen des 20. Jahrhunderts etwa elf Megatonnen an Sprengstoff gezündet wurden, was etwa der hundertfachen Sprengkraft der über Hiroshima abgeworfenen Atombombe entspricht.[24] Mit diesen elf Megatonnen wurden nicht nur die meisten Großstädte in Deutschland und Japan in Schutt und Asche gelegt, sondern auch in Bulgarien, China, England, dem Irak, dem Iran, in Italien, Jugoslawien, Kambodscha, Malaysia, Myanmar, den Niederlanden, Nordafrika, Nord- und Südkorea, Polen, Rumänien, Russland, Ungarn, der Ukraine und in Vietnam schwere Schäden angerichtet, wobei etwa 40 Millionen Zivilisten getötet wurden. Da die meisten im 20. Jahrhundert eingesetzten Bomben und Geschosse ihr Ziel verfehlten, töteten sie häufiger Zivilisten als Soldaten, trafen häufiger Schulen und Wohngebäude als Waffenarsenale.

Die Kampfjets, die von den Vereinigten Staaten und Großbritannien im Golfkrieg für Luftangriffe gegen den Irak eingesetzt wurden, flogen wesentlich schneller als jedes Flugzeug im Zweiten Weltkrieg, aber die Folgen ihrer Angriffe waren sehr ähnlich. Zumeist wurden 1991 große (500 bis 2000 Pfund schwere), nicht gelenkte, »dumme« Bomben abgeworfen, die häufig ihre Ziele verfehlten, furchtbare Zerstörungen anrichteten und zivile Todesopfer forderten, aber kaum militärische Wirkung erzielten.

Als die Genauigkeit des Global Positioning System (GPS) kurz nach Beginn des 21. Jahrhunderts verbessert wurde, änderte sich dieser Aspekt der Kriegsführung. Relativ kleine, präzise gesteuerte Raketen wurden zur bevorzugten Waffe. Als 1998 die Weltöffentlichkeit durch den Skandal um den Versuch, Bill Clinton seines Amtes zu entheben, abgelenkt war, flogen Kampfflugzeuge die von der US-Regierung als Atomwaffeneinrichtungen identifizierten Areale des Irak mit neuen, GPS-gesteuerten Raketen an – und jede dieser Bomben traf ganz genau das Ziel, auf das sie abgefeuert worden war. Fünf Jahre später, als die Vereinigten Staaten im Irak einmarschierten – angeblich, um Saddam Husseins atomare Rüstung zu stoppen –, wurden keine solchen Waffen gefunden. Die Waffeninspekteure stellten fest, dass bei dem Luftschlag von 1998 die irakischen Einrichtungen zur Herstellung von Massenvernichtungswaffen zerstört worden waren, wobei es kaum zu zivilen Opfern gekommen war. Der »chirurgische« Schlag, der schon lange eine Fantasie des Weißen Hauses gewesen war, hatte tatsächlich stattgefunden.

Mit der 1998 eingeführten GPS-Lenkwaffe, die auf Pentagonesisch »JDAM« (Joint Direct Attack Munition) heißt, änderten sich Luftschläge von »vielen schweren Bomben, die massive Zerstörungen anrichten«, zu »relativ wenigen, aber effektiven Bomben mit relativ leichten Sprengköpfen«. Bis dahin waren große Bomben, bei denen der große Explosionsradius die fehlende Genauigkeit ausgleicht, der Standard gewesen. Als die Bomben endlich in ihrem eigentlichen Ziel einschlugen, wurde klar, dass kleinere Sprengköpfe geboten waren. Heute ist die typische Bombe der US Air Force eine GPS-Lenkwaffe mit einem Sprengkopf von 250 Pfund, was kleiner ist als die typischen Bomben, die im Zweiten Weltkrieg, im Korea-, Vietnam- und Golfkrieg eingesetzt wurden (kleiner sowohl in Bezug auf ihre Größe als auch auf ihre Sprengkraft, da die chemische Zusammensetzung der verwendeten Sprengstoffe »verbessert« wurde, wenn man so will). Die neuen, relativ kleinen Bomben sind tödlich für das, was sie treffen, aber nicht für das, was in der Nähe ist.

Als die Vereinigten Staaten zur Amtszeit Richard Nixons große Bomben auf Kambodscha abwarfen, wurden dadurch schätzungsweise 500 000 Zivilisten getötet.[25] Als die Vereinigten Staaten 2003 bei der Invasion im Irak kleine Lenkwaffen einsetzten, wurden dabei, so sagte Barack Obama 2016, »Zehntausende« von Zivilisten getötet[26] – immer noch eine entsetzlich hohe Zahl, aber deutlich geringer als bei vergleichbaren früheren Bombardierungen.

Laut dem Politikwissenschaftler John Tirman vom Massachusetts Institute of Technology sind die Amerikaner zutiefst empört über die vielen unschuldigen Menschenleben, die am 11. September 2001 ausgelöscht wurden, und das durchaus zu Recht – sie tun dabei aber so, als ob all die unschuldigen Menschenleben, die im Zuge der Vergeltungsmaßnahmen der USA ausgelöscht wurden, irgendwie nicht zählen.[27] Das Pentagon bestätigte 2017, dass bei einem US-Luftschlag auf einen belebten Stadtteil der irakischen Stadt Mossul mindestens 105 Zivilisten getötet wurden; das Ziel des Angriffs waren zwei ISIS-Scharfschützen.[28] Der Tod vieler unschuldiger Menschen bei einem Versuch, zwei gegnerische Kämpfer zu töten, schaffte es nicht einmal auf die ersten Seiten amerikanischer Zeitungen, geschweige denn, dass der Vorfall zu einer öffentlichen Diskussion geführt hätte. Wenn durch eine irakische, auf eine US-Stadt abgeworfene Bombe 105 Amerikaner getötet worden wären, wären die Vereinigten Staaten in einen kollektiven Wutanfall verfallen.

Zumindest reduzieren die kleineren, zielgenauen Waffen, die heute von den Vereinigten Staaten und anderen Streitkräften eingesetzt werden, den Blutzoll unter Zivilisten. Wenn Sie sich für das geringere Übel entscheiden müssten – flächendeckende Zerstörung oder große Zielgenauigkeit –, was würden Sie wählen? Im Jahr 1982 marschierten israelische Soldaten im Libanon ein, unterstützt von Luftschlägen mit großen, »dummen« Bomben. Im Jahr 2006 setzte Israel die gleiche Invasion am selben Schauplatz ins Werk, aber dieses Mal unterstützt von Luftschlägen mit GPS-gelenkten Flugkörpern mit kleinen Sprengköpfen. Was auch immer man moralisch von diesen Aktionen halten mag – bei der von großen Bomben unterstützten Invasion wurden 1982 etwa 10 000 libanesische Zivilisten getötet, während es 2006 mit kleinen Bomben »nur« etwa 1000 zivile Todesopfer waren. Bei der Schlacht um das französische Dorf Le Hamel am 4. Juli 1918 fielen in nur zwei Stunden etwa 3000 amerikanische, australische, britische und deutsche Soldaten. Bei den westlichen Kämpfen in Afghanistan – 2018 ist das Jahr, in dem dieser endlose Krieg länger gedauert haben wird als der Zweite Punische Krieg – sind bei einer seit fast zehn Jahren andauernden Schlacht um das Dorf Sangin, das ungefähr so groß ist wie Le Hamel, etwa 800 afghanische, amerikanische, britische und pakistanische Kämpfer gefallen. Der

Unterschied war nicht die Heftigkeit der Kämpfe, die in beiden Fällen beängstigend war, sondern vielmehr, dass 1918 beide Seiten »indirektes Feuer« einsetzten – ungezielte Geschosse, die falsche Ziele treffen und große Explosionen verursachen, während ein Jahrhundert später in Afghanistan auf beiden Seiten Präzisionswaffen eingesetzt wurden.

Moderne Flugkörper mit einer Eigenschaft, die von Ingenieuren als »Hawk« bezeichnet wird – das steht für »*h*oming *a*ll the *w*ay to *k*ill« (sinngemäß: automatisch ins Ziel steuern bis zum tödlichen Schlag) –, nutzen Radar, Laser, Video, GPS und digitales Geländefolgeradar, um sehr genau den Weg bis in ihr Ziel zu finden, wodurch die Entwicklung zu immer kleineren Explosionen gefördert wird. Als britische Bomber im Zweiten Weltkrieg die Befestigungen auf der deutschen Nordseeinsel Helgoland angriffen, warfen sie 5000 Tonnen von nicht gelenktem Sprengstoff ab.[29] Als 2017 die Vereinigten Staaten hochpräzise Marschflugkörper auf einen syrischen Luftwaffenstützpunkt abschossen – ein Gelände, das ungefähr so groß ist wie Helgoland –, wurde mit 30 Tonnen Sprengstoff ungefähr die gleiche Wirkung erzielt wie mit 5000 Tonnen im Zweiten Weltkrieg.

Aber auch manche modernen Waffen sind groß: Im Jahr 2017 zündeten die USA in Afghanistan eine Bombe, die größer war als alles, was jemals im Zweiten Weltkrieg eingesetzt wurde. Generell geht der Trend jedoch zu weniger destruktiven Sprengladungen. In Serbien setzten 1999 die Vereinigten Staaten »soft bombs« ein, die nicht explodieren, sondern Wolken von Grafitfasern ausstoßen, die zwar ein Stromnetz unbrauchbar machen können, aber nichts in die Luft jagen oder zerstören. Wenn ein Gegner nach einem Angriff mit solchen »weichen Bomben« zurückweicht, kann das Stromnetz schnell wieder in Betrieb genommen werden.

Der Umstand, dass die Vereinigten Staaten immer häufiger Drohnen einsetzen, um auf Menschen zu feuern, die Washington für Terroristen hält, wirft eine ganze Reihe von moralischen und rechtlichen Fragen auf. Was passiert, wenn der Knopf gedrückt wird? Die meisten Drohnen, die von US-Streitkräften im Nahen Osten eingesetzt werden, sind Miniflugzeuge, die den hochpräzisen Marschflugkörper AGM-114 abfeuern, dessen Sprengkopf 18 bis 20 Pfund schwer ist. Mit einer solchen Sprengladung kann ein Fahrzeug oder ein Gebäudeteil zerstört werden, aber kein ganzes Gebäude; normalerweise kommt es dabei nur selten zu sogenannten Kollateralschäden. Zu Beginn der endlosen Besetzung Afghanistans durch die USA erkannte das US-Kommando, dass die vor Ort zur Verfügung stehenden Geschosse darauf ausgelegt waren, gegen sowjetische Panzer eingesetzt zu werden, und daher eine zu hohe Zerstörungskraft hatten. Das führte zu der Entwicklung eines relativ kleinen Präzisionsflugkörpers, des AGM-176, der zuerst 2008 eingesetzt wurde. Sein Sprengkopf wiegt 13 Pfund und richtet keinen Kollateralschaden an.

Nach seiner Rede an der University of Chicago wurde Barack Obama gefragt, ob es moralisch zu vertreten sei, wenn die Vereinigten Staaten sich das Recht anmaßen, in den armen und wehrlosen Ländern der Welt Drohnen einzusetzen, um Menschen zu töten. Er wich dieser Frage aus, ebenso wie Bush junior dieser Frage ausgewichen war, der erste US-Präsident, der Drohnen einsetzen ließ. Obama sagte immerhin: Da es US-Luftschläge geben werde, müssten dabei Waffen mit möglichst geringer Zerstörungskraft eingesetzt werden.

Doch moderne Streitkräfte werden auch im Hinblick auf andere Eigenschaften weniger gefährlich, die nichts damit zu tun haben, dass große »dumme« Bomben durch kleine Lenkwaffen ersetzt werden. Die Vereinigten Staaten, deren Luftwaffe im Zweiten Weltkrieg Zehntausende von schweren Bombern im Einsatz hatte, unterhalten heute insgesamt nur noch etwa 200 Bomber. Das sind nicht mehr genug, um jene Art von unerbittlichem Bombardement aus der Luft zu entfesseln, mit dem sie die Achsenmächte, Kambodscha und Nordvietnam überzogen hatten. Russland und China haben nur eine Handvoll schwerer Bomber, Frankreich, Deutschland und Großbritannien gar keine. Die wenigen Kampfflugzeuge, die mit großer Präzision Lenkwaffen ins Ziel schicken können, sind eine gezieltere Bedrohung für echte militärische Ziele als die endlosen »Bomberströme« im Zweiten Weltkrieg, aber sie sind nicht so gefährlich für Zivilisten, da es nur noch zu weniger und kleineren Detonationen kommt. Die noch vorhandenen Bomber stehen auch nicht mehr unter atomarer Alarmbereitschaft, und der B-1 Überschallbomber der USA wurde so umgerüstet, dass er nur noch konventionelle Waffen tragen kann. Auch die Seestreitkräfte aller Länder haben abgerüstet – sie haben heute weniger Kriegsschiffe als früher, und diese Schiffe stellen kaum noch eine Bedrohung für Ziele an Land dar, wo Zivilisten leben. Die großen Militärmächte der Welt haben weniger Artillerie als früher, und obwohl schnittige Kampfflugzeuge mehr Aufmerksamkeit erregen, sind es die Kanonen und Haubitzen, die im Gefecht die größten Schäden anrichten. Im Zweiten Weltkrieg wurden 60 Millionen Tonnen Sprengstoff mit Artilleriegeschützen auf Sewastopol abgeschossen; heute könnte keine Armee der Welt ein solches Sperrfeuer bewerkstelligen. Freilich sind die satellitengesteuerten Flugkörper, die Amerika und Russland einsetzen können, gegen militärische Ziele viel effektiver als die Artilleriegeschütze im Zweiten Weltkrieg, die in Richtung Feind unterschiedslos alles zusammenschossen.

Die meisten Länder haben die Chemiewaffenkonvention von 1997 ratifiziert: Bis 2016 waren 93 Prozent der weltweiten Chemiewaffenbestände vernichtet worden. Ein Grund, warum 2017 der Einsatz von Sarin im Syrienkrieg zu internationaler Ablehnung führte, ist, dass fast alle Regierungen solchen Waffen abgeschworen haben.

Die Vereinigten Staaten und die Russische Föderation haben die meisten ihrer großen Atombomben – die eine Sprengkraft von mindestens einer Megatonne haben und eine Stadt dem Erdboden gleichmachen können – demontiert und die Einzelteile eingeschmolzen. Eine Megatonne entspricht dem 50-Fachen der Sprengkraft der Hiroshima-Bombe; auf dem Höhepunkt des Kalten Kriegs zielten Hunderte von Megatonnen-Plus-Monstrositäten auf die Großstädte der Welt. Die Sprengkraft der neuesten US-Atombombe, der B61–12, ist kaum größer als die der Hiroshima-Bombe. (Die Formulierung »kaum größer« klingt in diesem Zusammenhang etwas beklemmend.) Die B61–12 und ihre russischen Gegenstücke mit relativ geringer Sprengkraft zielen nicht auf Städte. London, Moskau und Washington kamen 1994 überein, die Zielkoordinaten aus ihren kurz vorher fertiggestellten Atomraketen zu löschen. Wenn solche Flugkörper erst »scharfgemacht« werden müssen, indem Zielkoordinaten eingegeben werden, entsteht zwangsläufig eine Pause, in der sich möglicherweise weniger hitzköpfige Entscheider durchsetzen können. Im Jahr 2010 sagte US-Verteidigungsminister Robert Gates, die drei Mächte hätten darüber hinaus vereinbart, in ältere Atomraketen, die mit älteren Lenksystemen ausgestattet sind, Zielkoordinaten auf dem offenen Meer einzugeben, sodass eine versehentlich abgeschossene Rakete ins Meer stürzen würde.[30]

Studien der Federation of American Scientists (Verband amerikanischer Wissenschaftler) zeigen, dass Washington und Moskau noch 1990 Tausende von nuklearen Sprengköpfen auf Kriegsschiffen und U-Booten stationiert hatten. Auf solchen Schiffen konnte es unter Umständen dazu kommen, dass ein einzelner Offizier die Entscheidung über einen Abschuss trifft.[31,32] Die einzigen heute noch mit Atomwaffen bestückten US-Schiffe sind die U-Boote der *Ohio*-Klasse, die laut dem Verband »seltener denn je auf Patrouille fahren«, während entsprechende russische U-Boote kaum noch den Hafen verlassen.

Die gefährlichste Kriegsmaschine, die jemals von Menschen ersonnen wurde, ist das mit Langstreckenraketen ausgestattete, atomar angetriebene U-Boot der *Ohio*-Klasse. Zeitweise waren 18 dieser apokalyptischen Reiter im Dienst, jeweils bewaffnet mit 24 Interkontinentalraketen, die jeweils 14 atomare Sprengköpfe trugen. Das war genug Sprengkraft auf einem einzigen U-Boot, um ein ganzes Land zu vernichten, und genug an Bord der gesamten U-Boot-Flotte, um alles menschliche Leben zu beenden. Inzwischen sind einige U-Boote der *Ohio*-Klasse von nuklearer auf konventionelle Bewaffnung umgerüstet worden. Die ganze Klasse soll durch U-Boote der *Columbia*-Klasse ersetzt werden, von denen es höchstens zwölf Stück geben soll, ausgestattet mit jeweils 16 Atomraketen statt 24. Dieses Szenario mit weniger strategischen U-Booten und weniger Atomraketen entspricht einer Reduzierung um etwa 60 Prozent des Arsenals der schrecklichsten Waffen der Vereinigten Staaten. Russland hat schon 2012 sein letztes, der Ohio-Klasse entsprechendes Atom-U-Boot mit nuklearen Langstreckenraketen außer Dienst gestellt. Russland wird höchstens acht der Columbia-Klasse entsprechende U-Boote in Dienst stellen, was unterm Strich einer Reduzierung des unterseeischen Atomwaffenarsenals der Russen um 70 Prozent entsprechen wird. Die Militärs werden nach wie vor in der Lage sein, entsetzliche Zerstörungen anzurichten, aber der Trend geht zu weniger Atomwaffen und weniger destruktiven konventionellen Waffen.

Jesse Ausubel, der bereits erwähnte Wissenschaftler von der Rockefeller University, machte sich in den 1980er-Jahren mit der Vorhersage einen Namen, der Rohstoffverbrauch werde selbst bei steigendem Lebensstandard zurückgehen. Damals schien das ziemlich weit hergeholt zu sein; heute bezweifelt dagegen niemand mehr, dass der Rohstoffverbrauch zurückgehen kann, während zugleich der Lebensstandard steigt.

An der University of California in Los Angeles durchgeführte Studien haben gezeigt, dass der Stromverbrauch im Großraum Los Angeles durch energieeffiziente Bauweise um etwa 20 Prozent zurückgegangen ist – einer der Gründe, warum die Stadt der Engel bei wachsender Einwohnerzahl bessere Lebensstandards und weniger Smog haben kann.[33] Der Außencampus der Cornell University, der auf einer Insel im East River gegenüber von Manhattan angelegt wird, soll sich über Solarkollektoren und ein Erdwärmekraftwerk selbst mit Strom versorgen; das sind zwar zurzeit noch relativ teure Optionen, aber wenn erst einmal mehr Erfahrungen mit erneuerbaren Energien gesammelt wurden, werden auch die Preise fallen. Da Ausubel mit seinen Prognosen schon einmal richtiglag, habe ich ihn nach seinen heutigen Vorhersagen gefragt.

»Nun, generell ist zu erwarten, das alles immer effizienter wird«, so sagte er mir. »Der Pro-Kopf-Verbrauch an Mineralien, Metallen, Papier und Wasser hat in den 1970er- oder 80er-Jahren sein jeweiliges Maximum erreicht und ist seither zurückgegangen; dadurch wurde Technologie umweltschonender, und durch schwache Nachfrage fielen die Preise. In der nächsten Generation werden Baumaterialien leichter werden, wodurch Baukosten und Rohstoffverbrauch zurückgehen werden, obwohl die Gebäude stabiler und wesentlich feuersicherer sein werden. Chemische Batterien werden nicht nennenswert verbessert werden können; das größte Einsparpotenzial liegt im Senken des Energiebedarfs, sodass weniger Batteriekapazität gebraucht wird. Geringerer Energiebedarf wird eine Menge bringen. Die Lärmbelastung der Meere wird als wichtiges Problem erkannt werden. Die Ozeane liegen in Sachen Umweltschutz 100 Jahre hinter dem Land zurück. Es sollten große Meeres-›Parks‹ ausgewiesen werden, mit Vorschriften gegen Fischwilderei und andere ökologische Sünden. Die Einhaltung solcher Vorschriften könnte mit Drohnen überwacht werden, die wesentlich mehr Fläche abdecken können als die Küstenwache.

Die Landwirtschaft ist inzwischen so effektiv geworden, dass wir mehr Kalorien und Proteine produzieren, als gut für uns ist. Den Menschen in den reichen Ländern würde es mit 25 Prozent weniger Nahrung besser gehen. Die Höchsterträge in der Landwirtschaft könnten bald ihr Maximum erreicht haben, aber die durchschnittlichen Erträge können noch deutlich gesteigert werden; es ist wichtiger, Verschwendung zu eliminieren und die Verteilung von Nahrungsmitteln zu verbessern, als die Produktion noch weiter zu steigern. Wir haben uns so schnell an das Bevölkerungswachstum angepasst, dass die Welt okay sein sollte, wenn das Wachstum bei neun oder zehn Milliarden Menschen aufhört; 20 Milliarden wären allerdings etwas anderes.

Carsharing wird unerwartet starke Auswirkungen haben. In den Vereinigten Staaten gibt es 200 Millionen Pkws, SUVs und Pick-ups – jedes dieser Fahrzeuge wird im Durchschnitt eine Stunde pro Tag gefahren, die anderen 23 Stunden steht es ungenutzt herum. Wenn wir die durchschnittliche Nutzung auf zwei Stunden pro Tag erhöhen könnten, bräuchten wir nur noch halb so viele Fahrzeuge. Im Flugverkehr war es genauso – Fliegen ist billiger geworden, weil die Flugzeuge in der Luft bleiben und Geld verdienen, statt irgendwo auf einem Rollfeld rumzustehen. Das Gleiche wird auch bei Bodenfahrzeugen passieren. Heute setzen Autos etwa 30 Prozent der im Treibstoff enthaltenen Energie in Bewegung um. Bald werden sie einen Wirkungsgrad von etwa 50 Prozent erreichen, und wir werden nur noch halb so viele Autos brauchen. Der Bedarf an Rohstoffen wird sinken, die Lebensstandards werden steigen, und das Leben in einer Großstadt wird weniger stressig sein.«

Ausubel glaubt, dass in Zukunft viel mehr Menschen in Städten leben werden: Der Zug vom Land in die Stadt wird sich weiter beschleunigen, und dadurch werden immer mehr Menschen besser gebildet, toleranter und daran gewöhnt sein, unter Menschen zu leben, die anders sind als sie selbst – dieser Effekt ist der vielleicht größte Vorzug des Lebens in der Stadt.

Als er 2016 einen Vortrag an der University of Glasgow hielt, präsentierte Ausubel eine Serie von Folien, die zeigten, dass der Mensch seit der Antike durchschnittlich etwa 70 Minuten pro Tag in Bewegung ist. Sei es zu Fuß oder zu Pferde, in einer Kutsche, Straßenbahn oder einem Privatauto – 70 Minuten pro Tag sind wir unterwegs. »Dies ist eine sehr tief verwurzelte Optimierung, die auf Hunderttausenden von Jahren evolutionärer Entwicklung beruht, eine tägliche Inspektion unseres Territoriums«, sagt Ausubel. Auch wenn die Verkehrsmittel immer schneller werden – selbstfliegende Flugzeuge, Magnetschwebebahnen, vielleicht die extrem schnelle »Hyperloop«-U-Bahn –, wird der Mensch auch in Zukunft 70 Minuten pro Tag unterwegs sein, dabei allerdings seine Reichweite vergrößern. »In Europa hat sich die durchschnittliche Reisegeschwindigkeit seit 1950 verdreifacht«, so Ausubel. »Dadurch hat sich das persönliche Areal um das Zehnfache vergrößert. Das wird auf der ganzen Welt geschehen, und es wird sicher sein.«

Die Antwort auf die Frage, warum unsere Technologie sicherer wird statt gefährlicher, ist eine Verbindung aus liberaler Ideologie (Regulierung), konservativer Ideologie (die Kräfte des Marktes), militärischen Notwendigkeiten (Präzisionslenkwaffen statt riesiger Bomben) und Sachzwängen der Produktion (geringerer Rohstoff- und Brennstoffverbrauch machen ein Produkt wertvoller). Der Homo sapiens ist gut darin, Dinge effizienter zu machen: Wenn wir die Effizienz unserer Technologie verbessern, werden wir sicherer sein und der Umwelt weniger schaden.

Aber was passiert mit einer Welt, die sicherer und sauberer ist, wenn Diktatoren die Macht an sich reißen?

7 Wieso gewinnen die Diktatoren nicht?

Versetzen Sie sich einmal in den Sommer 1940 zurück. Die Finsternis der Naziherrschaft hat sich über Europa gelegt, die imperiale Finsternis Japans verdunkelt Asien. Die riesige Sowjetunion, die sich über das Territorium von 15 heutigen Ländern ausgedehnt hat, leidet unter dem Joch eines Polizeistaats, der seine eigenen Bürger verhungern lässt und jeden Dissidenten ohne viel Federlesens exekutiert. China ist von einem Dreifrontenkrieg zerrissen, der böse enden wird, nämlich in jenem vom Staat herbeigeführten, für ein kommunistisches Regime typischen Elend. Mittelamerika, Südamerika und Spanien werden von Operettendiktatoren beherrscht, die zu unkontrollierten Wutausbrüchen neigen, nach denen sie zahllose Dissidenten und Akademiker verschwinden lassen. Polen, die Ukraine und die baltischen Staaten werden zur gleichen Zeit von zwei Seiten unterdrückt, von Nazis und Kommunisten. Indien, Indonesien, Südostasien und weite Teile Afrikas werden durch Kolonialherren ausgebeutet.

Faschismus und Kommunismus, gestützt durch Kriegsrüstung im industriellen Maßstab und die neu entwickelten Möglichkeiten der Massenpropaganda – bevor der Rundfunk erfunden worden war, konnte bei politischen Kundgebungen nur das persönlich anwesende Publikum erreicht werden –, scheinen unmöglich zu überwinden zu sein; da den Bürgern in beiden Systemen ihre Rechte verweigert werden und jeder gefoltert wird, der die »Big Brother«-Machthaber kritisiert, wie kann es da jemals zu einer Revolution kommen? Der Glanz der Demokratie leuchtet nur noch in wenigen Ländern, nämlich in Australien, Kanada, den Vereinigten Staaten und Großbritannien – und im Empire droht er zu erlöschen, wenn man bedenkt, dass die Briten Indien für den persönlichen Profit ihrer Aristokraten brutal unterworfen haben. Die Lage wird so hoffnungslos, dass Franklin D. Roosevelt Winston Churchill vorschlägt, die Royal Navy möge ihr dem Untergang geweihtes Heimatland aufgeben und sich auf den Weg nach Westen machen, um in Nordamerika dabei zu helfen, die letzte Bastion der Freiheit zu verteidigen.

Jetzt wollen wir wieder in die Gegenwart zurückkehren. Die deutsche und die japanische Variante des Faschismus sind niedergeworfen worden; die Orwell'sche Form des Kommunismus ist fast verschwunden, in Russland besiegt durch eine vormals unvorstellbare Bewegung: interner Aktivismus für die demokratische Teilhabe der Regierten. Auch der Imperialismus ist beinahe verschwunden; ein unabhängiges Indien ist heute die größte Demokratie der Menschheitsgeschichte. In den meisten Ländern dieser Welt werden demokratische Wahlen mit mehreren politischen Parteien abgehalten. Die Meinungsfreiheit hat sich – wenn auch stockend – über den gesamten Globus ausgebreitet. Es gibt nach wie vor zahlreiche politische Probleme, und mehr werden noch kommen, aber die Diktatoren haben nicht gewonnen. Die Vereinigten Staaten haben, all ihren Fehlern zum Trotz, das zentrale Ideal der Aufklärung – dass nämlich der Einzelne wichtiger sei als der Staat – aufrechterhalten und wurden so zum mächtigsten und wohlhabendsten Land, das die Welt je gesehen hat.

Diktatorische Regime in ihren zahlreichen Varianten sind unmoralisch und grausam; die Demokratie in ihren vielen Formen ist dagegen chaotisch und uneindeutig. Dennoch hat seit 1940 die Demokratie gewonnen, wann immer diese beiden Weltanschauungen aufeinanderprallten, entweder ganz eindeutig oder in einer Pattsituation.[1] (Diese Behauptung wird in der vorstehenden Anmerkung näher ausgeführt.) Von der technologischen Entwicklung haben nicht die »Big Brothers« profitiert, vielmehr ist dem einfachen Bürger durch den immer freieren Informationsfluss immer mehr Macht zugewachsen – und zwar überall, außer im Nahen Osten, in Nordkorea und einigen anderen Außenposten. Und obwohl es kürzlich zu einer Entwicklung gekommen ist, die Larry Diamond von der Stanford University als »Zurückweichen der Demokratie« bezeichnet – nämlich in China, Russland, Thailand und der Türkei –, gilt im Großen und Ganzen nach wie vor, dass die Guten über die Bösen siegen.[2]

Zu Beginn der 1980er-Jahre macht Diamond als junger Akademiker die ziemlich weit hergeholte Vorhersage, dass die Staatsform der Demokratie den Diktaturen den Rang ablaufen werde. Damals galt diese Sicht der Dinge schlicht als Unsinn. Der Kommunismus wurde für monolithisch und unzerstörbar gehalten; diverse Militärregimes schienen zu fest etabliert zu sein, um sich zu ändern. Jeane Kirkpatrick, die UNO-Botschafterin der Vereinigten Staaten während der Amtszeit von Präsident Ronald Reagan und eine Favoritin eingefleischter Hardliner, war der Meinung, die USA sollten sich bei autoritären Regimen diskret anbiedern, weil es naiv sei, davon zu träumen, dass diese Regime durch Demokratien ersetzt werden könnten. Diamond war dagegen fasziniert von einem Ereignis, das kaum jemand im Westen mitbekommen hatte: der Nelkenrevolution. Im Jahr 1974 schaffte Portugal ohne Blutvergießen den Übergang von einer Diktatur zur Demokratie und entließ dann seine Kolonien in Afrika und Asien in die Unabhängigkeit. Diamond hielt Portugal, nicht die Sowjetunion, für den Leitindikator – und er sollte recht behalten.[3]

In den folgenden Jahren fiel der Eiserne Vorhang, und die meisten Länder des Warschauer Pakts führten Wahlen ein. Indonesien, Südkorea, Spanien, Griechenland, Südafrika und der Großteil der mittel- und südamerikanischen Länder wurden zu Demokratien, in den meisten Fällen nach einem friedlichen Übergang von einer Diktatur zu einer frei gewählten Regierung. Max Roser von der University of Oxford hat berechnet, dass heute etwa 56 Prozent der Menschheit in echten Demokratien mit freien Wahlen leben – ein Anteil, den Könige und Kaiser früherer Epochen für undenkbar gehalten hätten.[4] Die meisten freien Gesellschaften haben eine liberale Demokratie erreicht, also die beste Staatsform – liberal in dem Sinne, wie die Gründerväter der Vereinigten Staaten es meinten: weitreichende persönliche und religiöse Freiheiten und private Eigentumsrechte.

»Keine frühere Generation hat eine so stetige Zunahme der Demokratie erlebt«, so Diamond. Und woher wusste er, dass es so kommen würde? »Vor einer Generation bestand die Tendenz, arme Menschen als nicht an der Freiheit interessiert abzuschreiben. Ich habe 1980 in Afrika gelehrt und bin danach viel herumgereist. Auf meinen Reisen in aller Welt war ich erstaunt, immer wieder zu sehen, wie sehr die Armen sich nach Freiheit sehnen. Freiheit ist kein Luxus für Reiche, sondern etwas, wonach sich alle Menschen zutiefst sehnen – in China, auf Kuba, überall. Heute zeigen Umfragen, dass selbst die meisten Araber im Nahen Osten unbedingt wollen, dass ihre Diktaturen von Demokratien abgelöst werden.«

Je mehr Demokratien es gibt, desto seltener kommt es zu einem Militärputsch. Jonathan Powell von der Central Florida University und Clayton Thyne von der University of Kentucky beschäftigen sich mit Staatsstreichen.[5] Sie haben herausgefunden, dass es in der Zeit von 1950 bis 1990 im Durchschnitt etwa zehnmal pro Jahr zu einem Militärputsch kam. Seit 1990 ist dieser Durchschnitt auf drei Coups pro Jahr zurückgegangen. Durch die Begeisterung der Menschen für Demokratie und den zunehmenden Wohlstand in Afrika und Lateinamerika ist es für Putschisten schwieriger geworden, ernst genommen zu werden.

Wir möchten glauben, dass die Demokratie sich immer weiter durchsetzt, weil sie moralisch überlegen ist. In einer idealen Welt könnte die moralische Überlegenheit einer repräsentativen Demokratie der Anfang und das Ende dieser Frage sein. In der real existierenden Welt nach 1940 kommt es jedoch eher darauf an, dass eine Demokratie sowohl finanziell als auch in kriegerischen Auseinandersetzungen einer Diktatur überlegen ist.

Die jüngere Vergangenheit kann so unermesslich fern scheinen. Vor nur zwei Generationen gab es im Westen tatsächlich intelligente Menschen, die Nikita Chruschtschows Prahlerei »Wir werden euch begraben« auf den Leim gingen. Damit meinte er,

dass die kommunistische Arbeiterklasse die freien Marktwirtschaften ökonomisch in die Knie zwingen würde, indem sie
mehr als der Westen produzieren würde. Machte nicht der historische Determinismus diese Entwicklung zwingend? War nicht
die industrielle Produktion das Fundament des Kommunismus,
während die Philosophie der Aufklärung auf einer vagen Vorstellung von persönlichem Glück beruht? Im Jahr 1961 prognostizierte
Paul Samuelson, der erste Wirtschaftsnobelpreisträger der USA,
dass die sowjetische Wirtschaft bis spätestens 1980 die US-Wirtschaft überholt haben würde.[6] Etwa zur selben Zeit begann John
Kenneth Galbraith, Samuelsons Rivale als profiliertester Ökonom
der Vereinigten Staaten, zu erklären, dass eine sich entwickelnde
»Technostruktur« aus riesigen, unpersönlichen Fabriken für
den Unternehmer nach amerikanischem Stil das Ende einläuten
würde. Waren nicht riesige, unpersönliche Fabriken genau das,
worauf der Kommunismus spezialisiert war?

Die sowjetische Wirtschaft überholte die amerikanische Wirtschaft weder in den 1980er-Jahren noch zu irgendeiner anderen
Zeit. Als die Sowjetunion 1989 zerfiel, war die US-Wirtschaft doppelt so groß wie die sowjetische; heute ist das US-BIP 14-mal so
hoch wie das der Russischen Föderation. Die Vereinigten Staaten
produzieren mehr als China und Russland zusammen, mit einem
beachtlichen Vorsprung.[7] Pro Kopf der Bevölkerung ist heute ein
US-Amerikaner siebenmal so produktiv wie ein Russe oder Chinese – so viel nur zu Chruschtschows »Wir werden euch begraben«.

Auf Geld kommt es schon mindestens an, seit die Griechen
begannen, auf dem Amboss Münzen zu schlagen. Mit jedem Jahrzehnt, das in der modernen Welt verstreicht, wird Geld immer
wichtiger: Das Talent von Demokratien, Geld zu produzieren,
wird im Vergleich zu anderen Eigenschaften eines Staatswesens
immer wichtiger. Der Umstand, dass Grund und Boden keine
Voraussetzung mehr sind, um Wohlstand zu erzeugen, hat dazu
geführt, dass es meist billiger und effektiver ist, Land zu kaufen,
als es zu erobern, sei es mit Gewalt oder durch Beeinflussung der
öffentlichen Meinung. Durch die zunehmende Bedeutung von

Geld und die abnehmende Bedeutung von Rohstoffen und schierer Arbeitskraft wird das Entstehen freier Gesellschaften begünstigt.

Ein weiterer Grund für den Aufstieg freier Gesellschaften ist, dass das chaotische Wesen von Marktwirtschaften – also genau die Eigenschaft der westlichen Volkswirtschaften, die Amerikaner und Europäer verunsichert – Kreativität belohnt. Autoritäre Systeme bestrafen Kreativität. Deirdre McCloskey, eine Wirtschaftshistorikerin an der University of Illinois at Chicago, hat geschrieben: »Befreite Menschen sind erfinderisch«; dagegen können Menschen, die durch einen Diktator, eine kommunistische Ideologie oder Feudalismus unterdrückt werden, ihren Erfindungsreichtum nicht ausleben.[8] Russland hat seit Langem hervorragende Wissenschaftler hervorgebracht, und da sein Bildungswesen einen Schwerpunkt auf die Bildung von Mädchen und Frauen legt, ist Russland in den Genuss von doppelt so viel Ideen gekommen wie andere Länder. Trotzdem ist es der Sowjetunion (und später der Russischen Föderation) nie gelungen, wissenschaftliche Erkenntnisse über Laser, Computer, Luftfahrt und Raketentechnik – Schwerpunkte der russischen Wissenschaft – erfolgreich zu kommerzialisieren. In autoritären Regimen werden Ideen als Bedrohung angesehen, nicht als Chancen. Das rückwärtsgewandte Ziel von Tyranneien ist, das bereits Vorhandene zu beherrschen; das Kommende zu schaffen wird dagegen als Thema angesehen, über das nicht gesprochen werden sollte.

Über den größten Teil des 20. Jahrhunderts hinweg waren Land, Arbeit und natürliche Rohstoffe das Fundament der wirtschaftlichen Produktion; als das 20. Jahrhundert zu Ende ging, wurden Kapital, Wissen und geistiges Eigentum immer wichtiger. Die chaotischen, ungeplanten Systeme des Westens konnten sich anpassen und wurden aufgrund ihrer immanenten Instabilität immer stärker – die grimmigen, unterdrückerischen Diktaturen schafften das dagegen nicht. Heute will die Welt Dollars, Euros und Yen haben, und vielleicht ein bisschen digitale Währung – aber niemand in der ganzen unermesslichen Milchstraße will Rubel haben. Vom Iran wird gesprochen wie von einem mächtigen Land, aber seine Wirtschaft ist ein Strohfeuer: Viele Beschäftigte erhalten nie ihren Lohn, und eine einfache Transaktion, etwa der Kauf einer Tüte Lebensmittel, kann 10 000 Toman kosten – eine Hyperinflation, die die Weimarer Republik wie eine Fallstudie der Harvard Business School für wirtschaftlichen Erfolg aussehen lässt. Im Jahr 2017 erreichte die Marktkapitalisierung von Apple die Summe von 800 Milliarden Dollar, im Vergleich zum BIP der Russischen Föderation von 1,3 Billionen Dollar.[9] Ein einziges amerikanisches Unternehmen ist fast so wertvoll wie ganz Russland! Dieser finanzielle Vorteil nimmt allmählich immer weiter zu, wodurch das demokratische System einen immer größeren Vorsprung an Geldvermögen gewinnt.

In dem als Gerichtsdrama inszenierten Hollywoodfilm *Das Urteil von Nürnberg* von 1961 spielt Burt Lancaster einen der angeklagten Nazis, der dem von Spencer Tracy gespielten Richter sagt: »Als Deutschland eine Demokratie war, hatten wir nichts. Als es eine Diktatur geworden war, bekam Deutschland, was immer es haben wollte.« Diese Aussage, die einer tatsächlichen Aussage vor dem Nürnberger Gericht nachempfunden war, reflektiert eine Haltung, die vor einem Jahrhundert als richtig erscheinen mochte – damals konnten die Menschen glauben, dass es dem nationalen Interesse diene, einem Tyrannen an die Macht zu verhelfen, weil eine Diktatur dem Volk besser geben könne, was es verlangt. Selbst wenn das einmal wahr gewesen sein mag, stimmt es heute nicht mehr.

Die Meinungsfreiheit verschafft der Demokratie einen Bildungsvorteil. Die meisten der besten Hochschulen der Welt befinden sich in den Vereinigten Staaten; eine Handvoll sind in Europa und in Japan; die übrige Welt kann nicht einmal mit einer einzigen der Spitzenhochschulen in Amerika oder England mithalten.[10] Mit jedem Jahr, das ins Land geht, werden Colleges und Universitäten immer wichtiger, Rohstoffvorkommen und Viehzucht dagegen immer unwichtiger.

Gegen Ende des 19. Jahrhunderts festigten sich etliche Demokratien, indem sie sich der Forderung nach allgemeiner staatlicher Bildung anschlossen. Deutschland, das zunächst an der Spitze dieser Bewegung gestanden hatte, fiel sich selbst in den Rücken, als es an seinen Schulen und Universitäten Denkverbote einführte. In den Jahren nach dem Zweiten Weltkrieg setzten die Vereinigten Staaten sich das teure Ziel, ihr höheres Bildungswesen zu erweitern und jedem Normalbürger ein Hochschulstudium zu ermöglichen. Das wurde durch die GI Bill von 1944, das »California public university system« (System staatlicher Universitäten in Kalifornien) und die sogenannten »public Ivies« (staatliche Ivy-League-Hochschulen) in Colorado, Illinois, Michigan, North Carolina, Pennsylvania, Texas, Vermont, Virginia, Wisconsin und im Bundesstaat Washington erreicht. Zur gleichen Zeit wurden in zahlreichen Diktaturen Universitäten geschlossen. Die Investition der Vereinigten Staaten in staatliche Universitäten hat sich mittlerweile vielfach bezahlt gemacht, während die Dummheit von bildungsfeindlichen Diktatoren jeden Tag aufs Neue bestraft wird. Im Jahr 2006 zeigte ein Forscherteam unter der Leitung von Jon Miller an der Michigan State University, dass ein beinahe 100-prozentiger Zusammenhang zwischen Bildung und wirtschaftlichem Output besteht: Je besser das Bildungswesen eines Landes, desto größer ist sein BIP.

Eine Diktatur kann kein freies Bildungswesen hervorbringen, weil sie dessen ureigenste Grundvoraussetzung – nämlich freies Denken – verbietet. Dadurch überlassen die Diktatoren den Demokraten einen ständig wachsenden Vorteil. Wenn Sie die Wahl hätten, in einem Land mit großartigen Hochschulen, viel Geld und viel Ungewissheit zu leben, oder in einem Land mit einer hervorragenden Geheimpolizei, großen Vorkommen fossiler Brennstoffe und der Sicherheit, dass nächstes Jahr alles genauso sein wird wie jetzt, wie würden Sie sich entscheiden? Steven Radelet von der Georgetown University hat festgestellt, dass Entwicklungsländer, die nicht von einem Diktator beherrscht werden, daran arbeiten, in ihr Bildungswesen zu investieren – so macht zum Beispiel Indien erhebliche Anstrengungen, seine Hochschulen zu verbessern –, während Länder, die von einem Despoten beherrscht werden, keine gebildete Bevölkerung wollen. Dadurch bleiben Diktaturen im Vergleich zu Demokratien rückständig und schwach.

Ein weiterer Grund, warum Demokratien produktiver sind als Diktaturen, liegt darin, dass den Bürgern keine nutzlosen Übungen abverlangt werden. Ein funktionierender, demokratischer Rechtsstaat erlaubt seinen Bürgern, die Politik zu ignorieren und sich um ihr eigenes Leben zu kümmern. Dagegen fordern alle Diktaturen ständige Ergebenheitsbekundungen und ungeteilte Aufmerksamkeit der Bürger für den Staat und die irrationalen Verkündigungen einer kultisch verehrten Figur. Dass Donald Trump gewählt wurde, beunruhigt die Menschen nicht so sehr wegen seines Wahlprogramms oder seiner seltsamen Riege von Beratern, sondern weil er sie zwingt, sich über seine Politik zu ärgern und seine unvorhersehbaren Stimmungsschwankungen zu fürchten, wodurch ihnen weniger Energie für ihre Jobs, Familien und das Streben nach Glück übrig bleibt.

Vor einer Generation akzeptierte die chinesische Führung widerwillig, dass eine freie Marktwirtschaft wesentlich besser Wohlstand erzeugen kann als eine Planwirtschaft; seither bestätigt Chinas wirtschaftlicher Output diese Einsicht. Inzwischen hat der Rote Drache stillschweigend anerkannt, dass die amerikanischen Hochschulen sehr viel besser sind als die chinesischen; die Eliten haben begonnen, ihre Kinder in die Vereinigten Staaten zu schicken, um sich dort eine echte Bildung zuzulegen. Wird darauf eine Demokratisierung Chinas folgen, wie der Tag auf die Nacht folgt? Pekings neuerlicher Rückfall in strengere Zensurmaßnahmen zeigt, dass seine politische Führung ihren Machterhalt für wichtiger hält als die Zustimmung der Regierten – China inszeniert einen »Großen Sprung zurück«, bei dem »abweichende Meinungen nicht statthaft sind«, heißt es in einem 2016 erschienenen Artikel in The Atlantic.[11] China würde viel stärker werden, wenn es sich zu einer Demokratie entwickelte, statt an seinem jetzigen Mischsystem aus wirtschaftlicher Freiheit ohne politische Freiheit festzuhalten.

Michail Gorbatschow, der Staatspräsident der Sowjetunion in der Zeit, als sie sich auflöste, sagte 2016, der nächste Schritt für Russland müsse sein, ein demokratisches System einzuführen, und zwar »nicht irgendwann in der Zukunft, sondern jetzt«. Wir möchten gern glauben, dass Gorbatschow das aus moralischen Gründen forderte – aber vielleicht stand er nur unter dem Eindruck der russischen Wirtschaftsdaten.

Mit dem Geschützdonner, der im August 1914 anhob, begann der Krieg der Autokratien Deutschland, Bulgarien, Osmanisches Reich und Österreich-Ungarn gegen die Demokratien Großbritannien, Dritte Französische Republik, Kanada, Vereinigte Staaten, Australien, Italien und Japan, mit den Monarchien Russland und Serbien gewissermaßen als Joker. Der Erste Weltkrieg wird in der heutigen Politik kaum beachtet, weil jeder Aspekt dieses Konflikts aus heutiger Sicht so abgrundtief widerwärtig zu sein scheint. Dennoch setzten sich die Demokratien in diesem furchtbaren Krieg mit einem deutlichen Vorsprung durch. Es erzeugte Bitterkeit – vor allem in den Vereinigten Staaten –, dass der Erste Weltkrieg sich nicht als der Krieg erwies, der alle anderen beenden würde. Was sich dagegen tatsächlich erwies, war der Umstand, dass (einigermaßen) freie Gesellschaften, die für schwach und nachgiebig gehalten werden, Autokratien besiegen können, die als unbesiegbar gelten. Als Anfang des 20. Jahrhunderts Demokratien gegen Diktaturen kämpften und den Krieg gewannen, legte das einen Samen ins öffentliche Bewusstsein, denn Sieger werden bewundert.

Zu Beginn der 1940er-Jahre befanden sich die beiden grundlegenden Regierungsphilosophien wieder im Krieg gegeneinander, und dieses Mal stand alles auf dem Spiel. Wieder setzten sich letztlich die Demokratien durch, und das wesentlich klarer als im vorigen Weltkrieg. Die Anstifter des Ersten Weltkriegs trugen Schäden davon; die Anstifter des Zweiten Weltkriegs lagen in Schutt und Asche. Bemerkenswert ist, dass Italien und Japan, als sie im Ersten Weltkrieg als Demokratien kämpften, daraus als Sieger hervorgingen; als sie jedoch als Diktaturen in den Zweiten Weltkrieg zogen, wurden sie geschlagen. Als Diktaturen wurden Deutschland und Japan vernichtend geschlagen; als sie sich nach dem Zweiten Weltkrieg zu liberalen Demokratien entwickelten, erlebten beide ein Wirtschaftswunder. Im Zweiten Weltkrieg war

Russland abermals der Joker, nachdem es eine Erbdespotie durch eine kommunistische Despotie ersetzt hatte. Nach dem Ende des Krieges blieb Russland eine Diktatur – seine korrupte Führungsklasse ignorierte lautstark die positiven Entwicklungen, die sich in Demokratien vollzogen – und somit eine unglückliche und benachteiligte Gesellschaft.

Aus militärischer Sicht besteht die Lektion des Zweiten Weltkriegs darin, dass Demokratien wesentlich besser kämpfen als Diktaturen. George Marshall, der Generalstabschef der US Army, sagte 1944: »Bevor die Sonne über diesem furchtbaren Kampf untergeht, werden wir dafür sorgen, dass auf der ganzen Welt unsere Fahne nicht nur als Symbol der Freiheit angesehen wird, sondern auch als Symbol überwältigender Macht.« Vielen Menschen ist bewusst, dass der Zweite Weltkrieg gezeigt hat, dass dieses »Symbol der Freiheit« jedem Symbol einer Tyrannei überlegen ist. Dass er aber auch gezeigt hat, dass eine Demokratie »überwältigende Macht« besitzt, ist weniger bekannt, aber ebenso unausweichlich.

Vielleicht kämpfen die Soldaten demokratischer Länder deswegen so gut, weil sie an das glauben, wofür sie kämpfen, während die Soldaten von Diktaturen nur kämpfen, weil sie dazu gezwungen werden. Militärhistoriker neigen zu dem Schluss, dass die Soldaten aller Länder nicht von der Fahne motiviert werden, der sie folgen, sondern von ihren Sehnsüchten – zu leben, Mut zu zeigen, ihren Kameraden zu helfen.[12] In diesem Sinne mögen die Motivationen auf beiden Seiten etwa gleich stark sein: Trotz ihrer widerwärtigen Regierungen kämpften sowohl Deutsche als auch Russen im Zweiten Weltkrieg heldenhaft.

Ein weiteres Problem ist die industrielle Rüstung: Auf diesem Sektor ist eine Demokratie jeder Tyrannei weit überlegen. Der Historiker Jay Winik hat geschrieben, im Laufe des Zweiten Weltkriegs »produzierten die Vereinigten Staaten zwei Millionen Lastwagen, 300 000 Kampfflugzeuge, mehr als 100 000 Panzer, 87 000 Kriegsschiffe, 5000 Lastschiffe, mehr als 20 Millionen Gewehre, Maschinengewehre und Pistolen und 44 Millionen Munitionsladungen – dies entspricht dem Bau von zwei Panamakanälen pro Monat«,[13] Am Morgen des D-Day, als am 6. Juni 1944 die Landeoperation der Alliierten in Frankreich begann, brachten die Vereinigten Staaten so viele Soldaten heran, dass ihre Zahl den Bevölkerungen der Großstädte Baltimore und Boston entsprach, und zwar »in zwölf Stunden, in völliger Dunkelheit und über 180 Kilometer unruhiges Meer«, neben riesigen Mengen an Munition, medizinischen Vorräten, 100 000 Packungen Kaugummi und 2,8 Tonnen Bonbons.

Der deutsche Panzerkampfwagen V »Panther« war das beste gepanzerte Fahrzeug im Zweiten Weltkrieg, das dem US-Panzer M4 Sherman deutlich überlegen war. Deutschland schaffte es, 6000 dieser Panzer herzustellen, hatte jedoch Schwierigkeiten, sie selbst über kurze Distanzen mit Treibstoff zu versorgen; die Vereinigten Staaten bauten 49 000 Sherman-Panzer, für die sie mehr als genug Treibstoff über Tausende von Kilometern heranschafften.

Im Zweiten Weltkrieg produzierten die Vereinigten Staaten die drei- bis zehnfache Menge an Flugzeugen, Schiffen, Panzern, Jagdpanzern, Feldgeschützen, Radargeräten, Squad-Waffen und Bazookas, und sie stellten das Manhattan Project auf die Beine, das komplizierteste Projekt, das je ein Land in Angriff genommen hatte. Sie lieferten einen großen Teil der militärischen Ausrüstung für die Rote Armee, und sie stellten die Grand-Coulee-Talsperre fertig, die den elektrischen Strom für die Herstellung enormer Mengen Aluminium erzeugte, das für die schweren Bomber gebraucht wurde, die nur die Alliierten in nennenswerten Stückzahlen produzieren konnten. Sie bauten die damals längsten beiden Pipelines der Welt, um Treibstoff an die Ostküste zu pumpen, von wo aus er auf den europäischen Kriegsschauplatz verschifft wurde, und sie bauten Raffinerien für das 100-Oktan-Flugbenzin, von dem die Vereinigten Staaten während des Krieges mehr produzierten als die gesamte übrige Welt. Im letzten Kriegsjahr lieferten die USA pro Tag 120 000 Barrel hochoktaniges Flugbenzin an ihre Luftwaffenbasis in Guam, während die gesamte japanische Luftwaffe pro Tag mit nur noch 21 000 Barrel Flugbenzin auskommen musste, das minderer Qualität war und häufig mitten in der Schlacht die Triebwerke stottern ließ.[14]

Die Kriegsflotte des faschistischen Japan wurde in ihren heimischen Gewässern von einer demokratischen Marine zusammengeschossen, die dafür den gesamten Pazifik hatte überqueren müssen. Weder setzte ein Soldat der Achsenmächte jemals einen Fuß auf amerikanischen Boden, noch drang eines ihrer Flugzeuge in den US-Luftraum ein. Dagegen warfen die Vereinigten Staaten und England 3,4 Millionen Tonnen Bomben über dem Territorium der Achsenmächte ab, während aus dem Westen – der Front, an der die Truppen der demokratischen Mächte kämpften – 4,5 Millionen Soldaten Deutschland überrannten, unterstützt von 17 000 Panzern, 28 000 Flugzeugen, 65 000 Artilleriegeschützen und etwa einer Million Truppentransportern und Jeeps.

Man könnte sich natürlich fragen, ob das demokratische System der Vereinigten Staaten im Zweiten Weltkrieg so viel mehr Rüstungsgüter produzierte als die feindlichen Diktaturen, weil seine Rüstungsfabriken und Raffinerien durch Ozeane geschützt waren, während die Infrastruktur der tyrannischen Feinde durch Luftschläge massiv beschädigt worden war. Aber selbst wenn keine Bombardierungen aus der Luft stattfanden, produzierte die Demokratie weit mehr als die Diktaturen. Die strategische Bombardierung Japans begann erst im Sommer 1944; zwischen dem japanischen Angriff auf Pearl Harbor und jenem Sommer wurden in amerikanischen Werften 17 Flottenflugzeugträger der Essex-Klasse getauft, die wertvollsten Kriegsschiffe des Zweiten Weltkriegs. In japanischen Werften wurden nur sechs gebaut. In derselben Zeit ließen die Vereinigten Staaten beinahe 100 Geleitflugzeugträger vom Stapel; in Japan waren es zwölf. Der Analyst Daniel Yergin hat auf Folgendes hingewiesen: Als Japan 1926 das allgemeine Wahlrecht abschaffte, um eine faschistische Diktatur zu errichten, lehnte die japanische Oberschicht »Liberalismus, Kapitalismus und Demokratie als Ursachen von Schwäche und Dekadenz« ab.[15] Japan wurde also von einem schwachen, dekadenten System, das mit wesentlich größerer Effizienz Flugzeugträger bauen konnte, in Schutt und Asche gelegt.

Freie Gesellschaften sind im Vorteil, wenn es darum geht, Innovationen und Erfindungsreichtum zu fördern – geschlossene Gesellschaften unterdrücken sie. Ironischerweise können freie Gesellschaften auch besser organisieren als geschlossene Gesellschaften. Beim Ausbruch des Zweiten Weltkriegs waren die Fertigungsverfahren in Deutschland und Japan unkoordiniert und produzierten eine große Typenvielfalt von Flugzeugen und Panzerfahrzeugen, die schwierig instand zu halten waren, weil für jedes Modell andere Ersatzteile benötigt wurden, und deren Besatzungen schwierig auszubilden waren, weil die Bedienung kaum standardisiert war. In seinem Buch *Why the Allies Won (Die Wurzeln des Sieges – warum die Alliierten den Zweiten Weltkrieg gewannen)* nennt der Historiker Richard Overy den Umstand, dass in der deutschen Luftwaffe 425 verschiedene Flugzeugtypen flogen, in der US Air Force (die damals noch anders hieß) dagegen nur 15, als einen der entscheidenden Gründe für den Sieg der Alliierten.[16] Bei den Fertigungsverfahren, die im 19. Jahrhundert in den Vereinigten Staaten entwickelt worden waren – dem sogenannten Amerikanischen Fertigungssystem –, wurden standardisierte Werkzeugmaschinen und Einspannvorrichtungen eingesetzt, die Produkte mit austauschbaren Teilen herstellten. Als der Zweite Weltkrieg ausbrach, hatten die alliierten Demokratien ihre Rüstungsindustrien schon auf dieses System umgestellt; Deutschland führte die amerikanischen Fertigungsverfahren erst 1943 ein, als es schon zu spät war. In Japan wurden solche standardisierten Fertigungsverfahren erst nach dem Krieg eingeführt.

Der Historiker Michael Sherry von der Northwestern University schrieb 1987: »Der totalitäre Faschismus produzierte viel weniger Zentralisierung, als von den Alliierten erreicht wurde.«[17] Nichts ist perfekt, aber die meisten Bürger von Demokratien disziplinieren sich freiwillig, was gut ist, um Projekte zu organisieren und in Teams zusammenzuarbeiten; die Bürger von Diktaturen zeigen dagegen kaum Initiative, weil sie befürchten, dafür bestraft zu werden. Eine freie Marktwirtschaft belohnt, was immer gerade am effizientesten sein mag – und in Kriegszeiten ist das Zentralisierung. Man könnte denken, Zentralisierung sei die Spezialität von kommunistischen Regimen und südamerikanischen Militärdiktaturen, aber tatsächlich bleiben sie in diesem Aspekt effizienter Fertigung hinter den freien Gesellschaften zurück.

Demokratische Systeme sind gegenüber Diktaturen moralisch im Vorteil; es kann nicht schaden, auch finanziell und auf dem Schlachtfeld im Vorteil zu sein.

Das moralische Argument für Demokratie ist in vielerlei Hinsicht belastet: in den Vereinigten Staaten durch die Sklaverei und später die Jim-Crow-Gesetze (Rassentrennungsgesetze), durch die Gräuel gegen die Urbevölkerung und durch die Verletzung von Abkommen, die abgeschlossen und vom Senat ratifiziert worden waren; durch die Beteiligung von Großbritannien, Spanien, Portugal und Holland am Sklavenhandel; durch die brutale Unterdrückung ihrer Kolonien durch Großbritannien, Frankreich, Spanien, Portugal, Belgien und Holland. Auch viele andere demokratische Länder und Kulturen haben schwere Verbrechen begangen.

Hier geht es um die Schande, die demokratisch verfasste Länder auf sich geladen haben. Heute halten die meisten Amerikaner die Sklaverei für eine moralische Schandtat, die durch den 13. Verfassungszusatz wiedergutgemacht wurde, und die Rassentrennung für eine politische Schandtat, die durch Bürgerrechtsgesetze und »affirmative action« (positive Diskriminierung) wiedergutgemacht wurde. Der Journalist und Buchautor Ta-Nehisi Coates hat darauf hingewiesen, dass Sklaverei und Rassentrennung auch wirtschaftlich institutionalisiert waren und dieses Unrecht noch lange nicht wiedergutgemacht worden sei. »Die Gettos in Amerika sind das direkte Ergebnis von vielen Jahrzehnten politischer Entscheidungen, zum Beispiel die Aufteilung von Städten in nach Rassen abgegrenzte Zonen, die erweiterten Befugnisse von Staatsanwälten, die zusätzliche finanzielle Ausstattung für den Strafvollzug«, schrieb Coates 2017.[18] Bis 1968 wurde die Aufteilung von Wohngebieten nach Rassen nicht als etwas moralisch Verwerfliches angesehen, was die Federal Housing Authority still und heimlich vollzog, sondern war offizielle Politik der Federal Housing Administration (FHA, US-Wohnungsministerium), die

unter anderem dazu diente, erhebliche Vermögenswerte von Afroamerikanern auf Weiße zu übertragen.

Der unglaublich produktive Output von Demokratien wurde
auch dadurch ermöglicht, dass afrikanische und indianische Sklaven, unterdrückte Afrikaner, Asiaten, Inder und die »indentured«
(»Vertragsknechte«) diverser Völker Zwangsarbeit leisten mussten, um Wohlstand für Regierungen zu schaffen, die Freiheit ver-
sprachen. Die Menschheitsgeschichte birgt eine Reihe von Rätseln,
darunter auch den Umstand, dass die wirtschaftliche Macht der
Demokratien, die es ermöglichte, die Diktaturen des 20. Jahrhunderts zu Fall und dadurch der Welt großen Nutzen zu bringen,
auf der Misshandlung von Menschen beruhte, denen ihre Freiheit
verwehrt wurde. Das sollte aber niemanden von der Überzeugung
abbringen, dass die Demokratie die beste aller heute verfügbaren
Gesellschaftsordnungen ist, sondern uns vielmehr in Erinnerung
rufen, dass selbst in Demokratien die Spätfolgen der Ausbeutung
zahlloser Menschen allgegenwärtig sind.

Diktaturen haben keine Chance, Demokratien im Krieg zu besiegen, in der Wirtschaft oder auch nur beim Produzieren von Spielfilmen und Popmusik oder beim Liefern von Pizza. Vielleicht können Diktaturen an Boden gewinnen, indem sie das demokratische
Gesellschaftsmodell untergraben, anstatt direkt dagegen zu konkurrieren.

Die meisten großen Mächte der Menschheitsgeschichte kol-
labierten von innen heraus, nicht durch externe Einwirkungen.
Die heutigen russischen Machthaber, die noch jung waren, als die
Sowjetunion von innen heraus zerfiel, wissen das nur allzu gut.
Kurz vor der Amtseinführung Donald Trumps als US-Präsident
sagte James Clapper, Generalleutnant a. D. der US Air Force: »Die
Bemühungen der Russen, das Ergebnis der US-Präsidentschaftswahlen von 2016 zu beeinflussen, sind der jüngste Ausdruck von
Moskaus seit Langem gehegtem Wunsch, die liberale demokratische Ordnung unter der Führung der Vereinigten Staaten zu
untergraben.« Während ich dies schreibe, ist noch nicht klar,
inwieweit Moskau auf die US-Präsidentschaftswahlen von 2016

Einfluss genommen haben könnte. Moskaus Bestreben, solcherlei Einfluss zu nehmen, ist dagegen offensichtlich.

Spekulanten an der Wall Street versuchen, Wetten auf fallende Aktienkurse abzuschließen, indem sie Leerverkäufe tätigen; heute versuchen Russland und andere autoritäre Regime, auf den Niedergang der Demokratie zu wetten. In einem fairen Kampf wird Russland nie gegen eine demokratische Gesellschaftsordnung gewinnen können. Aber eine Diktatur kann gegen eine demokratische Regierung, die Meinungsfreiheit und Bürgerrechte schützt, agitieren, indem sie Gerüchte streut und deren Bürger dazu verleitet, die Rechtmäßigkeit freier Wahlen anzuzweifeln. So kann sie den Eindruck zu erwecken, die demokratische Ordnung würde zerfallen. Am Aktienmarkt werden negative Gerüchte über Unternehmen in Umlauf gebracht, um mit Leerverkäufen Profit zu machen: Wenn daraufhin der Aktienkurs fällt, macht der Leerverkäufer ein gutes Geschäft. Totalitäre Regime hoffen, den »Aktienkurs« – den guten Ruf – der Vereinigten Staaten zu drücken, wodurch sie dann (um im Bild zu bleiben) Vermögenswerte zum Schnäppchenpreis einsammeln könnten. Falls Russland tatsächlich Trump geholfen hat, ins Weiße Haus zu kommen, wären die Folgen für die Vereinigten Staaten – ein eitler, inkompetenter Präsident, der nicht auf sein Amt vorbereitet ist, verwirrt agiert und die Bürger von den eigentlichen Problemen des Landes ablenkt – genau das, was eine Leerverkaufsstrategie bewirken will.

In derselben Zeit der jüngeren Vergangenheit, in der die Demokratie immer mehr an Boden gewann, entstanden zwei Gegengewichte. Ursprünglich war ein Informationsnetzwerk wie das Internet der Albtraum eines jeden Diktators. George Orwell hat beschrieben, dass Ozeanien, der dystopische Schauplatz seines Romans *1984*, Elektronik einsetzte, um den Bürgern vorzuenthalten, was tatsächlich vor sich ging; als sich jedoch das Internet immer weiter ausbreitete, stellte sich heraus, dass elektronische Medien das genaue Gegenteil bewirken und den Normalbürger in die Lage versetzen, sich umfassend zu informieren. Viele Diktaturen haben begonnen, darauf zu reagieren; so hat zum Beispiel

China die »Great Firewall« immer undurchdringlicher gemacht, um zu verhindern, dass im Internet über korrupte Parteifunktionäre berichtet wird; die Türkei hat den Zugang zur Wikipedia blockiert, um zu verhindern, dass ihre Bürger sich über den historischen Völkermord an armenischen Christen informieren. Aber selbst im Westen, wo das Internet frei zugänglich ist, hat dessen zweite Phase negative Auswirkungen auf Demokratien.

Das zweite Gegengewicht besteht darin, dass der schnell zunehmende Wohlstand in Ländern, die freie Wahlen abhalten oder zumindest eine freie Marktwirtschaft erlauben, einen verlockenden Präsentkorb bildet, aus dem man sich bedienen kann. William Galston, ein ehemaliger Sergeant der US-Marine, der dann eine akademische Laufbahn einschlug und zu einem hochrangigen Funktionär des Weißen Hauses unter Präsident Bill Clinton avancierte, schrieb 2016: »Die entscheidende Frage ist, ob Eliten in ihrem eigenen Interesse regieren oder im Interesse des Gemeinwohls.«[19] In einer erfolgreichen Gesellschaft regieren die Eliten im Interesse des Gemeinwohls. In einer Gesellschaft, die Korruption zulässt, gilt das weniger.

»Wenn ein armer Mann etwas stiehlt, geht er ins Gefängnis; wenn ein reicher Mann etwas stiehlt, wird er Minister.« Das hat Luiz Inácio Lula da Silva gesagt, der es schließlich wissen muss: Lula wurde zum Präsidenten Brasiliens und verschloss die Augen angesichts des vielleicht schlimmsten Korruptionsskandals in den traurigen Annalen zu diesem Thema. In der Zeit bis 2017 trug sich in Brasilien Folgendes zu: Lula wurde zu beinahe zehn Jahren Haft verurteilt, weil er öffentliche Gelder gestohlen hatte;[20] seine Nachfolgerin Dilma Rousseff wurde wegen Unterschlagung ihres Amtes enthoben; Dutzende von Bürgermeistern gingen wegen Korruption ins Gefängnis; Beamte von Brasiliens Bundespolizei erschienen mit Durchsuchungsbefehlen vor den Villen von »Brazillionaires«, die mit dem Privathubschrauber über die endlosen Verkehrsstaus des Landes hinwegzufliegen pflegen; und Marcelo Odebrecht, der CEO des größten brasilianischen Baukonzerns, wurde zu 19 Jahren Haft verurteilt, weil er Regierungsbeamte bestochen hatte. (Odebrecht hat zugegeben, in Brasilien 350 Millionen Dollar an Schmiergeldern gezahlt zu haben, und im Arbeiterparadies Venezuela weitere 100 Millionen Dollar.)

Die Staatskasse zu plündern hatte Fußball als Brasiliens Nationalsport abgelöst. Brasilien hat die am stärksten von Rohstoffen abhängige große Wirtschaft – Erze, Soja, Zucker –, und Rohstoffbestandskonten können leicht geplündert werden; das ist einer der Gründe, warum die vom Erdöl abhängigen Volkswirtschaften Russlands und der Diktaturen am Persischen Golf so extrem korrupt sind. Während des Skandals in Brasilien musste Fabiano Silveira, ein Funktionär mit dem Hogwarts-artigen Titel »Minister für Transparenz«, zurücktreten, weil er dabei erwischt worden war, korrupte Machenschaften zu vertuschen – obwohl sein Job ja eigentlich darin bestand, Korruption aufzudecken.

Die Korruptionsermittlungen in Brasilien wurden von Experten des US-Justizministeriums geleitet und führten unter anderem dazu, dass der britische Rolls-Royce-Konzern, der die Triebwerke für die in Brasilien hergestellten Embraer-Flugzeuge liefert, eine Strafe von 800 Millionen Dollar zahlen musste, weil er in Brasilien und anderen südamerikanischen Ländern hohe Schmiergelder gezahlt hatte. Das FBI richtete eine Abteilung ein, die tatsächlich »Kleptocracy Asset Recovery Initiative« (Kleptokratie-Vermögenswerte-Wiederbeschaffungs-Initiative) heißt und drei Milliarden Dollar eingefroren hat, die von ausländischen Regierungsfunktionären gestohlen und auf US-Konten gebunkert wurden.

Es folgt eine Auswahl der Korruptionsskandale aus den letzten paar Jahren: Der malaysische Premierminister wurde mit mindestens einer Milliarde Dollar erwischt, die er als Wahlkampfspenden deklarierte, obwohl es sich tatsächlich um Steuergelder handelte. Der Chef der Zentralbank von Bangladesch musste zurücktreten, nachdem 81 Millionen Dollar staatlicher Gelder von einem Konto in New York City verschwunden waren – der Auszahlungsbeleg muss doch hier irgendwo sein! Ein Spitzenbeamter, der gerade seinen Dienst in der argentinischen Regierung quittiert hatte, wurde verhaftet, weil er dabei erwischt worden war, Säcke voller Geldscheine über die Außenmauer in einen Klostergarten zu werfen, weil er irrigerweise glaubte, dass sein gestohlenes Geld dort vor dem Gesetz sicher sei.[21] Bei Gulnora Karimova, der Tochter des verstorbenen Präsidenten Usbekistans, wurden 830 Millionen Dollar gefunden, obwohl sie arbeitslos ist. Pawlo Lasarenko, ein ehemaliger Premierminister der Ukraine, hatte mindestens 250 Millionen Dollar auf der Bank, obwohl seine einzige Einkommensquelle ein Beamtengehalt war. Von Joseph Kabila, dem früheren Diktator der irreführend benannten Democratic Republic of the Congo, wird angenommen, dass er mindestens 95 Millionen Dollar an staatlichen Geldern gestohlen hat.

Vor Kurzem kam es auch zu einem Korruptionsskandal in Afghanistan, wo ein großer Teil der von den USA für den Wiederaufbau des Landes gezahlten 115 Milliarden Dollar gestohlen wurde. Zur Unterschlagung von staatlichen Geldern und Zahlung von Schmiergeldern für die Vergabe öffentlicher Aufträge ist es erwiesenermaßen oder angeblich in Ägypten, Angola, Australien, China, Israel, Kambodscha, Mexiko, Nigeria, Pakistan, Peru, auf den Philippinen, in Rumänien, Russland, der Slowakei, in Spanien, Südafrika und Uganda gekommen. Die Masche in Rumänien war besonders unverfroren: Die Regierung erließ ein Gesetz, mit dem Amtsträger vor Strafverfolgung wegen Diebstahls geschützt wurden; »Boss« Tweed[22] wäre beeindruckt gewesen.

Die Präsidentin Südkoreas wurde aus dem Amt gejagt, weil sie Steuergelder gestohlen hatte; der CEO von Samsung, dem gigantischen Konzern des Landes, wurde für das gleiche Vergehen in Ketten gelegt und ins Gefängnis geworfen.[23] Das 2015 mit dem Iran abgeschlossene Abkommen zur Begrenzung des atomaren Rüstungsprogramms des Landes enthielt die Bestimmung, dass die Vereinigten Staaten 400 Millionen Dollar iranischer Einlagen auf Konten bei US-Banken zurückzahlen müssten, wo das Geld seit Jahrzehnten eingefroren gewesen war. Der Iran wollte dieses Geld nicht in Form eines Schecks oder als Banküberweisung entgegennehmen, sondern in kleinen Dollar- und Euro-Scheinen: Es erforderte den Frachtraum eines ziemlich geräumigen US-Militärflugzeugs, um die 80 mit Geldscheinen bepackten Paletten nach Teheran zu fliegen. Wieso bestanden die iranischen Regierungsfunktionäre auf Zahlung in kleinen Scheinen statt durch Überweisung? Damit sie davon stehlen konnten, ohne eine digitale Spur zu hinterlassen.

Milan Vaishnav, ein Politikwissenschaftler der Carnegie Endowment for International Peace (Carnegie-Stiftung für internationalen Frieden), hat gezeigt, dass sich das Nettovermögen eines typischen indischen Abgeordneten auf Landes- oder Bundesebene im Laufe seiner ersten Amtszeit verdreifacht – und zwar nicht etwa, wie Hillary Clinton es einmal todernst über eine plötzliche Zunahme ihres Vermögens behauptet hatte, durch profitable Rindfleisch-Termingeschäfte.[24] Als 2015 die Panama Papers ausgewertet wurden, zeigte sich, dass diverse Regierungsfunktionäre in China, Island, Russland und Saudi-Arabien gestohlene staatliche Gelder über Briefkastenfirmen versteckten; wenn man heute Russland als »verschneites Nigeria« bezeichnet, ist das für Nigeria eine Beleidigung – und für den Schnee eigentlich auch.

Im Jahr 2017 kam heraus, dass François Fillon, der ehemalige Premierminister Frankreichs, seine Ehefrau und Kinder mit Posten im Staatsdienst versorgt hatte; das war aber gar kein Problem, da Vetternwirtschaft – wie praktisch jedes einvernehmliche Verhalten – in Frankreich legal ist. Das Problem war vielmehr, dass Fillons Familienmitglieder Gehälter bezogen hatten, ohne jemals dafür gearbeitet zu haben. Die rechtsextreme französische Politikerin Marine Le Pen finanzierte 2017 ihren Präsidentschaftswahlkampf über gefälschte Kostenabrechnungen und andere Tricks, mit denen sie das Europäische Parlament betrog. Frankreichs oberster staatlicher Korruptionsbekämpfer, dessen Aufgabe es war, reiche Steuerhinterzieher zu überführen – die Eliten von Frankreich, Griechenland und anderen europäischen Ländern sind dafür bekannt, dass sie in schamloser Weise Steuern hinterziehen –, wurde zu drei Jahren Haft verurteilt, weil er einen Teil seines eigenen Vermögens auf Offshore-Konten gebunkert hatte, um Steuern zu vermeiden.

Global Financial Integrity, ein parteipolitisch unabhängiger Thinktank, nimmt an, dass in den zehn Jahren von 2004 bis 2013 von Regierungsfunktionären schätzungsweise 7,8 Billionen

Dollar an öffentlichen Geldern gestohlen wurden, was etwa zwei Prozent der weltweiten Wirtschaftsleistung in diesem Zeitraum entspricht.[25] Larry Diamond hat geschrieben: »Wenn die meisten Chancen im Leben – darunter auch die Chance, reich zu werden – vom Staat kontrolliert werden, ist es schwierig, Politiker dazu zu bewegen, sich an die demokratischen Spielregeln zu halten.« Zum Glück sinken die Vereinigten Staaten, die Führungsmacht der freien Welt, nicht so tief. Allerdings …

… ist allgemein bekannt, dass Richard Nixon 1974 zurücktreten musste, weil er Straftaten begangen und gedeckt hatte. Weniger bekannt ist, dass auch Nixons Vizepräsident Spiro Agnew wegen Korruption zurücktrat; er hatte etwa 750 000 Dollar an Bestechungsgeldern angenommen. In einem Manöver, das Al Capone beeindruckt hätte, wurde der Vizepräsident der Vereinigten Staaten wegen Steuerhinterziehung angeklagt, weil er diese Schmiergelder in seiner Einkommensteuererklärung unterschlagen hatte.

Zumindest hatte Nixon, nachdem er erwischt worden war, den Anstand zu sagen: »Ich gebe auf« – Worte, die viele Politiker nicht über die Lippen bringen, nachdem sie erwischt wurden. Zahlreiche Regierungsbeamte auf Bundes-, Landes- und kommunaler Ebene wurden ebenso wie Nixon dabei erwischt, sich im Amt strafbar gemacht zu haben. In demselben oben erwähnten Zeitraum von zehn Jahren ist es in Alabama, Georgia, Illinois, Kalifornien, Maryland, Massachusetts, Michigan, New York (Bundesstaat und Stadt) sowie Washington, D.C., zu Korruptionsskandalen gekommen. Puerto Rico konnte seinen Verpflichtungen aus Staatsanleihen im Wert von 73 Milliarden Dollar nicht mehr nachkommen; ein Teil der daraus erzielten Einnahmen war in dunklen Kanälen versickert. Der Bürgermeister von Detroit wurde zu 28 Jahren Haft verurteilt, weil er sich öffentliche Gelder angeeignet hatte.[26] Der Bürgermeister von New Orleans wurde zu zehn Jahren Gefängnis verurteilt, weil er Geld gestohlen hatte, mit dem die Stadt sich auf Tropenstürme wie den Hurrikan Katrina hätte vorbereiten sollen.

Die Bürgermeisterin von Baltimore stahl Kartons mit Gutscheinen, die an Bedürftige hätten verteilt werden sollen, und nutzte sie für sich selbst. (Sie trat von ihrem Amt zurück, nachdem ihr zugesichert worden war, dass sie nicht in Haft müsse und ihre Pension von 83 000 Dollar pro Jahr behalten könne – letztlich wurde also die Bürgermeisterin von Baltimore für ihr korruptes Verhalten belohnt.) Ein Regierungsbeamter in Pennsylvania wurde angeklagt, weil er sich hatte bestechen lassen. Dieser Beamte war der Bezirksstaatsanwalt von Philadelphia, der dafür zuständig war, in Korruptions- und Betrugsfällen zu ermitteln. In Washington, der Hauptstadt des Landes, wurden vor Kurzem mehrere Mitglieder des Stadtrats der Korruption überführt, darunter einer, der sich an öffentlichen Geldern eines Jugendsportverbands bereichert hatte, nachdem er sich damit gebrüstet hatte, den Verband ehrenamtlich geleitet zu haben. In unmittelbarer Nachbarschaft zur Hauptstadt wurde der Verwaltungsdirektor des Prince George's County zu einer Haftstrafe verurteilt, weil er Schmiergelder angenommen hatte. Als FBI-Beamte mit einem Durchsuchungsbefehl an seine Haustür klopften, versuchte die Ehefrau des Verdächtigen, 80 000 Dollar in bar in ihrer Kleidung zu verstecken.

In New York wurde Alan Hevesi, der Rechnungsprüfer des Bundesstaats, zu einer Gefängnisstrafe verurteilt, weil er 1,5 Millionen Dollar an Bestechungsgeldern angenommen hatte. Die Aufgabe eines Rechnungsprüfers besteht darin, auf die ordnungsgemäße Verwendung öffentlicher Gelder aufzupassen. Der Sprecher der New York State Assembly (Unterhaus des Landesparlaments des Bundesstaats New York) wurde zu zwölf Jahren Haft verurteilt, weil er versucht hatte, an Schmiergelder zu kommen.[27] Der Stadt Utica wurden vom Bundesstaat New York 585 Millionen Dollar bewilligt, mit denen sie 1000 neue Arbeitsplätze schaffen sollte – bei 585 000 Dollar pro Stelle eine etwas überteuerte öffentliche Investition. Das Ergebnis waren überhaupt keine neuen Jobs – außer für die Staatsanwaltschaft, die, nachdem ein Teil des Geldes verschwunden war, wegen Bestechung und überteuerter Angebote Anklage erhoben hat.[28] Ein Beamter der Stadt New York hat zugegeben, seine Lebensmitteleinkäufe mit öffentlichen Geldern bezahlt zu haben; dieser Beamte war der Staatsanwalt des Stadtbezirks Brooklyn, zu dessen Aufgaben es zählt, gegen die Veruntreuung öffentlicher Gelder vorzugehen.

Im Bundesstaat Illinois, wo vier der letzten acht Gouverneure wegen Korruption zu Haftstrafen verurteilt worden sind, wurde der State Auditor (Rechnungsprüfer des Bundesstaats) – dessen Aufgabe es ist, den Diebstahl öffentlicher Gelder zu verhindern – wegen Korruption angeklagt. Während ich dies schreibe, war das Verfahren gegen ihn noch nicht eröffnet worden; der Staatsanwalt gibt an, dass 247 000 Dollar, die von einem Spesenkonto verschwunden sind, als »Kfz-Reparaturen« verbucht wurden. Der ehemalige Direktor der Schulbehörde Chikagos wurde zu vier Jahren Haft verurteilt, weil er sich für die freihändige Vergabe eines 20-Millionen-Dollar-Auftrags hatte bestechen lassen; und das zu einer Zeit, in der viele Unterrichtsstunden ausfallen, weil das Geld dafür fehlt.[29] Ein Beamter der Stadt Chikago wurde zu zehn Jahren Haft verurteilt, weil er sich dafür hatte bestechen lassen, einer Firma einen Auftrag zuzuschanzen, die Überwachungskameras an Verkehrsampeln betreibt. Die Ampeln neben den Kameras wurden so programmiert, dass Gelb nur zwei Sekunden lang gezeigt wurde, sodass selbst vorsichtige Fahrer Tickets bekamen, weil sie bei Rot über die Ampel gefahren waren. Das war ein doppelter Fall von Korruption – Schmiergeld für einen Auftrag, durch den Steuerzahler abgezockt werden sollten. Was immer man auch über Chikago sagen will, zumindest sind dort die Betrugsmaschen originell.

In Kalifornien und in New York wurden mehrere Verwalter von Pensionsfonds für Staatsbedienstete überführt, Schmiergelder angenommen zu haben. Solche Pensionsfonds waren schon lange ein bevorzugtes Ziel für organisierte Kriminalität, da kein einzelner Pensionär wissen kann, wie dort die Bücher frisiert werden; inzwischen werden auch die Pensionsfonds für Beamte der Bundesstaatsverwaltungen ins Visier genommen. Leland Yee, Senator für den Bundesstaat Kalifornien, musste 2015 eine Haftstrafe antreten, nachdem er sich schuldig bekannt hatte, von illegalen Machenschaften der organisierten Kriminalität profitiert zu haben. Yee hatte sich für eine Verschärfung der Waffengesetze in San Francisco starkgemacht und sich dann, als dadurch der Nachschub knapp wurde, an einem schwunghaften Handel mit illegalen Waffen beteiligt – man könnte darüber lachen, wenn es nicht so ernst wäre.

Auf Bundesebene wurde 2016 der langjährige Kongressabgeordnete Chaka Fattah wegen Korruption zu zehn Jahren Haft verurteilt; unter anderem hatte er Gelder einer »charity« (wohltätige Organisation) veruntreut, die er betrieb. Viele Prominente und Politiker werben um Spendengelder für »wohltätige Organisationen« oder »Stiftungen«, die sie eingerichtet haben, um ihren aufwendigen Lebensstil zu finanzieren und alltägliche Ausgaben von der Steuer absetzen zu können, die jeder Normalbürger aus eigener Tasche bezahlt. Die Präsidentschaftskandidatin Hillary Clinton und ihr Mann, der ehemalige Präsident Bill Clinton, warben schätzungsweise 156 Millionen Dollar an Spendengeldern für eine »Stiftung« ein, die sie unter anderem betreiben, um ihren Egos zu schmeicheln; ein Teil dieser Spenden wurde anscheinend gegen das Versprechen gegeben, bei der Vergabe öffentlicher Aufträge bevorzugt zu werden, oder um im US-Außenministerium Türen zu öffnen.[30] Max Weber, ein deutscher Soziologe des 19. Jahrhunderts, hat die These aufgestellt, dass Regierungen ein Monopol darauf anstreben, Gewalt einsetzen zu können. Ein Weber des 21. Jahrhunderts könnte sagen, dass Regierungsfunktionäre ein Monopol darauf anstreben, anderen Leuten in die Tasche greifen zu können.

John Mikesell, ein Professor an der Indiana University, schätzt, dass Korruption im Rahmen von staatlichen Bauprojekten jeden Steuerzahler etwa 1300 Dollar pro Jahr kostet.[31] Der aus Istanbul stammende Ökonom Daron Acemoglu vom Massachusetts Institute of Technology hat geschrieben, dass korrupte Regierungen »nicht frei gewählten Eliten zu mehr Macht verhelfen und die übrigen Bürger ausschließen«.[32] Da Kandidaten für politische Ämter in Demokratien gern blumige Wahlkampfversprechen machen, um sich dann zu bereichern, sobald sie gewählt wurden, könnte man denken, dass verstörende Ähnlichkeiten zwischen demokratisch gewählten Regierungen und organisierter Kriminalität existieren. Milan Vaishnav von der Carnegie-Stiftung vertritt die Auffassung, die größte Bedrohung für die Freiheit in Indien sei, dass Kandidaten für Ämter auf kommunaler oder nationaler Ebene sich offen als Gangster präsentieren, weil die Wähler glauben, sie bräuchten Gangster, um in der notorisch verkalkten Bürokratie Indiens überhaupt etwas bewegen zu können. Wegen der Größe Indiens ist das dortige Demokratieexperiment wichtiger als die Entwicklung in den Vereinigten Staaten.

Korrupte Regierungsbeamte richten weit mehr Schaden an, als nur Steuergelder zu verschwenden – eine viel beunruhigendere Folge ihres Verhaltens ist, dass es die Legitimität eines demokratischen Staatswesens untergräbt. Der schlimmste Widersacher des Römischen Reiches waren nicht etwa die Horden der Hunnen, die auf ihren Pferden über die Steppen herangaloppierten, sondern die Korruption von innen. Dagegen ist Singapur trotz vergleichbarer geografischer Gegebenheiten, Rohstoffvorkommen und Menschen wohlhabender als seine Nachbarländer, weil die Regierung des Stadtstaats sowohl demokratisch als auch unbestechlich ist.

Da immer mehr Informationen über das Internet verfügbar werden, kann der Eindruck entstehen, die Korruptheit von Regierungen sei außer Kontrolle geraten. Was jedoch tatsächlich geschieht, ist vielmehr, dass seit Langem übliche Praktiken endlich aufgedeckt werden – was gegebenenfalls durchaus eine gesunde Entwicklung ist. Aber die gleichen digitalen und wirtschaftlichen Kräfte, die das Internet immer besser machen, schaden Zeitungen und lokalen Nachrichtensendern, deren immer spärlichere Berichterstattung aus Rathäusern und Bundesstaatsregierungen die Türen öffnet für die nächste Runde Korruption. Ungeachtet der zugrunde liegenden Situation kann kein Zweifel darüber bestehen, dass dieselben Kandidaten, die mit dem Finger auf kleine Straßenkriminelle zeigen, keineswegs wollen, dass politische Kriminalität verfolgt wird.

In früheren Jahrhunderten haben autoritäre Regime und Monarchien nicht einmal so getan, als hätten sie die Zustimmung der Regierten: All die Zaren und Diktatoren waren im Grunde genommen nichts anderes als Gangsterbosse. Nachdem demokratische Institutionen nach dem Ersten Weltkrieg an Attraktivität gewonnen hatten, gingen manche Länder dazu über, Scheinwahlen abzuhalten, bei denen der Sieg des Platzhirschs von vornherein feststand; hinterher konnte er dann sagen: »Seht nur, das Volk hat mich gewählt.« Von einer solchen Gangsterboss-Regierung wurde Deutschland unter Hitler beherrscht, die Sowjetunion unter Stalin und China unter Mao Zedong – sie waren wohl kaum zwölf, 30 beziehungsweise 31 Jahre an der Macht, weil das Volk sie liebte. Heute sind in Kuba und Nordkorea seit über einem halben Jahrhundert solche Gangsterboss-Regierungen an der Macht, und in vielen afrikanischen Ländern, in Russland und anderen Staaten werden Scheinwahlen abgehalten. Libyen wurde 42 Jahre lang von dem Gangsterboss-Potentaten Muammar al-Gaddafi beherrscht, bis er 2011 ermordet wurde. Omar Torrijos war von 1968 bis 1981 der Gangsterboss-Diktator Panamas; er gab sich selbst den wohlklingenden Titel »Líder Máximo de la Revolución« (Oberster Revolutionsführer). Als Fidel Castro 2016 starb, hatte er Kuba 57 Jahre lang mit eiserner Hand regiert; er hatte Scheinwahlen abhalten lassen, um behaupten zu können, das Volk würde ihn unterstützen – das heißt, um seinem Ego schmeicheln zu können. In Gambia kam Yahya Jammeh durch einen Putsch 1994 als Gangsterboss an die Macht und hielt sich bis 2016 im Amt. Als die Gambianer echte Wahlen forderten und ihn abwählten, weigerte er sich abzutreten, bis eine internationale Eingreiftruppe an der Landesgrenze zusammengezogen wurde und drohte, ihn mit physischer Gewalt aus dem Amt zu jagen. Dann ging er endlich, nahm aber Schmuck und Kunstwerke im Wert von Zigmillionen Dollar mit, die er mit gestohlenen öffentlichen Geldern zusammengekauft hatte. Hafiz al-Assad beherrschte Syrien 30 Jahre lang im Stil eines Gangsters; als er 2000 starb, begann der syrische Bürgerkrieg, in dem es darum geht, wer der neue Diktator wird. Während ich dies schreibe, ist Robert Mugabe seit 37 Jahren der

Big Brother von Simbabwe gewesen; seine Vorstellung von einem Wahlkampf ist, seine politischen Widersacher ins Gefängnis zu werfen.

Scott Anderson, der 25 Jahre lang als internationaler Korrespondent die Welt bereist hat, schrieb 2016 in einem Bericht über seine Erfahrungen: »Als das Jahr 2011 anbrach, hatte jeder Ägypter, der jünger als 41 war – und das waren etwa 75 Prozent der Bevölkerung –, zu seinen Lebzeiten nur zwei Staatschefs gekannt. Ein Syrer im gleichen Alter hatte sein gesamtes Leben unter der Herrschaft von Vater und Sohn der Assad-Dynastie verbracht.«[33] Anderson kam zu dem Schluss, dass die Voraussetzungen für solche Regime – kriminelle Familien und Scheinwahlen –, die in vielen Ländern, aber am häufigsten in Afrika und im Nahen Osten vorzufinden sind, ein Rezept für »völlige Stagnation« seien.

Ehrliche, bei freien Wahlen gewählte Politiker sind die beste Option für jede Gesellschaft. Die Schwierigkeiten, die liberale Demokratien – auch die Vereinigten Staaten – mit dem Aspekt »ehrlich« haben, sind zutiefst beunruhigend. Meinen amerikanischen Lesern sage ich: Falls Sie Republikaner sind, verzichten Sie bitte darauf, das auf Wahlbetrug zurückzuführen, und falls Sie Demokrat sind, führen Sie das bitte nicht auf Wahlunterdrückung (asymmetrische Wählerdemobilisierung) zurück. Wahlbetrug und Wahlunterdrückung sind die Loch-Ness-Monster der politischen Diskussion von heute – sie verschwinden jedes Mal wieder im See, bevor neue Zeugen auftreten. Wahlbetrug und Wahlunterdrückung mögen sich vielleicht auf lokale Wahlen mit niedriger Wahlbeteiligung auswirken, bei denen ein Sheriff oder Bezirksrat gewählt wird; verschiedene einschlägige Studien haben jedoch übereinstimmend gezeigt, dass sie sich nicht auf nationale Wahlen auswirken. Die Republikaner schreien »Wahlbetrug«, und die Demokraten schreien »Wahlunterdrückung«, weil sie nicht wahrhaben wollen, dass den Wählern ihr Kandidat oder ihr Wahlprogramm nicht gefällt, nach dem Motto: »Schuld haben immer die anderen.«

Der Umstand, dass viele Länder sich seit dem Tiefpunkt 1940 verändert und den Übergang von einer autoritären zu einer demokratisch verfassten Regierung vollzogen haben, lässt hoffen, dass alle Länder diesen Übergang schaffen werden. In Afrika, in China, im Nahen Osten, in Pakistan und anderen Ländern wollen die Bürger Meinungsfreiheit und freie Wahlen; die Regierungen ihrer Länder versuchen dagegen, beides zu verhindern. Seit einem Jahrhundert haben Menschen, die sich nach Freiheit sehnen, die Vereinigten Staaten als Vorbild angesehen. Wird das auch in Zukunft so bleiben?

»Der beunruhigendste Aspekt des Rückgangs der Demokratie ist das Schwinden von demokratischer Effektivität, Energie und Selbstvertrauen im Westen, auch in den Vereinigten Staaten«, so Larry Diamond. »Das Gefühl nimmt zu, dass die Demokratie in den Vereinigten Staaten nicht effektiv genug funktioniert, um die Herausforderungen von ehrlicher Regierungsarbeit zu bewältigen. Bei meinen Reisen sehe ich, dass die Menschen überall auf der Welt die Ereignisse in den Vereinigten Staaten sehr genau beobachten. Wenn sie sehen, dass dort ein bigotter Plutokrat Erfolg hat, gibt das den Diktatoren dieser Welt Auftrieb.«

Diamond ist kein Straßentheater-Agitator. Er hat sein Büro in der Hoover Institution an der Stanford University, einem weitgehend konservativen politischen Forschungsinstitut – die Antwort der politischen Rechten auf die meistenteils liberale School of Government an der Harvard University. Und er hält den Sieger der US-Präsidentschaftswahlen 2016 für einen »bigotten Plutokraten«. Befürworter der Demokratie müssen akzeptieren, dass Trump gewählt wurde – es gibt keine Garantie, dass bei freien Wahlen immer ein guter Regierungschef herauskommt. Aber der Wahlsieger muss hohen Ansprüchen genügen. Bevor er Verteidigungsminister wurde, hat Marinegeneral a. D. James Mattis gesagt: »In Amerika gibt es zwei fundamentale Kräfte: Einschüchterung und Inspiration.« Von diesen beiden ist Inspiration nicht nur vorzuziehen, sondern auch wirkungsvoller. Sie wirkt aber nur, wenn die Vereinigten Staaten – und ihr Präsident – ein nachahmenswertes Vorbild liefern.

Donald Trump kommt aus einem Umfeld von Fernsehshows,

in denen es völlig normal ist, direkt in die Kamera zu schauen und dabei zu lügen. Fantasiegeschichten und erfundene Behauptungen sind in Kino und Theater völlig in Ordnung, solange sie dem Publikum als solche präsentiert werden. Auch Präsident Reagan hatte eine ähnliche Vorgeschichte – er war vorher Schauspieler gewesen. Aber bevor es ihn ins Weiße Haus zog, war Reagan der Gouverneur Kaliforniens gewesen und hatte das politische Handwerk von der Pike auf erlernt; als er sich 1980 zur Wahl stellte, war er zum Staatsmann geworden. Trump bewarb sich dagegen um das Präsidentenamt, bevor er irgendein öffentliches Amt ausgeübt oder sich auch nur eine Minute mit Politikwissenschaft beschäftigt hatte; als er als 45. US-Präsident die Führung der Vereinigten Staaten übernahm, glaubte er immer noch, es sei seine Aufgabe, Textzeilen aufzusagen wie ein Schauspieler.

Auch früher schon haben politische Kandidaten gelogen, und das wird auch in Zukunft wieder vorkommen. Das Problem mit Trump ist freilich, dass er auch nach seinem Einzug ins Weiße Haus ständig weiterlügt, wodurch er»den Diktatoren dieser Welt Auftrieb« gibt. Als Trump den FBI-Direktor James Comey feuerte, weil er hoffte, so die Untersuchung seiner Beziehungen zu Russland stoppen zu können, und Comey dann öffentlich ermahnte, den Mund zu halten, lachten die Diktatoren sich ins Fäustchen. Wie können die Vereinigten Staaten der übrigen Welt die Vorzüge einer repräsentativen Demokratie predigen, wenn ihr eigener Präsident sich nicht an demokratische Regeln hält?

Diese Regeln, die auf der US-Verfassung und dem gesetzlichen Rahmen basieren, der auf den Triumph von 1789 zurückgeht, sind sorgsam darauf ausgelegt, die Ambitionen aufstrebender Tyrannen zu vereiteln. Die Chancen stehen gut, dass die Verfassung sich wird behaupten können gegenüber alldem, was der 45. Präsident sich ausdenken könnte. Dennoch ist es beunruhigend, dass Trump ein so begabter Lügner ist, dass es ihm gelang, 63 Millionen Wähler davon zu überzeugen, dass die Vereinigten Staaten in einem schrecklichen Zustand seien und ihre regierenden Institutionen zerstört werden müssten, obwohl es tatsächlich dem Land so gut geht wie noch nie und seine Institutionen die – wenn auch schwerfällig und teuer – erfolgreichsten sämtlicher Staaten sind. Es gibt 200 Länder, die sich wünschten, die Vereinigten Staaten zu sein. Und es ist beunruhigend, dass Trump die Vereinigten Staaten vor den Ländern der Welt, die sich von uns Unterstützung auf dem Weg zur Demokratie erhoffen, benommen und verwirrt dastehen lässt. Diese Aspekte der 45. Präsidentschaft werden noch lange, nachdem Trump sich auf den Müllhaufen der Geschichte verzogen hat, für Irritationen sorgen.

Eine positive Folge der Wahl Trumps könnte sein, mehr junge Menschen zum Wählen zu motivieren. Bei der Präsidentschaftswahl 2016 lag die Wahlbeteiligung unter Senioren bei 71 Prozent; in der Gruppe der bis zu 29-Jährigen dagegen bei nur 46 Prozent.[34] Für jüngere Menschen ist es einfacher, wählen zu gehen, aber die Senioren sind diejenigen, die diese Mühe auf sich nehmen. Wenn sie nicht wählen, erlauben die Jungen den Alten, mehr staatliche Leistungen für sich einzufordern, die dann von den Jungen bezahlt werden müssen; in einigen Jahren werden diejenigen, die heute jung sind, unter den Schulden anderer zu leiden haben und ihren Fehler bereuen.

Die drei Spitzenkandidaten der Präsidentschaftswahl 2016 – Donald Trump, Hillary Clinton und Bernie Sanders – waren Nutznießer der höheren Wahlbeteiligung unter älteren Bürgern. In jenem Jahr lagen das Durchschnittsalter und das mittlere Alter der Mitglieder des Repräsentantenhauses, des Senats und des Supreme Court höher als jemals zuvor. Einer der Gründe, warum die US-Politik im parteipolitischen Stellungskrieg völlig festgefahren ist, liegt darin, dass ältere Politiker längst überholte Kontroversen wieder aufleben lassen – wie Paare, die sich auf einem Highschool-Klassentreffen wiedersehen und dann erneut darüber streiten, wer mit wem auf den Abschlussball hätte gehen sollen. Frisches Denken wird gebraucht, was bedeutet, dass junge Leute wählen gehen und sich um politische Ämter bewerben sollten. Ein Präsident muss nicht alt und entrückt sein: John F. Kennedy war 43 Jahre alt, als er vereidigt wurde, Barack Obama 48, Franklin D. Roosevelt 51 und George W. Bush war 55. Wenn die Jungen nicht wählen gehen, werden bei zukünftigen Wahlen – wie schon 2016 – die Kandidaten siegen, die alt und nicht auf dem Laufenden sind.

Diamond, der das Zwei-Parteien-Duopol für den schlechtesten Aspekt des politischen Systems der USA hält, schlägt folgende Reformen zur Wiederbelebung von »demokratischer Effektivität, Energie und Selbstvertrauen« des Landes vor: offene Vorwahlen (zur Nominierung der Kandidaten); Aufhebung von Gesetzen, die verbieten, dass ein Verlierer einer Vorwahl an der allgemeinen Wahl teilnimmt; Beenden von Wahlmanipulationen; Abschaffen der Lobbyistendrehtür zwischen Politik und Wirtschaft; »rank-choice voting« (sinngemäß: Wahl mit sofortiger Stichwahl); und direkte Präsidentschaftswahlen (ohne den Umweg über das Wahlmännerkollegium). Sehen wir uns einmal jede dieser Ideen etwas genauer an.

Offene Vorwahlen. Weniger als die Hälfte der US-Bundesstaaten hält offene Vorwahlen ab, bei denen ein Wähler für beliebige Parteien stimmen kann. In den anderen Staaten dürfen bei Vorwahlen nur registrierte Parteimitglieder wählen, und das auch nur für ihre eigene Partei. Das dient dazu, dritten und vierten Parteien das Leben schwer zu machen; jeder, der bei einer Vorwahl seine Stimme abgeben will, muss sich als Demokrat oder Republikaner erklären. Im Bundesstaat New York kann er sich auch als Konservativer erklären, und in Minnesota als Mitglied der Farmer-Labor Party, aber das sind Ausnahmen; bei der in den meisten Bundesstaaten üblichen Praxis muss jeder Wähler bei einer Vorwahl implizit dem Duopol der beiden großen Parteien zustimmen. Geschlossene Vorwahlen bedeuten, dass ein Demokrat oder ein unabhängiger Wähler, der bei den Vorwahlen Anfang 2016 gegen Trump stimmen wollte, seine Registrierung ändern und damit die Option aufgeben musste, für oder gegen Demokraten oder unabhängige Kandidaten zu stimmen. Die Gründerväter, die nicht vorhersahen, dass sich ein solches Zweiparteiensystem entwickeln würde, wären schockiert zu erfahren, dass der letzte Präsident, der weder der Demokratischen noch der Republikanischen

Partei angehörte, Millard Fillmore war, der 1850 ins Amt gewählt wurde. Da laut Verfassung die Bundesstaaten ihre Wahlvorschriften selbst bestimmen, müssten sie aktiv werden, um dieses Problem zu lösen.

(*Anmerkung zu Vorwahlen*) Die meisten Bundesstaaten halten Vorwahlen ab, die aussehen wie die allgemeine Wahl – dieselben Wahllokale, dieselben Wahlmaschinen, dieselben Wahlhelfer. Damit wird der Eindruck erweckt, als sei die Existenz der zwei großen Parteien – Republikaner und Demokraten – irgendwie gesetzlich vorgeschrieben, und genau das ist es, was das Parteien-Duopol den Wähler glauben machen will. Die Vorwahlen so auszurichten, dass sie aussehen wie eine allgemeine Wahl, wird damit erklärt, dass es dem Wähler helfen würde, schon einmal für das große Ereignis zu »proben«. Die wahre Absicht dahinter ist jedoch, die Illusion zu schaffen, dass die Demokratische und die Republikanische Partei offizielle Elemente der Regierung seien. Wenn die Bundesstaaten aufhören würden, die Vorwahlen durch überflüssige Regeln einzuschränken, würde diese Illusion verschwinden, und neue politische Parteien bekämen eine Chance.

(*Anmerkung zu Bundesstaaten*) Kaum ein Gesetz ist zynischer als der Help America Vote Act von 2002 (Hilf-Amerika-wählen-Gesetz). Diese Gesetzesvorlage, deren vorgebliches Ziel es war, den Bundesstaaten aufzuerlegen, Wahlmaschinen zu installieren, die keine ungültigen Stimmen verursachen, verpflichtet die Staaten außerdem, Daten über die Lebensgewohnheiten und Wahlpräferenzen von Wählern zu erheben. In vielen Fällen haben nur die politischen Parteien und »political action committees« (etwa: politische Interessenverbände) Zugriff auf solche Daten; das Duopol nutzt diese Daten, um seine Kontrolle über das System aufrechtzuerhalten. Weder die Demokraten noch die Republikaner im Kongress wollen dieses Gesetz abschaffen, da es für bereits etablierte Amtsinhaber wie ein Geschenk des Himmels ist.

(*Anmerkung zum Briefwahlverfahren*) Während die landesweite Wahlbeteiligung bei den US-Präsidentschaftswahlen 2016 bei kümmerlichen 61 Prozent lag, erreichte der Bundesstaat Oregon, wo per Briefwahl gewählt wird, 79 Prozent. Eine so hohe Wahlbeteiligung – beinahe die 81 Prozent, die 2017 bei der nationalen Wahl in den Niederlanden erreicht wurden, wo das politische Engagement der Bürger weltweit führend ist – würde die Ergebnisse von US-Präsidentschaftswahlen repräsentativer machen und die Wahrscheinlichkeit erhöhen, dass der Wahlsieger tatsächlich ein Regierungsmandat der Bürger hat. Klare Gewinner sind gut für die Demokratie. Es gibt Vorschläge, per Laptop oder Mobiltelefon wählen zu lassen, aber das Risiko durch Hackerangriffe und entsprechende Manipulationen liegt auf der Hand. Oregons Verfahren erreicht ein optimales Gleichgewicht zwischen Bequemlichkeit und Wahlbeteiligung: Jeder Wähler muss tatsächlich einen physischen Wohnsitz in der betreffenden Gemeinde haben, nicht nur eine Web-Adresse.

Aufhebung von »Sore-loser«-Gesetzen. In 45 US-Bundesstaaten darf ein Kandidat, der von der Republikanischen oder Demokratischen Partei nominiert wurde, dann aber bei den Vorwahlen verloren hat, nicht als unabhängiger Kandidat an den Präsidentschaftswahlen im selben Jahr teilnehmen. Aus diesem Grund nahm Sanders an der Wahl im November 2016 nicht teil: Formal hat er seine Kandidatur zurückgezogen, aber nur, weil er wusste, dass er in diesen Staaten ohnehin nicht hätte antreten dürfen. Solche »Sore-loser«-Gesetze (etwa: Enttäuschter-Verlierer-Gesetz) sind eine weitere Methode, mit der die Bundesstaaten die Vorwahlen – die eigentlich private Veranstaltungen sein sollten – so behandeln, als seien sie von den Gründervätern vorgeschrieben worden. Solche Gesetze existieren nur, um Republikaner und Demokraten vor dem Einfluss von Bürgern zu schützen, die das Zweiparteienkartell infrage stellen.

Beenden von Wahlmanipulationen. Im Jahr 2016 zeigten Umfragen eine magere Quote von 11 Prozent der Befragten, die die Arbeit ihres Kongressabgeordneten positiv beurteilten[35] – und wer waren bloß diese 11 Prozent Spinner, die meinten, der Kongress leiste gute Arbeit? Bei den letzten Wahlen zum Repräsentantenhaus (einer der beiden Kammern des Kongresses; die andere ist

der Senat) wurden dagegen 97 Prozent der Abgeordneten wiedergewählt, und zwar im Durchschnitt mit einem Stimmenvorsprung
von 37 Prozent – fast jeder Abgeordnete des extrem unbeliebten
Repräsentantenhauses fuhr einen erdrutschartigen Wahlsieg ein.
Und zwar, weil die Wahlergebnisse der meisten Repräsentanten-
haus-Wahlbezirke durch »gerrymandering« manipuliert werden. Bei den Abgeordnetenwahlen für das Repräsentantenhaus
ist »gerrymandering« ein Problem, seit Elbridge Gerry, der nach
der Volkszählung von 1810 zum Gouverneur von Massachusetts
gewählt wurde, die Grenzziehung zwischen Wahlbezirken manipulierte, um sichere Listenplätze für seine Freunde zu schaffen.
Angesichts einer Wiederwahlquote von 97 Prozent für ein extrem
unbeliebtes Repräsentantenhaus würde selbst Gerry denken, dass
seine clevere Idee zu weit getrieben wurde. Da die Abgeordnetenwahlen für den Senat nicht auf diese Weise manipuliert werden
können, lag hier 2016 die Wiederwahlquote bei »nur« 87 Prozent.
Wenn sie auch im Repräsentantenhaus auf diesem Niveau gewesen
wäre, dann hätten wesentlich mehr Newcomer die Wahl gewonnen.

Obwohl Gerrymandering ein altes Problem ist, haben neu-
ere Entwicklungen diese Methode zu einem noch effektiveren
Werkzeug gemacht, um bereits gewählte Abgeordnete davor zu
schützen, abgewählt zu werden. Da diese Leute bei Wahlen kaum
etwas zu befürchten haben, verbringen sie ihre Zeit damit, die
öffentlichen Interessen an Lobbyisten und Interessengruppen zu
verkaufen. Zu diesen neueren Entwicklungen zählen die Analyse
von Wahlverhaltensmustern und »Mikrotargeting« bis hinunter
auf die Ebene von Postleitzahlbezirken, Straßenblocks und sogar
einzelnen Wohnblocks, aufgrund von Daten, die bei Umfragen,
Volkszählungen und durch den Help America Vote Act erhoben
werden. Ich lebe im 6. Kongresswahlbezirk von Maryland, einer
Absurdität, die im Osten im durch und durch demokratischen
Montgomery County unweit von Washington, D.C., beginnt und
sich dann entlang eines schmalen Streifens über 286 Kilometer
nach Westen erstreckt, bis zu der ländlichen Region an der westlichen Grenze von Maryland, wo die allermeisten Bürger repu-

blikanisch wählen. Nach der Volkszählung von 2010 wurde dieser Wahlbezirk von einer von Demokraten kontrollierten Legislative geschaffen, um Republikaner aus der Kongressdelegation von Maryland herauszuhalten. In anderen Bundesstaaten haben von Republikanern kontrollierte Legislativen ebenso absurde Kongresswahlbezirke geschaffen, um Demokraten herauszuhalten. Schmutzige Tricks bleiben schmutzige Tricks, ganz gleich, wer wem was antut, und in den meisten Fällen ist das Ergebnis, dass der Amtsinhaber wiedergewählt wird, ganz unabhängig davon, wie gut oder schlecht er gearbeitet hat.

Ein Bundesgericht in Wisconsin urteilte 2017, dass Gerrymandering mit der Absicht, einer politischen Partei das Kartellieren von Abgeordnetensitzen zu ermöglichen, den Grundsatz der Wahlgleichheit – eine Person, eine Stimme – missachtet.[36] Es wird erwartet, dass der Supreme Court 2018 seine Meinung dazu äußern wird. In Kalifornien, dem größten Bundesstaat, wurde Gerrymandering beendet – vielleicht noch ein Fall, in dem Kalifornien an der Speerspitze gesellschaftlichen Wandels in den Vereinigten Staaten steht. Dort stimmten die Wähler für ein Volksbegehren, nach der Volkszählung von 2010 eine neutrale Kommission ins Leben zu rufen, die die kalifornischen Wahlbezirke neu aufteilen sollte. Die Kommission wurde sowohl vom kalifornischen Parlament, das von den Demokraten kontrolliert wurde, als auch vom republikanischen Gouverneur unterstützt. Die Reform hat gut funktioniert – jetzt müssten nur noch die anderen 49 Bundesstaaten nachziehen.

Ganz gleich, wie sorgfältig sie besetzt wird, könnte natürlich jede Kommission eines Tages an der Grenzziehung von Wahlbezirken herummauscheln. Würde ein Algorithmus die Kongresswahlbezirke festlegen, könnten solche Mauscheleien eliminiert werden, und wenn der Programmcode veröffentlicht würde, wäre damit auch das Verfahren völlig offengelegt. Wenn Sie einmal eine Google-Suche nach »impartial automatic redistricting« ausführen, werden Sie einen solchen Vorschlag finden. Dieser Algorithmus erzeugt Wahlbezirke, die nicht nur parteipolitisch neutral sind, sondern auch keine irren, lang gestreckten Zipfel entlang der

Wohngebiete verschiedener ethnischer Gruppen oder Interessengruppen haben.

Lobbying reformieren. Lobbyisten nehmen zu viel Einfluss auf Kongressabgeordnete und Abgeordnete in den Parlamenten der Bundesstaaten, und viele Abgeordnete passieren dann, sobald sie aus dem Parlament ausgeschieden sind, die Drehtür in diesen drittältesten Beruf der Welt. Ein 1995 verabschiedetes Bundesgesetz gibt vor, Lobbying zu regulieren, ist aber wirkungslos. Im Wahlkampf inszenieren die politischen Parteien eine großartige Show und versprechen, strengere Regeln einzuführen, aber durch die merkwürdigsten und erstaunlichsten Zufälle kommen sie dann nie dazu. Tom Daschle, der demokratische Mehrheitsführer im Senat, prangerte lautstark Lobbyisten an, bis er 2005 nach seinem Ausscheiden aus dem Amt selbst einer wurde. Der republikanische Präsidentschaftskandidat Donald Trump versprach, strenge und rechtsverbindliche Vorschriften zu erlassen, die seinen Topfunktionären verbieten sollten, Lobbyisten zu werden – aber als er erst einmal ins Weiße Haus gewählt worden war, verwässerte er den Vorschlag zu einer freiwilligen Selbstverpflichtung ohne rechtlich bindende Wirkung. Das von der Verfassung zugesicherte Recht, »to petition for a redress of grievances« (um die Beseitigung von Missständen zu ersuchen), schützt grundsätzlich die Aktivität des Lobbying, und das durchaus zu Recht. Wenn nur die Offenlegungspflichten und die Drehtürverbote wirkungsvoller wären, wüssten die Wähler, wer wen für Zugang zu wem bezahlt, und ob Interessengruppen aus dem gesamten gesellschaftlichen Spektrum – von Ölbaronen bis hin zu Lehrergewerkschaften – in Wahrheit die Gesetze schreiben, von denen Abgeordnete behaupten, sie würden dem Gemeinwohl dienen.

Rank-Choice Voting (Wahl mit sofortiger Stichwahl). Das Duopol-System zwingt die Wähler häufig, sich für das kleinere von zwei Übeln zu entscheiden, so zum Beispiel 2016, als die einzigen sinnvollen Optionen bei der allgemeinen Wahl darin bestanden, entweder den widerwärtigen Trump oder die schmierige Clinton zu wählen. Der Teufelspakt, der Demokraten und Republikaner zusammenschweißt, besteht darin, dass beide Parteien dafür sorgen, dass keine dritte Partei ins Amt gewählt werden kann und unabhängige Kandidaten kaltgestellt werden. Beim »rank-choice voting« (das manchmal auch als »Wahl mit sofortiger Stichwahl« bezeichnet wird) ordnet der Wähler mehrere Kandidaten nach seiner Präferenz, was dazu führen kann, dass Kandidaten, die unabhängig sind oder einer dritten Partei angehören, bessere Chancen haben. Im Bundesstaat Maine und in San Francisco wird bei Wahlen auf Länderebene beziehungsweise Kommunalwahlen nach einer Variante dieses Verfahrens gewählt; in Australien und Neuseeland wird es auch bei nationalen Wahlen angewendet. Auch eine Wahl mit sofortiger Stichwahl kann nicht garantieren, dass der beste Kandidat gewinnt – das kann kein Wahlverfahren. Aber in den Vereinigten Staaten würde dieses Wahlverfahren den Schwitzkasten beenden, in dem die beiden großen Parteien das halten, was die Gründerväter als offenes Wahlsystem beabsichtigt hatten.

Direkte Präsidentschaftswahlen. Zwei der fünf letzten Präsidentschaftswahlen (2000 und 2016) endeten damit, dass derjenige, der nach Stimmen der Verlierer der allgemeinen Wahl war, über das »Electoral College« (Wahlmännerkollegium) doch ins Weiße Haus kam. Beinahe wären es sogar drei von fünf gewesen: Bei der allgemeinen Wahl 2004 erreichte George W. Bush einen komfortablen Vorsprung, aber wenn sein Ergebnis im Bundesstaat Ohio um zwei Prozent niedriger ausgefallen wäre, dann wäre John Kerry Präsident geworden. Was immer man auch von den Präsidentschaftswahlen im Jahr 2000 halten mag (manche Studien ergaben, dass Bush der wahre Gewinner in Florida gewesen sei, andere dagegen, dass Al Gore dort gewonnen hätte[37]) – der Grund, warum ein Kuddelmuddel wie die Nachzählung einer Nachzählung einer Nachzählung überhaupt passieren konnte, war die überholte Struktur des Wahlmännerkollegiums. Wäre der Präsident direkt gewählt worden, wäre das ganze Spektakel vermieden worden, und es hätten keine Zweifel aufkommen können, wer ins Oval Office gewählt wurde.

Indem es Zweifel über die Legitimität des US-Präsidenten aufwarf – selbst wenn er die Wahl tatsächlich gewonnen hatte, so war Bushs Integrität doch unwiderruflich beschädigt –, führte das Electoral College im Jahr 2000 die jetzigen Stellungskriege in der amerikanischen Politik herbei: Wer immer gerade nicht an der Macht ist, reitet nur noch darauf herum, was in der Vergangenheit geschehen ist, statt sich darum zu kümmern, was im Hier und Jetzt getan werden muss. Und nach der Wahl 2016 ging es mit dieser endlosen Litanei weiter: Nach einer Direktwahl hätte es keine Streitereien gegeben, sondern ein klares Wahlergebnis. Je effektiver das Mikrotargeting von Wählern wird, desto größer wird auch das Risiko, dass der Gewinner der allgemeinen Wahl nicht ins Weiße Haus einzieht, was zu endlosen Kontroversen, zur Lähmung der politischen Führung und zum Absterben der Demokratie führt.

Die Regeln, nach denen das Electoral College operiert, sind wohlbekannt, und wenn ein Kandidat diese Regeln ignoriert, tut er das auf eigene Gefahr. Trump behielt in seinem Wahlkampf das Wahlmännergremium im Blick; Clintons fragwürdige Entscheidung, sich auf Arizona und North Carolina zu konzentrieren und Michigan und Wisconsin links liegen zu lassen, war dagegen politischer Selbstmord. Doch der Umstand, dass das Prozedere des Electoral College wohlbekannt ist, bedeutet noch lange nicht, dass es heute noch sinnvoll ist.

Steve Silberstein, ein Funktionär des Interessenverbands National Popular Vote (sinngemäß: Bürger für nationale Direktwahlen), hat gesagt:»Die Verfassung schreibt uns vor, den Präsidenten der Vereinigten Staaten zu wählen, aber was wir bekommen, ist ein Präsident Ohios und Floridas.«[38] Er weist darauf hin, dass Trump und Clinton seit ihrer Nominierung im Jahr 2016 insgesamt 228 Wahlkampfauftritte in Florida, North Carolina, Pennsylvania und Ohio absolvierten, aber nur zwei Auftritte in Kalifornien, New Jersey, New York und Texas. In den letztgenannten vier Bundesstaaten, die im Wahlkampf praktisch ignoriert wurden, leben beinahe doppelt so viele Bürger wie in den erstgenannten vier Staaten, die mit Aufmerksamkeit überschüttet wurden – und trotzdem fühlt Amerika sich berufen, die Welt über Demokratie zu belehren!

Als die Vereinigten Staaten gegründet wurden, repräsentierten die durch allgemeine Wahlen bestimmten Abgeordneten des Repräsentantenhauses das Volk und die durch Ernennung bestimmten Abgeordneten des Senats die Bundesstaaten. Der Präsident wurde nach einer Debatte von einer kleinen Versammlung von Wahlmännern gewählt. Die ersten fünf Präsidenten, George Washington bis James Monroe, mussten sich nie einer allgemeinen Wahl stellen; ihre Wahlkämpfe spielten sich ausschließlich vor dem Electoral College ab. Im Jahr 1824 begannen die Bundesstaaten, eine Art »Schönheitswettbewerb« für die Wahlmänner zu inszenieren; dann entwickelte sich das Prozedere allmählich zu dem heutigen System, bei dem die Wähler den von ihnen bevorzugten Präsidentschaftskandidaten ankreuzen, aber nicht tatsächlich ihre Stimme für diese Person abgeben. Das System der einfachen Mehrheit, nach dem die Wahlmänner in allen Bundesstaaten außer Maine und Nebraska den Präsidenten wählen, führte zu der 2000 und 2016 entstandenen Situation, dass große Stimmenvorsprünge in bevölkerungsreichen Bundesstaaten durch viele knappe Ergebnisse in mittelgroßen Staaten zunichtegemacht werden können. Aus der Sicht von 1789 führt das zu dem denkbar schlechtesten Ergebnis – weder setzt sich die Mehrheit der Wähler aus der Bevölkerung durch, noch werden die Qualifikationen der Kandidaten im Electoral College debattiert.

Das Wahlverfahren von 1789 ist keineswegs in Stein gemeißelt. Im Jahr 1868 wurde die Verfassung ergänzt, um ehemaligen Sklaven die Bürgerrechte einzuräumen; 1912, um Senatsabgeordnete direkt wählen zu lassen; 1919, um Frauen das Wahlrecht einzuräumen; 1962, um das Einführen einer Kopfsteuer zu verbieten; 1971, um das Wahlrecht auf alle mindestens 18-jährigen Bürger zu erweitern. Das sind fünf wichtige Änderungen des Wahlverfahrens für nationale Wahlen in den Vereinigten Staaten. Der Verfassungszusatz, der heute gebraucht wird, ist die Abschaffung des Electoral College und die Direktwahl des Präsidenten durch das Volk.

Wenn es heute schon Direktwahlen gäbe, würde die Demokratische Partei davon profitieren, weil sie eine starke Position in Kalifornien hat, dem bevölkerungsreichsten Bundesstaat. Doch vor einer Generation war Kalifornien eine Hochburg der Republikaner, und in der nächsten Generation könnte es wieder so sein. Niemand kann die zukünftigen Mehrheitsverhältnisse vorhersehen. Im Laufe meines Lebens haben siebenmal die Mehrheiten gewechselt, und zwar in den Jahren 1964, 1968, 1974, 1980, 1994, 2008 und 2016. Dass es so schnell zu solchen Verschiebungen kommen kann, zeigt, wie unvorhersehbar die Stimmung der Wähler ist. Niemand kann wissen, welche Partei bei einer zukünftigen Direktwahl des Präsidenten die Oberhand gewinnen wird – oder auch nur, ob es diese Partei heute überhaupt schon gibt.

Dünn besiedelte Bundesstaaten wollen das Electoral College nicht abschaffen, weil sie dann im Vergleich zu den bevölkerungsreichen Staaten an Einfluss verlieren würden. Aber die kleinen Staaten haben schon heute unverhältnismäßig viel Einfluss im Senat, der seit 1912 nicht mehr die Kompetenzrivalitäten zwischen Bund und Ländern verkörpert (die ursprünglich von der Verfassung vorgesehene Funktion des Senats) und heute hauptsächlich dazu dient, dünn besiedelte Regionen übermäßig zu repräsentieren. Wyoming hat bei einer Bevölkerung von 590 000 Menschen zwei Sitze im Senat, und Kalifornien mit seinen 39 Millionen ebenfalls, was bedeutet, dass jeder Bürger von Wyoming im Senat im Vergleich zu einem Kalifornier 36-mal überrepräsentiert ist. Die 22 kleinsten Bundesstaaten haben ebenso viele Einwohner wie Kalifornien, aber 22-mal so viel Macht im Senat. Diese 22 kleinen Staaten sind überproportional konservativ, wodurch der Senat insgesamt deutlich rechts vom politischen Zentrum angesiedelt ist.

Als die Vereinigten Staaten noch hauptsächlich unbesiedelte Wildnis waren, lebten die meisten ihrer Bürger weit von den Städten entfernt und kommunizierten untereinander über Briefe, die von berittenen Postboten zugestellt wurden. Damals befürchteten die Gründerväter zu Recht, dass die Bedürfnisse der ländlichen Bevölkerung in der Hauptstadt übersehen werden könnten. Diese Befürchtung hat sich erledigt – heute leben 79 Prozent der

US-Bürger in Städten oder deren Umland, und selbst in landwirt-schaftlich geprägten Gebieten, in Gebirgsregionen oder in Alaska und Hawaii ist die Kommunikation übers Internet oder Mobil-telefon kein Problem mehr. Heute sollten die politischen Sor-gen der Mehrheit wichtiger sein als die politischen Probleme der Minderheit, vor allem auch in Anbetracht der Tatsache, dass die Bill of Rights (US-Grundrechte-Charta von 1791) die Rechte des Individuums unter allen Umständen schützt. Das bedeutet, dass heute kein Electoral College mehr gebraucht wird mit seinen irren Auswirkungen der Art, dass die Umstände und politischen Hal-tungen in den Großstädten von Kalifornien, New York und Texas im Präsidentschaftswahlkampf unwichtig werden im Vergleich zu den Sorgen von Wählern, die in einem Imbissrestaurant an einer Landstraße in Pennsylvania oder auf einem Volksfest in North Carolina umworben werden.

Da 38 Bundesstaaten notwendig wären, um einen Verfassungs-zusatz zu ratifizieren, durch den das Electoral College durch Direktwahlen ersetzt würde, ist das kein einfaches Unterfangen. Aber welche lohnende Aufgabe ist schon einfach? In Kalifornien galt es aus den gleichen Gründen als nicht durchführbar, die Pra-xis des Gerrymandering abzustellen, die es angeblich unmöglich machen, das Electoral College abzuschaffen – dass nämlich die Nutznießer des existierenden Systems eine Reform blockieren würden. Arnold Schwarzenegger, ein konservativer Republikaner, hat Kalifornien dazu motiviert, die Praxis des Gerrymandering zu beenden, indem er das Problem aus der Sicht des Gemeinwohls darstellte. In der amerikanischen Politik ist es unbeliebt gewor-den, sich für das Gemeinwohl einzusetzen statt für die Belange von Interessengruppen und Lobbyisten – einer der Gründe für Politik(er)verdrossenheit und immer weiter abnehmende Wahl-beteiligung. »Es ist unmöglich, eine Reform durchzusetzen« – das hört man immer wieder, und meist erweist es sich dann als falsch. Was die amerikanische Demokratie am dringendsten braucht, ist ein Wiederaufleben des Gemeinsinns – wahrscheinlich würden die Menschen darauf positiv reagieren.

Die zusammenfassende Antwort auf die Frage, warum die Diktatoren nicht gewinnen, ist, dass Demokratien in Bezug auf Geld und Krieg besser sind: Eine Demokratie kann das Zuckerbrot liefern und mit der Peitsche drohen. Und ein schöner Bonus ist, dass eine Demokratie einer Diktatur auch moralisch überlegen ist. Aber die Demokratien müssen auch vor ihrer eigenen Haustür kehren und Korruption und Begünstigung von Insidern ausmerzen. Es gibt kein Naturgesetz, das garantiert, dass der Siegeszug der Freiheit nach dem Zweiten Weltkrieg sich nicht auch wieder umkehren könnte.

Demokratie ist die beste Regierungsform für die bessere Welt, in der zu leben wir uns erhoffen. Aber eine bessere Welt ist nur ein ferner Traum – oder etwa nicht?

Zweiter Teil

Eine bessere Welt ist näher, als es scheint

8 Wie die Schwarzmalerei in Mode kam

Als ich mich auf dieses Buchprojekt vorbereitete, las ich ein alarmierendes Buch. Darin warnte David Autor, ein sehr gebildeter Beobachter der gesellschaftlichen und politischen Entwicklungen, dass die amerikanische Gesellschaft im Begriff stehe, völlig außer Kontrolle zu geraten. Der zunehmende internationale Handel koste Arbeitsplätze; der gesellschaftliche Wandel vollziehe sich so rasend schnell, dass einem der Kopf schwirre; bessere Kommunikationstechnik werde diesen Wandel noch weiter beschleunigen; neue Haltungen zu Rasse, Geschlecht und Sexualität würden geheiligte Traditionen missachten; das Alte Europa sei erschöpft und im Niedergang begriffen; China werde die Welt übernehmen. Noch schlimmer sei jedoch, dass das amerikanische Bildungssystem mit diesem Tempo nicht Schritt halten könne: In Mathematik, Technologie und den Naturwissenschaften seien die amerikanischen Bildungseinrichtungen nicht auf der Höhe der Zeit und würden der nachwachsenden Generation nicht das Wissen vermitteln, das sie in einem globalisierten Umfeld benötige.

Dann las ich noch ein verstörendes Buch. Dieses Werk warnte, dass massenhaft dunkelhäutige Flüchtlinge, die seltsamen Religionen anhingen, in die Vereinigten Staaten und nach Europa strömen würden – wie eine Flutwelle! Wenn man nicht die Grenzen schließen und hohe Mauern errichten würde, könnte die weiße Bevölkerung nordischer Abstammung schon in wenigen Jahrzehnten vom Antlitz unserer Erde verschwunden sein.

Schließlich wurde ich auf ein drittes beunruhigendes Buch

aufmerksam. Darin wird behauptet, die angelsächsische Zivilisation befinde sich in einer Endphase, der »Winterzeit«, und werde unweigerlich von fruchtbareren und kriegerischeren Gesellschaften absorbiert werden. Die Aufklärung sei eine vielversprechende Idee gewesen, aber zum Untergang verdammt: kaputt, Ende, Feierabend.

Um nach all diesen düsteren Visionen auf andere Gedanken zu kommen, kaufte ich Eintrittskarten zu einem der meistaufgeführten amerikanischen Theaterstücke: Zwölf Männer diskutieren darüber, ob illegale Immigranten das Land in den Ruin treiben, während die ausufernde Kriminalität die Innenstädte zur Hölle auf Erden mache. Danach ging ich über den Broadway in ein anderes Theater, um mir ein Stück eines Dramatikers anzusehen, der einen Pulitzerpreis für eines seiner Theaterstücke gewonnen hatte. Das Thema dieses Stücks war, wie die Gesellschaft der Vereinigten Staaten von illegalen Immigranten auseinandergerissen wird.

Vielleicht könnte ich ja im Kino Ablenkung finden, dachte ich mir. Ich ging in einen sehr erfolgreichen Film, in dem ein Hollywoodstar verkündet: »Dies ist mal ein verdammt gutes Land gewesen. Ich verstehe nicht, wie es so auf den Hund kommen konnte.« Oder konnten vielleicht Tanz und Gesang meine Stimmung aufhellen? Ich sah mir das bekannteste amerikanische Musical an, in dem es darum ging, dass Ausländer ins Land strömen – in Massen hereinströmen! – und alles ruinieren, selbst den kostbarsten aller Tagträume – eine junge Liebe.

Also zog ich mich in mein stilles Kämmerlein zurück mit einem Roman von einem der wenigen amerikanischen Schriftsteller, die einen Literaturnobelpreis gewonnen haben. Der Roman handelt davon, dass die Vereinigten Staaten völlig verkommen würden, zerrissen seien von der Gier des Big Business, grassierender Korruption in der Regierung, einer Welle von Plagiaten in der akademischen Welt und völliger Untätigkeit angesichts illegaler Immigranten.

Jedes einzelne dieser Werke ist zwischen 50 und 100 Jahre alt – also müssten doch sicherlich inzwischen die Vereinigten Staaten und Europa ihren finalen Niedergang erlebt haben!

Das erste Buch ist *The Education of Henry Adams (Die Erziehung des Henry Adams)*, eine Autobiografie, die 1918 erschien. Henry Adams war ein Enkel des zweiten US-Präsidenten John Adams und führte ein privilegiertes Leben im Wohlstand. Er hatte hervorragende Beziehungen; neben vielen anderen prominenten Persönlichkeiten kannte er sowohl Charles Darwin als auch Charles Lyell, eine zentrale Figur der modernen Geologie. Adams war so fest davon überzeugt, dass die Vereinigten Staaten vor die Hunde gehen würden, dass er testamentarisch verfügte, sein Buchmanuskript erst nach seinem Tod an einen Verleger zu schicken, um sich selbst den Kummer zu ersparen, erleben zu müssen, wie seine Erwartung des bevorstehenden Zusammenbruchs der westlichen Gesellschaft breite öffentliche Anerkennung fand.

Das zweite Buch ist *The Passing of the Great Race or the Racial Basis of European History (Der Untergang der großen Rasse oder die Rassen als Grundlage der Geschichte Europa)* von Madison Grant, das 1916 erschien. Grant erklärte staatlich durchgesetzte Maßnahmen der Eugenik (Erbhygiene) zur letzten, verzweifelten Chance, die Vereinigten Staaten und Europa zu retten. Das dritte Buch ist *Der Untergang des Abendlandes* von Oswald Spengler, das 1918 und 1922 in zwei Bänden erschien. Spengler behauptete, die Vereinigten Staaten und Europa seien dabei, Babylon und dem Ägypten der Pharaonen auf den Müllhaufen der Geschichte zu folgen; man solle nicht einmal versuchen, die Freiheit zu retten, da ihre Zeit abgelaufen sei.

Das erste Theaterstück war *Twelve Angry Men (Die zwölf Geschworenen)* von Reginald Rose, das 1954 als Drama uraufgeführt und dann für einen bekannten Spielfilm mit Henry Fonda adaptiert wurde, der 1957 in die Kinos kam. Zwölf namenlose Geschworene, die nur mit ihren Nummern bezeichnet werden, diskutieren über die Folgen illegaler Einwanderung in die Vereinigten Staaten und über die Frage, ob die heute als »Stop-and-Frisk« (Anhalten und Filzen) bekannte Polizeitaktik der öffentlichen Sicherheit diene oder rassistisch sei. Das zweite Stück war Arthur Millers *A View from the Bridge (Blick von der Brücke)*, das

1955 uraufgeführt wurde, kurz bevor Miller und Marilyn Monroe heirateten. Die illegalen Immigranten, die nach Überzeugung des Protagonisten Amerika ruinierten, waren nicht aus Syrien oder dem Jemen, sondern aus Italien.

Der Kinofilm war *Easy Rider* mit Dennis Hopper, Peter Fonda und Jack Nicholson, der 1969 in die Kinos kam, in demselben Monat, als Apollo 11 auf dem Mond landete, und sich schnell zu einem Kultfilm entwickelte. Das Musical war die *West Side Story*, die 1957 am Broadway Premiere feierte und von einem ethnisch motivierten Bandenkrieg handelt: Die »Jets« wollen die »Sharks« aus New York City vertreiben, weil sie sie für ausländische Eindringlinge halten, obwohl die Mitglieder der Sharks aus Puerto Rico stammen, wo jeder, der nach 1916 geboren wurde, ein US-Bürger ist. Der Roman war *The Winter of Our Discontent (Geld bringt Geld)* von John Steinbeck, der 1961 erschien. Steinbecks bekanntester Roman ist *The Grapes of Wrath (Früchte des Zorns)*, der das Leben der Arbeiterklasse während der Weltwirtschaftskrise als Anklage der amerikanischen Gesellschaft darstellt; in *Geld bringt Geld* wird dagegen das Leben von Büroangestellten in der Nachkriegszeit als Anklage der amerikanischen Gesellschaft dargestellt.

Zu der Behauptung von Henry Adams, die Amerikaner würden die Wissenschaften nicht begreifen: Seit im Jahr 1901 zum ersten Mal Nobelpreise für Physik, Chemie und Medizin vergeben wurden, haben die Vereinigten Staaten mehr Nobelpreisträger hervorgebracht als die nachfolgenden fünf Länder zusammengenommen.

Zur »hereinströmenden Immigrantenflut« (Donald Trumps im Präsidentschaftswahlkampf 2016 gebetsmühlenartig wiederholtes Mantra): 1946 lebten 10 Millionen Immigranten in den Vereinigten Staaten; heute sind es 39 Millionen, und das Land ist reicher, mächtiger, gerechter und freier als je zuvor. Warum ausgerechnet 1946 als Bezugsjahr? Weil Trump in diesem Jahr geboren wurde, und zwar als Enkel eines Immigranten.

Über die vielen Jahrzehnte, in denen diese Werke entstanden, wurden für den typischen Amerikaner stetige Fortschritte in Bezug auf Einkommen, Gesundheit, Freiheit und Bildung erzielt, und Diskriminierung, Armut und Umweltverschmutzung sind zurückgegangen. Nach jedem objektiven Kriterium wurden die Vereinigten Staaten über diesen Zeitraum die erfolgreichste Nation aller Zeiten, obwohl die erwähnten Schriftsteller und Künstler dachten, das Land würde unweigerlich zugrunde gehen. Auch das Alte Europa hat sich wacker geschlagen; viele Millionen Menschen wollen in die Vereinigten Staaten und nach Europa kommen, aber kaum jemand will gehen. Dennoch glauben viele Amerikaner und Europäer nach wie vor, ihre Gesellschaften seien auf dem absteigenden Ast.

Aus Schwarzmalerei geborene Paniken haben eine lange Tradition in den Vereinigten Staaten, obwohl das Land mit reichen Rohstoffvorkommen und einer günstigen geografischen Lage gesegnet ist. Increase Mather, der 1639 in der damaligen Massachusetts Bay Colony das Licht der Welt erblickte, schrieb Jeremiaden, in denen er beklagte, dass der Niedergang Nordamerikas schon begonnen habe; seine wütenden Predigten über den unmittelbar bevorstehenden Ruin waren sehr beliebt. Gary Hart, der ehemalige Senator Colorados, schrieb über den Pessimismus in Amerikas Annalen: »Thomas Jefferson war sicher, das Land würde vor die Hunde gehen, als John Adams die Alien and Sedition Acts [Ausländer- und Volksverhetzungsgesetze] unterstützte« – und das war 1798.[1]
Über viele Jahrzehnte hinweg wurden immer wieder Umstände, die man eigentlich als einen beherrschbaren Rückschlag hätte sehen können, zu totalen Katastrophen erklärt. Nachdem 1957 die sowjetische Raumsonde *Sputnik* erfolgreich in eine Erdumlaufbahn geschossen worden war, rief die TV-Nachrichtensendung *CBS News* »eine nationale Katastrophe« aus, während *Life*, die damals führende US-Zeitschrift, verkündete, die Sowjetunion stehe unmittelbar davor, den Vereinigten Staaten den Rang als Weltmacht abzulaufen. Das Monatsmagazin *The Atlantic* verkündete 1994 in einer Titelgeschichte, im Grunde genommen stehe der Weltuntergang unmittelbar bevor – die Entwicklungsländer

würden in apokalyptischer Gewalt versinken, und die westlichen Volkswirtschaften und Regierungen würden aufhören zu funktionieren.[2] Jeder kann mal mit einer Vorhersage danebenliegen – auch mir ist das schon ein paarmal passiert –, aber *The Atlantic* ist das beste Magazin der Welt, und Robert Kaplan, der Verfasser dieses Artikels, ist ein hervorragender Schriftsteller; beide machten sich die denkbar pessimistischste Sicht der Dinge zu eigen, ebenso wie Präsident Bill Clinton, der aus dem Weißen Haus diesen Artikel zur Lektüre empfahl. Hätte *The Atlantic* eine überwiegend positive Vorhersage getroffen, zum Beispiel unter der Titelzeile »Allmähliche Besserung in Sicht«, hätte sich der Artikel als analytisch richtig erwiesen, aber ohne dieses unheilschwangere Gefühl eines furchtbaren Niedergangs.

Donald Trumps übergeschnappte Statements über den Niedergang Amerikas sind beunruhigend; freilich hat es solche irren Aussagen schon seit Langem gegeben, und sie kommen ebenso oft von Demokraten wie von Republikanern. Nach dem *Sputnik*-Start hielt Lyndon B. Johnson, der bald darauf Präsident werden sollte, eine Rede vor dem Senat, in der er behauptete, Moskau habe einen geheimen Plan, um das Wetter auf der Erde aus dem Weltraum zu kontrollieren. Barack Obamas National Intelligence Council (Nationaler Sicherheitsbeirat) produzierte 2012 einen Bericht, in dem behauptet wird, dass die Vereinigten Staaten bis 2030 den Status einer Großmacht verlieren und das chinesische BIP das amerikanische übertreffen werde.[3] Damit diese Vorhersage eintreffen könnte, müsste China seine Wirtschaftsleistung in nur zwölf Jahren verdoppeln, was so gut wie unmöglich ist. (Im Hinblick auf die Kaufkraftparität kommt Chinas Wirtschaft tatsächlich an die amerikanische heran, aber das ist eine andere Kenngröße als das BIP.) Und falls Sie mit dem Gedanken spielen sollten, sich 2030 mit dem Militär der Vereinigten Staaten anzulegen, wünsche ich Ihnen viel Glück.

Viele Intellektuelle neigen zur Schwarzmalerei, weil sie andere Perspektiven für Schönfärberei oder übertrieben optimistisch halten. In der heutigen akademischen Landschaft der USA ist die Meinung, die Vereinigten Staaten hätten die Menschheit insgesamt bereichert, ein beinahe schon verbotener Gedanke. David Brooks schrieb 2017: »Seit einigen Jahrzehnten verlieren immer mehr Menschen – vor allem an den Universitäten – den Glauben an die westliche Zivilisation. Heute wird den Studenten beigebracht, die westliche Zivilisation sei eine Geschichte von reaktionärer Unterdrückung.«[4] Die amerikanische Geschichte ist in der Tat voll von Gewalt gegen Minderheiten; wenn jedoch die westliche Zivilisation sich nicht entwickelt hätte, wären die Akademiker, die sie jetzt verdammen, wohl kaum zu ihren komfortablen Posten an den Universitäten gekommen. Viel wichtiger ist freilich die Frage: Wäre die Welt ohne die westliche Zivilisation tatsächlich ein besserer Ort?

Forschungszentren und Behörden neigen zu apokalyptischen Vorhersagen, weil die ihnen mehr Geld einbringen: Wissenschaftler streben nach neuen Erkenntnissen, aber auch nach Forschungsmitteln. Politische Interessengruppen neigen dazu, den Teufel an die Wand zu malen, um dadurch mehr Spenden einzuwerben. Durch zunehmenden Wohlstand entsteht sowohl mehr Geld, das gespendet werden kann, als auch eine wachsende Schicht von Menschen mit immer spezielleren Sorgen, die sich um Spendengelder bemühen. Die Präsidentschaft von George W. Bush war eine Glanzzeit für Spendenbeschaffer, die sich um wohlhabende Liberale bemühen; die Amtszeit von Barack Obama war eine gute Zeit für Spendenbeschaffer, deren Adressdateien in die konservative Richtung zeigen. Die Präsidentschaft von Donald Trump ist ein Gottesgeschenk für die Einschaltquoten von TV-Nachrichtensendungen, für die Auflagen von Tageszeitungen, für Stand-up-Comedians und Spendenbeschaffer jeglicher Couleur. Wäre Trump ein ehrlicher und vernünftiger Mann, wären diese Spendenbeschaffer untröstlich.

Dieser Vorgang wird angetrieben von dem Ehrgeiz, die alarmierendste Meldung von allen zu produzieren. Im Präsidentschaftswahlkampf sagte Bernie Sanders, die US-Regierung würde nur noch »dem obersten einen Prozent der Gesellschaft dienen«. Das behauptete Sanders, obwohl der Kongress kurz vorher die als »Obamacare« bekannte Gesundheitsreform verabschiedet hatte –

ein Umverteilungsprogramm, das aus Kapitalertragssteuern von Spitzenverdienern finanziert wird und laut einer Prognose des Congressional Budget Office allein in den ersten zehn Jahren 1,3 Billionen Dollar von Wohlhabenden an Mitglieder der Arbeiterschicht umverteilen wird. Sanders weiter: »Unser Land ist mit einer Serie von beispiellosen Krisen konfrontiert.« Diese Aussage war in keiner sinnvollen Weise wahr – aber sie war das, was sein Publikum zu hören erwartete.

Ich habe für einen zufällig ausgewählten Monat (Juni 2016) ausgewertet, wie oft das Wort »Krise« in der *New York Times* verwendet wird, dabei aber Fundstellen nicht berücksichtigt, wo das Wort notwendig ist, zum Beispiel in Zitaten. Im Juni 2016 gebrauchte die *New York Times* das Wort »Krise« 914-mal, also gut 30-mal pro Tag. Für die wichtigste Zeitung der Welt war jedes Ereignis eine noch nie da gewesene Krise.

Nicht nur in den Vereinigten Staaten werden massenhaft übertrieben negative Behauptungen verbreitet, noch unterscheidet sich dieses Phänomen von seinen früheren Manifestationen. Schon vor 2400 Jahren grübelte der altgriechische Philosoph Platon darüber nach, dass die wunderbar geordnete Welt seiner Jugend auf dem besten Wege sei, vor die Hunde zu gehen. Hätte Platon einen Wahlkampfauftritt von Donald Trump miterlebt, hätte er sich den Bart gestrichen, seine Sandalen gerichtet und weise genickt, als Trump verkündete: »It's always bad, down, down, down« – eine Kurzfassung der antiken griechischen These von Direktionalität.

Warum dachte Platon, es gehe alles immer nur »abwärts, abwärts, abwärts«? Der erste Grund ist, dass der Gründer der Platonischen Akademie – wie alle Menschen, die in der Zeit organisierter Gesellschaften lebten – ein Nachkomme wachsamer Vorfahren aus der fernen Vergangenheit war. Die natürliche Auslese bevorzugte umsichtige Individuen vor sorglosen: Erstere suchten den Horizont nach Raubtieren ab; letztere hielten inne, um den Duft einer Blume zu genießen – und wurden gefressen. Bei Gefahr wird im menschlichen Körper ein schlagartiger Adrenalinschub ausgelöst; in unsicheren Situationen wird wohldosiert das Stresshormon Hydrokortison – sozusagen eine milde Form von Adrenalin – ausgeschüttet, das die Sinneswahrnehmungen schärft und die Reaktionszeit der Muskeln verkürzt.

Im Laufe der menschlichen Geschichte hat es viel Unsicherheit gegeben, und das wird auch immer so bleiben. Seit undenklichen Zeiten haben Menschen, deren Körper gut darin sind, Adrenalin und Hydrokortison zu produzieren, bessere Chancen, sich fortzupflanzen. Die Gene bestimmen nicht unser Schicksal, aber sie sagen uns etwas über uns selbst – und über Pessimismus sagen sie uns, dass wir von Vorfahren mit einer pessimistischen Grundhaltung und einem alarmbereiten Hormonhaushalt abstammen. Und vielleicht bringt uns das einen Überlebensvorteil; Bertrand Russell hat einmal gesagt: »Je mehr du klagst, desto länger lässt der Herrgott dich leben.« Wenn aber die natürliche Auslese dazu geführt hat, dass der Mensch wachsam ist, bringt das eine negative Sicht der Welt mit sich.

Der zweite Grund ist, dass Platon – wie jeder Mensch aus Vergangenheit, Gegenwart und Zukunft – immer älter wurde, nicht jünger. Psychologen und Philosophen haben darauf hingewiesen, dass die biblische Erzählung vom Garten Eden ein Gleichnis für die Lebenszeit eines Menschen ist, vom Kind zum Erwachsenen. Die meisten Kinder (aber offenkundig und leider nicht alle) werden in eine von fürsorglichen Eltern wohlgeordnete Welt hineingeboren. Wenn sie älter werden, hört die Fürsorge der Eltern irgendwann auf, und das kindliche Gefühl von grenzenlosen Versprechen geht verloren; die sorglose Kindheit wird von Enttäuschungen, Verrat und unerfüllten Sehnsüchten abgelöst. In der Jugend eines Menschen liegt eine unermesslich lange Zeit vor ihm; ist er aber erst einmal in der Mitte des Lebens angelangt, beginnt die ihm noch verbleibende Zeit spürbar kürzer zu werden. Es ist kein Fluch, alt zu werden: Viele Alte werden weise und erlangen ein Bewusstsein für Wohlbefinden, das ebenso befriedigend sein kann wie die leidenschaftlichen Visionen früherer Jahre. Aber bei jedem Menschen, der älter wird, stellt sich das Gefühl ein, es gehe bergab. Ab einem mittleren Lebensalter färbt dieses Gefühl auf alle Lebensumstände ab, die ein Mensch erleben kann.

Dieses Lebensgefühl projizieren wir auf unsere Gesellschaften. Heute werden die Bevölkerungen in den Vereinigten Staaten und den Ländern der Europäischen Union immer älter;[5] das führt dazu, dass Pessimismus auf diese Gesellschaften projiziert wird, deren alternde Mitglieder ihr herannahendes Ende spüren – obwohl insgesamt die meisten Lebensumstände für die meisten Menschen immer besser werden.

Seit Jahrhunderten haben solche Niedergangsängste die Parolen motiviert, hinter denen sich die Menschen gesammelt haben. In vielen Kulturen diverser Epochen hatten die Menschen das Gefühl, mysteriöse Kräfte würden ihnen rauben, was ihnen zusteht, und haben es geglaubt, wenn jemand Lobgesänge auf die »gute alte Zeit« anstimmte. Im Präsidentschaftswahlkampf 2016 sprach Trump mit seinem häufig zu hörenden Bekenntnis »I love the old days« den vagen – und faktisch unzutreffenden – Glauben der Menschen daran, dass früher alles besser gewesen sei. Das meiste, was geschieht, wird nicht durch mysteriöse Kräfte herbeigeführt, sondern durch die Unvermeidbarkeit des Wandels, der normalerweise das Leben verbessert, aber stressig, nervenzerreißend und völlig unvorsehbar ist. Die Menschen wollen nicht hören, dass Veränderungen entweder nicht gestoppt werden können (der Normalfall) oder sollten, wie sie auch nicht hören wollen, dass das Älterwerden nicht gestoppt werden kann. Die Leute wollen vielmehr hören, dass das, was sie einst hatten, gestohlen worden sei und dass ihnen Unrecht angetan wurde. Jedem Menschen wird die Süße der Jugend gestohlen; mit ihrem Gerede von der »guten alten Zeit« versuchen Politiker, dieses Verlustgefühl auf die Gesellschaft insgesamt zu übertragen, selbst wenn die Gesellschaft heute besser ist, als sie damals war, in unserer Jugend. Donald Trump hätte die amerikanischen Wähler nicht davon überzeugen können, dass ihre Nation dem Untergang geweiht sei, wenn sie nicht ohnehin schon zu dieser Sicht der Dinge tendiert hätten. Dieser paradoxe Zustand – den Vereinigten Staaten ging es besser denn je, aber die Wähler sahen überall Katastrophen – hat sich aus Gründen eingestellt, die nichts mit Trump zu tun haben. Auf die gleiche Weise hat sich der ebenso widersinnige Zustand Großbritanniens am Tag der Brexit-Volksabstimmung – den Wählern ging es noch nie besser, aber trotzdem sind sie stinkwütend – aus Gründen eingestellt, die nichts mit dem Premierminister und den Parlamentsmehrheiten in jenem Jahr zu tun hatten.

In einem Aspekt gleicht sich die Weltuntergangsstimmung, die 2016 in diesen beiden Ländern vorherrschte: in der neuen Vorstellung von der Mehrheit als Opfer. Vor etwa einer Generation begannen die politischen Führer beider Nationen – und die staatlichen Schulen und Hochschulen –, die beschämenden Verfehlungen aufzuarbeiten, zu denen es in der amerikanischen und britischen Geschichte gekommen war.

In den Vereinigten Staaten zählen dazu: Sklaverei, Rassentrennung, Misshandlung von Afroamerikanern durch Polizisten, Misshandlung von Indianern und Asiaten (der Chinese Exclusion Act von 1882 ist ein weitgehend in Vergessenheit geratener Schandfleck), die Weigerung, jüdische Flüchtlinge aufzunehmen, bis kurz vor Ende des Zweiten Weltkriegs[6] (ein schrecklicher Fehltritt des sonst so großherzigen Präsidenten Franklin D. Roosevelt) sowie die Diskriminierung von Frauen, Schwulen und Lesben.

Zu den Verfehlungen Großbritanniens zählen Sklavenhandel, Imperialismus, die Ermordung von vielen Millionen Menschen in den Kolonien aus Profitgier, die Inhaftierung von Armen, Schwulen und Lesben, die Weigerung, Juden zu helfen, aus Nazideutschland zu fliehen (schlagen Sie einmal die abscheuliche Konferenz von Évian nach), sowie die Unterdrückung von Irland. Diese und andere Beispiele amerikanischer und britischer Verfehlungen waren sorgfältig aus der Geschichte getilgt worden. Vor etwa einer Generation war der Punkt erreicht, an dem endlich die politischen Führer in den Vereinigten Staaten und Großbritannien begannen, die auf dem Weg zu historischer Größe begangenen Schandtaten einzugestehen; an staatlichen Bildungseinrichtungen wurde immer mehr Wert darauf gelegt, im Unterricht diese gesellschaftliche Schande zu betonen, und das durchaus zu Recht.

Irgendwann im Laufe dieser Entwicklung erwuchs aus dem Recht dieser gesellschaftlichen Gruppen auf Anerkennung des ihnen zugefügten Leids die Vorstellung, dass diese Anerkennung eingefordert werden sollte. Minderheiten haben offensichtliche Gründe, Anerkennung ihres Leids einzufordern; aber was passiert, wenn auch die Mehrheit sich misshandelt fühlt? Die weißen Mehrheiten in den Vereinigten Staaten und Großbritannien begannen, nach dem zu verlangen, was George Will so treffend als »den begehrten Opferstatus« bezeichnet hat.[7] Auf den ersten Blick könnte man es für absurd halten, dass jemand als Opfer gesehen werden will. Wenn eine solche Sicht jedoch Vorteile bringt, entbehrt das nicht einer gewissen Logik, denn immerhin: Wenn an den Schulen und Hochschulen gelehrt wird, dass die Gesellschaft alle minderbemittelten Gruppen benachteiligt, warum sollten nicht auch die Weißen – von denen die meisten nicht wohlhabend sind – als Opfer betrachtet werden? Schulen, Hochschulen und Arbeitgeber gewähren bevorzugten Gruppen eine Vorzugsbehandlung in Form von »affirmative action« (positiver Diskriminierung) und anderen Programmen – warum sollten also nicht auch Weiße solche Privilegien anstreben?

Vielleicht brachte die Vereidigung des ersten afroamerikanischen Präsidenten sie zum ersten Mal auf den Gedanken, benachteiligt zu sein. In den Händen der weißen Mehrheit hat sich die Vorstellung, Opfer zu sein, als sehr machtvoll erwiesen, und zwar aus dem einfachen Grund, dass es in den Vereinigten Staaten und Großbritannien mehr Weiße gibt als Mitglieder aller Minderheiten zusammengenommen. Die Botschaft der Mehrheit hätte 2016 lauten können: »Du bist ein Opfer? Ich auch!« Trump schien eine attraktive Botschaft zu haben, weil er der erste wichtige Kandidat aus der Ära des begehrten Opferstatus war, der seinen weißen Zuhörern explizit sagte, sie würden ausgenutzt, wenn Minderheiten bevorzugt behandelt werden. »Ich bin eure Stimme«, erzählte Trump seinem Publikum – die Stimme der Unzufriedenheit. Trumps ständiges Wiederholen der Begriffe »unfair« und »manipuliert« war das, was politische Berater eine »Hundepfeife« nennen – ein Instrument, um weiße Wähler zu motivieren, das Vokabular von Viktimisierung und ethnischer

Benachteiligung für sich in Anspruch zu nehmen, ohne dass er jedoch diese Begriffe ausdrücklich erwähnt hätte.

Die Frage ist nicht, ob die Botschaft von der Viktimisierung der Weißen wahr ist; worauf es vielmehr ankommt, ist, dass weite Teile der Wählerschaft sie glaubten. Weiße Amerikaner und Briten haben viele Härten erlebt, zum Beispiel in Form von Opfern in Kriegen zum Schutz der Freiheit von anderen, die nicht selbst gekämpft haben. Ganz gleich, wie schwer die Zeiten auch werden mochten, hatten weiße Männer sich immer sagen können, dass die Gesellschaft ihre Verdienste würdigt. Heute stellt sich jedoch bei immer mehr amerikanischen und britischen Weißen das Gefühl ein, im gesellschaftlichen Gefüge benachteiligt zu sein. Afroamerikaner und andere Minderheiten wissen seit Langem, dass ihre Interessen in dieser Gesellschaftsordnung zu kurz kommen, und haben gelernt, damit zu leben und sich dagegen zu wehren. Aber für Weiße ist dies ein neues Gefühl, und weil es so viele von ihnen gibt, bildeten sie bei den Wahlen, die 2016 in den USA und Großbritannien stattfanden, den größten Opfer-Wählerblock aller Zeiten.

Vielleicht denken Sie jetzt: »Moment mal, nicht jeder kann ein Opfer sein.« Aber jeder Mann und jede Frau kann sich selbst als Opfer sehen. Wir alle kennen Menschen, die attraktiv oder reich sind – oder beides – und sich trotzdem in Selbstmitleid suhlen. Wenn jeder ein Opfer ist, muss irgendjemand oder irgendetwas die Schuld daran haben. Das führt uns zu einer Frage, die über Trump und den Brexit hinausgeht.

In den 1950er-Jahren, als Ronald Reagan aus Hollywood in die Politik wechselte, bereiste er das Land, traf sich mit Beschäftigten von General Electric und hielt Vorträge in den Fabriken und Büros des Großkonzerns, dem Sponsor seiner in Rundfunk und Fernsehen ausgestrahlten Anthologie-Serie *General Electric Theater*. Seine Standardrede hieß »Die Erosion unserer Freiheiten«. Das war während einer der Perioden, die heute in der nostalgischen Mainstream-Erinnerung zur »guten alten Zeit« verklärt werden, obwohl Reagan vor gesellschaftlichem Verlust und Verfall warnte. Die 1950er-Jahre – ein Jahrzehnt drückender Konformität, wesentlich niedrigeren Lebensstandards als heute und der Diskriminierung von Schwarzen, Frauen, Schwulen und Lesben – waren in keiner Hinsicht »die gute alte Zeit«, außer vielleicht für Drive-in-Kinos und das Anwerben von Pfadfindernachwuchs. Und auch die bürgerlichen Freiheiten wurden keineswegs untergraben, sondern sollten bald dramatisch erweitert werden, nämlich mit dem Civil Rights Act von 1964 (Bürgerrechtsgesetz) und dem Voting Rights Act von 1965 (Wahlrechtsgesetz); der Zulassung von Frauen zum Studium an Elitehochschulen; den Gerichtsurteilen in den Verfahren *Times vs. Sullivan* und *Times vs. United States* (besser bekannt als »Pentagon Papers«), mit denen die Berichterstattung in den Nachrichtenmedien liberalisiert wurde; dem Gerichtsverfahren *Gideon vs. Wainwright*, in dem der Supreme Court urteilte, dass einem Angeklagten, der sich keinen Anwalt leisten kann, vor einem Strafgericht ein Pflichtverteidiger gestellt werden muss; sowie anderen gesellschaftlichen Fortschritten. Aber Reagan erzählte seinen Zuhörern, ihre Freiheit werde ihnen genommen, was sie begeistert beklatschten.[8]

Der beste von Reagans zahlreichen Biografen war Lou Cannon, der als kalifornischer Republikaner den 40. Präsidenten besser verstand als viele an der Ostküste. Cannon hat berichtet, dass Reagan, als er in den 1950er-Jahren durch die Vereinigten Staaten reiste und die politischen Leitlinien entwickelte, an denen er sich auf seinem Weg ins Weiße Haus orientieren würde, immer wieder feststellte, dass die Menschen dazu neigen, alles, was ihnen nicht passt oder was in ihrem Leben schiefläuft, der Bundesregierung in die Schuhe zu schieben. Sie wollten nicht ihren Familien, Freunden oder der lokalen Gemeinde die Schuld geben, und trotz des amerikanischen Ideals der Eigenständigkeit auch ganz bestimmt nicht sich selbst – Washington, D.C., war der perfekte Sündenbock. Weit weg, heimlichtuerisch, expandierend – die Erweiterung der Macht der Bundesregierung war eine wichtige Voraussetzung für den Sieg der Vereinigten Staaten im Zweiten Weltkrieg: Wenn man Washington kritisiert, das stellte der zukünftige Präsident fest, kann man sich der Zustimmung seines Publikums sicher sein. Also begann Reagan, der damals eine Mitte-Links-Politik verfolgte – seinerzeit unterstützte er noch die Gewerkschaften und war für eine offene Grenze zwischen den USA und Mexiko –, bissige Bemerkungen über die Bundesregierung zu machen, und wurde so immer beliebter.

Dass Reagan sich die Einstellung »Washington ist schuld« zu eigen machte, setzte die Tonlage für einen politischen Diskurs, in dem es bei vielen Politikern und Lobbyisten immer beliebter wurde, Washington für sämtliche eingebildeten und tatsächlichen Missstände verantwortlich zu machen – und zwar, um sich einträgliche Pfründe in genau der Regierung zu sichern, die sie angeblich so verabscheuten. Solche ritualisierten Vorwürfe gegen die Bundesregierung halfen den Präsidenten Reagan, Bush junior und Trump, ins Amt gewählt zu werden. Anfang 2017 hatte sich eine ganze Reihe von Männern durch unaufhörliche Kritik an Washington den üppigen Washingtoner Lebensstil gesichert, nämlich beide Bewohner des Weißen Hauses (Trump und Vizepräsident Michael Pence), der Sprecher des Repräsentantenhauses (Paul Ryan), der Mehrheitsführer im Senat (Mitch McConnell), der Stabschef im Weißen Haus (Reince Priebus), mehrere Dutzend Kongressabgeordnete sowie zwei Supreme-Court-Richter (Samuel Alito und Clarence Thomas). Al Sharpton hat einmal gesagt: »Fundamentally, life is a hustle« (sinngemäß: Im Grunde ist das Leben ein einziger Fischzug) – und Sharpton wusste, wovon er redete. In den letzten 50 Jahren war das Anprangern Washingtons der lohnendste Fischzug in der amerikanischen Politik.

Ganz gleich, ob diese Kritik an Washington nun der Selbstinszenierung diente oder eine echte philosophische Haltung war, gelang es den Politikern und Medienleuten, die es an die Futtertröge zog, ihre Wähler in Scharen davon zu überzeugen, solches Gerede zu glauben, mitsamt der damit einhergehenden Illusion einer Nation im Niedergang. In den vergangenen Jahrzehnten haben diverse Umfragen gezeigt, dass die Amerikaner immer weniger von ihrer Regierung halten. Sie wenden sich immer mehr von dem ab, was ihnen innen- und außenpolitisch geboten wird, sind aber gleichzeitig davon überzeugt, dass ihre eigenen Kommunen, Schulen und Hochschulen – die Einrichtungen, die sie mit eigenen Augen sehen – tipptopp in Ordnung sind. Gallup-Umfragen haben ergeben, dass es eine Generation oder länger her ist, seit die Amerikaner »großes Vertrauen« in Big Business, den Kongress, die Justiz, das Gesundheitswesen, die Presse, staatliche Bildungseinrichtungen und organisierte Religionsgemeinschaften empfanden.[9]

All diese Institutionen könnten sicherlich Verbesserungen vertragen, aber sind sie wirklich alle so heruntergekommen? Die Amerikaner glauben, dass die weit entfernten Washingtoner Institutionen, mit denen sie kaum einmal etwas zu tun haben, in einem völlig desolaten Zustand sind, sagen aber gleichzeitig, dass sie Geistliche, Ärzte, Highschool-Lehrer, lokale Staatsdiener und Geschäftsleute, die sie persönlich kennen, respektieren.

Keine Frage, die Bundesbehörden müssen effizienter werden, und einige der Vorschriften, die sie erlassen, sind einfach nur lächerlich. Aber die Vereinigten Staaten sind das stärkste, mächtigste und reichste Land, mit den kreativsten Köpfen in Wissenschaft, Wirtschaft und Kunst – das Land, auf das jede andere Regierung auf der Welt neidisch blickt. Washington und die Gesetze, die von dort kommen, haben damit *nichts* zu tun – oder sollte etwa Amerikas Ausnahmestellung ein seltsamer Zufall sein, der passiert, *obwohl* die Bundesregierung völlig heruntergekommen ist? Wie könnte das Land ein solcher Erfolg sein, wenn seine Hauptstadt tatsächlich – wie Donald Trump es immer wieder behauptet hat – in der Hand von dubiosen Dilettanten wäre?

Viele Akteure auf der politischen Bühne der Vereinigten Staaten glauben außerdem, dass zwar Washington ihr Geld vergeudet, nicht jedoch ihre Regierungen auf Landes- und Kommunalebene. In den Vereinigten Staaten scheinen etwa 40 Prozent der öffentlichen Mittel auf Landes- und Kommunalebene lokal erhoben zu werden, stammen aber tatsächlich aus der nationalen Staatsverschuldung – sie werden von Washington geliehen und dann an die Bundesstaaten, Städte und Gemeinden weitergeleitet. Das

Ergebnis ist ein Buchhaltungs-Tauschtrick, der Landes- und Kommunalpolitiker besser aussehen lässt, als sie sind, und Washington schlechter.

Wenn die Bundesstaaten ihre Ausgaben selbst finanzieren müssten, würden die Steuern auf Landes- und Kommunalebene steigen und auf nationaler Ebene sinken, ebenso wie die nationale Staatsverschuldung – und zwar ganz erheblich. Die Wähler würden sich über ihre Gouverneure und Bürgermeister aufregen und Washington loben. Für die Politiker auf Landes- und Kommunalebene, die wesentlich zahlreicher sind als die Bundespolitiker, entstehen dadurch Anreize, sich den Schlachtruf »Washington ist katastrophal!« auf die Fahnen zu schreiben, weil er sie schützt und die Weltuntergangsstimmung fördert. Wenn die Hauptstadt Schulden macht, um den Anschein zu erwecken, die Bundesstaaten und Städte würden sich selbst finanzieren, fördert das einen weiteren falschen Eindruck – dass nämlich Washington Geld an Arme und Einwanderer verschenkt, das von der hart arbeitenden Mehrheit verdient wird, deren Gemeinden sich selbst finanzieren könnten, wenn Washington nicht diese Geschenke verteilen würde. Die amerikanischen Bundesstaaten und Städte können sich definitiv nicht selbst finanzieren, aber der Buchhaltungstauschtrick erweckt diesen Eindruck.

Die Amerikaner scheinen eine seltsame Befriedigung daraus zu ziehen, alles, was ihnen nicht passt, Washington in die Schuhe zu schieben, anstatt es als Folge interagierender Kräfte zu sehen, die Vor- und Nachteile mit sich bringen, oder als Fehler ihrer Nachbarn oder Gemeinde – oder ganz einfach als eigenen Fehler. Da sie das Schlimmste glauben wollen, regen viele Amerikaner sich über kleine Fehler auf, halten aber große gesellschaftliche und technische Fortschritte für selbstverständlich, als würden sie vom Himmel fallen. Im Wahlkampf wirkte Trump auf viele Wähler, als würde er frischen Wind bringen, weil er versprach, Washingtoner Institutionen niederzureißen. Würde er das tatsächlich tun, würde es den meisten Normalbürgern dadurch wahrscheinlich schlechter gehen. Aber viele Menschen glaubten, dass es gut sei, Institutionen niederzureißen, weil jahrzehntelange Fehlalarme und Blender, die Washington schlechtmachten, ihnen die Illusion vom Niedergang suggeriert hatten.

Als Reagan einmal an die Zeit zurückdachte, in der er als junger Mann als Rettungsschwimmer am Strand gearbeitet hatte, hat er sich darüber gewundert, dass manche Menschen wütend wurden, weil sie gerettet worden waren.[10] Sie waren ihrem Retter nicht etwa dankbar, sondern vielmehr wütend auf ihn, weil durch seine Rettungsaktion alle am Strand hatten sehen können, dass sie in Schwierigkeiten geraten waren und nicht richtig auf sich aufgepasst hatten. Nach der gleichen Logik sind viele Wähler für Sozialleistungen der Bundesregierung nicht etwa dankbar, sondern darüber verärgert, weil ihre Hilfsbedürftigkeit vermuten lässt, dass sie selbst schuld daran sind. Bei der Brexit-Volksabstimmung 2016 stimmten die Bürger in vielen Regionen Großbritanniens, die Nettoempfänger von Leistungen aus Brüssel sind, mehrheitlich für den Austritt aus der Europäischen Union, während Regionen, die Nettozahler sind, dafür stimmten, in der EU zu bleiben. Bei den Präsidentschaftswahlen 2016 stimmten die meisten Bundesstaaten, die mehr Leistungen aus Washington erhalten, als sie dorthin zahlen, für Trump – der versprochen hatte, die Quelle dieser Zahlungen zu beseitigen –, während Bundesstaaten, die mehr nach Washington zahlen, als sie von dort bekommen, gegen Trump stimmten.

Dieses Verhalten wurde häufig als Ignoranz gedeutet. Eine Karikatur in der Zeitschrift *New Yorker* zeigte grasende Schafe vor einem Wahlplakat, das Trump als Wolf zeigt, neben dem Slogan: »I am going to eat you« (Ich werde euch auffressen). Aber wahrscheinlich wollten die Leute in den amerikanischen und britischen Gegenden, die 2016 gegen die Quellen ihrer Subventionen stimmten, beides haben – einerseits Geld von der Regierung beziehen, aber sich andererseits über diese Regierung aufregen, weil sie vermeintlich Geld verschenkt. Sie wollten nicht, dass jemand sieht, wie der Rettungsschwimmer sie in Sicherheit bringt.

Das Handeln der Regierung hatte kaum Auswirkungen auf das Leben unserer Großeltern, es sei denn, der Großvater wurde zum Kriegsdienst eingezogen. Wie viel Geld man verdiente, wie man es ausgab, wie man lebte – das alles blieb einem selbst überlassen, und den privaten Organisationen, denen man sich anschloss. Noch Mitte der 1960er-Jahre, in der Zeit des »Great Society«-Reformprogramms unter Präsident Lyndon B. Johnson, erwarteten die Amerikaner kaum Hilfen vom Staat, bevor sie das Ruhestandsalter erreichten. Aber das hat sich gründlich geändert. Der Wirtschaftsjournalist Josh Barro hat darauf hingewiesen, dass 1960 nur 23 Prozent des US-BIPs durch die Hände der Regierung flossen, auf kommunaler, Länder- und Bundesebene – heute beträgt die Staatsquote 41 Prozent, und beinahe die gesamte Zunahme besteht aus Transferzahlungen und Sozialleistungen. In vielen europäischen Ländern ist heute die Staatsquote sogar noch höher: In Deutschland sind es 44 Prozent, in Großbritannien 48, und in Belgien, Dänemark, Finnland und Schweden wird inzwischen ein größerer Teil der Wirtschaft vom Staat kontrolliert als von den Bürgern und vom Privatsektor.[11]

Je höher die Staatsquote steigt, desto mehr setzt sich unter den Wählern die Erkenntnis durch, dass lautes Klagen ein Weg zu zusätzlichen staatlichen Leistungen ist. Das schafft Anreize, sich zu beschweren, und verstärkt noch den Pessimismus – und die damit einhergehende Illusion, dass Reformen nicht funktionieren.

Seit Jahrzehnten führt das Meinungsforschungsinstitut Gallup jeden Monat eine Umfrage durch, die unter anderem diese Frage enthält: »Sind Sie im Allgemeinen zufrieden oder unzufrieden damit, wie die Dinge in den Vereinigten Staaten laufen?«[12] Zuletzt gab eine Mehrheit der Amerikaner im Winter 2004 an, mit den Vereinigten Staaten »zufrieden« zu sein. Seither waren die Antworten mehrheitlich negativ – während ich dies schreibe, seit immerhin 161 aufeinanderfolgenden Monaten. In den vergangenen Jahren erklärten im Durchschnitt 70 Prozent der Amerikaner, sie seien »unzufrieden« mit den Zuständen in ihrem Land. Im Winter 2004, als das Gallup-Meinungspendel aus dem positiven in den negativen Bereich schwang, geschah noch etwas anderes: Facebook schaltete seine Plattform für die Öffentlichkeit frei. Dass sich zwei Entwicklungen gleichzeitig vollziehen, muss natürlich nicht zwangsläufig bedeuten, dass die eine die andere verursacht; doch in diesem Fall könnte ein Zusammenhang bestehen.

Sehr schnell gewann Facebook über 200 Millionen User in den Vereinigten Staaten, in einem selbst für die Verhältnisse digitaler Technik atemberaubenden Tempo. Je größer Facebooks Reichweite wurde, desto unzufriedener wurden die Amerikaner mit ihrem Land. Facebook erwies sich als eine praktische und beliebte Plattform für so gut wie alles, was die Anwender mit anderen teilen wollten, und auf Facebook wurde die Kunst perfektioniert, das Negative zu betonen. Seit Johannes Gutenberg Mitte des 15. Jahrhunderts den Buchdruck erfunden hatte, wissen die Verfasser von Schlagzeilen: »If it bleeds, it leads« (sinngemäß: Wenn Blut fließt, wird mehr verkauft). Seit Jahrhunderten konzentrieren sich die Medien auf schlechte Nachrichten, und Facebook bietet die optimale Plattform für die Sensationsgier des Publikums. Geburtstagswünsche und niedliche Kätzchen haben durchaus ihre Rolle auf Facebook und ähnlichen sozialen Medien, aber Rassismus, Sexismus, Verschwörungstheorien, Trauer und Skandale interessieren die User viel stärker.

Facebook fokussierte die sich entwickelnde Welt der sozialen Medien auf das Negative. Um sich viral auszubreiten, braucht ein Post auf den sozialen Medien – sei es nun ein kurzer Tweet oder eine langatmige Schmähschrift – den Drei-Sekunden-»What The Fuck!«-Moment. Andeutungen über entsetzliche Missbräuche, zusammen mit einem verschwommenen Bild, das alles Mögliche zeigen könnte, provozieren die »WTF!«-Reaktion. Die Aussage »Lebensstandard, Bildungsniveau, persönliche Freiheit und Lebenserwartung werden allmählich immer besser« hat keinen Schockwert, aber genau das ist es, was die Vereinigten Staaten seit 2004 erreicht haben.

Das Pew Research Center, ein anderes Meinungsforschungsinstitut, führt regelmäßig ähnliche Umfragen wie Gallup durch, die ebenfalls zeigen, dass die Befragten seit 2004 immer unzufriedener werden.[13] Pew hat herausgefunden, dass zu politischen Themen wütendes, pessimistisches Facebook-Material mehr Likes und Shares auf sich zieht als freundliches oder neutrales Material. Dieses Phänomen ist nicht nur in den Vereinigten Staaten zu beobachten. Ein australisches Forscherteam an der University of Canberra hat festgestellt, dass seit 2007, als Breitband-Internetzugänge zunehmend Verbreitung fanden, immer mehr Australier sagten, ihr Land sei auf dem absteigenden Ast, obwohl alle objektiven Zahlen zeigen, dass es Australien besser geht als je zuvor.[14]

Im Präsidentschaftswahlkampf 2016 legitimierte Donald Trump ganz offen versteckte Unterstellungen und hirnrissige Verschwörungstheorien, die seine Wähler hauptsächlich aus den sozialen Medien hatten. Bevor Facebook und andere, ähnliche Plattformen aufkamen, musste man sich, um eine hirnrissige Verschwörungstheorie mitzubekommen, in einen schmuddeligen Underground-Buchladen bemühen, um dort irgendein beschränktes, nebulöses, im Selbstverlag gedrucktes Pamphlet zu kaufen. Im Wahlkampf 2016 musste man dafür nur noch einen kurzen Blick auf ein Gerät werfen, das man stets in der Hosen- oder Handtasche bei sich trägt. Vor zwei Generationen, so das Ergebnis verschiedener Studien des Pew Research Center, brachten 75 Prozent der Amerikaner ihrer Regierung Vertrauen entgegen, hielten sie für ehrlich und glaubten, dass sie in den meisten Fällen das Richtige tue. Bis zu den Wahlen 2016 war dieses Vertrauen auf 12 Prozent der Befragten zurückgegangen. Könnte das daran liegen, dass sie endlich die seit Langem verheimlichte Wahrheit erkannt hatten? Ja, vielleicht – aber es könnte auch daran liegen, dass sie von versteckten Unterstellungen und hirnrissigen Verschwörungstheorien beeinflusst sind, die nicht bewiesen werden müssen, um geglaubt zu werden.[15] Der Historiker Christopher Lasch von der University of Rochester, der 1994 verstarb, hat geschrieben, dass es in der heutigen amerikanischen Kultur »keine Rolle mehr spielt, ob eine Information wahr ist, sondern nur noch, ob sie wahr klingt«.[16] In erstaunlich kurzer Zeit haben Facebook und ähnliche Plattformen es geschafft, die Reichweite von Äußerungen, die »wahr klingen«, zu verdoppeln. Und unterdessen wurden die Amerikaner mit ihrem Land immer unzufriedener.

Facebook war ursprünglich für Laptops und die alten Desktop-Computer mit einem CRT-Bildschirm gedacht und diente dem Zweck, seinen Mitgliedern die Möglichkeit zu bieten, Fotos und Geschichten von sich selbst zu posten, die ihre Freunde sich typischerweise auf einem Gerät auf ihrem Schreibtisch ansahen. (Der Name »Facebook« geht zurück auf die Jahrbücher mit Porträtfotos von Kommilitonen, die ein Student an einer amerikanischen Hochschule zum Einstand bekommt, wenn er sein Studium beginnt.) Das erste iPhone kam drei Jahre, nachdem Facebook online gegangen war, auf den Markt. Kaum jemand hatte geahnt, wie rapide sich Smartphones technisch weiterentwickeln und welch eine flächendeckende Verbreitung sie finden würden. Der Journalist Timothy Noah hat geschrieben, dass schon 2007 die Amerikaner mehr Textbotschaften verschickten, als sie Telefongespräche führten.[17] Bis 2011 waren über 100 Millionen iPhones verkauft worden; Facebook und andere soziale Medien zogen vom Schreibtisch des Users in seine Jackentasche um, weil die Leute immer häufiger über ihr Smartphone auf diese Plattformen zugreifen.

Es ist eine erstaunliche technische und wirtschaftliche Leistung, dass nur ein Jahrzehnt nach der Premiere des iPhones unzählige Menschen aus allen Gesellschaftsschichten auf der ganzen Welt ein erschwingliches Kommunikationsgerät in der Tasche haben, dessen Rechenleistung die gesamte Computerpower der NASA zur Zeit der Mondlandungen locker in den Schatten stellt. Heute besitzen 80 Prozent aller Menschen in den Vereinigten Staaten und Europa ein Smartphone; etwa 40 Prozent der gesamten Weltbevölkerung haben eines. Facebook hat etwa zwei Milliarden User.[18] Hat es jemals eine Zeit gegeben, in der am selben Tag zwei Milliarden Menschen eine Zeitung kauften oder in eine Postfiliale gingen?

Der Siegeszug der Smartphones mit ihren Social-Media-Apps hat die physische Beziehung zwischen Mensch und Nachricht verändert. Eine gedruckte Zeitung oder Zeitschrift liegt auf dem Tisch, ein Fernseher steht im Regal oder hängt an der Wand – wenn man weggeht, bleiben sie an Ort und Stelle. Als die Smartphones immer besser wurden, begannen die Leute, sie ständig bei sich zu tragen, selbst wenn sie nur von einem Zimmer ins andere gehen, pausenlos. Wenn man ein Smartphone für soziale Medien nutzt, hält man es sich dicht vors Gesicht. Die Silbe »Face« in dem Namen »Facebook« nahm eine unerwartete Bedeutung an – direkt vorm Gesicht, physisch nah.

Filmstudenten und angehende Theaterregisseure lernen in ihrer Ausbildung, dass es so etwas wie eine »komische Distanz« gibt. Eine der Erklärungen für dieses Konzept besagt, dass alles, was sich in unmittelbarer Nähe abspielt, tragisch erscheint, während ein Dialog, der in einer gewissen Entfernung stattfindet, eher komisch wirkt. Das ist der Grund, warum Sitcoms sich in der Regel in einer großen Kulisse abspielen – in einem Wohnzimmer, einem Großraumbüro –, sodass mehrere Menschen gleichzeitig im Blickfeld sind, während für rührende Szenen das Gesicht in Nahaufnahme gefilmt wird. Wenn Inhalte von sozialen Medien auf einem direkt vor das Gesicht gehaltenen Smartphone zur Kenntnis genommen werden, verlieren sie ihre komische Distanz und gleiten ins Tragische ab.

Holly Shakya und Nicholas Christakis, Soziologen an der University of California in San Diego beziehungsweise der Yale University, führten 2017 eine Studie durch, die ergab, dass Amerikaner sich umso schlechter fühlen, je mehr Zeit sie auf Facebook verbringen – selbst wenn sie sich gut gelaunte Posts ansehen.[19] Ein Teil dieses Effekts ist wahrscheinlich auf ein Phänomen zurückzuführen, das die sozialen Medien »FOMO« nennen: »The Fear of Missing Out« – die Angst, etwas zu verpassen. Seit Generationen erleben zahllose Frauen und Männer diese Angst: Wenn Sie an einem Samstagabend nichts vorhaben, stellen Sie sich vor, wie alle anderen sich an einer coolen Location treffen und viel Spaß zusammen haben. Facebook und ähnliche Plattformen verstärken diese Angst, weil sie Ihre mentale Inbox mit Bildern fluten, die den Eindruck erwecken, alle außer Ihnen würden sich gerade köstlich amüsieren – und zwar ungeachtet dessen, ob das tatsächlich so ist, da alle Leute lächeln, wenn sie fotografiert werden. Shakya und Christakis fanden heraus, dass der Akt, den eigenen Facebook-Status upzudaten und den »Like«-Button für Inhalte von anderen anzuklicken, mit »einem Rückgang des selbst berichteten geistigen Wohlbefindens um 5 bis 8 Prozent einer Standardabweichung« assoziiert ist. Hin und wieder einen Blick auf die sozialen Medien zu werfen ist eine gute Methode, um über seine Freunde und die neuesten Ereignisse auf dem Laufenden zu bleiben, aber wenn man ständig am Display seines Smartphones hängt, scheint das ungefähr ebenso deprimierend zu sein wie übermäßiger Alkoholkonsum. Viele Amerikaner verbringen zu viel Zeit auf der Facebook-Plattform und fühlen sich dann schlecht.

Kurz vor den US-Wahlen 2016 berichtete Pew Research, dass für die meisten Amerikaner die wichtigsten Informationsquellen über den Zustand des Landes die sozialen Medien und die Kabelfernsehen-Nachrichtensendungen waren, die beide unablässig Streit und Zwietracht in den Vordergrund ihrer Berichterstattung rücken.[20] Die Zeitungen und die Nachrichtensendungen der großen TV-Netzwerke sind zwar auch nicht frei von Voreingenommenheiten, aber zumindest befolgen sie meist professionelle Standards – sie erwähnen auch die andere Seite einer Geschichte, und sie versuchen, fair zu sein und zu recherchieren, ob aufgestellte Behauptungen verifiziert werden können. Auf den Plattformen der sozialen Medien gibt es keine professionellen Standards. Der Programmcode – und manchmal auch die Menschen – hinter Facebook, Google und ähnlichen Plattformen der sozialen und neuen Medien löschen Obszönitäten und explizite Intoleranz, kümmern sich aber nicht darum, ob Tatsachenbehauptungen überprüft wurden oder fair sind. Selbst völlig haltlose Erfindungen müssen einem sozusagen ins Gesicht springen, bevor sie gelöscht werden. Das führt dazu, dass sich auf die Smartphones der User ein endloser Strom von blubberndem, informationsähnlichem Material ergießt, »das nicht zwischen Schein und Wirklichkeit unterscheidet«, um es mit den Worten von Robert Thomson zu sagen.[21]

Ebenso wie uns eine TV-Realityshow im Nachmittagsprogramm, in der Menschen sich anschreien und vor laufender Kamera losheulen, dazu bringt, aufgestört auf den Fernseher zu starren, obwohl wir gerade etwas anderes tun, sind es in den sozialen Medien hemmungslose Übertreibungen und Fake News, die die Aufmerksamkeit der Leute fesseln. Wenn sie hinschauen, sehen sie eine fiktive Welt, in der alles immer nur noch schlimmer wird. (Seit Jahren arbeite ich ausgerechnet an diesem Buch, obwohl mir schmerzlich bewusst ist, dass der Buchtitel *Doomsday 2020!* den heutigen Erwartungen viel besser gerecht würde.) Vor einer Generation bekamen die Leute zwei Spritzen mit schlechten Nachrichten pro 24-Stunden-Nachrichtenzyklus: Wenn morgens die Tageszeitung im Briefkasten landete und wenn abends die Nachrichten im Fernsehen ausgestrahlt wurden; an manchen Tagen wurde ihnen eine dritte Dosis verpasst, wenn mit der Post eine ernst zu nehmende Zeitschrift ins Haus flatterte.

Heute bilden dagegen die schlechten Nachrichten ein wahres Trommelfeuer, rund um die Uhr über das Smartphone und andere ans Internet angeschlossene Bildschirme, und der Nachrichtenzyklus wird in Minuten gemessen. Jedes Mal, wenn Sie Ihr Telefon checken, sehen Sie Dutzende von gerade eben geposteten schrecklichen Meldungen und wütenden Behauptungen. Viele Posts halten einer genaueren Überprüfung nicht stand oder sind schlicht Fälschungen; aber wer hat schon die Zeit, die Quellen zu überprüfen? Die Statistik sagt uns, dass die meisten Lebensumstände für die meisten Menschen immer besser werden, aber direkt hier auf dem Smartphone sind diese empörenden Meldungen zu lesen – buchstäblich direkt vor unserer Nase.

Immer häufiger ist zu hören, dass die heute üblichen Ausdrucksformen über elektronische Medien die Gesellschaft spalten würden. Im Jahr 2006 – also ein Jahr, bevor das iPhone auf den Markt kam – war in einem Lehrbuch für Politikwissenschaften mit dem Titel *Red and Blue Nation?* (sinngemäß: Nation zwischen zwei Parteien) zu lesen:

Vieles von dem, was wie eine zunehmende Polarisierung der Gesellschaft aussieht, ist darauf zurückzuführen, dass die Menschen immer rechthaberischer werden. Vor einer Gene-

ration wurde es für ungehörig gehalten, kompromisslos seine Meinung zu äußern, vor allem zu politischen und religiösen Fragen, und die Medien beschränkten ihre Meinungsäußerungen auf Expertenzitate und klar kenntlich gemachte Leitartikel. In den vergangenen Jahrzehnten war solche Zurückhaltung auf dem Rückzug. Früher wurde von Schülern und Studenten erwartet, die Meinungen großer Autoren zu rezitieren und sich mit eigenen Meinungsäußerungen zurückzuhalten; heutzutage werden dagegen Studenten schikaniert, die keine eigene Meinung haben. Heute erwarten wir nicht nur, dass die »talking heads« [sinngemäß: Phrasendrescher] im Fernsehen sofort eine Meinung zu allem und jedem haben, sondern wir erwarten auch von jedem Normalbürger, dass er eine dezidierte Meinung zu jedem Thema hat, das zur Sprache kommt.[22]

Ein entschiedenes Urteil abzugeben – das Lehrbuch von 2006 nannte es »the opinionization of America« (sinngemäß: die zunehmende Rechthaberei Amerikas) – kam ungefähr zu der Zeit in Mode, als das Aufkommen der sozialen Medien es möglich machte, rasch und praktisch kostenlos seine Meinung zu verbreiten. Dadurch entstand das Gefühl eines plötzlichen kollektiven Wutausbruchs, wodurch wiederum der Eindruck entstand, die Gesellschaft müsse in viel schlechterer Verfassung sein, als es auf den ersten Blick den Anschein hatte. Was sich tatsächlich vollzog, war ein plötzlicher Ausbruch von Rechthaberei – Frauen und Männer, die in starken Worten Meinungen zum Ausdruck brachten, die sie schon seit Langem mit sich herumgetragen, aber zuvor nicht geäußert hatten, weil es als gut erzogen galt, seine Meinung für sich zu behalten.

Heute ist es dagegen nicht nur akzeptabel, sich über etwas aufzuregen, sondern geradezu obligatorisch. Über die Lebenszeit der heutigen Generation ist die amerikanische Gesellschaft immer offener, toleranter und respektvoller gegenüber Andersartigkeit geworden. Heute wird es für peinlich gehalten, wenn man sich Anwesenden gegenüber in rassistischer oder sexistischer Weise äußert oder sich über ihren ethnischen Hintergrund oder ihre sexuelle Orientierung lustig macht. Zugleich ist die Gesellschaft immer rechthaberischer geworden: Es wird erwartet, dass jeder Mensch eine dezidierte Meinung hat. Meinungen brauchen Ventile. Je respektvoller die Amerikaner sich untereinander behandeln, desto cholerischer und abfälliger werden sie gegenüber Menschen, denen sie noch nie persönlich begegnet sind, die sie nur als unerreichbare Akteure in Politik und Entertainment kennen oder unter einem Pseudonym in den sozialen Medien.

Außerdem ist häufig zu hören, dass die heutigen elektronischen Kommunikationsplattformen sozusagen eine Echokammer bilden, in der die Leute nur solche Meinungen zu hören bekommen, mit denen sie ohnehin schon einverstanden sind. Das ist keineswegs ein neues Phänomen; schon zur Zeit unserer Eltern gab es in jeder amerikanischen und europäischen Stadt mindestens zwei Tageszeitungen, die eine eher auf Konservative/Manager ausgerichtet, die andere eher auf Liberale/Arbeiter. Viele Bürger abonnierten die Zeitung – oder kauften sie am Kiosk –, deren Weltanschauung ihnen genehm war. Viele intellektuell anspruchsvolle Magazine früherer Tage machten keinen Hehl aus ihrer gesellschaftlichen und politischen Ausrichtung: Kaum ein Republikaner griff zur *New York Review of Books*, kaum ein Demokrat las die *National Review*. In noch früherer Vergangenheit, als man sich politische Reden anhörte oder an Diskussionszirkeln teilnahm, um neue Ideen zu hören und sich eine Meinung zu bilden, suchten die Menschen eher nach Gelegenheiten, Ansichten zu hören, die ohnehin zu ihrem Weltbild passten, als solche, die es infrage stellten. Das Echokammer-Phänomen gab es also schon immer.

Davon unterscheidet sich Facebook insofern, als seine Echokammer automatisch generiert wird. Die sozialen Plattformen nutzen Algorithmen, die liberale Kommentare ihren liberalen Nutzern zuspielen und konservative Kommentare den konservativen Usern. Auf diese Weise potenziert die automatisierte Vorauswahl die ohnehin schon vorhandene Prädisposition der Menschen. Dadurch wird die frühere Informationswelt – in der Sie in den Printmedien und Fernsehprogrammen, die Sie sich selbst aussuchten, dem begegneten, wofür Sie sich aktiv entschieden hatten – durch eine neue Informationswelt ersetzt, die aus Material besteht, mit dem Sie einverstanden sind, ohne sich jedoch aktiv dafür entschieden zu haben. Das Aussieben findet im Hintergrund und unerbeten statt und kann so wirken, als würde es gar nicht stattfinden. Dadurch kann der Eindruck entstehen, die Welt sei völlig verrückt geworden.

Die Zeitungen und Zeitschriften der 1980er- und 90er-Jahre haben in diverse Versuche investiert, regionale oder spezielle Ausgaben aufzulegen, um Inhalte zu liefern, die auf bestimmte Regionen des Landes oder der Metropolen optimiert waren. Die hohen Druck- und Verteilungskosten machten diese Anstrengungen unwirtschaftlich. Da die sozialen Medien solche Kosten nicht haben, können sie jedem Nutzer eine »individualiserte« Ausgabe liefern.

Da es immer wesentlich mehr Nachrichten geben wird, als irgendein Mensch erfassen kann, und da ihre Algorithmen effizient sind, können Facebook und ähnliche Plattformen unzählige »individualiserte« Ausgaben liefern: Eine Welt, in der die »Alt-Right« Amok läuft, eine Welt, in der linke Akademiker außer Rand und Band geraten, eine Welt, in der Kriminalität und illegale Immigranten unbehelligt ihr Unwesen treiben, eine Welt, in der böse Wirtschaftsbosse geheime Absprachen treffen, um Arbeitsplätze zu vernichten. Suchen Sie sich die Welt aus, in der Sie leben wollen – oder über die Sie sich beklagen wollen, weil Sie darin zum Opfer gemacht werden –, und ein Algorithmus der sozialen Medien wird diese Welt generieren und sie Ihnen frei Haus liefern. Dutzende von Newsfeeds, die sich gegenseitig widersprechen, aber die jeder für sich genommen bezwingend sind, können miteinander kombiniert werden, und sie alle basieren darauf, was in genau dieser Sekunde passiert. Und dadurch hat der User das Gefühl, er müsse ständig sein Telefon checken – und sieht eine schlimme Nachricht nach der anderen, ein endloses Trommelfeuer und alles schlecht.

Durch die Einfachheit der elektronischen Kommunikation und die ständige Aktualisierung der Echokammer unterscheidet sich der heutige »observer bias« (das, was der Beobachter zu sehen erwartet) von diesem Effekt in früheren Zeiten. Da die Nutzer sozialer Medien nur nebenbei auf Web-Inhalte achten, während sie eigentlich etwas anderes tun, bleiben ihre Eindrücke oberflächlich – und das macht es leichter, Sündenböcke zu erschaffen. Für Spendensammler aus politischen Parteien oder anderen Interessengruppen war es schon immer wichtig, das Bild von einem Buhmann zu malen, aber bis vor Kurzem war es schwierig, solche Botschaften zu verbreiten – das erforderte mühsame Massenaussendungen per Post und erfundene Geschichten. Heute ist es ganz einfach, jemanden als Sündenbock zu diffamieren – die Aggregator-Algorithmen der sozialen Medien tun das ganz automatisch.

Dies ist keine ewiggestrige Kritik an der heutigen Kommunikationstechnik. Die heutige Situation, dass seriöse Nachrichtenmedien unter zu geringen Einnahmen leiden, aber die Leser problemlosen Zugang zu Tausenden anderen solchen Organisationen in aller Welt haben und Datenbanken mit Informationen aus staatlichen, wissenschaftlichen und historischen Beständen in Sekundenschnelle durchsuchen können, ist der früheren Situation, dass einige große Medienkonzerne hohe Einnahmen erzielten, aber die Leser die ganzen anderen Möglichkeiten nicht hatten, weit überlegen. Wenn die treuen Anhänger der alten Medien wütend wurden über die Aufmerksamkeit, die die Newcomer aus dem Silicon Valley auf sich zogen – bei einer Anhörung vor dem Kongress sagte FBI-Chef James Comey im Jahr 2017 ausdrücklich: »Ich habe keine Informationen, die diese Tweets stützen« –, waren Verwerfungen unvermeidlich, ob die sozialen Medien nun beteiligt waren oder nicht.

Doch indem sie das Negative hervorheben und die Ergebnisse in Form eines endlosen Trommelfeuers auf einem Gerät dicht vor dem Gesicht des Nutzers präsentieren, drängen Facebook und andere soziale Plattformen die Vereinigten Staaten und Europa immer stärker dazu, an ihren eigenen Niedergang zu glauben. Das spielte eine wichtige Rolle bei der Brexit-Volksabstimmung, und es half dem twittersüchtigen Donald Trump, US-Präsident zu werden, indem er immer wieder ein »amerikanisches Blutbad«

beklagte, das sich eigentlich nur in seiner Fantasie und im Cyberspace abspielte. Niemand hat es so geplant. Es geschieht vieles, was nicht geplant wurde.

Die weitverbreitete Überzeugung, die Gesellschaft sei auf dem absteigenden Ast, und das Gefühl, Opfer zu sein, haben in den Vereinigten Staaten ungefähr zur gleichen Zeit um sich gegriffen, seit es immer häufiger zu Schadensersatzklagen und -zahlungen kommt. Bei solchen Verfahren wird manchmal kurzer Prozess gemacht: Die Haftungsgesetze mögen vielleicht verhindern, dass Konzerne und andere Mächtige die Machtlosen schädigen, aber wann immer etwas schiefläuft – und selbst im Garten Eden ist mal was schiefgegangen –, will die Gesellschaft heute, dass ein Schuldiger gefunden und zur Zahlung von Schadensersatz verurteilt wird.

Vor allem Amerikaner mögen sich nicht mit dem Gedanken anfreunden, dass die Wendungen des Schicksals auch von Glück und anderen externen Faktoren beeinflusst werden. Sie wollen gern glauben, dass Erfolg immer auf Anstrengung und Leistung zurückgeht, Misserfolg dagegen auf soziale Ungerechtigkeit oder Faulheit. Der 1996 verstorbene Psychologe Amos Tversky war davon überzeugt, dass das menschliche Gehirn dazu neige, Kausalitäten zu sehen – also zu denken, »A hat B verursacht«, statt »B ist aufgrund einer komplizierten Gemengelage aus zahlreichen verschiedenen Gründen entstanden, die niemand verursacht hat«.[23] Diese Annahme von Kausalität bestärkt die Wohlhabenden unter uns in ihrem Glauben, dass sie mehr Besitz und ein höheres Einkommen haben, weil sie es verdienen, und nicht etwa, weil sie ganz einfach Glück hatten im Gegensatz zu anderen.

In diesem Zusammenhang ist mit »Glück« keine Gewinnsträhne beim Roulette gemeint, sondern die genetische Ausstattung des Betreffenden. Menschen, die intelligent oder sportlich oder attraktiv oder kreativ zur Welt gekommen sind, glauben häufig, dass ein solches Attribut den angeborenen Wert der Person reflektiert, obwohl es – so bewundernswert es auch sein mag – weitgehend das Ergebnis eines biologischen Zufalls ist. Niemand würde ernsthaft sagen: »Da ich beim Münzwurf fünfmal hintereinander Kopf geworfen habe, bin ich ein Auserwählter.« Viele reden sich dagegen ein: »Ich bin intelligent/gut aussehend/sexy/begabt, also bin ich auserwählt.« Ob wir hart arbeiten und vernünftig sind, haben wir selbst unter Kontrolle; ob wir intelligent, attraktiv oder begabt sind, ist dagegen reine Glückssache. Wenn also ein Ereignis nichts mit einer Person zu tun hat, ist auch niemand daran schuld. Wenn jedoch eine Person oder Organisation dafür die Verantwortung trägt, ist Schadensersatz angebracht – und der Mensch, dem Unrecht geschehen ist, sollte darüber wütend sein. Da die Menschen in unserem unmittelbaren Umfeld nicht so schlimm zu sein scheinen, muss der Schuldige irgendwo anders zu finden sein – vielleicht sind es die anderen politischen Parteien, die Insider in Washington, die gefährlichen illegalen Migranten, die angeblich wie eine Invasionsarmee ins Land strömen, obwohl wir davon nichts mitbekommen, die Sexualverbrecher, die angeblich hinter jeder Straßenecke lauern, oder Menschen mit einer anderen religiösen Ausrichtung oder ethnischen Zugehörigkeit.

Eine von Edward Mansfield und Diana Mutz an der University of Pennsylvania durchgeführte Studie zeigt, dass die meisten Amerikaner heute denken, ihre eigene Identitätsgruppe sei fleißig und verdienstvoll, während andere Identitätsgruppen verwöhnt seien und die Wohltaten des Staats nicht verdienen würden.[24] Der Anwalt und Rechtskommentator Philip Howard hat 2001 darauf hingewiesen, dass die Annahme, es gebe immer einen Schuldigen, dazu geführt habe, dass die Amerikaner misstrauischer geworden seien und in allen Lebenslagen »eine Räuberhöhle – oder etwas noch Schlimmeres – erwarten würden«.[25] Ein großer Teil dessen, was auf dem Smartphone-Display erscheint, verstärkt diese Räuberhöhlenerwartung.

Außerdem hat niemand geplant, dass das informationsartige Material, das einen so großen Teil der heute üblichen Kommunikation ausmacht, die Fixierung auf Einzelfälle statt aufs große Ganze verstärkt. Solche anekdotenhaften Geschichten geben einem Ereignis einen persönlichen Touch, und es ist allemal interessanter, eine Geschichte über eine Person zu hören als eine Studie, die an einem runden Tisch in einem Thinktank diskutiert wird. Aber ebenso, wie die Bibel so lang ist, dass man darin immer einen Vers finden kann, der eine beliebige Behauptung über Theologie zu beweisen scheint, haben die Vereinigten Staaten 320 Millionen Einwohner, unter denen sich zweifellos ein Einzelfall finden lässt, der eine beliebige Behauptung zu beweisen scheint.

Viele Politiker, Kommentatoren und User von sozialen Medien berufen sich sehr oft auf Anekdoten, und das in vielen Fällen auch noch anonym. Die Geschichten einzelner Menschen sind wichtig, müssen aber vor dem Hintergrund der größeren Trends gesehen werden. Immer häufiger wird in der Welt der Mainstream-Medien, sozialen Medien, der Politik und Wissenschaften – wo Anekdoten das glorifizierte Etikett einer »Story« verpasst bekommen – der Einzelfall als aufschlussreicher dargestellt als das Gesamtbild, obwohl das Gegenteil richtig ist.

In seiner Rede zur Lage der Nation zitierte Barack Obama 2011 »einen ums wirtschaftliche Überleben kämpfenden Inhaber eines kleinen Geschäfts« und »eine Frau, die mir sagte, ihr würde die Rezession zu schaffen machen«. Beide waren praktischerweise anonym. Unter Journalisten hat es sich schon lange herumgesprochen, dass Menschen, die nicht existieren, sich auch nicht darüber beschweren können, falsch zitiert zu werden. Nehmen wir an, die beiden Personen, auf die Obama sich bezog, existieren tatsächlich. Wie die meisten Anekdoten in politischen Debatten klingen ihre Geschichten negativ; Obama hätte nicht eine ungenannte Frau zitiert, die ihm gesagt hätte, »in meinem Leben läuft alles ganz wunderbar«. Der Psychologe Roy Baumeister von der Florida State University hat gezeigt, dass Zuhörer eher negative Informationen im Gedächtnis behalten als positive und dass daher die Berichterstattung in den Medien – und politische Anekdoten – eher zum Negativen tendiert.[26]

Selbst wenn die meisten Umstände für die meisten Menschen besser werden, wird es immer Personen und Familien mit gravierenden Problemen geben, und auch Regionen, in denen es notwendig wird, dass die Gesellschaft hilft. Wenn man sich jedoch auf solche Fälle fixiert statt aufs große Ganze, untergräbt man die Argumente für Reformen, weil man dadurch den Eindruck erweckt, das Schiff würde sinken.

Ja, auch dieses Buch enthält Anekdoten über Einzelfälle; hier sind ein paar davon. Während ich an diesem Projekt arbeitete, kam es immer wieder vor, dass bei Gesprächen mit Zuhörern, wenn die Rede auf zunehmende Lebenserwartung und zurückgehende Erkrankungshäufigkeiten kam, jemand die Hand hob und zu bedenken gab:»Wie können Sie das sagen? Ich habe einen Freund, der hat Krebs.« Wenn das Thema steigende Lebensstandards und zunehmende Nettokaufkraft für Normalbürger zur Sprache kommt, wird unweigerlich jemand die Hand heben und sagen:»Aber in meiner Familie gibt es jemanden, der arbeitslos ist, und er sagt, es gibt einfach keine Arbeit.« Auch andere Indikatoren sozialer Verbesserungen provozieren immer jemanden, die Hand zu heben und zu sagen:»Aber ich kenne eine Person, die ...«

Zuerst dachte ich, dass eine gute Nachricht aus irgendeinem komplizierten psychischen Grund den Leuten Angst einjagt; immerhin sind wir darauf gedrillt, immer das Schlimmste zu erwarten – und werden selten enttäuscht. Irgendwann kam ich dann zu dem Schluss, dass einzelne Anekdoten den gleichen Status erlangt haben wie große Faktensammlungen. Jeder weiß, dass letztere mehr Aussagekraft haben, aber eine große Faktensammlung ist schwieriger zu durchdringen, und eine Anekdote ist selbsterklärend. Der Trend zum Anekdotentrommelfeuer auf dem Smartphone, das wir uns dicht vors Gesicht halten, drängt uns zu deprimierenden Ansichten. Auf manche Fragen gibt es eben einfach keine Antworten – und eine dieser Fragen könnte sein, was man gegen die Fixierung auf Einzelfälle tun kann. Zumindest sollten die Amerikaner und Europäer sich dieses Phänomens bewusst sein und sich vor dem gedanklichen Kurzschluss hüten, der auf diesen Trugschluss hinausläuft:»Ich habe diese schreckliche Sache auf Instagram gesehen, und deswegen muss alles schrecklich sein.«

Wenn man in den sozialen Medien, in Kabelfernsehen-Nachrichtensendungen oder im Talkradio hört, dass etwas erzählt wird, ohne dass die Richtigkeit der Fakten überprüft wurde oder eine Quelle angegeben wird, schafft das eine Atmosphäre, in der Übertreibungen bis ins Groteske gesteigert werden können. Trump behauptete bei seinen Wahlkampfauftritten, dass die Regierung die Tatsache vertuschen würde, dass 42 Prozent aller Amerikaner arbeitslos seien – eine Zahl, die nur stimmen kann, wenn man alle Senioren, Säuglinge und Gefängnisinsassen in die Rechnung mit einbezieht. Der ehemalige Staatsanwalt Eric Holder, der im Wahlkampf Hillary Clinton unterstützte, hat verkündet, ein »neuer Jim Crow«[27] würde Amerika heimsuchen.[28] Dann stellte sich heraus, was er damit meinte: Der Bundesstaat North Carolina hatte die »early-voting period« (Frist für vorzeitige Stimmabgabe), die von mehr Afroamerikanern als Weißen genutzt wird, von 17 auf 10 Tage verkürzt. Noch vor einer Generation durfte niemand in North Carolina früher wählen; jetzt wird behauptet, eine Verkürzung der dafür vorgesehenen Frist sei genauso furchtbar, wie Polizeihunde auf Demonstranten zu hetzen.

Die Konservativen haben jahrelang apokalyptische Visionen von Obamacare an die Wand gemalt, obwohl durch diese Reform 14 Millionen Menschen krankenversichert wurden, die es vorher nicht gewesen waren, und obwohl sich dadurch die Zunahme des Anteils der Gesundheitskosten am BIP verlangsamt hat.[29] Der liberale Bürgerrechtsaktivist Andrew Young setzte noch eins drauf, als er 2014 fragte: »Ist die Welt jemals in schlechterer Verfassung gewesen?«[30]

Groteske Statements gehören zur Politik: die Debatten zwischen Abraham Lincoln (dem 16. US-Präsidenten) und Stephen A. Douglas (seinem erfolglosen Gegenkandidaten bei den Präsidentschaftswahlen 1860) sowie viele andere politische Auseinandersetzungen der Vergangenheit enthielten eine Menge Übertreibungen. Wenn eine Person im Alltag in der eigenen Gemeinde maßlos übertreibt, etwa gegenüber Familienmitgliedern, Freunden, Nachbarn und Arbeitskollegen, wird sie sich lächerlich machen. Aber die gleiche Art von Aussage, die im persönlichen Umgang miteinander blamabel ist, provoziert im Fernsehen und neuerdings auch in den sozialen Medien Aufmerksamkeit und Ruhm. Dies ist ein Aspekt der Klage von Amerikanern, dass ihre eigenen Gemeinden in Ordnung seien, aber das Land insgesamt nicht: Die meisten Leute in unserem direkten Umfeld stellen keine lächerlichen Behauptungen auf – im Gegensatz zu Politikern, Interviewgästen in Kabelfernsehen-Nachrichtensendungen, sozialen und neuen Medien.

Der Unsinn, der auf unsere Smartphones und Bildschirme strömt, kann ziellos wirken. Aber andererseits hat Emily Bazelon 2017 über Trumps Katastrophenszenarien geschrieben: »Eine Vision von einer Nation im Belagerungszustand liefert Rechtfertigungen« für extremistische Politik.[31] Das führt Hobbes' Mahnung, dass politische Führer den Krieg schätzen, weil er ihnen mehr Macht bringt, in die Innenpolitik ein: Es kann vorkommen, dass auch Innenpolitiker Krisen – oder vermeintliche Krisen – schätzen.

Dass Trump nach der Vereidigungszeremonie in seiner Antrittsrede erneut behauptete, es finde ein »amerikanisches Blutbad« statt, war völlig absurd, aber für die sozialen Medien perfekt: kurz, knackig, wuterzeugend, wenn auch auf der faktischen Ebene sinnlos. Trump nutzte diese Provokation, um seine extreme Politik zu rechtfertigen. Als Obama acht Jahre zuvor ebenfalls auf den Stufen des Capitols vereidigt wurde, erklärte auch er, die Nation sei »belagert«, und forderte unverzüglich den Kongress auf, ihm spezielle Vollmachten zu gewähren – in seinem Fall die Befugnis, 800 Milliarden Dollar an Interessengruppen zu verteilen, die der Demokratischen Partei nahestehen. Offiziell sollte dieses Geld dazu dienen, die Große Rezession (Weltwirtschaftskrise ab 2008) zu bekämpfen; sein eigentlicher Zweck war jedoch, Obama mehr Einfluss zu verschaffen, da seine Berater wussten (oder »hätten wissen müssen«, wie Staatsanwälte zu sagen pflegen), dass Mittelzuweisungen, die 2009 auf Bundesebene in die Pipeline gehen, erst dann Auswirkungen auf die Wirtschaft zeigen würden, wenn die Rezession sich weitgehend von selbst geheilt haben würde. In seiner zweiten Amtszeit versuchte Obama, sich mehr Macht zu verschaffen, indem er lieber »executive orders« (Verfügungen des Präsidenten ohne Zustimmung des Parlaments) erließ, als im Kongress um Zustimmung zu werben. Das rechtfertigte er mit der absurden Behauptung, die Klimaveränderung mache es notwendig, die normalen Instanzen der Legislative zu umgehen. Noch einmal acht Jahre früher, also noch vor den Anschlägen vom 11. September 2001, hatte George W. Bush behauptet, ein Energieversorgungs-»Notfall« rechtfertige besondere Vollmachten für das Weiße Haus. Seit Franklin D. Roosevelt hat jeder neu gewählte US-Präsident (außer Dwight D. Eisenhower) erklärt, dass ein wie auch immer gearteter Notfall mehr Macht für das Weiße Haus rechtfertige. Heute werden solche Behauptungen flächendeckend und in Sekundenschnelle über die sozialen Medien weiterverbreitet und verstärken dadurch die Weltuntergangsstimmung.

Nazianalogien sind natürlich extrem, müssen aber deswegen nicht unbedingt unangebracht sein. Timothy Snyder von der Yale University, einer der führenden Historiker unserer Zeit, hat herausgefunden, dass Hitler an Katastrophismus glaubte – das Gegenteil des Dynamismus, den dieses Buch vertritt. Snyder zufolge hatte Hitler erkannt, dass aus der Vermischung von großen Lügen, absurdem Geschwätz, Pseudowissenschaft und Ankündigungen des Jüngsten Tages »das schwelgerische Gefühl einer drohenden Katastrophe und damit das Potenzial für radikales Handeln erwachsen können«.[32]

Jahrhundertelang wollten Monarchen und Despoten, dass ihre Untertanen das Schlimmste glauben, damit sie denjenigen an der Spitze mehr Macht zubilligen; heute ist dieses Machtstreben angekommen bei allerlei Amtsinhabern, Funktionären, Lobbyisten, Spendenwerbern und Menschen, die ständig Aufmerksamkeit suchen. Wenn es gelingt, die Öffentlichkeit davon zu überzeugen, dass die Lage katastrophal sei, wird man heute Trump und seinen Beratern, morgen dem nächsten Präsidenten und dessen Beratern mit Ehrerbietung begegnen, und politische Organisationen werden mehr Geld bekommen. Am beunruhigendsten ist jedoch, dass Extremisten, deren intensivster Wunsch es ist, darüber bestimmen zu können, wie andere Menschen ihr Leben zu führen haben, dann einen Grund haben werden, anderen ihre Sicht der Dinge aufzuzwingen.

Die verbreitete Überzeugung, dass das eigene Umfeld in Ordnung ist, das ganze Land sich dagegen in einer Krise befindet, könnte durch den Trend zu abnehmender Teilnahme an Gottesdiensten verstärkt werden, der nach dem Zweiten Weltkrieg in Europa begann und sich heute auch in Nordamerika manifestiert. Der Journalist Peter Beinart hat darauf hingewiesen, dass ein erstaunlich großes Segment der Trump-Wähler – nämlich diejenigen, die ihm die Botschaft vom »amerikanischen Blutbad« abnahmen – eine gemeinsame Eigenschaft hat: Sie bezeichnen sich als evangelikale Christen, gehen jedoch nicht in die Kirche.[33] »Die Teilnahme am Gottesdienst ist unter Weißen ohne Hochschulabschluss mehr als doppelt so stark zurückgegangen wie unter weißen Hochschulabsolventen«, schreibt Beinart. Wenn jemand sich selbst für sehr religiös hält, ohne jedoch am Gottesdienst teilzunehmen, mag das die Selbstgerechtigkeit bestärken, die die unerfreulichste Seite von Religiosität sein kann – »Ich bin von Gott gesegnet, andere sind verdammt« –, und das Gemeinschaftsgefühl schwächen, das ihre beste Seite sein kann. Die Gläubigen, die an Gottesdiensten teilnehmen, werden daran erinnert, dass Jesus gesagt hat: »Das ist mein Gebot, dass ihr einander liebt.« Diejenigen, die sich selbst für errettet halten, aber nicht am Gottesdienst teilnehmen, werden vielleicht eher dazu neigen, von anderen das Schlechteste zu denken, die sie sich als verdorbene Übeltäter vorstellen, ohne ihnen jemals zu begegnen. Es ist gut möglich, dass viele Amerikaner apokalyptische Botschaften immer bereitwilliger glauben, weil sie immer mehr Zeit mit der algorithmisch generierten Hysterie auf ihrem Smartphone-Display zubringen und immer weniger Zeit mit der inneren Einkehr bei einem Gottesdienst einer beliebigen Religion.

Immer mehr Amerikaner leben in der Nachbarschaft von anderen mit ähnlicher Bildung und Klassenzugehörigkeit – ein Phänomen, das der Gesellschaftskommentator Bill Bishop als »the Big Sort« bezeichnet.[34] Die Vereinigungsfreiheit ist ein Grundrecht – aber wie wirkt sich dieses Recht auf die pessimistische Stimmung unter den Menschen aus? Bishop ist der Auffassung, dass die Vereinigten Staaten seit zwei Generationen dabei sind, Netzwerke von Gemeinschaften zu schaffen, in denen Liberale nur noch anderen Liberalen begegnen, Konservative nur anderen Konservativen und Evangelikale nur anderen Evangelikalen.

Bishop berichtet, dass Gemeinschaften von Gleichgesinnten dazu neigen, die lokalen Gegebenheiten positiv zu beurteilen, aber die Situation des ganzen Landes negativ. Wenn man kaum mit Andersdenkenden zusammenkommt und interagiert, kann das dazu führen, dass Überzeugungen im Stil von Fake News entstehen: Liberale können glauben, Konservative seien der Feind, Konservative können denken, Liberale hätten nicht alle Tassen im Schrank, und Evangelikale geben den Gottlosen die Schuld. Wenn man in Gemeinschaften von gleichgesinnten, ähnlich gebildeten Menschen lebt, stellt sich leicht das Gefühl ein, dass weit entfernte Menschen, die man nicht persönlich kennt, die Ursache allen Übels seien.

Im Zusammenhang mit »Big Sort«-Entscheidungen über den Wohnort gibt es ein Phänomen, das Soziologen als »Homogamie« bezeichnen. Dieser Begriff stammt ursprünglich aus der Botanik und bedeutet, dass immer häufiger Personen gleichen Bildungsgrads untereinander heiraten und dann von den Ansichten und Sorgen von Menschen mit geringerem Bildungsgrad isoliert werden. Im Jahr 1960 hatten bei 3 Prozent der in den USA geschlossenen Ehen beide Partner einen Bachelor-Abschluss; bis 2010 war diese Quote auf 25 Prozent gestiegen. Da der höchste von den Eltern erreichte Bildungsabschluss der beste Prädiktor für den höchsten Abschluss ist, den ein Kind erreichen wird, werden die Nachkommen einer Akademikerehe sehr viel wahrscheinlicher ein Studium absolvieren als die Kinder aus einer Ehe zwischen Partnern, die beide nur einen Highschool-Abschluss haben.

Wie die Vereinigungsfreiheit ist auch die Freiheit der Partnerwahl ein unumstößliches Grundrecht, aber beide entfernen die Gesellschaft von einer schmelztiegelartigen Vermischung der Menschen und bewirken, dass sich homogenisierte Gruppen herausbilden, deren Wissen über andere homogenisierte Gruppen hauptsächlich aus dem alarmistischen, über Smartphones verbreiteten Gegeifer stammt.

»Big Sort«-Gemeinschaften aus Ehepaaren, in denen beide Partner die gleiche Partei wählen, kaum noch in die Kirche gehen und sich auch sonst sehr ähnlich sind – diese völlig freiwilligen Einflüsse, die möglicherweise die Wahrnehmung eines gesellschaftlichen Niedergangs verstärken, treffen sich dort, wo die Freiheit zunimmt. Es kann nicht zu viel Freiheit geben, aber es können Folgen entstehen. Ein 1992 erschienenes Buch mit dem Titel *The End of Equality* (Das Ende der Gleichheit) enthält eine Reihe von Vorhersagen, die heute relevant sind.[35] Es wurde von Mickey Kaus verfasst, dessen Ideologie sich jeder Einordnung entzieht; in seinem Buch warnt er, dass die erfolgreiche Bekämpfung von Rassentrennung und Vorurteilen – und dagegen kann ja wohl kaum jemand etwas haben – dazu führen werde, dass unterprivilegierte Bevölkerungsschichten nicht mehr als von der Gesellschaft benachteiligt angesehen werden, sondern als Menschen, die bekommen, was sie verdienen.

Vor dem Gerichtsurteil im Verfahren *Brown vs. Board of Education* und vor Inkrafttreten der Bürgerrechtsgesetze benachteiligte Amerika seine schwarzen Bürger aktiv, und deswegen konnte man ihnen nicht die Schuld geben, wenn sie im Leben versagten. Sobald jedoch die Rassentrennung in den Schulen aufgehoben worden war, konnten junge Afroamerikaner, die ihre Hausaufgaben nicht machen wollten, oder ihre Eltern und andere Bezugspersonen, die ihnen nicht ihre Videospiele wegnahmen, damit sie ihre Hausaufgaben machen konnten, die Schuld nur noch bei sich selbst suchen. In der Zeit, als die US-Hochschulen noch keine Mitglieder der Arbeiterschicht zum Studium zuließen, benachteiligte Amerika seine unterprivilegierten weißen Bürger aktiv; sobald jedoch die Zulassungsstellen der Hochschulen sich auch um Arme bemühten, konnten junge weiße Menschen, die kein Studium anstrebten, die Schuld nur noch bei sich selbst suchen. Kaus' These: Da die heutige Gesellschaft die Unterprivilegierten und Mitglieder von Minderheiten nicht mehr aktiv benachteiligt, können sie nicht mehr der Gesellschaft die Schuld geben, wenn sie versagen – sondern nur noch sich selbst.

Kaus erläuterte diesen Gedankengang, um ihn abzulehnen, aber er warnte, dass diese Logik zahlreiche Anhänger finden könnte. Die Menschen werden glauben, so warnte er, dass Gesellschaftsschichten, die Probleme haben, diese Probleme auch verdienen. Ein von Trump nur allzu gern verwendeter abschätziger Begriff ist »loser« – wenn man den 45. Präsidenten reden hört, könnte man denken, jeder dritte Mensch, dem er jemals in seinem Leben begegnet ist, sei ein Verlierer. Wir trösten uns damit, dass Trumps Vorliebe für dieses Wort ausschließlich auf seine charakterlichen Defizite zurückzuführen sei; doch in *The End of Equality* hat Kaus schon 1992 vorhergesagt, dass der Begriff »loser« in die amerikanische Alltagssprache eingehen werde, die früher hauptsächlich von Optimismus und Hoffnung geprägt war. Jetzt ist das Wort »loser« da – zusammen mit dem Smartphone, mit dem man billig und bequem zahllosen Menschen, die man nicht persönlich kennt und auch nie kennenlernen wird, solche Beschuldigungen und andere Diffamierungen entgegenschleudern kann.

Der Star-Investor Warren Buffett schrieb 2016: »Viele Amerikaner glauben heute, dass ihre Kinder kein so gutes Leben haben werden wie sie selbst. Das ist ein Irrtum: Die Babys, die heute in Amerika geboren werden, sind die glücklichsten der Geschichte.«[36] Im Laufe der Zeit wird sich zeigen, wie glücklich sie leben werden, aber seine Äußerung war kein gefühlsduseliges Philosophieren im Hinterland von Nebraska, sondern vielmehr eine wohldurchdachte Sicht der Dinge. Deirdre McCloskey, die Wirtschaftshistorikerin von der University of Illinois, hat gesagt: »Die Leute wollen hören, dass die Welt vor die Hunde geht, doch Pessimismus hat sich immer wieder als schlechter Ratgeber erwiesen, um die moderne Welt zu verstehen.«

Natürlich kann auch mal etwas schiefgehen, aber die Dinge können sich eben auch positiv entwickeln. Massachusetts wurde 2003 zum ersten US-Bundesstaat, der die gleichgeschlechtliche Ehe legalisierte. Bis 2014 hatten immerhin schon zwei Drittel aller

Bundesstaaten diesen Schritt vollzogen, und 2015 erging eine Entscheidung des Supreme Court, mit der die gleichgeschlechtliche Ehe im ganzen Land legalisiert wurde.

Es mag vielleicht philosophisch begründete Einwände gegen die gleichgeschlechtliche Ehe geben, aber eine pessimistische Haltung zu Reformen erwies sich auch bei dieser Frage als »schlechter Ratgeber«. Patrick Sharkey, ein Soziologieprofessor an der New York University, hat geschrieben: »Die Kennzahlen für Dysfunktion, die in den 1990er-Jahren so besorgniserregend waren, sind merklich zurückgegangen. Im Vergleich zu damals wird viel weniger Sozialhilfe in Anspruch genommen, Teenagerschwangerschaften sind um die Hälfte zurückgegangen, die Highschool-Abbrecherquote hat stetig abgenommen, und die Zahl der Tötungsdelikte ist die niedrigste seit 50 Jahren.«[37] Pessimismus war ein schlechter Ratgeber, um die Entwicklung von Kriminalität, Umweltschutz, Krankheitsbekämpfung, Armutsbekämpfung, Versorgung mit Nahrungsmitteln, Sicherheit, Häufigkeit von Kriegen, Verbreitung von Demokratie, das Bewahren von Rohstoffen vorherzusehen – Pessimismus ist fast immer ein schlechter Ratgeber. Die Amerikaner glauben, ihre Nation befinde sich im Niedergang – dabei fangen wir gerade erst an!

Ich möchte dieses Kapitel mit einem weiteren 100 Jahre alten amerikanischen Buch beenden, das 1918 veröffentlicht wurde, nämlich dem Roman *My Antonia (Meine Antonia)* von Willa Cather – ein guter Kandidat für den Preis als Great American Novel, also ein Buch, das den damaligen Zeitgeist sehr anschaulich einfängt und widerspiegelt. Darin muss die Protagonistin lernen, ihre Sehnsucht nach einer Rückkehr zu den glücklicheren Tagen einer eingebildeten Vergangenheit aufzugeben. Willa Cather hatte schon vor 100 Jahren das Gefühl, dass die Amerikaner nicht zu schätzen wissen, wie gut es ihnen geht, oder nur nicht erkennen können, um wie viel besser das Leben werden kann. Damit hatte sie damals recht, und heute hat sie damit immer noch recht.

9 Die »unmögliche« Herausforderung durch Klimaveränderung

Falls Sie bezweifeln, dass Gott eine gewisse Art von Humor hat, denken Sie nur einmal an die arktische Eisdecke. Der auf menschliche Aktivitäten zurückzuführende Anteil der Erderwärmung beschleunigt das Abschmelzen der Eisdecke des nördlichen Polarmeers, die seit 1980 um etwa 28 Prozent zurückgegangen ist.[1] Dadurch wird es möglich werden, nach großen Ölvorkommen zu bohren, die unter dem Meeresboden am Nordpol vermutet werden. Dann stünde mehr Treibstoff für Kraftfahrzeuge zur Verfügung, wodurch wiederum mehr Kohlenstoffdioxid in die Atmosphäre geblasen würde, was zu einer noch schnelleren Veränderung des Klimas führen würde.

Der Herrgott könnte sich auch über die Erwärmung von Beringia ins Fäustchen lachen, des auch als Beringbrücke bekannten Permafrostkorridors, der sich von Sibirien über Alaska bis zum Delta des Mackenzie River im Nordwesten Kanadas hinzieht. Durch die Erderwärmung taut der Permafrostboden in Beringia auf, der bisher die Konsistenz einer Asphaltdecke hatte, und wird dadurch weich und feucht genug, um landwirtschaftlich genutzt werden und Nahrung für die wachsende Weltbevölkerung hervorbringen zu können. Freilich hat der russische Geophysiker Sergey Zimov 2006 gezeigt, dass der ungewöhnliche Boden Beringias – jeder, der einmal ins Outback Alaskas gereist ist, hat sich vermutlich schon gefragt: »Was ist das eigentlich für ein seltsames Zeug, auf dem ich hier stehe?« – mehr Kohlenstoff enthält als alle

Waldregionen der Erde zusammengenommen, obwohl Letztere eine wesentlich größere Fläche bedecken.[2] Das bedeutet, dass dieselbe Erderwärmung, die den Permafrostboden landwirtschaftlich nutzbar machen könnte, auch die Anreicherung der Erdatmosphäre mit Kohlenstoff beschleunigen würde. Die Menschen werden also reichlich Benzin haben, um in Läden mit vollen Lebensmittelregalen zu fahren, selbst während das Klima sich auf eine Art und Weise verändert, die alles andere durcheinanderbringt.

Der Herrgott mag sich außerdem über die veränderte Politik zur friedlichen Nutzung von Atomkraft ins Fäustchen lachen. Jerry Brown wurde 1974 hauptsächlich deswegen zum Gouverneur Kaliforniens gewählt, weil er gegen Atomkraftwerke war, vor allem gegen das Kraftwerk Diablo Canyon unweit von Los Angeles, das sich damals im Bau befand. Im Jahr 2016 wurde er erneut zum Gouverneur Kaliforniens gewählt, und das Kraftwerk Diablo Canyon soll zum Ende seiner geplanten Betriebsdauer im Jahr 2025 geschlossen werden. Brown, dem es Ende der 1970er-Jahre nicht gelungen war, die Inbetriebnahme des Reaktors zu verhindern, hatte auch 2016 keinen Erfolg – aber diesmal mit seiner Kampagne, den Plan zur Stilllegung des Reaktors zu verhindern. Brown hatte die Seiten gewechselt – er war vom Gegner zum Befürworter von Atomkraftwerken geworden, weil sie Strom erzeugen, ohne Treibhausgase zu emittieren. Viele frühere Gegner von Atomkraftwerken befürworten sie jetzt, weil sie kein Kohlenstoffdioxid in die Luft blasen und – zumindest in den Vereinigten Staaten – sicher betrieben werden. (Was man von den veralteten Reaktoren in Japan und Russland nicht gerade sagen kann.) Die Folgen des Abschmelzens des arktischen Eises und die Veränderung der Einstellung zur friedlichen Nutzung der Atomkraft sind aus einer göttlichen Perspektive amüsant – obwohl der Witz über die Klimaveränderung auf unsere Kosten geht.

Es ist unbestreitbar, dass das Klima sich irgendwie verändert. Die 2005 veröffentlichte Erkenntnis der National Academy of Sciences, es gebe »starke Hinweise, dass eine signifikante Erderwärmung stattfindet«, beruht auf der gründlichen Auswertung von über Jahrzehnte gesammelten Luft-, Meeres- und Bodentemperaturdaten und schließt natürliche Ursachen – ganz gleich, wie signifikant sie auch sein mögen – als alleinige Ursache dafür aus.[3] Die National Academy of Sciences kam 2014 zu dem Schluss, die Verbrennung fossiler Brennstoffe liefere »klare Belege dafür, dass der Mensch das Klima verändert«.[4]

Seit ungefähr zehn Jahren haben die American Association for the Advancement of Science, die American Geophysical Union und die American Meteorological Society überzeugende Belege für den Einfluss des Menschen auf das Klima gefunden. Dies sind amerikanische Organisationen, die nichts mit dem Intergovernmental Panel on Climate Change (IPCC, Zwischenstaatlicher Ausschuss für Klimaänderungen) der Vereinten Nationen zu tun haben, der zwar durchaus gute wissenschaftliche Arbeit leistet, dessen Spitze jedoch politischen Einflüssen ausgesetzt ist. Der Nachweis für eine Beteiligung des Menschen an der Veränderung des Klimas kann überzeugend geführt werden, ohne sich auf den IPCC oder das antiamerikanische Polittheater der Vereinten Nationen beziehen zu müssen. (Die Statistiken der Vereinten Nationen sind glaubwürdig, soweit sie sich auf Landwirtschaft und Bevölkerungsentwicklung beziehen, aber nicht mehr ganz so glaubwürdig, wenn es um das Klima geht, weil einige UN-Mitgliedsländer »Klimareparationen« von den Vereinigten Staaten fordern, wodurch im Grunde genommen der Vollversammlung der Vereinten Nationen im Rahmen einer Debatte, in der es eigentlich ausschließlich um objektive wissenschaftliche Fakten gehen sollte, finanzielle Interessen zuwachsen.)

Der Nachweis für eine Beteiligung des Menschen an den globalen Temperaturtrends kann überzeugend auf der Grundlage des seinerzeit von George W. Bush kontrollierten Climate Change Science Program geführt werden, das 2006 erklärte, es gebe »klare Belege für den Einfluss des Menschen auf das Klimasystem«.[5]

Aber nur weil ein wissenschaftlicher Konsens besteht, muss er noch nicht unbedingt richtig sein. In der Vergangenheit ist es durchaus schon vorgekommen, dass der wissenschaftliche Konsens falsch war, und auch in Zukunft wird das hin und wieder vorkommen. Thomas Kuhns 1962 erschienenes Buch *The Structure of Scientific Revolutions (Die Struktur wissenschaftlicher Revolutionen)* ist hauptsächlich dafür bekannt, den Begriff »Paradigmenwechsel« eingeführt zu haben, aber weniger dafür, gewarnt zu haben, dass manch ein Wissenschaftler sich jedweden Standpunkt zu eigen machen wird, wenn der nur sein Einkommen maximiert.[6] Ein Klimaforscher wird wahrscheinlich mehr Forschungsmittel bewilligt bekommen, wenn er den Weltuntergang heraufbeschwört und entsprechende Aussagen trifft. Doch obwohl der wissenschaftliche Konsens über den Klimawandel kein Beweis sein muss, ist er doch ein starkes Indiz.

Die öffentliche Debatte über den Klimawandel wird zum großen Teil in einem extremen Tonfall geführt, der die aktuelle politische Spaltung reflektiert und sich in erster Linie daran orientiert, wo Forschungsmittel herkommen könnten. Der US-Energieminister Rick Perry – dem die Verantwortung für die amerikanischen Atomforschungseinrichtungen übertragen wurde, nachdem er ein paar Wochen zuvor noch als Kandidat in der Fernsehshow *Dancing with the Stars* (in Deutschland: *Let's Dance*) aufgetreten war – hält die Klimaveränderung für ein »konstruiertes, erfundenes Wirrwarr«, ausgeheckt von Aktivisten, die aus unerfindlichen Gründen erreichen wollen, dass wir alle im Dunkeln erfrieren.

Für Bernie Sanders verursacht die Erderwärmung dagegen »schon jetzt enorme Probleme in den Vereinigten Staaten und vielen anderen Teilen der Welt. … Wenn wir nicht entschlossen handeln, wird die Lage noch viel schlimmer werden.« Jill Stein, die Kandidatin der Green Party bei den Präsidentschaftswahlen 2016, fordert, den »Klima-Notstand« auszurufen; praktischerweise würde dadurch die Regierung die absolute Kontrolle über Industrie und Verbraucherprodukte erlangen – lang gehegte Ziele der Green Party. Für Noam Chomsky, einen Liebling der alarmistischen Akademiker, ist die Erderwärmung »die wichtigste Frage der Geschichte … [während wir] immer schneller auf die Katastrophe zurasen«. Paul Krugman, ein Liebling der alarmistischen

Medien, befürchtet, die Haltung der Republikanischen Partei zu Treibhausgasemissionen könnte »letztlich das Ende der Zivilisation einläuten«.

In mancherlei Hinsicht ist der Klimawandel ein ideales Thema für die allzu aufgeregt geführte öffentliche Debatte von heute – gleichsam eine leere Leinwand, auf die so gut wie jede Perspektive aus einer beliebigen ideologischen Ecke projiziert werden kann, ohne aufgrund des aktuellen Wissensstandes widerlegt werden zu können, weder wissenschaftlich noch wirtschaftlich oder politisch. Es ist sehr verlockend, sich als »grünes Vorbild« zu gerieren – die Eliten in Hollywood und Manhattan oder auf dem gesellschaftlichen Parkett in Brüssel oder Washington können mit dem Finger auf die jeweils anderen zeigen, die angeblich den Planeten zerstören, ohne sich jedoch selbst einzuschränken oder unliebsame Entscheidungen zu treffen. Es ist ebenso verlockend, Propaganda zu betreiben – kurz nach seiner Amtseinführung wies Donald Trump die ausführenden Organe seiner Regierung an, den Ausdruck »Klimawandel« nicht mehr zu verwenden, der am rechten Ende des politischen Spektrums als Chiffre für »Sozialismus« verwendet wird. Im Jahr 1990 hatte John Sununu, Stabschef im Weißen Haus unter George H. W. Bush und Inhaber eines Masters in Maschinenbau vom MIT, die ausführenden Organe der Regierung angewiesen, den Begriff »Klimawandel« zu verwenden, weil er die Gesamtheit der Problematik besser zum Ausdruck bringe als »Erderwärmung«. Und heute, im Jahr 2017, wird von Propagandatreibenden sogar in Zweifel gezogen, dass es überhaupt einen »Klimawandel« gibt.

Senator James Inhofe, der bis Anfang 2017 Vorsitzender des Umweltausschusses des US-Senats war, hat die Erderwärmung als »den größten Bluff, der den US-Bürgern jemals vorgespielt wurde«, bezeichnet. Im anderen Lager ist jeder, der sich der Meinung nicht anschließen will, der Klimawandel gefährde die Zivilisation – oder gar das Leben an sich –, ein »Klimaleugner«. Im Präsidentschaftswahlkampf verdammte Hillary Clinton »die Klimaleugner im Kongress«, was überhaupt keinen Sinn ergibt – niemand leugnet die Existenz des Klimas. Als der konservative Rechtsanwalt

Scott Pruitt von Donald Trump zum Chef der Environmental Protection Agency (EPA, US-Umweltschutzministerium) berufen wurde, diffamierten diverse Mainstream-Nachrichtenmedien – etwa CNN und *USA Today* – ihn aufgrund eines wohlabgewogenen Statements, dessen Richtigkeit sich erst noch erweisen muss, das aber kaum als fanatisch bezeichnet werden kann, als »Klimaleugner«. (Pruitt hatte gesagt, die CO_2-Emissionen der US-Kraftwerke seien »keine primären Verursacher der beobachteten Erderwärmung«, wobei es hier auf das Wort *primär* ankommt, da weniger als ein Prozent des atmosphärischen Kohlenstoffdioxids aus US-Kraftwerken stammt.)

In Kapitel 3 wurde festgestellt, dass in der heutigen Politik die Bedeutung des Begriffs »wissenschaftlich fundiert« verkommen ist zu »Was auch immer den Interessen unserer Parteispender dienen mag«. Als Hillary Clinton im Präsidentschaftswahlkampf verkündete, die Erderwärmung müsse real sein, »weil ich an die Wissenschaft glaube«, diente das als politisches Signal an Spender im Silicon Valley; in der gleichen Weise dient es als Signal für die »Mister Moneybags«-Leute, die Erderwärmung als »Betrug« zu bezeichnen.

Solche politischen Signale haben für verschiedene Generationen unterschiedliche Bedeutungen. Früher setzte die Republikanische Partei sich für eine auf wissenschaftlichen Erkenntnissen basierende Energie- und Umweltschutzpolitik ein, während die Demokratische Partei gegen wissenschaftliche Studien ins Feld zog und sie als bloße Verzögerungstaktik anprangerte. Heute bejubeln die Demokraten wissenschaftliche Studien (sowohl über Sexualität als auch über die Umwelt), während die Republikaner von wissenschaftlichen Erkenntnissen nichts hören wollen. Es kann gut sein, dass sich an irgendeinem Punkt in der Zukunft diese Standpunkte wieder vertauschen werden.

Wissenschaftliche Erkenntnisse müssen nicht unbedingt richtig sein, bieten jedoch die beste Antwort auf manche Fragen. Und im Großen und Ganzen untermauert die Wissenschaft die verbreiteten Befürchtungen über die Klimaveränderung.

Im Gegensatz zu den politischen Behauptungen, die zu diesem Problem gemacht werden, ist der wissenschaftliche Konsens zur Klimaveränderung real, aber begrenzt. Robert Stavins, der Chef des Environmental Economic Program (Umwelt-Wirtschaftsprogramm) der Harvard University, hat ihn so beschrieben: Ja, die Erde erwärmt sich; zumindest ein Teil dieser Erwärmung ist auf menschliche Aktivitäten zurückzuführen; es besteht eine geringe Chance, dass die noch zu erwartende Klimaveränderung positive Folgen haben wird, es ist wahrscheinlich, dass sie negative Folgen haben wird, und es besteht ein geringes Risiko, dass sie schlimme Folgen haben wird.

Zum ersten Punkt dieses Konsenses – dass die Erde sich erwärmt – hat die US National Oceanic and Atmospheric Administration (NOAA, Nationale Ozean- und Atmosphärenbehörde), die einen hervorragenden wissenschaftlichen Ruf hat, ermittelt, dass seit vielen Jahren die globale Temperatur im Mittel etwa 0,8 °C über dem Durchschnittswert des vorigen Jahrhunderts liegt. Seit Jahrzehnten erwärmt sich die Atmosphäre langsam, außer nach dem Ausbruch des philippinischen Vulkans Pinatubo im Jahr 1991, durch den sich die oberen Schichten der Atmosphäre verdunkelten, und zwar durch Rauch und Asche, die Licht und Wärme reflektierten.

Aufgrund der Klimaveränderung beginnt der Frühling von Jahr zu Jahr früher, ändern sich die Niederschlagsmuster (mehr heftige Güsse, weniger leichte Schauer), ändern manche Zugvogelarten ihre Zugwege, und Meereis und Gletscher schmelzen immer schneller ab. (Was allerdings zum Teil aufgrund natürlicher Ursachen geschieht, da die Erde zu Beginn des Industriezeitalters, das zufälligerweise mit dem Ende der Kleinen Eiszeit zusammenfiel, ohnehin schon wärmer zu werden begonnen hatte.) Im Talkradio ist häufig die Rede von einer mysteriösen »Unterbrechung« der Erderwärmung, doch die NOAA hat keine Unterbrechung im Temperaturverlauf festgestellt, weder im Oberflächenmeerwasser noch in der Luft – beide steigen im Mittel stetig an.[7] Die NOAA und andere Forschungseinrichtungen haben außerdem festgestellt, dass die Klimaveränderung sich langsamer vollzieht als erwartet.

Luft und Oberflächenmeerwasser erwärmen sich langsamer, als Klimamodelle es erwarten lassen; auch der Meeresspiegel steigt langsamer an als angenommen.

Obwohl das oft behauptet wird, zeigt sich die Klimaveränderung nicht in der Häufigkeit und Intensität von Hurrikanen, Taifunen und Tornados. In Nordamerika waren von 2006 bis 2016 nur schwache Hurrikan-Aktivitäten zu verzeichnen, eine ungewöhnlich lange ruhige Phase, bis dann 2017 die gewaltigen Hurrikane Harvey und Irma zuschlugen. Würden Harvey und Irma die menschengemachte Klimaveränderung beweisen, wie es manche Kommentatoren behaupten, müsste die ungewöhnlich lange Flaute in den Jahren zuvor widerlegt haben, dass es eine Klimaveränderung gibt. Das Geophysical Fluid Dynamics Laboratory (Labor für geophysikalische Strömungsdynamik), eine Abteilung der NOAA, sagte 2017: »Es ist verfrüht, den Schluss zu ziehen, dass menschliche Aktivitäten – vor allem Treibhausgasemissionen – schon jetzt messbare Auswirkungen auf die Entwicklung von Hurrikanen im Atlantikgebiet oder tropischen Wirbelstürmen auf der ganzen Welt gehabt hätten.«[8] Auch die Trends bei Sachschäden an Immobilien können die Klimaveränderung nicht beweisen; vielmehr hat die zunehmende Beliebtheit von Häusern und Hotels in Küstennähe dazu geführt, dass immer mehr Immobilien in der Bahn von Küstenstürmen liegen.

Entsprechende Modelle lassen vermuten, dass heftige Regenfälle und häufigere Überflutungen in naher Zukunft größere Gefahren mit sich bringen werden als die in Kabelfernsehen-Nachrichtensendungen so beliebten spektakulären Bilder von zerstörerischen tropischen Wirbelstürmen. »Die menschengemachte Erderwärmung wird wahrscheinlich bis Ende des 21. Jahrhunderts dazu führen, dass tropische Wirbelstürme erheblich mehr Regen mit sich bringen werden als heute«, warnte 2017 das Geophysical Fluid Dynamics Laboratory. Im selben Jahr, als Houston durch die vom Hurrikan Harvey mitgebrachten Regenmassen überflutet wurde, war auch die indische Großstadt Mumbai durch ungewöhnlich schwere Monsunregen überflutet worden. Es kann gut sein, dass einfach nur mehr Regen auf die Menschheit zukommt – allerdings in sintflutartigen Mengen.

Der zweite Punkt, über den Konsens besteht – dass nämlich die Aktivitäten des Menschen etwas mit den beobachteten Veränderungen des Klimas zu tun haben müssen –, ist so unumstritten wie kaum eine andere wissenschaftliche These unserer Tage. Es ist der dritte Punkt, der kontrovers ist – wie schädlich wird sich die Klimaveränderung auswirken? Ob die künstlich ausgelöste Erderwärmung den Bestand der Gesellschaft gefährden, nur geringfügige Auswirkungen haben oder letztlich sogar Vorteile bringen wird, bleibt eine Unbekannte.

Der im vorigen Jahrhundert verzeichnete leichte Anstieg der weltweiten Durchschnittstemperaturen hat positive Folgen gehabt – er hat die Vegetationsperioden verlängert und den Energiebedarf gesenkt. (Weltweit wird für Gebäudeheizung mehr Energie verbraucht als für Gebäudekühlung, was sich freilich ändern könnte.) Eine zusätzliche leichte Erwärmung könnte Land in Alaska, Kanada, Russland und Skandinavien wertvoller machen: Durch geografischen Zufall befindet sich fast das gesamte Land, das in höheren Breitengraden liegt – also die gefrorenen Regionen, die von einer gewissen Erwärmung profitieren würden –, in der nördlichen Hemisphäre.[9] Einigen Tierarten würde eine Erwärmung der Polargebiete schaden (etwa dem Pazifischen Walross), andere würden dagegen besser denn je gedeihen (der Grönlandwal).

Es besteht ein noch nicht vollständig verstandenes Gleichgewicht zwischen Kohlenstoffdioxid, dem primären künstlichen Treibhausgas, und Wasserdampf, einem natürlich vorkommenden Treibhausgas. Kohlenstoffdioxid kondensiert nicht unter dem Druck der Atmosphäre, Wasserdampf dagegen schon. Kondensierender Wasserdampf bildet kleine Tröpfchen, die einfallendes Sonnenlicht zurückreflektieren in den Weltraum. Dieser natürliche Regelkreis könnte einer der Gründe dafür sein, dass die von menschlichen Aktivitäten verursachten CO_2-Emissionen bis jetzt noch nicht zu einer so starken Erwärmung der Atmosphäre geführt haben, wie es von vielen Klimaforschern erwartet worden war.[10] Wir können jedoch nicht wissen, wie lange der Regeleffekt durch Wolkenbildung die steigende Konzentration von Treibhausgasen noch ausgleichen kann.

Aufgrund der schon jetzt künstlich freigesetzten Mengen an Kohlenstoffdioxid und Methan in der Atmosphäre und infolge der Auswirkungen des Abschmelzens von Meereis und Gletschern ist ein gewisser zusätzlicher Anstieg der Temperaturen so gut wie sicher. Durch solches Abschmelzen werden reflektierende weiße Oberflächen – Schnee und Eis spiegeln das Sonnenlicht zurück ins All – von dunklen Oberflächen abgelöst, die Wärme absorbieren.

Die Erwärmung der Ozeane, ein weit umfangreicherer Effekt als das Abschmelzen von Eisdecken, könnte die besorgniserregendste Folge sein. Da der größte Teil der Erdoberfläche von tiefen Ozeanen bedeckt ist, die wesentlich massereicher sind als die Atmosphäre, und da große Massen Temperaturänderungen hemmen – im Innern eines steinernen Hauses bleibt es auch an heißen Tagen kühl –, spielen die Ozeane eine wichtige Rolle bei der Entwicklung der Lufttemperaturen. Die als »Kleine Eiszeit« bekannte meteorologische Periode dauerte von etwa 1300 bis etwa 1850 an und hinterließ die Meere in einem relativ kühlen Zustand, als die Zunahme künstlicher Treibhausgasemissionen begann. An jenem Tag im Jahr 1848, als in Aserbaidschan die erste moderne Ölquelle gebohrt wurde, waren die Ozeane kühl und hemmten die Erwärmung der Atmosphäre – wahrscheinlich ein weiterer Grund, warum die Klimaveränderung nicht so schnell voranschreitet wie vorhergesagt.

Wenn die relativ kühlen Ozeane sich aufgrund der steigenden Lufttemperaturen erwärmt haben, werden die Meere aufhören, die Erderwärmung zu hemmen, und vielmehr beginnen, diesen Effekt zu verstärken. Ein Forscherteam unter der Leitung von Zeke Hausfather von der University of California in Berkeley legte 2017 eine Studie vor, die zeigt, dass die Ozeane in einen Zyklus steigender Oberflächentemperaturen eingetreten sind.[11] Das lässt erwarten, dass sie zumindest für viele kommende Jahrzehnte relativ warm sein werden – die Phase relativ kühler Meere dauerte über 100 Jahre an –, selbst wenn die Treibhausgasemissionen durch sauberere Technologien reduziert werden.

Der Übergang von Energiequellen wie Holz und landwirtschaftlichen Abfällen (sehr schmutzig in Bezug auf Smog und Kohlenstoffdioxid) auf Kohle (sauberer als Holz, aber immer noch ziemlich schmutzig), Wasserkraft (sauber, aber weltweit weitgehend ausgeschöpft), Erdöl (mittelmäßig schmutzig), Erdgas (verursacht keinen Smog, trägt aber zum Treibhauseffekt bei), Uran (sehr sauber, aber auch sehr teuer) sowie Sonnen- und Windenergie (sehr sauber und potenziell nicht teuer) zeigt, dass die Gesellschaft sich in Richtung sauberer Energiequellen bewegt. Dazu tragen auch potenzielle saubere Energiequellen bei, etwa Tidenkraftwerke, Solarkollektoren im Weltraum (wo die Sonnenstrahlung wesentlich intensiver ist als auf der Erde) und die Umwandlung von Wasserstoff in Strom und Wasser. Im Jahr 2017 schafften es die britischen Stromversorger, das Vereinigte Königreich einen ganzen Tag lang mit Strom zu versorgen, ohne eine einzige Tonne Kohle zu verbrennen. Das wurde möglich an einem wunderbar milden Frühlingstag, an dem der Stromverbrauch ungewöhnlich niedrig war, aber dennoch war es ein Meilenstein. Großbritannien plant, bis 2025 überhaupt keine Kohle mehr zu verstromen; das wäre noch 1952 unvorstellbar gewesen, als die Briten ihre Energie für Strom und Heizung komplett aus Kohle erzeugten und in London 4000 Menschen durch eine ausgeprägte Inversionswetterlage, die zum Entstehen eines kohlebedingten »killer fog« (tödlicher Dunst) führte, ums Leben kamen.

Die meisten Länder der Welt sind auf einem ähnlichen Weg, fort von schmutzigen Energiequellen zu sauberen. Im Wahlkampf 2016 sagte Trump, er werde Arbeitsplätze im Kohlebergbau zurückbringen – er hörte sich beinahe so an, als ob Jobs im Kohlebergbau gleichbedeutend mit wirtschaftlichem Erfolg seien. Im selben Jahr zeigte eine vom US-Energieministerium in Auftrag gegebene Studie, dass die Solarenergieproduktion in den Vereinigten Staaten bereits mehr Arbeitsplätze schafft als die Kohleproduktion.[12] Politische Blender wehren sich gegen solche

Informationen, da es ihnen eher darauf ankommt, was die Leute glauben, als auf die Wahrheit. Letztlich wird der wirtschaftliche Wert von sauberer Energie weithin erkannt werden.

Doch selbst wenn die Treibhausgasemissionen von Industrie und Landwirtschaft zurückgehen, wird der Planet eine Phase steigender Temperaturen erleben – sofern es nicht zu einer plötzlichen Veränderung der Sonneneinstrahlung kommt, was wir uns wirklich nicht wünschen wollen. Die Herausforderung der Klimaveränderung besteht nicht so sehr darin, den Anstieg der globalen Temperaturen zu verhindern – wenn die Erde nur noch ein bisschen wärmer wird, sollte das zu bewältigen sein. Die Herausforderung ist vielmehr, die sekundären Folgen von Treibhausgasemissionen unter Kontrolle zu bringen oder uns an sie anzupassen.

Durch steigende Meeresspiegel könnten zahlreiche Küstenstädte überflutet werden. Ein Forscherteam unter der Leitung von Robert DeConto von der University of Massachusetts in Amherst hat für eine 2016 vorgelegte Studie berechnet, dass während der letzten »interglazialen« (zwischeneiszeitlichen) Periode – zuletzt war die Erde vor etwa 115 000 Jahren aufgrund natürlicher Ursachen wärmer als heute – der Meeresspiegel um sechs bis neun Meter höher lag als heute.[13] DeContos Studie zufolge ist zu erwarten, dass der Meeresspiegel sowohl durch Abschmelzen von Landeis als auch durch thermische Ausdehnung der Ozeane (warmes Wasser nimmt mehr Volumen ein als kaltes) bis etwa 2100 um mindestens 90 Zentimeter steigen wird und er auch danach noch bis weit ins 22. Jahrhundert hinein weiter ansteigen wird, selbst wenn der Mensch überhaupt keine Treibhausgase mehr in die Atmosphäre bläst. Schon jetzt werden einige Küstenstädte in China bei starken Regenfällen überflutet, was ein Vorbote steigender Meeresspiegel sein könnte. Auch Binnengewässer werden nicht verschont bleiben: Der Spiegel des Ontariosees ist gestiegen, was zumindest teilweise auf die thermische Ausdehnung seines Wassers zurückzuführen ist.

Durch Veränderungen der Niederschlagsmuster könnten Schneedecken in großen Höhen abschmelzen und die heute landwirtschaftlich ertragreichen Regionen verdorren lassen. Das Süßwasser, das heute in die Meere fließt, könnte die Meeresströme verändern, die unter anderem Westeuropa wärmen, das zum größten Teil nördlich des US-Bundesstaates Maine liegt. Die europäischen Länder könnten abkühlen, selbst wenn die mittleren Temperaturen insgesamt steigen.

Die für Prognosen der Klimaveränderung eingesetzten Modelle können kaum mehr als begründete Schätzungen liefern, da eine Computersimulation zu jedem Thema – sei es Klima, Wahlen oder Sport – stets zu den Schlüssen kommen muss, die in das Modell hineinprogrammiert wurden. Verschiedene Klimamodelle prognostizieren, dass die Atmosphäre sich um weitere 2,2 °C erwärmen wird, was einen weltweiten »Alarmzustand rot« bedeuten würde. Unter solchen Bedingungen wären die Beringia-Region und einige andere Gebiete besser dran, aber die Entwicklungsländer in Äquatornähe hätten sehr darunter zu leiden – bei einer Hitzewelle mit Temperaturen von bis zu 45 °C starben 2015 in Karachi 1200 Menschen; man stelle sich vor, was passieren kann, wenn es noch heißer wird. Und die heißen Länder sind zumeist auch die armen Länder – diejenigen, die wirtschaftlich am wenigsten in der Lage sind, auf Veränderungen des Klimas zu reagieren.

Die Ergebnisse von Klimamodellen können nützlich sein, sollten aber nicht mit echten Daten in einen Topf geworfen werden. James Hansen von der NASA, der vielleicht profilierteste Klimamodellierer der Welt, hat 2016 verkündet, seine Computer hätten ihm gesagt, die gefährliche Phase der Erderwärmung stünde unmittelbar bevor.[14] Zum ersten Mal hat Hansen das bereits 1988 gesagt und diese Warnung seither schon viele Male wiederholt, wobei er jedes Mal ein anderes Startjahr vorhersagte.[15] Wir wissen einfach nicht, ob die Erderwärmung gefährlich werden wird, und falls ja, wann.

Der Umstand, dass wir nicht wissen, was die künftige Entwicklung des Klimas uns bringen wird, spielt eigentlich keine Rolle. Wir wissen genug, um die Klimaveränderung als ein lebenswichtiges Problem für unsere Welt anzuerkennen, vor allem angesichts der Tatsache, dass das Klima sich verändert, während zugleich die

Weltbevölkerung weiterhin wachsen und die wirtschaftliche Entwicklung auch in Zukunft turbulent sein wird. Aber sollten wir deswegen Angst haben, wie es so viele öffentliche Kommentare suggerieren?

Der oben erwähnte Robert Stavins sagt: »Ich habe zwei erwachsene Kinder, und auf der Liste der Probleme, um die ich mir für ihre Zukunft Sorgen mache, steht die Klimaveränderung nicht gerade weit oben. Die Klimaveränderung kann bewältigt werden. In der Geschichte des Umweltschutzes wurden beinahe alle Herausforderungen schneller bewältigt als erwartet, und das zu geringeren Kosten.«

Vielleicht wäre die Menschheit in der Lage, sich an die Schwierigkeiten einer wärmer werdenden Welt anzupassen. Küstenstädte könnten aufgegeben werden; ganz neue Regionen könnten landwirtschaftlich erschlossen werden; die für Gesundheitsvorsorge und Renten aufgewendeten Gelder könnten in den Bau riesiger Entsalzungsanlagen umgeleitet werden; die Europäer könnten ihr Alltagsleben ins Haus verlegen, wie es in Teilen Finnlands und Skandinaviens schon jetzt allgemein üblich ist. Aber wäre es nicht wesentlich praktischer, die Emission von Treibhausgasen in den Griff zu bekommen?

Die US Energy Information Administration (EIA, US-Energieinformationsamt) prognostizierte 2016, dass bis 2040 der globale Energiebedarf um 48 Prozent steigen wird.[16] Vor etwa zehn Jahren lautete die Prognose, dass der weltweite Energiebedarf um etwa 100 Prozent steigen werde. Doch selbst wenn der globale Energiebedarf weniger zunimmt, als früher einmal angenommen wurde, ist ein Anstieg um 48 Prozent eine gewaltige Herausforderung – die bewältigt werden muss, damit die Entwicklungsländer ebenso gut leben können wie der Westen.

Jesse Ausubel, der oben zitierte Wissenschaftler von der Rockefeller University, war einer der Organisatoren des ersten wissenschaftlichen Kongresses über die Erderwärmung, die Weltklimakonferenz 1979 in der Schweiz. Vielleicht erinnern Sie sich, dass Ausubel in den 1980er-Jahren die verrückte Vorhersage machte,

der Rohstoffverbrauch werde zurückgehen, während die Lebensstandards steigen. Etwa zur selben Zeit machte er eine zweite
verrückte Vorhersage. Damals lag die CO_2-Konzentration in
der Atmosphäre bei etwa 335 ppm; manche Analysten erwarteten, wenn sie auf 350 ppm steigen würde, könnte die menschliche
Gesellschaft zugrunde gehen, vielleicht sogar ein massenhaftes
Artensterben ausgelöst werden. Ausubel sagte dagegen voraus,
dass sogar ein Wert von 400 ppm erreicht werden könne, ohne
dass nennenswerte Auswirkungen auf die Welt festzustellen sein
würden – und 400 ppm ist die CO_2-Konzentration in der Atmosphäre von heute.

Und Ausubel traf noch eine dritte verrückte Vorhersage: dass
nämlich die CO_2-Konzentration in der Atmosphäre weiterhin
steigen werde, bis sie um das Jahr 2040 herum ihr Maximum von
450 ppm erreichen würde. Dann werde sie nicht weiter steigen,
weil ungefähr ab dieser Zeit saubere Energiequellen mehr Energie liefern würden als fossile Brennstoffe.

»Ich mache mir nach wie vor keine allzu großen Sorgen um die
Gesamtemissionen – sie haben entweder ihr Maximum erreicht
oder es schon überschritten«, sagte mir Ausubel 2016. »Die Menge
der Emissionen ist nicht das Problem; die Frage ist vielmehr, ob
das natürliche System ein Regler oder ein Schalter ist. Wenn es ein
Regler ist und New York City das Klima von Baltimore bekommt,
wobei vielleicht ein paar Pflanzen im Frühling etwas früher blü-
hen, ist das zu bewältigen. Wenn das natürliche System jedoch
ein Schalter ist – entweder ›an‹ oder ›aus‹ –, wird es entweder gar
keinen Ärger geben oder aber sehr großen Ärger. Jeder Versuch,
diese Frage mithilfe eines Modells zu beantworten, kann nur die
Antwort hervorbringen, die in das Modell eingebaut wurde. Es
gibt nur einen Weg, die mit Sicherheit richtige Antwort herauszufinden – und wir wären sehr viel besser dran, wenn wir sie nie
herausfinden würden.«

Wissenschaftler, die große Worte bevorzugen, nennen diese
Frage das »Linearitäts«-Problem. Ist das Klima linear? Das
heißt, führen langsam ansteigende Treibhausgaskonzentrationen zu langsam ansteigenden Temperaturen? Falls ja, müssten

die Folgen der Klimaveränderung zu bewältigen sein. Oder hat das Klima »tipping points«, also kritische Schwellenwerte? Etwa eine plötzliche Änderung von Meeresströmungen, die zu rapiden Umbrüchen in ausgedehnten Regionen führen. Sollte es sich so verhalten, dann – nun, dieser Satz beendet sich von selbst. Um Reformen zu wollen, die eventuelle »Tipping point«-Risiken der Klimaveränderung abwenden können, muss man sich keine düsteren Prognosen zu eigen machen, nur weil sie gerade in Mode sind. Treibhausgase sind ein Problem, das durch Luftverschmutzung entsteht. Frühere Luftverschmutzungsprobleme – Smog, saurer Regen, Industriedunst, Emission von Ozonkillern – wurden, um es mit Stavins' Worten zu sagen, »schneller bewältigt als erwartet, und das zu geringeren Kosten«. Das Smogproblem wurde durch eine Kombination aus neuer Technologie (Katalysatoren in Fahrzeugen und chemische Optimierung von Benzin und Diesel) und strikter Regulierung gelöst. Das Mittel gegen sauren Regen war ein Geschäftsmodell: Cap-and-Trade oder Handel mit Emissionsrechten, deren Wert sinkt, bis das zugrunde liegende Problem gelöst ist. Die Lösung für zu hohe Bleikonzentrationen in der Luft war ein schlichtes Verbot verbleiter Kraftstoffe; entsprechend wurden auch die Chemikalien verboten, die die Ozonschicht schädigen. Industriedunst wurde durch verbesserte Verfahren in Industrieanlagen und auf Baustellen beseitigt. Da Treibhausgase die bislang größte ökologische Herausforderung sind – sozusagen der Super Bowl des Umweltschutzes –, werden sie eine Kombination aus all diesen Maßnahmen erfordern. Sie alle haben schon einmal funktioniert, und sie können wieder funktionieren.

Die Zeit dafür ist günstiger, als man aus dem aufgeregten Ton der Klimadebatte schließen könnte. Während ich dies schreibe, haben die weltweiten Treibhausgasemissionen seit drei aufeinanderfolgenden Jahren nicht mehr zugenommen, obwohl die globale Wirtschaftsleistung steigt;[17] das heißt, dass die Menge der weltweiten Treibhausgasemissionen im Vergleich zur Wirtschaftsleistung bereits abzunehmen begonnen hat. Die Treibhausgasemissionen der Vereinigten Staaten begannen vor einem Jahrzehnt zu sinken, als die Große Rezession begann, und folgten dann während des darauffolgenden Aufschwungs einem leicht rückläufigen Trend. China – das etwa 50 Prozent mehr Kohlenstoffdioxid emittiert als die Vereinigten Staaten – zeigt seit 2014 einen leicht rückläufigen Trend von Treibhausgasemissionen.

Diese Rückgänge sind keine Zufallstreffer, sondern vielmehr Vorboten. Das Institute for Energy Studies an der Oxford University hat ermittelt, dass die CO_2-Emissionen pro Kopf der Weltbevölkerung schon 1979 ihr Maximum erreichten und seither abnehmen, obwohl in weiten Teilen der Welt die Wirtschaft wächst.[18] Das parteipolitisch unabhängige World Resources Institute (Weltrohstoffinstitut) hat 2016 berechnet, dass viele der hoch entwickelten Volkswirtschaften der Welt sich bereits »entkoppelt« haben – ihr Output an Gütern und Dienstleistungen kann steigen und ihre Bürger können immer mehr reisen, während gleichzeitig ihre CO_2-Emissionen sinken.[19] Die Vereinigten Staaten, Deutschland, Frankreich, Großbritannien und die meisten skandinavischen Länder stehen auf der Liste der entkoppelten Volkswirtschaften. Das EIA berichtet, dass die US-Wirtschaft im Jahr 2010 immerhin 60 Prozent weniger Energie pro Output-Einheit brauchte als 1950 und aufgrund von Marktzwängen auf dem Weg ist, bis 2025 mindestens 75 Prozent weniger zu brauchen, selbst wenn die Regierung in dieser Hinsicht nichts unternehmen sollte.[20] Die hoch entwickelten Volkswirtschaften, auch die aufs Auto fixierten Vereinigten Staaten, lernen zu wachsen, während sie gleichzeitig weniger Treibhausgase emittieren; und wenn sie das schaffen, werden das auch alle anderen Länder eines Tages können. Das Maximum menschengemachter Treibhausgasemissionen liegt nicht irgendwann in ferner Zukunft, sondern zeigt sich genau jetzt.

Selbst wenn der Höhepunkt der Treibhausgasemissionen bereits überschritten ist, wird das Problem der Klimaveränderung mindestens bis Ende das 21. Jahrhunderts bestehen bleiben, da sich in der Atmosphäre immer mehr Kohlenstoffdioxid ansammelt – auch wenn Sie Wein langsamer in ein Glas gießen, wird das Glas trotzdem voller. Es dauert Jahrzehnte, bis CO_2-Moleküle auf natürlichem Wege die Atmosphäre verlassen – selbst wenn die menschengemachten Treibhausgasemissionen völlig gestoppt werden könnten, würde sich die Erdatmosphäre noch lange Zeit weiter aufwärmen.

Dennoch gibt es gute Gründe, optimistisch zu sein. Heute gibt es – je nach Land – kaum oder gar keine Regulierung von Treibhausgasemissionen, und trotzdem gehen die CO_2-Emissionen im Verhältnis zum wirtschaftlichen Output zurück. Schon jetzt fördern die Kräfte des Marktes die Reduzierung von Treibhausgasemissionen, vor allem in Form von Energieeinsparungen und sauberen Anwendungen von Energie.

Erneuerbare Energiequellen wie Wind und Sonne liefern bislang nur einen sehr kleinen Anteil des weltweiten Energiebedarfs, aber dieser Anteil nimmt stetig zu. Noch 2005 wurde in den Vereinigten Staaten mit Wasserkraft etwa zehnmal so viel Strom erzeugt wie durch Windenergie, aber schon 2016 erzeugten Windräder mehr Strom als Wasserkraftwerke, und das nicht nur, weil deren Gesamtleistung zurückgegangen war. Ein Forscherteam unter der Leitung von Nancy Haegel von der Naval Postgraduate School (Marineforschungsakademie) in Monterey, Kalifornien, kam in einer 2017 vorgelegten Studie zu folgendem Schluss: »Das jährliche Potenzial von Sonnenenergie übertrifft den gesamten weltweiten Energieverbrauch bei Weitem.«[21]

Zurzeit werden weltweit etwa 15 Terawattstunden Energie pro Jahr verbraucht. Etwa zwei bis drei Terawatt aus Sonnenenergie zu erzeugen sei ein realistisches Ziel für die heutige Generation, so heißt es in der Studie, da der Preis von Fotovoltaikmodulen seit den 1970er-Jahren um 90 Prozent gefallen ist, womit sie schon beinahe so kosteneffektiv sind wie Erdgas, der heute bevorzugte Energieträger für neue Stromerzeugungskapazitäten. Letzten Endes können wohl mindestens 15 Terawatt Leistung aus Solarenergie gewonnen werden – allerdings erst, nachdem Unsummen an Kapital investiert sein werden. Aber von da an bräuchte kein Kraftstoff mehr gekauft zu werden, und es würden keine Treibhausgase mehr freigesetzt.

Womöglich können verbesserte landwirtschaftliche Verfahren die Emission von Treibhausgasen reduzieren, ebenso wie innovative Ideen für die Energieinfrastruktur. In der letzteren Kategorie wären zum Beispiel Lithiumbatterien in der Größe eines Küchenherds zu nennen, die Energie speichern, wenn Strom im Überfluss vorhanden ist, der dann zu Zeiten hoher Nachfrage verbraucht werden kann. In Bürogebäuden, Schulen und sogar einigen Privathäusern in Arizona und Kalifornien werden schon jetzt solche Batterien installiert, und ebenso in einigen landwirtschaftlichen Betrieben in Deutschland; sie werden den Bedarf an fossilen Energieträgern bei zu heißem oder zu kaltem Wetter senken und so ebenfalls dazu beitragen, Treibhausgasemissionen zu reduzieren. Heute sind diese Batterien für die meisten Anwendungen noch zu teuer für den praktischen Einsatz, aber vielleicht werden sie auf der langen Liste von Produkten landen, die als Spielzeug für Reiche auf den Markt kommen und dann bald erschwinglich werden.

Eine weitere innovative und clevere Idee ist die dezentrale Stromerzeugung. Vor noch gar nicht allzu langer Zeit hatten Wohnhäuser und Schulen keine eigenen Heizungsanlagen, sondern waren an ein Fernwärmenetz angeschlossen – eine Innovation aus dem späten 19. Jahrhundert: In einem zentralen Heizkraftwerk wird Wasserdampf erzeugt, der dann durch Rohre zum Abnehmer kommt – ein System, dass nicht nur ineffizient ist, sondern auch zu einem Dilemma führt, weil die auf diese Weise beheizten Gebäude entweder zu warm oder zu kalt sind. (In manchen Teilen von New York City und New Hampshire wird Fernwärme auch heute noch genutzt; auch in vielen chinesischen Städten wird so geheizt, was dazu führt, dass manche Gebäude so überheizt sind, dass die Mieter im Winter die Fenster sperrangelweit offen stehen lassen, während zugleich die bibbernden Bewohner des Nachbarhauses den Vermieter anflehen, doch bitte ein bisschen zu heizen.)

Als individuelle Heizungen zum Standard wurden, nahm der Wohnkomfort zu, und der Gesamtbedarf an Heizenergie sank. Eine dezentrale Stromerzeugung in jedem einzelnen Gebäude – nicht nur ein Booster durch Sonnenenergie, sondern in Form eines Minikraftwerks, das vielleicht mit Wasserstoff betrieben wird – ist heute noch nicht praktikabel, aber bald könnte es so weit sein. Auch eine dezentrale Stromversorgung für kleine Gebäude wie Schulen oder Läden ist noch nicht kosteneffizient, doch das Konzept ist technisch ausgereift, und die Geschichte technischer Innovationen hat gezeigt, dass eine Idee, sobald sie im Labor verwirklicht wurde, dann auch bald breite Anwendung findet, sobald die Kinderkrankheiten ausgebügelt wurden und die Finanzierung gesichert ist. Eines Tages werden vielleicht die zentralen Stromversorger ausgedient haben; das Ergebnis wird das Ende von Stromausfällen durch Netzüberlastung sein – und zugleich eine geringere Emission von Treibhausgasen.

In den Vereinigten Staaten haben Kalifornien und die meisten Bundesstaaten in Neuengland auf Länderebene Grenzwerte für Treibhausgasemissionen eingeführt. Kalifornien hat Grenzwerte für Fahrzeugabgase eingeführt, andere Bundesstaaten haben nachgezogen, und die Smog verursachenden Emissionen haben im ganzen Land abgenommen. Kalifornien hat kürzlich auch Treibhausgasgrenzwerte eingeführt; wenn andere Bundesstaaten nachziehen, könnte das den Ausschlag für bundesweite Treibhausgasgrenzwerte geben – und das sogar, ohne dass der Kongress oder Bundesgerichte sich eingemischt hätten. Übrigens: Obwohl Kalifornien die strengsten Smog- und Treibhausgasgrenzwerte der USA hat, ist der kalifornischen Wirtschaft dadurch kein Schaden entstanden – sie boomt nach wie vor.

Neben den Initiativen der Bundesstaaten gibt es in den Vereinigten Staaten kein landesweites Programm zur Reduzierung von CO_2-Emissionen. Während ich dies schreibe, liegt eine unter Obama initiierte Gesetzesvorlage für ein bundesweites Programm zur Reduzierung von CO_2-Emissionen auf Eis, weil sie von Trump abgelehnt wurde und vor Gericht angefochten wird.

In der Europäischen Union wurde ein CO_2-Emissionshandelssystem nach dem Vorbild des erfolgreichen Emissionshandelsprogramms zur Bekämpfung des sauren Regens eingeführt; dadurch konnten die Treibhausgasemissionen leicht reduziert werden, aber das europäische System enthält noch zu viele

Schlupflöcher. Auf der Pariser Weltklimakonferenz einigten sich die meisten Länder der Welt auf das gemeinsame Ziel, in Zukunft weniger Treibhausgase zu emittieren, aber diese Selbstverpflichtungen sind nicht bindend. (Als Präsident Bush senior 1992 auf der United Nations Conference on Environment and Development [UNCED, Konferenz der Vereinten Nationen über Umwelt und Entwicklung, kurz »Rio-Konferenz«] in Rio de Janeiro nicht bindende Ziele zur Reduzierung von Treibhausgasemissionen befürwortete, wurde er von zahlreichen Kommentatoren ausgelacht; als Präsident Barack Obama 2015 in Paris eine nahezu identische, nicht bindende Selbstverpflichtung unterschrieb, wurde er als Visionär gefeiert.)

Trump hat gesagt, er wolle die Zustimmung der Vereinigten Staaten zum Pariser Abkommen aufkündigen, allerdings erst zu einem nicht näher spezifizierten Zeitpunkt in der Zukunft; während ich dies schreibe, hat er seine Meinung zu dieser Frage so oft geändert, dass völlig unklar ist, was er denn nun eigentlich will. Wenn man bedenkt, dass das Pariser Abkommen keine bindende Wirkung hat und sich nur unwesentlich von der 1992 in Rio vorgeschlagenen Vereinbarung unterscheidet, scheint es kaum einen Unterschied zu machen, ob die Vereinigten Staaten dazu stehen oder nicht. Der wichtigste Verhandlungserfolg von Paris ist, dass so gut wie alle Länder der Welt erstmals akzeptiert haben, dass die Treibhausgasemissionen reduziert werden müssen – eine Prämisse, die viele wichtige Länder bis vor Kurzem ablehnten. Ein weiteres positives Signal ist, dass China, Indien, Brasilien und Indonesien inzwischen bereit sind, mit dem Westen über die Folgen der Klimaveränderung zu verhandeln und wissenschaftliche Daten auszutauschen. Jeder Bereich, in dem wichtige Länder miteinander kooperieren, schafft Vertrauen in anderen Bereichen.

Der nächste Schritt wäre eine Maßnahme, die man kaum auszusprechen wagt: eine *Steuer*.

Das Wort »Steuer« ist in der amerikanischen Politik unaussprechlich geworden, da die Wähler von der Regierung verlangen, immer weniger zu zahlen und immer mehr zu bekommen. Etwas genauer gesagt verlangen sie: »Kürzt die Leistungen für andere und erhöht meine.« Eine Gesetzesvorlage mit dem Titel »Other Districts Budget Cuts Act« (Gesetz über Haushaltskürzungen für andere Distrikte) wäre im heutigen Repräsentantenhaus ein Selbstläufer. In keiner Demokratie ist der Begriff »Steuer« sonderlich beliebt. Viele Politiker scheuen sich heute, dieses Wort auch nur in den Mund zu nehmen; die politische Klasse im Westen verwendet lieber Euphemismen wie »Ressourcen« und »Einnahmen«, um nicht von jener Maßnahme sprechen zu müssen, die sie nicht auszusprechen wagen. Aber eine Steuer auf CO_2-Emissionen könnte genau das sein, was der Arzt verordnet hat, um einen finanziellen Anreiz für Erfindungen und Innovationen zu schaffen, die dazu führen könnten, dass weniger Treibhausgase emittiert werden.

Heute erheben die Vereinigten Staaten und die Länder der Europäischen Union Abgaben auf Arbeit, Kapital und Kommerz, in Form von Einkommen- und Körperschaftsteuern, Verkaufs- und Gewerbesteuern sowie Mehrwertsteuer. In den meisten Fällen werden Umweltverschmutzung und das Produzieren von Müll nicht besteuert. Allerdings sind Arbeit, Kapital und Kommerz gut für die Gesellschaft, Umweltverschmutzung und Müll dagegen unerwünscht. Die neoklassische Wirtschaftstheorie besagt, dass man von allem, was man besteuert, weniger bekommt. Die im Westen übliche Struktur des Steuersystems führt zu weniger Kommerz und Investitionen, als sonst stattfinden könnten. Die Besteuerung von Arbeit führt dazu, dass weniger Menschen eingestellt werden: Der Arbeitgeber muss die Hälfte der Lohn- oder Einkommensteuer des Mitarbeiters zahlen und in den meisten Fällen auch eine Krankenversicherung bereitstellen – was im Endeffekt eine Steuer gegen das Einstellen von Mitarbeitern ist. Die Besteuerung von Kapital hemmt das Wirtschaftswachstum. Wenn stattdessen Umweltverschmutzung und das Produzieren von Müll besteuert würden, bekämen wir vielleicht weniger davon.

Nachdem Trump als Präsident vereidigt worden war, legte eine Gruppe von Persönlichkeiten des konservativen Establishments, unter anderem James Baker (Außenminister unter George Bush senior) und George Schultz (Finanzminister unter Richard

Nixon), einen Vorschlag zur Besteuerung von Treibhausgasemissionen vor, der vorsah, die zusätzlichen Einnahmen in Form von Steuerrabatten dem Verbraucher zugutekommen zu lassen, was letztlich dazu führen würde, dass die Besteuerung von Arbeit, Kapital und Kommerz reduziert würde.[22] ExxonMobil, General Motors, Johnson & Johnson, PepsiCo und andere Großkonzerne sprachen sich für dieses Konzept aus. Schultz sagte, eine CO_2-Steuer »würde eine deutlich stärkere Reduzierung von Treibhausgasemissionen erreichen« als jede Form von Regulierung und »würde das Wirtschaftswachstum fördern, was auch erklärt, warum namhafte Unternehmen die Idee unterstützen«. Solch ein Vorschlag von Elder Statesmen wäre von 44 der 45 US-Präsidenten sehr ernsthaft erwogen worden; Trump war freilich viel zu beschäftigt damit, Golf zu spielen, um Interesse für einen sehr vernünftigen politischen Vorschlag aufzubringen. Aber Trump und seine Entourage von smart gekleideten Leichtgewichten werden bald auch wieder abtreten, und dann sollte eine CO_2-Steuer wieder mit dem gebührenden Ernst erwogen werden.

Eine CO_2-Steuer würde etwas eindämmen, was die Gesellschaft nicht will (nämlich Umweltverschmutzung), statt etwas zu besteuern, was die Gesellschaft braucht (nämlich Arbeitsplätze und Kapital) – und das alles, ohne eine zusätzliche Bürokratie aufzubauen. Diverse Konzepte zur Reduzierung von Treibhausgasemissionen durch staatliche Regulierung könnten vielleicht funktionieren, würden aber mehr Behörden, Vorschriften und Beamte erfordern. Und davon gibt es ohnehin schon mehr als genug.

Niemand will Steuern zahlen – ich jedenfalls nicht –, aber Steuern haben den Vorteil, verteilte Entscheidungsprozesse zu ermöglichen. Wenn eine Steuer eingeführt wird, entscheiden Unternehmen und Verbraucher für sich, ob sie ihr Verhalten beibehalten und zahlen oder es lieber so ändern wollen, dass dadurch ihre Steuerlast verringert oder eliminiert wird – was in diesem Fall bedeuten würde, auf sauberere Kraftstoffe umzusteigen, in sparsamere Technologien zu investieren und sich einen umweltfreundlicheren Lebensstil anzugewöhnen, was alles von Jahr zu

Jahr einfacher wird. Vom Kongress zu erwarten, die genauen Schritte vorzuschreiben, die notwendig sind, um die Treibhausgasemissionen zu senken, ist ein Rezept für Chaos: Verteilte Entscheidungsprozesse sind wesentlich erfolgversprechender.

Die Idee einer CO_2-Steuer hat Unterstützung sowohl von rechts als auch von links gefunden. Greg Mankiw, der Chef des Council of Economic Advisers (Wirtschaftssachverständigenrat) unter Präsident Bush junior, hat sich seit Langem für dieses Konzept ausgesprochen. Jerry Taylor, der Chef des wirtschaftsliberalen Thinktanks Niskanen Center in Washington, D.C., hat sich jahrelang abfällig geäußert über Warnungen, die Erdatmosphäre würde sich erwärmen, inzwischen aber aufgrund neuerer wissenschaftlicher Erkenntnisse eine Kehrtwende vollzogen und zählt heute zu den Unterstützern einer CO_2-Steuer.[23] Auch die »Fortune 500«, die 500 größten US-Unternehmen, sind mit an Bord; dazu heißt es in einem Artikel von Amy Harder: »Ölkonzerne wie ExxonMobil und Royal Dutch Shell investieren zunehmend in Erdgas, weil es 50 Prozent weniger CO_2 freisetzt als Kohle, wenn es verbrannt wird.«[24] Unternehmen im Besitz von Erdgasreserven werden von einer CO_2-Steuer profitieren, weil sie aufgrund geringerer Emissionen weniger Steuern zu zahlen haben werden.

Darüber hinaus würde eine CO_2-Steuer Anreize für Erfindungen und Geschäftsmodelle setzen, die Treibhausgasemissionen reduzieren. Viele Ideologen wollen Organisationen und Menschen bestrafen, deren Aktivitäten Treibhausgasemissionen verursachen, lassen dabei jedoch außer Acht, dass solche Aktivitäten normalerweise einen Nutzen erbringen: Landwirtschaft, Stromerzeugung und so weiter. Dagegen belohnt eine zukunftsorientierte Politik Innovationen, die das Problem verringern. Die Geschichte der Reformen zeigt, dass es wirkungsvoller ist, Erfolge zu belohnen, als Misserfolge zu bestrafen.

In der entwickelten Welt haben der Smog in Großstädten und die Belastung der Luft mit Umweltgiften erheblich abgenommen, und auch in den meisten Entwicklungsländern geht die Umweltverschmutzung zurück, obwohl es kein internationales Abkommen zu diesen Problemen gibt. Die Erfindungen und Geschäftsideen, die Smog und ähnliche Umweltbelastungen reduzieren, haben weltweite Verbreitung gefunden, ohne dass die Vereinten Nationen – oder sonst jemand – sie aktiv gefördert hätten: Viele Länder sind auf umweltfreundliche Politik und Technologien umgestiegen, weil das ihren eigenen nationalen Interessen dient. Auch wenn eine CO_2-Steuer – oder ähnliche Maßnahmen – zu Erfindungen und Kosteneinsparungen führt, die eine kostengünstige Reduzierung von Treibhausgasemissionen ermöglichen, werden viele Länder aus ihrem ureigensten Interesse in diese Richtung gehen. Sollte die Klimaveränderung gefährlich werden, wird sich niemand davor verstecken können. Das ist der einzige Anreiz, den ein Land braucht, um geringere Treibhausgasemissionen anzustreben. Selbst China, jahrelang ein Brennpunkt ungebremst zunehmender Treibhausgasemissionen, hat das inzwischen eingeräumt.

Hin und wieder ist der Einwand zu hören, dass jede individuelle Maßnahme zur Reduzierung von Treibhausgasen im weltweiten Maßstab kaum ins Gewicht fällt und somit sinnlos sei. Das ist jedoch ungefähr so, als würde ein Polizist sagen: »Selbst wenn ich diesen einen Bankräuber verhafte, werden immer wieder andere versuchen, eine Bank auszurauben – also kann ich ihn auch gleich laufen lassen.« Gina McCarthy, die damalige Chefin der EPA, sagte 2015 bei einer Anhörung vor dem Kongress, dass ein Vorschlag zur Reduzierung von Treibhausgasemissionen durch US-Kraftwerke, selbst wenn er wie geplant funktionieren würde, die Erderwärmung um lediglich 0,06 °C dämpfen könne. Diese Aussage provozierte spöttische Kommentare dahingehend, dass solche Anstrengungen sinnlos seien. Wenn jedoch eine vernünftige Prognose nach dem »Business-as-usual«-Szenario eine Erwärmung um 2,2 °C erwarten lässt, und wenn es einigermaßen wahrscheinlich ist, dass eine solche Entwicklung der Menschheit schaden würde, lohnt es sich durchaus, die Erwärmung um 0,06 °C – also um 3 Prozent des prognostizierten Problems – zu reduzieren.

Jede einzelne Innovation, Geschäftsidee und Regulierung zur Senkung von Treibhausgasemissionen wird bestenfalls einen kleinen Einfluss haben auf ein System, das so riesig ist wie die Erdatmosphäre. Aber viele Ideen und Initiativen könnten sich insgesamt zu einer Lösung des Problems akkumulieren, da viele Innovationen, die ein bestimmtes Ziel zu erreichen versuchen, am Ende auch auf andere Probleme anwendbar sein werden.

Vor einer Generation begannen Experten, vor Quecksilberemissionen bei der Verbrennung von Kohle zu warnen. Umweltaktivisten verkündeten das Ende der Welt, und Lobbyisten hielten dagegen, dass jegliche Einschränkung ein Regulierungs-Overkill wäre. Als die ersten Versuche, die Quecksilberbelastung der Luft unter Kontrolle zu bekommen, die Emissionen von Kohlekraftwerken um nur zehn Prozent senkten, galt das als ungenügend; aber die technischen Erfahrungen, die bei diesen ersten Versuchen gewonnen wurden, werden jetzt genutzt, um Quecksilberemissionen durch Kraftwerke und Müllverbrennungsanlagen fast völlig zu eliminieren, und das sogar ohne Kostensteigerungen.

Das Übereinkommen von Paris würde, falls es umgesetzt wird, China zugestehen, seine CO_2-Emissionen bis zum Jahr 2100 um 20 Prozent zu erhöhen. Das wird von manchen Beobachtern für eine inakzeptable Sonderregelung gehalten. Aber vor zehn Jahren sah es so aus, als würde China seinen CO_2-Output bis 2100 verdoppeln. Schon heute ist das chinesische »Worst-Case«-Szenario deutlich weniger besorgniserregend, und die Erfahrungen, die bei der jetzt erreichten leichten Reduzierung des Treibhausgasausstoßes gesammelt werden, können womöglich dazu führen, in Zukunft eine deutliche Zunahme der Emissionen zu verhindern – obwohl der jetzige leichte Rückgang im Verhältnis zum Gesamtproblem gering ist. Diverse Erfahrungen aus früheren Reformen haben gezeigt, dass aus kleinen anfänglichen Schritten das Know-how entstehen kann, das dann zu bedeutenden Fortschritten führt.

Sollten die Innovationen zur Reduzierung der Treibhausgasemissionen erfolgreich sein, könnte sich herausstellen, dass die Klimaveränderung leichter – und kostengünstiger – unter Kontrolle zu bringen ist, als jetzt erwartet wird. Aber selbst wenn es durch Innovationen gelingt, die Emissionen so weit zu senken, dass die CO_2-Konzentration in der Atmosphäre nicht weiter zunimmt, muss die Menschheit sich auf die Erwärmung vorbereiten, die schon jetzt aufgrund der bisher aufgelaufenen Treibhausgaskonzentrationen und die dadurch herbeigeführten Reaktionen des Klimas unvermeidlich ist. Das bedeutet konkret, dass viele Küstenstädte durch Deiche und andere Überflutungsschutzmaßnahmen gesichert werden sollten; neue Nutzpflanzen gezüchtet werden sollten, die bei anderen Temperatur- und Luftfeuchtigkeitsbedingungen gedeihen; im öffentlichen Gesundheitswesen Initiativen ergriffen werden sollten, um die Ausbreitung von Tropenkrankheiten zu verhindern (durch die Erderwärmung wird das Band mit tropischem Klima breiter werden); die Stromerzeugungskapazitäten in den Entwicklungsländern ausgebaut werden sollten, wo den Armen nicht einmal Ventilatoren zur Verfügung stehen, um Hitzewellen erträglicher zu machen. Anstatt wegen der künftigen Veränderungen des Klimas – die niemand vorhersagen kann – die Hände über dem Kopf zusammenzuschlagen, sollte die Menschheit unverzüglich anfangen, sich an andere klimatische Bedingungen anzupassen, und eventuelle Wissenslücken später füllen.

Vielleicht wird es tatsächlich zu einer Klimakatastrophe kommen, aber wahrscheinlicher ist, dass man eines Tages auf die Risiken der Erderwärmung zurückblicken wird als auf ein Problem, das gelöst wurde, ohne die Lebensstandards einzuschränken, selbst während die Weltbevölkerung weiter wuchs und die Armut zurückging. Welch eine Enttäuschung für die zahllosen Weltuntergangspropheten!

Diese günstige Prognose wird sich allerdings nur bewahrheiten, wenn sich die Gesellschaft zu Reformen entschließt, was zu der Frage führt, in welchen anderen Bereichen diese Medizin ebenfalls notwendig ist.

10 Die »unmögliche« Herausforderung durch Ungleichheit

Machen wir einmal ein kleines Gedankenexperiment. Stellen Sie sich vor, Sie müssten sich entscheiden zwischen einem Land, in dem die Mehrheit der Bevölkerung in bitterer Armut lebt und verzweifelt um Nahrung, Wohnraum und medizinische Versorgung kämpfen muss, aber niemand reich ist, und einem anderen Land, wo die Mehrheit ein komfortables materielles Leben führt, aber große Ungleichheit herrscht, die Reichen im Lamborghini durch die Gegend fahren und sich über Normalbürger lustig machen. Wo würden Sie lieber leben wollen?

Wie Sie sich vielleicht schon gedacht haben, haben die in diesem Gedankenexperiment geschilderten Umstände einen realen Hintergrund; es wird darin das China von 1990 mit dem heutigen China verglichen. Nach der Definition der Weltbank lebten 1990 etwa 67 Prozent der chinesischen Bevölkerung in Armut, definiert als ein Tageseinkommen von weniger als 1,90 Dollar.[1] Nach dieser Definition ist heute nur noch ein Prozent der Chinesen verarmt. Das bedeutet, dass innerhalb einer einzigen Generation etwa 750 Millionen Menschen aus bitterer Armut erlöst wurden – das sind mehr Menschen als die gesamte Weltbevölkerung am 4. Juli 1776, als die Unabhängigkeitserklärung der Vereinigten Staaten verkündet wurde.

Dieselben wirtschaftlichen und technologischen Entwicklungen, die es unzähligen Menschen ermöglichten, ihrer Armut zu entkommen, haben auch eine kleine Gruppe sehr reich gemacht und die gesellschaftliche Ungleichheit verschärft. Dieses Muster ist in zahlreichen Entwicklungsländern zu beobachten: Die Dynamiken, die dazu führen, dass der Lebensstandard und die gesellschaftlichen Umstände besser werden – in Form von höherer Lebenserwartung, mehr Bildung und zumindest einigen bürgerlichen Freiheiten –, machen auch eine kleine Minderheit reich. Benjamin Friedman, ein Ökonom an der Harvard University, vertritt die Auffassung, das durch den weltweiten Handel herbeigeführte Wirtschaftswachstum werde zu »mehr Chancen, Toleranz für Minderheiten, soziale Mobilität sowie Engagement für Gerechtigkeit und Demokratie« führen.[2] Zugleich steigen die Reichsten der Gesellschaft von der Pferdekutsche in den Privatjet um.

Wäre es China womöglich besser ergangen, wenn es auf dem Stand von 1990 stehen geblieben wäre? Idealerweise hätte die gleiche Reduzierung von Armut stattgefunden, jedoch ohne die Zunahme der Ungleichheit, was allerdings wahrscheinlich unmöglich ist, zumindest in der Welt von heute. Branko Milanovic, ein in Serbien geborener Ökonom an der City University of New York, hat sich auf die Erforschung gesellschaftlicher Ungleichheit spezialisiert und sagt: »In China waren weniger Armut und mehr Ungleichheit untrennbar miteinander verbunden. Wahrscheinlich wäre es ohne mehr Ungleichheit und Gelegenheiten für Korruption nicht möglich gewesen, dieses Wirtschaftswachstum zu erreichen.«

Vielleicht wäre es ohne die durch die Kräfte des Marktes entstehende Unsicherheit und ohne die Nebenwirkung einer unverhältnismäßig großen Schicht, deren maßloser Reichtum abstoßend ist und deren politischer Einfluss jedes Regierungssystem korrumpiert, nicht möglich gewesen, die steigenden Lebensstandards zu erreichen, die heute den meisten Menschen auf der Welt zugutekommen.

Diese Ungleichheit könnte durch Konfiszierung von Privatvermögen eliminiert werden, aber dann würde das globale Wirtschaftssystem die Armut nicht weiter reduzieren können. Daher muss Ungleichheit im Endeffekt nicht unbedingt negativ sein, solange es dem Normalbürger dabei immer besser geht – was seit mehreren Generationen das Ergebnis von freien Marktwirtschaften und globalem Handel war. Alles hat seine Vor- und Nachteile: Dasselbe System, das die Reichen immer reicher macht, führt auch zu steigenden Lebensstandards für fast alle anderen, auch die Armen. Diese Effekte hängen miteinander zusammen.

Dem Durchschnittsamerikaner geht es gemessen an seiner Kaufkraft ziemlich gut, siehe Kapitel 4. Da das in der öffentlichen Debatte beinahe völlig übersehen wird, ist es hilfreich, dieses Thema noch einmal kurz zu rekapitulieren. Die steigende Kaufkraft – durch niedrigere Steuern auf Bundesebene, höhere Sozialleistungen und sinkende Verbraucherpreise – bedeutet, dass der Normalbürger von der heutigen wirtschaftlichen Entwicklung profitiert, obwohl der Löwenanteil an die Reichen geht. Einschließlich Einkommen und Sozialleistungen verdient ein typischer amerikanischer Arbeitnehmer heute kaufkraftbereinigt etwa dreimal so viel wie ein typischer Arbeitnehmer 1950. Für Berechnungen anhand der Armutsgrenze wird nur das Einkommen herangezogen; berücksichtigt man auch die höheren Sozialleistungen und die langfristig günstige Entwicklung des Verbraucherpreisindexes, ist die Armutsquote in den Vereinigten Staaten in den vergangenen 50 Jahren um 40 Prozent zurückgegangen.

Wenn man sich nur die Einkommen ansieht, nimmt die Ungleichheit allerdings rapide zu. Als 1929 die Wall Street kollabierte, bezogen die oberen fünf Prozent in den Vereinigten Staaten 30 Prozent des Einkommens vor Steuern. Bis 1950 sank dieser Anteil auf 15 Prozent, begann dann aber wieder langsam zu steigen, bis auf 21 Prozent im Jahr 2000. Seither hat der Anteil der Topverdiener rapide zugenommen; 2015 bezogen die oberen fünf Prozent der Haushalte 35 Prozent des Nationaleinkommens, also mehr als 1929. In den Vereinigten Staaten und den Ländern der Europäischen Union beziehen die Spitzenverdiener einen unverhältnismäßig hohen Anteil der Einkommen – unverhältnismäßig nicht nur in absoluten Zahlen, sondern auch im Verhältnis zur Produktion. Das erzeugt Wut in den unteren Schichten, macht die

Mittelschicht unzufrieden und – was am wichtigsten ist – kann ungerecht sein.

Warum war die Ungleichheit in den 1920er-Jahren hoch, nahm dann ab und stieg dann wieder? Sehen wir uns einmal den Verlauf von zwei Trendlinien für die Vereinigten Staaten an. Die erste Trendlinie reflektiert die US-Steuerpolitik auf Bundesebene. Bis 1913 erhoben die Vereinigten Staaten keine Einkommensteuern auf Bundesebene. Bis in die 1920er-Jahre hinein wurden die Einnahmen des Bundes ausschließlich für staatliche Aufgaben wie Verteidigung, Diplomatie, Justiz und Flutschutz verwendet; es wurden keine Gelder aus dem Bundeshaushalt umverteilt. Manche Städte hatten einen aus Spenden finanzierten »poormaster« (Armenhelfer), an den sich Bedürftige wenden konnten; die meisten Bürger bestritten ihren Lebensunterhalt ausschließlich aus Arbeit oder Gewerbe, durch Zuwendungen von privaten oder religiösen Wohltätigkeitsorganisationen oder durch Unterstützung von ihrer Familie, nicht vom Staat.[3] Im Rahmen des New Deal, der 1935 in Kraft trat, kam das Konzept einer Einkommensumverteilung auf, hauptsächlich in Form von Social Security (Sozialversicherung). (Kanada hatte zu diesem Zeitpunkt bereits ein ähnliches System; heute haben alle entwickelten Länder ein Sozialversicherungssystem.) Der New Deal umfasste auch andere Programme zur Umverteilung öffentlicher Gelder, zum Beispiel den National Industrial Recovery Act of 1933 (NIRA, Gesetz zur Wiederherstellung der nationalen Industrie), der hauptsächlich dazu diente, die Preise zu erhöhen – heute klingt das verrückt, aber unter den damaligen Umständen war es sinnvoll. Mit einem 1935 verabschiedeten Gesetz wurde die Works Progress Administration (WPA, Arbeitsbeschaffungsbehörde) eingerichtet, und 1939 das Food Stamp Program (Lebensmittelhilfeprogramm). Nach der Weltwirtschaftskrise halfen Interventionen der Bundesregierung auf dem Arbeitsmarkt der Wirtschaft wieder auf die Beine und reduzierten die Ungleichheit, indem Einkommen an die unteren Bevölkerungsschichten umverteilt wurde.

In den 1960er-Jahren nahm die Einkommensungleichheit erneut zu, und wieder intervenierte der Staat. Medicare (Krankenversicherung für ältere oder behinderte Bürger) und Medicaid (Medical Assistance, Gesundheitsfürsorge für Geringverdiener, Kinder, ältere Menschen und Behinderte) wurden ins Leben gerufen sowie eine Reihe von Sozialhilfeprogrammen: finanzielle Hilfen, Wohnberechtigungsscheine und Wohnungsbauprogramme für einkommensschwache Familien aus Bundes-, Länder- und kommunalen Mitteln. Robert Samuelson hat darauf hingewiesen, dass 1962 nur zwei Prozent des Bundeshaushalts für das Gesundheitswesen ausgegeben wurden; damals trugen die Patienten fast ihre gesamten Krankheitskosten selbst. Heute werden dagegen 31 Prozent der Bundesmittel für die medizinische Versorgung ausgegeben, und der Steuerzahler übernimmt einen großen Teil der Kosten, die Krankenhäuser und Ärzte ihren Patienten in Rechnung stellen.[4] Medicare für Senioren und Medicaid für Arme wurden ins Leben gerufen, um eine bessere medizinische Versorgung zu gewährleisten; sie bewirkten aber auch eine Umverteilung von Einkommen, da sie Senioren und Behinderten den größten Teil der Kosten ersparen, die sie andernfalls selbst tragen müssten.

Heute halten viele Leistungsempfänger den Umverteilungsaspekt von Medicare und Medicaid für selbstverständlich und beklagen sich lautstark über Zuzahlungen, als ob es jemals eine »gute alte Zeit« gegeben hätte, in der die Gesundheitsleistungen auf einem ebenso hohen Niveau wie heute gewesen wären, und dabei noch kostenlos. Eine staatliche Krankenversicherung wie in Frankreich, die eine hochwertige medizinische Versorgung gewährleistet, ist keineswegs kostenlos, obwohl das oft behauptet wird: Nur dem einzelnen Patienten werden kaum Kosten in Rechnung gestellt, weil sie zum großen Teil aus Steuermitteln gedeckt werden. »Kostenlos« und »jemand anderer bezahlt« werden in der öffentlichen Debatte häufig verwechselt. Eine staatliche Krankenversicherung würde wahrscheinlich auf lange Sicht die Probleme des US-Gesundheitswesens lösen können: Mit dem Geld, das dadurch in der Verwaltung eingespart wird, würden erweiterte Ansprüche und fortgesetzte Forschung finanziert werden, und der Stress durch eine ungewisse Gesundheitsfürsorge würde eliminiert. Die Länder der Europäischen Union geben pro Kopf der Bevölkerung weniger für Gesundheitsfürsorge aus als die Vereinigten Staaten, erzielen dabei jedoch ebenso gute oder bessere Ergebnisse – nicht zuletzt, weil ihre Systeme weniger belastend sind und Stress gesundheitsschädlich ist.[5]

Eine Antwort auf die Frage, ob eine staatliche Krankenversicherung im jetzigen politischen Umfeld der USA umgesetzt werden könnte, würde ein eigenes Buch füllen. Doch so wünschenswert sie auch sein mag, muss betont werden, dass eine staatliche Krankenversicherung keineswegs »kostenlos« ist. Es hat noch nie eine »gute alte Zeit« gegeben, in der medizinische Leistungen auf hohem Niveau kostenlos waren, und es wird sie auch nicht geben – es sei denn, eines Tages kann eine »post-scarcity economy« (eine nicht mehr durch Knappheiten eingeschränkte Wirtschaft) erreicht werden.

Das heutige System von Medicare und Medicaid, das weitgehend nach der Devise »jemand anderer zahlt« finanziert wird, mag ein System sein, das die Leistungsempfänger so lange am Leben erhält, dass sie Bertrand Russells oben zitierte Empfehlung befolgen und sich beklagen können. Im *Wall Street Journal* erschien 2017 ein Artikel, in dem die 79-jährige Carole Siesser aus Delray Beach in Florida mit diesen Worten zitiert wurde: »Sie nutzen uns Senioren schamlos aus« – und zwar, weil sie von den 26 000 Dollar, die ihre Medikamente jährlich kosten, 5600 Dollar selbst tragen muss.[6] Siesser hatte die Lebenserwartung für amerikanische Frauen ihres Geburtsjahrgangs um immerhin 19 Jahre überlebt, wahrscheinlich unter anderem dank ständiger Kostenübernahmen durch Medicare, fand aber trotzdem, dass die Gesellschaft sie ausnutze, da sie ihr eine Zuzahlung von 20 Prozent der Kosten ihrer lebensnotwendigen Medikamente abverlangt. Viele der heute üblichen Sozialleistungen führen zu solchen Ergebnissen – die Wähler fordern sowohl niedrige Steuern als auch teure Leistungen, die aus ihrer Sicht kostenlos sind oder fast nichts kosten. Und das wiederum führt dazu, dass die Wähler sich verärgert über die Regierung zeigen, obwohl ihre Lebensumstände immer besser werden.

Während der Präsidentschaft von Barack Obama wurde der Affordable Care Act verabschiedet (ACA, Gesetz über erschwingliche Gesundheitsfürsorge, auch als »Obamacare« bekannt), um die staatliche Krankenversicherung auf Mitglieder der Arbeiterschicht und unteren Mittelschicht zu erweitern. Obamacare ist ein Umverteilungsprogramm wie Medicare und Medicaid; es besteuert die Reichen, um den Mitgliedern der Arbeiterschicht und unteren Mittelschicht Kosten zu ersparen. Kaum ein Kommentator zog in Betracht, dass Obamacare in wirtschaftlicher Hinsicht dazu führt, dass die Kaufkraft der Arbeiterschicht und unteren Mittelschicht zunimmt, weil Kosten übernommen werden, die diese Menschen früher selbst tragen mussten. Obamacare gewährt mehr Menschen einen Anspruch auf Lebensmittelgutscheine oder Leistungen für Behinderte, wodurch noch mehr Einkommen umverteilt wird; eine 1994 erlassene Vorschrift, dass Sozialleistungsempfänger ernsthaft versuchen müssen, Arbeit zu finden, wurde vorübergehend aufgehoben; die Zuschüsse des Bundes zur Arbeitslosenhilfe wurden erhöht und die Anspruchsdauer von einem halben auf zwei Jahre verlängert – eine bedeutende Maßnahme zur Unterstützung der Arbeiterklasse, von der viele Amerikaner überhaupt nichts wissen. Am Ende der Amtszeit Obamas wurden laut Congressional Budget Office (CBO, Haushaltsabteilung des Kongresses) »durchschnittlich etwa 14 000 Dollar pro Haushalt« umverteilt, und zwar in Form von direkten finanziellen Hilfen, Sozialleistungen oder von anderen übernommenen Kosten.[7]

All diese Maßnahmen dämpfen die Ungleichheit. Manchmal wird die Zeit des New Deal zur »guten alten Zeit« verklärt, um die Behauptung zu stützen, dass der US-Staat damals großzügiger war, und viele Menschen scheinen das zu glauben. Die Öffentlichkeit scheint sich kaum darüber bewusst zu sein, dass Medicare und Medicaid – beides erhebliche individuelle Hilfen – nicht zur Zeit der Weltwirtschaftskrise eingeführt wurden, sondern während der Präsidentschaft Lyndon B. Johnsons, also lange nach dem New Deal. Es scheint auch kaum bekannt zu sein, dass die moderne, in finanzieller Hinsicht üppige Version der Mietzuschüsse des Bundes für Minderheiten erst 1970 unter Richard Nixon eingeführt wurde, der auch die Anspruchsberechtigung auf Lebensmittelgutscheine erweiterte, die Sozialhilfe erhöhte und den Anspruch auf Behindertenleistungen für alle Amerikaner einführte. Vor Nixon waren Millionen Behinderte auf sich selbst angewiesen.

Kaufkraftbereinigt und unter Berücksichtigung des Bevölkerungswachstums wird über die heutigen Umverteilungsprogramme der Bundesregierung – dazu zählen Social Security, Medicare, Medicaid, Obamacare und die Buchstabensuppe TANF (Temporary Assistance for Needy Families), SNAP (Supplemental Nutrition Assistance Program, das frühere Food-Stamps-Programm), CHIP (Children's Health Insurance Program), SSDI (Social Security Disability Insurance), SSI (Supplemental Security Income) und EITC (Earned Income Tax Credit) – pro Leistungsempfänger etwa viermal so viel Geld umverteilt wie zu Zeiten des New Deal. Es ist gut, dass der Staat dem einzelnen Bürger stärker unter die Arme greift als früher – niemand sollte so leben müssen, wie es viele Menschen zur Zeit der Weltwirtschaftskrise mussten. Doch die US-Bundesregierung gibt für die Unterstützung von Armen, arbeitenden Armen, Mitgliedern der unteren Mittelschicht, Behinderten und Rentnern deutlich mehr Geld aus, als allgemein bekannt ist. Diese Sozialleistungen der Bundesregierung werden aus zwei Quellen finanziert: durch Besteuerung der Reichen sowie durch Aufnehmen von Schulden bei den jungen Generationen, das heißt, über die Staatsverschuldung. Beides sind Mechanismen zur Umverteilung von Einkommen.

Dennoch ist die Einkommensungleichheit nach wie vor hoch. Der in Weißrussland geborene Ökonom Simon Kuznets, der 1971 den Wirtschaftsnobelpreis erhielt, hat gezeigt, dass die gesellschaftliche Ungleichheit durch eine voranschreitende industrielle Entwicklung zuerst zu- und dann wieder abnimmt. Seit 1971 war dieser Verlauf in den meisten Ländern zu beobachten; falls Kuznets auch in Zukunft recht behalten sollte, wird die Ungleichheit in China bald abnehmen. Doch die Entwicklung der Ungleichheit in den Vereinigten Staaten und in Europa im Verlauf der vergangenen 100 Jahre zeigt stärkere Schwankungen, als Kuznets erwartet hatte, selbst wenn man die Einflüsse der Weltkriege kompensiert. Das bringt uns zu dem Trend in Amerika seit den 1920er-Jahren, der zeigt, was für eine blühende Wirtschaft am wichtigsten ist.

Vor 100 Jahren war der Zugang zu Rohstoffen die wichtigste Voraussetzung für wirtschaftliches Wachstum; der Großteil der Arbeit erforderte keine besondere Qualifikation und hatte daher relativ wenig Wert. Das führte dazu, dass der Wohlstand sich bei den sogenannten Räuberbaronen konzentrierte – Industriellen, die für ihre Skrupellosigkeit bekannt waren. Die enorme Expansion von produzierender Industrie und Bautätigkeit, die nach dem Zweiten Weltkrieg stattfand – nach dem Krieg, nicht während des Krieges; ungeachtet gegenteiliger Behauptungen von Marxisten ist ein Krieg schrecklich für die Wirtschaft –, führte dazu, dass die Arbeitgeber um Arbeitskräfte konkurrieren mussten, wodurch die Arbeiterschaft an Verhandlungsmacht gewann und die Ungleichheit verringert wurde. Ein hoher gewerkschaftlicher Organisationsgrad der Arbeiterschaft war einer der Gründe für steigende Löhne, doch die Bedingungen am Arbeitsmarkt waren wichtiger.

Bis zu den 1990er-Jahren – dies ist natürlich eine vereinfachte Darstellung – waren Wissen und geistiges Eigentum im Verhältnis zu Rohstoffen immer wertvoller geworden, und da die Produktion immer effizienter und die Produkte immer hochwertiger und langlebiger wurden, kühlte sich der Arbeitsmarkt ab. Dadurch begann ein Trend zunehmender Ungleichheit. Selbst während die Sozialleistungen immer besser wurden, erschwerten die wirtschaftlichen Kräfte, die das erwirtschaftete Einkommen nach oben konzentrierten, die Umverteilungsversuche der Regierung. Das Ergebnis war die heute vorherrschende Situation: feudalistische Verschwendungssucht an der Spitze; den meisten Bürgern, auch der Mittelschicht und den Armen, geht es etwas besser; und alle sind schlecht gelaunt, selbst die Reichen, weil sie sich ausgenutzt fühlen. Die heutigen Volkswirtschaften der entwickelten Länder bewerten Wissen und geistiges Eigentum wesentlich höher als Rohstoffe oder Arbeit. Vielleicht wird sich das durch zukünftige Entwicklungen ändern, doch momentan produzieren die Vereinigten Staaten, China und weite Teile Europas zunehmende Einkommensungleichheit.

Auf der Welt insgesamt nimmt die Ungleichheit jedoch ab, nicht zu. Milanovic hat berechnet, dass seit 1988 – also ungefähr seit China und Indien ihre Wirtschaft liberalisierten und der freie internationale Handel rapide zuzunehmen begann – die Ungleichheit auf der Welt insgesamt um etwa zehn Prozent abgenommen hat. Ökonomen quantifizieren Ungleichheit mithilfe des Gini-Koeffizienten, einer Kennzahl, für die gilt: je niedriger, desto besser. »Seit 1988 ist der weltweite Gini-Koeffizient von 0,69 auf 0,63 zurückgegangen«, so Milanovic. »Das stellt den ersten weltweiten Rückgang der Ungleichheit im Industriezeitalter dar. Der Grund dafür ist der erstaunliche Rückgang der Armut. Seit 1988 sind die weltweiten Realeinkommen in einer einzigen Generation stärker gestiegen als jemals zuvor in einem ganzen Jahrhundert. Da die Ungleichheit in den Vereinigten Staaten und einigen anderen entwickelten Ländern zugenommen hat, wird angenommen, sie nehme überall zu. Doch global gesehen geht dieses Problem zurück.«

Falls Sie über Ungleichheit so wütend sind, dass Sie am liebsten die Grundpfeiler der Weltwirtschaft umstürzen würden, sollten Sie bedenken, dass genau dieses System bewirkt hat, dass das Einkommen einer typischen Familie »in einer einzigen Generation stärker gestiegen ist als jemals zuvor in einem ganzen Jahrhundert«.

Milanovics Forschungsarbeit hat ergeben, dass von 1988 bis 2008 die Realeinkommen der Armen der Welt um 20 Prozent gestiegen sind.[8] Die Realeinkommen der unteren Mittelschicht der Welt – der Mehrheit aller Menschen – sind um 50 Prozent gestiegen. Die Realeinkommen der Wohlhabenden der Welt haben um 60 Prozent zugenommen. Auf eine wohlhabende Person kommen etwa 65 Mitglieder der unteren Mittelschicht, was bedeutet, dass die Einkommen der unteren Mittelschicht insgesamt stärker zugenommen haben als die Einkommen der Wohlhabenden, obwohl

Letztere sich große Häuser und protzige Autos leisten können. Die einzige Einkommensschicht, der es nach Milanovics Berechnungen in der Zeit von 1988 bis 2008 nicht ganz so gut erging, war die mittlere Mittelschicht, die er als den Bereich vom 75. bis zum 90. Prozent des globalen Einkommens definiert. Dieser Schicht geht es im Verhältnis zum weltweiten Durchschnitt gut, doch sie konnte ihr Realeinkommen von 1988 bis 2008 nur um etwa fünf Prozent steigern. »Diese Menschen bilden den Kern der Wählerschaft des Westens, und sie fühlen sich übergangen durch Entwicklungen, die der Oberschicht zugutekommen (was weithin bekannt ist) und auch der Unterschicht helfen (was kaum bekannt ist), ihnen selbst jedoch nicht helfen«, sagt Milanovic.

Eine Gesellschaft, in der es Ungleichheit gibt, in der es aber den meisten Normalbürgern gut geht – was der heutigen Situation in den Vereinigten Staaten und der Europäischen Union entspricht –, ist einer Gesellschaft ohne Ungleichheit, aber mit niedrigem Lebensstandard vorzuziehen. Kann vielleicht eine goldene Mitte erreicht werden? Eine denkbare Reform könnte die Einführung von Einkommensobergrenzen sein; eine andere wäre eine höhere Besteuerung der Wohlhabenden; eine dritte ein bedingungsloses Grundeinkommen.

Einkommensobergrenzen sind verlockend, weil die maßlosen Einkommen von Topmanagern das kapitalistische System in Verruf bringen. Im Jahr 2015 genehmigte sich Michael Pearson, der CEO von Valiant Pharmaceuticals, ein Einkommen von 143 Millionen Dollar, obwohl es ein schlimmes Jahr für das Unternehmen war; im selben Jahr zahlte sich Lyndon Rive, der CEO des stark subventionierten Solarenergiekonzerns SolarCity, 77 Millionen Dollar aus, während das Unternehmen plante, Tausende von Mitarbeitern zu entlassen; und Marillyn Hewson, die Chefin des stark subventionierten Rüstungs- und Technologiekonzerns Lockheed Martin, bediente sich mit 28 Millionen Dollar aus der Firmenkasse. Laut Daten des Economic Policy Institute, des Thinktanks der US-Arbeiterbewegung, bezogen die CEOs nordamerikanischer Großunternehmen 2016 im Durchschnitt ein Einkommen von 16 Millionen Dollar pro Jahr – das ist etwa das 270-Fache des Durchschnittseinkommens der Mitarbeiter in den von ihnen geführten Unternehmen.[9]

Es ist schwer zu ergründen, warum solche Zahlungen an CEOs nicht als Wirtschaftsverbrechen angesehen werden. Die meisten Gehaltsabrechnungen von CEOs werden von einem sehr beflissenen Verwaltungsrat abgenickt, der in der Regel aus Topmanagern anderer Unternehmen besteht, die selbst ein starkes persönliches Interesse daran haben, das unter CEOs übliche Einkommen in die Höhe zu treiben. Diese Verwaltungsräte vermeiden das Wort »pay« (Lohn) – Lohn ist etwas für die ungewaschene Arbeiterklasse –, sondern sprechen lieber vornehm von »compensation« (Vergütung), als ob der CEO ein Wohltäter sei, der seinem Unternehmen eine Ehre erweist, wenn er sich im Vorstandsspeiseraum einfindet. Leslie Moonves, der CEO des Medienkonzerns CBS, genehmigte sich 2016 Bezüge von stattlichen 69 Millionen Dollar, obwohl das Unternehmen seit einigen Jahren niedrigere Dividenden gezahlt und zahlreiche Mitarbeiter entlassen hatte. Die CBS-Unternehmensbereiche für Nachrichten (über die *CBS Evening News*) und Unterhaltung (über die *Late Show with Stephen Colbert*) kritisieren regelmäßig den Reichtum und die Privilegien der Mitglieder der Trump-Administration, obwohl CBS selbst so organisiert ist, dass es Wohlstand und Privilegien für eine verschwindend geringe Zahl von Personen an der Spitze generiert.

Im Jahr 2017 startete der Sportbekleidungskonzern Nike eine Anzeigenkampagne unter dem Motto »Gleichheit«, in der andere Unternehmen wegen Einkommensungleichheit kritisiert werden. Nike zahlt den indonesischen Arbeiterinnen, von denen es seine Sneaker nähen lässt, drei Dollar pro Tag;[10] Nikes CEO Mark Parker hatte sich dagegen 2016 immerhin 48 Millionen Dollar in die eigenen Taschen gestopft, laut einer Untersuchung der Analysefirma Equilar, die sich mit den Bezügen von Konzernvorständen beschäftigt.[11] Andere für Dinge zu kritisieren, die man auch selbst tut, ist scheinheilig. Nike trieb die Heuchelei auf die Spitze, indem sie so taten, als glaubten sie an soziale Gerechtigkeit.

Die widerwärtigen Exzesse von CEOs und anderen Topmanagern bringen nicht nur das kapitalistische System in Verruf, sondern erzeugen auch Ressentiments gegen Spitzenverdiener unter Normalbürgern. Doch üppig gefüllte Lohntüten können auch für selbsterklärte Progressive zu verlockend sein, um der Versuchung zu widerstehen. Die damalige Yahoo-Chefin Marissa Mayer, die stets viel Zeit damit verbrachte, ihre eigenen aufgeklärten Ansichten ins rechte Licht zu rücken, gönnte sich 2015 immerhin 35 Millionen Dollar aus der Firmenkasse, obwohl Yahoo rote Zahlen schrieb und Mitarbeiter entließ.

Nehmen wir an, die Bezüge von Topmanagern öffentlich-rechtlicher Körperschaften würden auf eine Million Dollar pro Jahr begrenzt. (In diesem Zusammenhang wollen wir außerdem annehmen, dass es möglich ist, eine solche Obergrenze wirkungsvoll durchzusetzen – Profisportvereine haben gezeigt, dass das möglich ist –, und die Frage zurückstellen, ob es möglich wäre, auch private Unternehmen auf diese Weise zu regulieren.) Das wäre gut für die Demokratie und das Ansehen der Marktwirtschaft, und es würde der Wut der Bürger über Kapitalisten, die das System manipulieren, um sich auf Kosten der Allgemeinheit zu bereichern, die Grundlage entziehen. Doch eine solche Reform könnte kaum etwas gegen Einkommensungleichheit ausrichten. Wenn die durchschnittlichen Bezüge der 100 Spitzenverdiener unter den CEOs von 30 Millionen auf eine Million Dollar begrenzt und das dadurch eingesparte Geld gleichmäßig verteilt würde, erhielte jeder US-Haushalt 25 Dollar. Im Jahr 2015 genehmigte sich David Cote, der CEO von Honeywell, Bezüge von 36 Millionen Dollar. Wenn er stattdessen nur eine Million Dollar bekommen hätte und die Differenz gleichmäßig unter der Belegschaft von Honeywell verteilt worden wäre, hätte jeder Mitarbeiter 268 Dollar erhalten.

Der Gesamtbetrag der Bezüge von Topmanagern ist einfach nicht groß genug, um die Einkommensverteilung merklich zu ändern. Solange es nicht zu einer bahnbrechenden Veränderung der wirtschaftlichen Strukturen kommt – etwa in Form einer »post-scarcity economy« –, werden wir wohl eine kleine Gruppe von Spitzenverdienern tolerieren müssen, die wesentlich mehr vereinnahmen, als sie eigentlich verdient haben. Wenn also eine Einkommensgrenze für Topmanager das Problem der Ungleichheit nicht lösen kann, wie wäre es denn mit einer Reichensteuer?

Laut den Einkommensstatistiken des Congressional Budget Office (CBO, Haushaltsabteilung des Kongresses) für das letzte Jahr, für das Daten vorliegen, bezog die US-Oberschicht – die oberen 20 Prozent – 53 Prozent des Nationaleinkommens und zahlte 69 Prozent der Steuern auf Bundesebene; die Armen und die Arbeiterschicht – die unteren 20 Prozent – bezogen fünf Prozent der Einkommen und zahlten fast gar keine Bundessteuern.[12] Wenn man die Einkommensteuer auf Bundesebene (die zum größten Teil in Sozialleistungen fließt), die »payroll tax« (Sozialversicherungsbeiträge, die vollständig in Sozialleistungen fließen) und andere Abgaben zusammennimmt, zahlte das obere Prozent der US-Steuerpflichtigen einen effektiven Bundessteuersatz von 34 Prozent und die Mittelschicht einen Satz von 14 Prozent. Diese Zahlen zeigen, dass das System der Bundessteuern schon jetzt progressiv ist – was viele Bürger nicht glauben und andere nicht glauben wollen. Das CBO kommt zu dem Ergebnis, dass das jetzige System der Bundessteuern »die stärkste Progression seit mindestens Mitte der 1990er-Jahre aufweist«, mit Steuersätzen, die für Spitzenverdiener hoch sind, aber für alle anderen »deutlich unter den durchschnittlichen Steuersätzen von 1979 bis 2013« liegen. Die auf Landes- und kommunaler Ebene erhobenen Steuern sind häufig nicht progressiv; in der heutigen Generation stellen die Regierungen von Bundesstaaten und Kommunen eine Belastung für Arme dar, die Bundesregierung dagegen eine Stütze.

Als Präsident hat Barack Obama häufig gesagt, dass die Wohlhabenden noch höhere Bundessteuern zahlen sollten. Dann wurde bekannt, dass er und seine Frau Michelle laut ihrer veröffentlichten Einkommensteuererklärung einen effektiven Bundessteuersatz von 18 Prozent zahlten – der somit deutlich niedriger lag als die 34 Prozent, die die meisten Steuerpflichtigen in dieser

Einkommensgruppe zahlen. Obama pflegte gern zu sagen, dass andere Reiche nicht jeden abzugsfähigen Betrag geltend machen sollten, tat dann aber selbst genau das. Vielleicht trug er Sneaker von Nike, während er seine Steuerformulare ausfüllte.

Obwohl das US-Bundessteuersystem schon jetzt eine Progression aufweist, gibt es gute Gründe, die Spitzensteuersätze zu erhöhen. Die Menschen an der Spitze profitieren in hohem Maße von den heutigen wirtschaftlichen Kräften und sollten dafür der Gesellschaft danken, indem sie mehr Steuern zahlen. Das Problem ist jedoch, dass selbst eine steile Progression an der Spitze – oder die Abschaffung von absetzbaren Aufwendungen, die einer Erhöhung der Steuersätze gleichkäme – nicht genug bringt, um viel gegen Ungleichheit tun zu können.

William Gale von der Brookings Institution hat 2015 berechnet, dass durch Erhöhen des Spitzensteuersatzes auf 50 Prozent und Umverteilen der zusätzlichen Einnahmen nur eine »sehr moderate« Wirkung auf die Einkommensungleichheit erzielt werden könnte.[13] Der höhere Spitzensteuersatz würde dem Bundeshaushalt Mehreinnahmen von etwa 95 Milliarden Dollar einbringen; würde man diese Summe nach unten umverteilen, würden Arme und Mitglieder der Arbeiterschicht um etwa 2000 Dollar pro Jahr entlastet – ein Betrag, der natürlich sehr willkommen wäre, aber die Ursachen der gesellschaftlichen Ungleichheit nicht verändern würde.

Im Präsidentschaftswahlkampf 2016 haben sich Bernie Sanders und Hillary Clinton für eine Erhöhung der Spitzensteuersätze ausgesprochen. Sanders' Vorschlag hätte pro Jahr etwa 150 Milliarden Dollar zusätzlich in die Steuerkasse gespült. Allerdings wollte der Senator aus Vermont den Großteil der Mehreinnahmen nicht etwa nach unten umverteilen, sondern vielmehr an Senioren, die schon jetzt die wirtschaftlich privilegierteste Gruppe der Gesellschaft bilden, und an die Mittelschicht, der es ohnehin schon relativ gut geht.[14] Sanders gerierte sich als Vorkämpfer für gesellschaftliche Gerechtigkeit, wusste aber nur allzu gut, dass Senioren und Mitglieder der Mittelschicht wählen gehen, während die Wahlbeteiligung unter den Armen sehr niedrig ist (der unerfreulichste Aspekt der US-Demokratie). Das heißt im Klartext, dass Sanders die zusätzlichen Steuereinnahmen seinen eigenen Unterstützern zugutekommen lassen wollte, und nicht etwa den wirklich Bedürftigen. Clintons Vorschlag hätte Mehreinnahmen von etwa 110 Milliarden Dollar in die Steuerkasse gespült, die sie komplett für neue Programme verwenden wollte, die durchaus ihre Vorzüge gehabt haben mögen, aber keinesfalls den Armen zugutegekommen wären.

So anerkennenswert die Pläne von Sanders, Clinton und der Brookings Institution für eine höhere Besteuerung der Reichen auch sein mögen, so würden sie doch die zugrunde liegende Dynamik des Trends zu mehr Ungleichheit nicht verändern, die auf wirtschaftlichen Kräften beruht, die wesentlich machtvoller sind als Flickschustereien der Regierung. Vielleicht gibt es zu viele Reiche, als dass die Gesellschaft rundum zufrieden sein könnte, aber es gibt nicht genug von ihnen, um allein durch Schröpfen der Reichen das Problem gesellschaftlicher Ungleichheit zu lösen. Darüber hinaus wäre es nötig, auch die Mittelschicht zu schröpfen und einen Kandidaten zu finden, der dazu bereit wäre. Was uns zum bedingungslosen Grundeinkommen bringt.

Jeder Geringverdiener sollte ein garantiertes jährliches Einkommen erhalten, in bar und ohne Vorbedingungen, zu seiner freien Verfügung. Raten Sie mal, wer das vorgeschlagen hat: Elizabeth Warren (linksliberale US-Senatorin der Demokraten), Cornel West (afroamerikanischer Intellektueller und Theologieprofessor) oder Leo Trotzki (russischer Revolutionär, von Stalin ermordet)? Nein, dieser Vorschlag kam von Milton Friedman, dem Kronprinzen des Wirtschaftsliberalismus, in seinem 1962 erschienenen Werk *Capitalism and Freedom (Kapitalismus und Freiheit)*.[15]

Friedman sprach sich dafür aus, die Besteuerung von Unternehmen zu beenden und den internationalen Kapitalverkehr völlig freizugeben. Er war gegen die meisten Regulierungen wirtschaftlicher Aktivitäten und einer der ersten Kritiker der »in Washington konzentrierten Mächte«. Wenn jemand freiwillig bereit sei, für einen Hungerlohn in einem ausbeuterischen Sweatshop zu arbeiten, so Friedman, solle der Staat sich in solche Entscheidungen nicht einmischen – er hätte kein Problem damit gehabt, dass Nike in Indonesien Näherinnen für drei Dollar pro Tag arbeiten lässt. Niemand hat die Idee der Chicago School, dass wirtschaftliche Freiheit und persönliche Freiheit das Gleiche seien, bereitwilliger übernommen als Friedman. Gleichwohl meinte Friedman auch, dass es angesichts des stürmischen Spiels der Kräfte in einer freien Marktwirtschaft ein garantiertes Einkommen geben sollte, sodass ein Mensch auf einer unteren Sprosse der gesellschaftlichen Leiter nicht durch Arbeitslosigkeit, Krankheit oder einen anderen Schicksalsschlag in Armut gestürzt würde. Jeder Erwachsene, so Friedmans Vorschlag, sollte 2500 Dollar pro Jahr als Grundsicherung erhalten. Die unteren 20 Prozent der Haushalte sollten 25 000 Dollar pro Jahr erhalten – »in der nützlichsten Form, nämlich in bar« –, um Armut zu eliminieren.

Thomas Paine, einer der Gründerväter der Vereinigten Staaten, schlug 1796 vor, dass die Einnahmen des Bundes (die damals ausschließlich aus Zöllen bestanden) verwendet werden sollten, um jedem männlichen Erwachsenen einen Betrag von zehn Pfund pro Jahr auszuzahlen, was heute etwa 2000 Dollar entspräche. Paine war der Meinung, dass die vom Staat vereinnahmten Gelder der Öffentlichkeit gehören, nicht den Bundes- oder Landesbehörden, und dass die vornehmste Verwendung öffentlicher Gelder darin bestehe, Armut zu eliminieren. Seit dem 18. Jahrhundert hat der Reichtum Amerikas um das Zehnfache zugenommen; ein moderner Thomas Paine würde vielleicht 20 000 Dollar pro Jahr und pro Erwachsenem vorschlagen – also einen Betrag, der bei den heutigen Lebenshaltungskosten ausreichend ist, um Armut und finanzielle Not abzuwenden.

Varianten dieses Konzepts werden in der politischen Landschaft seit vielen Jahrzehnten diskutiert. Präsident Richard Nixon forderte den Kongress auf, ein Gesetz zu verabschieden, das er »Family Assistance Plan« nannte und das eine jährliche Grundsicherung garantieren sollte, doch es wurde sowohl im Repräsentantenhaus als auch im Senat – in beiden Kammern hatte damals die Demokratische Partei die Mehrheit – abgelehnt. Nixon hatte

Friedman gelesen und hoffte, durch Eliminieren der komplizierten »War on Poverty«-Bürokratie und Einführen einer Grundsicherung für benachteiligte Bevölkerungsschichten deren Abhängigkeit beenden und die Gründung von neuen Firmen in heruntergekommenen Stadtteilen fördern zu können. Seinerzeit wurde befürchtet, dass die Großstädte kurz davor seien, unregierbar – oder gar unbewohnbar – zu werden, aufgrund von ausufernder Kriminalität, Drogenmissbrauch, Arbeitslosigkeit, Smog und kontinuierlichem Zuzug von Menschen aus ländlichen Gebieten, die durch die zunehmende Automatisierung der Landwirtschaft ihre Jobs als Farmhelfer verloren hatten. In den 1960er- und frühen 70er-Jahren hatten Präsident Johnson beziehungsweise Nixon fertig ausformulierte Verkündungen von Standrecht im Schreibtisch, um es über Großstädte zu verhängen, falls das notwendig werden sollte; beide Präsidenten befürchteten, dass es jederzeit zu unbeherrschbaren Aufständen kommen könnte. Dass Städte wie Cleveland und Pittsburgh ein unglaubliches Comeback erleben würden und dass es heute wieder sehr attraktiv ist, in einer Stadt zu leben, ist ein weiterer positiver Trend, der vor noch gar nicht allzu langer Zeit unvorstellbar zu sein schien.

Nachdem der Kongress den Family Assistance Plan abgelehnt hatte, deklarierte Nixon den Vorschlag zu einer »negativen Einkommensteuer« um – Friedmans Worte. Der von der Demokratischen Partei dominierte Kongress lehnte auch diese Vorlage ab. Heute ist die Idee als »bedingungsloses Grundeinkommen« bekannt.

Zu den diversen Umverteilungsmechanismen, die in den Vereinigten Staaten schon heute existieren, zählt die klassische Sozialhilfe, die seit 1997 als Temporary Assistance for Needy Families (TANF, Vorübergehende Hilfe für bedürftige Familien) bekannt ist. Im Rahmen eines anderen Programms, das als Earned Income Tax Credit (EITC, Steuergutschrift für verdientes Einkommen) bezeichnet wird, schickt das Finanzministerium Schecks über 2000 bis 5000 Dollar an Personen aus der Arbeiterschicht, deren Einkommen so gering ist, dass sie keine Bundessteuern zahlen müssen. EITC ist eine Initiative für soziale Gerechtigkeit, von der viele Amerikaner nicht einmal wissen, dass es sie gibt. (EITC wird durch Einschicken des Formulars 1040 an die Steuerbehörde aktiviert; Geringverdiener, die glauben, sie könnten das Finanzamt austricksen, indem sie einfach kein Formular 1040 einschicken, schneiden sich in vielen Fällen ins eigene Fleisch.)

Minderjährige aus armen Familien können über das Children's Health Insurance Program kostenlose medizinische Leistungen in Anspruch nehmen; in manchen Bundesstaaten können sich Personen aller Altersgruppen kostenlos im Krankenhaus behandeln lassen.

Durch staatliche Mietzuschüsse werden die Kosten einer einfachen Wohnung ganz oder zum großen Teil abgedeckt, allerdings nur, wenn es Leerstand gibt. Viele Städte schreiben heute vor, dass in neu erbauten Luxuswohnanlagen auch einige günstige Wohnungen vorhanden sein müssen, die für Arbeiterfamilien reserviert sind; seit der Präsidentschaft Obamas gilt diese Vorschrift für alle Bauprojekte, die von der Bundesregierung finanziell gefördert werden. Im Rahmen des Food-Stamps-Programms werden Gutscheine ausgegeben, mit denen ausschließlich Lebensmittel bezahlt werden können, aber da auf diese Weise unvermeidliche Kosten abgedeckt werden, sind diese Gutscheine so gut wie Bargeld.

Im Zuge der schnell wachsenden Behindertenhilfsprogramme der Social Security wird jeder berechtigten Person ein Einkommen gezahlt, das etwa so hoch ist, als würde sie 40 Wochenstunden zum gesetzlich vorgeschriebenen Mindestlohn arbeiten. Im Jahr 2015 gaben die Vereinigten Staaten 878 Milliarden Dollar aus, um Geringverdiener zu unterstützen.[16] Diese Summe machte ein Viertel des Bundeshaushalts aus, lag wesentlich höher als das Verteidigungsbudget und entsprach weitgehend den 882 Milliarden Dollar, die im selben Jahr für Social Security ausgegeben wurden. Es stimmt einfach nicht, dass die Vereinigten Staaten von heute die wirtschaftlich Benachteiligten nicht unterstützen würden, so sehr der eine oder andere das auch glauben will.

Aber diese Hilfen könnten effektiver werden. Heute sind die Behindertenhilfen der Bundesregierung für Millionen von Bürgern eine ineffiziente, demütigende Form der Unterstützung. Um in den Genuss solcher Leistungen zu kommen, muss ein Empfänger sich gesundheitlich angegriffen zeigen und behaupten, unter chronischen Schmerzen, schweren Depressionen, einer »affektiven Störung« oder irgendeinem anderen, objektiv nicht nachweisbaren Problem zu leiden – was im Grunde genommen darauf hinausläuft, den »poormaster« (Armenhelfer) anzubetteln. Die Unterstützungsprogramme für Kriegsveteranen funktionieren ähnlich. Jack Kemp, ein Republikaner und ehemaliger Abgeordneter des Repräsentantenhauses, der 2009 verstarb – im Vergleich zu den hartherzigen Republikanern von heute war Kemp ein Heiliger –, hat gesagt: »Eine Gesellschaft wird nicht daran gemessen, wie viele Menschen sie unterstützt, sondern vielmehr daran, wie viele von ihnen keine Unterstützung vom Staat brauchen.«[17] Wenn es danach geht, ist die Behindertenhilfe der Bundesregierung erniedrigend. Nachdem Ansprüche bewilligt worden sind, kehrt kaum einer der Empfänger noch einmal zurück an seinen Arbeitsplatz; seine Sorge, aus dem Programm wieder hinausgeworfen zu werden, bildet einen Anreiz, in der Abhängigkeit vom Staat zu verbleiben.

Ein bedingungsloses Grundeinkommen könnte sämtliche Sozialleistungen durch regelmäßige direkte Geldzuwendungen an jeden Erwachsenen überflüssig machen, und zwar ganz unabhängig davon, ob diese Person arbeitet oder nicht, ob sie gesund ist oder nicht. In den meisten Konzepten wird ein Grundeinkommen von 1000 Dollar pro Monat vorgeschlagen – das entspricht ungefähr dem, was ein Empfänger der Behindertenhilfe der Bundesregierung erhält, aber ohne die Vorbedingungen. Jeder Erwachsene würde das bedingungslose Grundeinkommen erhalten, nicht nur der Haushaltsvorstand oder der Hauptverdiener. Verschiedene Varianten eines bedingungslosen Grundeinkommens werden zurzeit in Feldversuchen in Finnland, Kanada und Kenia erprobt.

Ein bedingungsloses Grundeinkommen könnte gegenüber den jetzigen Programmen mehrere Vorteile bieten. Im Gegensatz zu Sozialhilfe (TANF) und Unterstützung für Behinderte würde es keinen Anreiz schaffen, nicht mehr zu arbeiten: Jeder Erwachsene würde sowohl Lohn oder Gehalt beziehen als auch das bedingungslose Grundeinkommen. Im Gegensatz zu den öffentlichen Bediensteten, die über die Vergabe von Mietzuschüssen entscheiden, würden die Sozialarbeiter sich nicht in das Leben von Leistungsempfängern einmischen; jeder Erwachsene könnte frei über seinen Verdienst und sein bedingungsloses Grundeinkommen verfügen und selbst entscheiden, wo er wohnen will. Bei einem Rückschlag, etwa dem Verlust des Arbeitsplatzes, hätte er immer noch das Grundeinkommen, um die wichtigsten Lebenshaltungskosten abzudecken, ohne bei einer Behörde darum betteln zu müssen. Die Miete für den nächsten Monat zu zahlen oder eine unerwartete Ausgabe zu finanzieren, etwa eine Reparatur des Autos, wäre nicht mehr ein so großes Problem, wie es das heute für Millionen von Menschen sein kann. Mit einem garantierten Grundeinkommen würden auch Menschen ohne Bildungsabschluss, deren Arbeit in der heutigen Wirtschaft kaum etwas wert ist, als Ehepartner attraktiv werden, was erstaunlich wichtig ist.

Natürlich hat auch ein bedingungsloses Grundeinkommen gewisse Nachteile. Die Kosten würden die Staatsverschuldung erhöhen, und die jetzigen Sozialbehörden und ihre politischen Lobbyverbände würden erheblichen Widerstand dagegen leisten: Wie bei Kriegen ist es wesentlich einfacher, staatliche Leistungen einzuführen als sie zu beenden. Wenn man die jetzigen Kosten der Unterstützung für Behinderte aus Bundesmitteln als Anhaltspunkt nimmt, würde es schätzungsweise 3,5 Billionen Dollar pro Jahr kosten, jedem erwachsenen Amerikaner ein bedingungsloses Grundeinkommen zu zahlen – eine schwindelerregende Summe. Dabei sind jedoch die Einsparungen aus der Abschaffung der wild wuchernden Sozialbürokratie noch nicht berücksichtigt: Das Department of Housing and Urban Development (HUD, Ministerium für Wohnungsbau und Stadtentwicklung) sowie Dutzende von Sozial- und Wohnungsämtern der Bundesstaaten und Städte könnten geschlossen werden. Tausende von Staatsbediensteten würden ihren Arbeitsplatz verlieren, und den Regierungen und Kongressausschüssen von Bundesstaaten und Kommunen würde die Kontrolle über die Kassen entzogen, aus denen heute ein Großteil der Provisionen und »Beratungsverträge« – das steht ganz bewusst in Anführungszeichen – für Verwandte und Amigos bezahlt werden. Die Lobbyverbände dieser Gruppen würden sich nicht die Butter vom Brot nehmen lassen, ohne sich heftig zu wehren.

Durch Abschaffung der Sozialbürokratie würden die Kosten eines bedingungslosen Grundeinkommens auf etwa zwei Billionen Dollar pro Jahr sinken – immer noch ein gigantischer Betrag, aber schon näher dran an der Summe von etwa einer Billion Dollar pro Jahr, die schon jetzt in diesem Bereich ausgegeben werden. Die Organization for Economic Cooperation and Development (OECD, Organisation für wirtschaftliche Zusammenarbeit und Entwicklung) hat 2017 errechnet, dass Italien zu geringeren Kosten, als es heute für Sozialleistungen ausgibt, jedem Erwachsenen ein bedingungsloses Grundeinkommen zahlen könnte, wenn es seine Sozialämter schließen und einfach Bargeld verteilen würde.[18] Etwa 80 Prozent der einkommensschwachen Bürger Italiens würde es dadurch finanziell besser gehen als heute, so die OECD, und das Haushaltsdefizit des Landes würde verringert werden.

Mit seinem Konzept einer negativen Einkommensteuer wollte Friedman sämtliche Formen von Sozialleistungen durch Geldzuwendungen ersetzen, um jeden Empfänger in die Lage zu versetzen, selbst zu entscheiden, wie er sein Leben führen will. Durch Beschneiden der staatlichen Verwaltungsbürokratie sollte genug Geld eingespart werden, um diese Zuwendungen zu finanzieren. Vor 50 Jahren hat Friedman auf folgende Punkte hingewiesen: Sozialleistungen mit komplizierten Einschränkungen machen eine aufwendige Bürokratie notwendig, die einen Teil der zur Verfügung stehenden Mittel von den Bedürftigen in den Verwaltungsapparat umlenkt; sie zeigen einen leichten Rassismus, weil sie davon ausgehen, dass die Armen nicht mit Geld umgehen können und »shiftless« (unfähig) seien, eine rassistische Chiffre; und sie drängen die Leistungsempfänger in eine Mentalität der Abhängigkeit vom Staat. Friedman meinte, man solle den Leuten einfach Geld geben und es ihnen überlassen, wie sie ihr Leben führen wollen. Seine Argumente sind heute ebenso berechtigt wie vor einem halben Jahrhundert.

Der konservative Soziologe Charles Murray hat ein bedingungsloses Grundeinkommen vorgeschlagen, das er – nach dem Vorbild Friedmans – für unabdingbar hält, um wirtschaftliche Ungerechtigkeit zu beheben, vor allem das niedrige Einkommenspotenzial von Menschen ohne Hochschulabschluss.[19] Murray würde die gesamte Bandbreite an Sozialleistungen – auch die Social Security – durch eine steuerfreie Zahlung von 1000 Dollar pro Monat für jeden amerikanischen Erwachsenen ersetzen. Wenn die Sozialversicherung durch ein bedingungsloses Grundeinkommen ersetzt würde – aus politischer Sicht leichter gesagt als getan, ohne Frage –, dann würden die Kosten eines garantierten Grundeinkommens unterm Strich auf etwa eine Billion Dollar pro Jahr sinken, und die Gefahr einer Insolvenz der Sozialversicherung wäre gebannt. Da dieses Geld über die gesamte erwachsene Lebenszeit verteilt ausgezahlt würde, könnte jeder Empfänger Rücklagen fürs Alter bilden – Murray fragt, ob die Leute wirklich zu dumm seien, um ein Sparkonto zu eröffnen?

Murray hat geschrieben, dass durch diesen Ansatz, da er Selbstständigkeit fördert, die Menschen mehr Verantwortung für sich selbst übernehmen würden. Wenn jeder weiß, dass alle anderen ein festes Einkommen haben, »wird man den Verantwortungslosen sagen können, was man ihnen jetzt nicht vorhalten kann: ›Versuch ja nicht, uns weiszumachen, du seist hilflos, weil wir wissen, dass du es nicht bist.‹« »Mir geht es ja so schlecht!« wird als Lebenseinstellung nicht mehr funktionieren.

Natürlich würden Probleme entstehen: Was passiert zum Beispiel, wenn jemand sein bedingungsloses Grundeinkommen mit vollen Händen ausgibt und dann sagt: »Wo ist mein Mietzuschuss und wo sind meine Lebensmittelgutscheine?« Doch die Idee von einem bedingungslosen Grundeinkommen eröffnet zumindest auf konzeptioneller Ebene die Möglichkeit, über eine Gesellschaft nachzudenken, in der es nicht durch Ungleichheit zu Ungerechtigkeiten kommt – und es ist zweifellos eine bessere

Verwendung öffentlicher Mittel als eine weitere Runde Steuersenkungen für Reiche. Steuersenkungen für Reiche werden mit dem behaupteten Erscheinen von »magic flying puppies« (magischen fliegenden Hündchen) gerechtfertigt, was bedeuten soll, dass derartige Steuersenkungen in ferner Zukunft zu einem enormen Wirtschaftswachstum führen würden. Es ist unendlich viel sinnvoller, die vom Staat aufgenommenen Schulden dem Normalbürger zukommen zu lassen, als sie den obersten 20 Prozent in die Taschen zu stopfen.

Ein weiterer Schritt zur Reduzierung von Ungleichheit wäre ein höherer, landesweit vorgeschriebener gesetzlicher Mindestlohn. Wenn der Mindestlohn seit 1970 mit der Inflation Schritt gehalten hätte, wäre er mittlerweile auf 10,50 Dollar pro Stunde geklettert. Stattdessen beträgt er heute 7,25 pro Stunde, hat also ein Drittel weniger Kaufkraft als damals. Die gesellschaftliche Ungleichheit wird zum einen durch die Konzentration der Einkommen an der Spitze verursacht; zum anderen dadurch, dass die Vereinigten Staaten (durchaus zu Recht) sehr viele Einwanderer aufnehmen, wodurch das mittlere Haushaltseinkommen und die Arbeitslöhne gedrückt werden; und zum Dritten durch den niedrigen Mindestlohn, der Berufsanfängern zu schaffen macht. In etlichen Bundesstaaten wird der Mindestlohn an die Inflation angepasst: in Kalifornien beträgt er 10,50 Dollar pro Stunde. In Bundesstaaten mit hohem Mindestlohn ist die Arbeitslosigkeit nicht gestiegen, trotz gegenteiliger Prognosen: In Kalifornien mit seinem hohen Mindestlohn ist die Arbeitslosenquote nur 0,4 Prozent höher als in Texas, wo der Mindestlohn niedrig ist.

Die zwei Ziele, Arbeitslosigkeit zu senken und soziale Gerechtigkeit zu fördern, legen nahe, dass jeder, der 40 Wochenstunden zum gesetzlichen Mindestlohn arbeitet, in der Lage sein sollte, eine kleine Familie zu ernähren. Ein Stundenlohn von 7,25 Dollar über 50 Wochen ergibt ein versteuertes Jahreseinkommen von etwa 13 500 Dollar, was kaum genug ist für eine Person. Würde der landesweite Mindestlohn auf das Niveau von 1970 angehoben werden, würde bei einer 40-Stunden-Woche und nach »payroll taxes« (Sozialversicherungsbeiträgen) ein Jahreseinkommen von etwa 19 000 Dollar herauskommen. Dadurch würde die Ungleichheit abnehmen, legitime Arbeit im Vergleich zu ungesetzlichen Einkommensquellen attraktiver und die Gesellschaft gerechter werden.

Die Ungleichheit könnte noch weiter reduziert werden, indem man gesetzliche Vorschriften ändert, die Immobilienbesitzer gegenüber Mietern bevorzugen, nämlich über die Abzugsfähigkeit von Hypothekenzinsen und durch Subventionen der Bundesregierung für Hypothekendarlehen.

Als vor etwa 100 Jahren die steuerliche Absetzbarkeit von Hypothekenzinsen eingeführt wurde, wollte man damit die Menschen ermutigen, eine Immobilie zu erwerben, was damals eine ziemlich weit hergeholte Idee war. Über mehrere Generationen half die Absetzbarkeit von Hypothekenzinsen in der Bundessteuergesetzgebung allen Normalbürgern, Wohlstand aufzubauen, da auch Mieter, die Schulden aufnahmen, um ihre Miete zu zahlen, ihre Darlehenskosten von der Steuer absetzen konnten. Im Jahr 1986 wurde die Bundessteuergesetzgebung dahingehend geändert, dass die Absetzbarkeit von Zinsen für Verbraucher auf Hypothekendarlehen beschränkt wurde. Seit dieser Änderung kommt diese Absetzbarkeit nur noch Immobilienbesitzern zugute, benachteiligt jedoch Mieter, die ihre Kreditzinsen nicht mehr absetzen können. Seit ungefähr dieser Zeit werden besonders niedrig verzinste Hypothekendarlehen durch Subventionen der Bundesregierung einer großen Zahl von Kreditnehmern zugänglich gemacht, aber es gibt kein vergleichbares Programm, um Mietern zu helfen.

Das gesellschaftliche Ziel, Normalbürger zu ermutigen, eine Immobilie zu erwerben, gilt – wie für frühere Generationen – auch heute, doch seit 1986 hat die Bundessteuergesetzgebung Immobilienbesitzer beim Aufbau von Wohlstand gefördert, Mieter jedoch nicht. Darüber hinaus hat sie die Immobilienpreise auf eine Art und Weise in die Höhe getrieben, die Menschen benachteiligt, die zum ersten Mal eine Immobilie kaufen wollen. Mittlerweile führen diese Steuervorschriften auch dazu, dass die Mieten in den Städten steigen, was es vielen Männern und Frauen unmöglich macht, in einer Stadt zu leben, obwohl es dort die besten Jobs gibt. Vielleicht ist es daher nicht wirklich überraschend, dass die Ungleichheit seit 1986 zugenommen hat.

Je teurer eine Immobilie ist, desto mehr bringt die Absetzbarkeit von Hypothekenzinsen ein und desto stärker wird die besitzende Klasse bevorzugt, selbst wenn Mietzuschüsse der Bundesregierung für Arme berücksichtigt werden. Im Jahr 2017 hatte ein typischer Immobilienbesitzer ein etwa 30-mal höheres Nettovermögen als ein typischer Mieter.[20] Dieser Unterschied lässt sich zum Teil dadurch erklären, dass der Besitz einer Immobilie ein Paar dazu motiviert, eine dauerhafte Beziehung zu führen, sich legale Arbeit zu suchen und in finanzieller Hinsicht vernünftig zu leben – allesamt erstrebenswerte politische Ziele. Ein anderer Teil der Erklärung ist jedoch eine Steuerpolitik der Bundesregierung, die Vermögenswerte von Mietern zu Immobilienbesitzern transferiert.

Ungefähr seit den 1980er-Jahren wird der Besitz einer Immobilie in erster Linie als Investition gesehen statt als ein Weg, sich ein Dach über dem Kopf zu verschaffen. Der Case-Shiller-Immobilienpreisindex zeigt, dass der durchschnittliche Wert von US-Immobilien seit der Gesetzesänderung von 1986 um 248 Prozent gestiegen ist – eine Zunahme, die durchaus mit der Kursentwicklung mancher Wachstumsaktien mithalten kann.[21] Die US-Babyboomer regen sich fürchterlich auf, wenn der Wert ihres Eigenheims nicht jedes Jahr steigt – obwohl die Häuser ihrer Großeltern als Heim für die Familie dienten, nicht als Grundstock eines Investment-Portfolios. Einem Mieter, der in der darwinistischen Ökosphäre von Vermietern und alljährlichen Mieterhöhungen auf sich selbst gestellt ist, müssen die Tränen kommen, wenn er darüber nachdenkt, wie die Steuerpolitik den Immobilienbesitzern hilft, ihm dagegen nicht.

Die Bundessteuergesetzgebung könnte im Hinblick auf die »Mieten-oder-kaufen«-Gleichung neutral gestaltet werden, wenn die Absetzbarkeit von Hypothekenzinsen eliminiert und der Standardabzug erhöht würde. Dadurch würde den Wohlhabenden eine Steuervergünstigung genommen, doch die Wohlhabenden sollten die letzte Sorge einer Gesellschaft sein. Geringverdiener, die meisten Immobilienbesitzer der Mittelschicht und fast alle Mieter würden sich für den Standardabzug entscheiden, wodurch gleiche Voraussetzungen geschaffen würden. Durch eine solche Änderung des Steuerrechts sollte die Ungleichheit gedämpft werden, mit der Nebenwirkung, dass der Bau von Mietwohnungen gefördert würde: In vielen Städten und einer beträchtlichen Zahl von Vororten und Einzugsgebieten sind Mietwohnungen knapp.

Eine nicht auf den ersten Blick plausible Antwort auf gesellschaftliche Ungleichheit sind Änderungen des Steuerrechts, mit denen Menschen motiviert werden sollen, umzuziehen. Milanovic sagt:»Der größte Teil des Einkommens eines Menschen über seine Lebenszeit wird durch seinen Geburtsort bestimmt«, da der Wohnort wesentlich wichtiger für sein Einkommen ist als jeder andere Faktor. Bis zu 80 Prozent des Lebenseinkommens werden dadurch bestimmt, wo jemand lebt. Kein einzelner Mensch, so Milanovic, kann das Wirtschaftswachstum oder den Arbeitsmarkt eines Landes, einer Stadt oder Gemeinde verändern. Was ein Mensch jedoch durchaus tun *kann*, ist, aus einer wirtschaftlich schwachen Region in eine Boomregion umzuziehen.

Diese einfache Überlegung hat weitreichende Implikationen für die Migrationsdebatte. Heute leben in der Afrikanischen Union etwas mehr Menschen als in der Europäischen Union, und Zehntausende von Afrikanern riskieren ihr Leben, um nach Europa zu kommen – sie tun also das, was Milanovics Studien nahelegen: Sie verlassen eine Umgebung mit niedrigem Einkommen und geringer Freiheit für ein Umfeld mit hohen Einkommen und viel Freiheit. Zahlreiche Afrikaner würden lieber nach Australien, Kanada oder in die Vereinigten Staaten auswandern, und diese Länder sollten mehr Immigranten aufnehmen – durch Einwanderung sind die Vereinigten Staaten immer nur stärker geworden –, aber viele Migranten können es sich nicht leisten, Nordamerika oder Australien zu erreichen; Europa liegt wesentlich näher. Wenn das jetzige Bevölkerungswachstum anhält, werden um 2050 herum dreimal so viele Menschen in der Afrikanischen Union leben wie in der Europäischen Union. »Das Wohlstandsgefälle zwischen der nördlichen und der südlichen Küste des Mittelmeers ist das größte aller Zeiten«, sagt Milanovic. »Durch wen oder was dieses Gefälle verursacht wird, ist aus Sicht des Einzelnen unerheblich. Der Anreiz, das Mittelmeer zu überqueren und sich nach Norden durchzuschlagen, wird immer stärker werden.«

Die Amerikaner möchten glauben, dass ihre Vorfahren sich auf den weiten Weg übers Meer machten, weil sie nach politischen und religiösen Freiheiten strebten. Bei vielen war das auch so; viele andere suchten jedoch nach wirtschaftlichen Chancen und ließen die Stagnation und gesellschaftlichen Missstände ihrer Herkunftsländer hinter sich, um sich in einem neuen Land mit unbegrenzten wirtschaftlichen Möglichkeiten niederzulassen. Warum ziehen also heute nicht mehr Amerikaner in ihrem nach wie vor sehr großen und wirtschaftlich boomenden Land um?

Tyler Cowen, ein Ökonom an der George Mason University, weist darauf hin, dass der allgemeine Eindruck, die Amerikaner würden ständig umziehen, falsch ist – die Realität sieht anders aus.[22] »Die Amerikaner halten sich traditionell für Leute, die ständig umziehen, und im 19. und dem größten Teil des 20. Jahrhunderts war das auch so«, schreibt Cowen. »Seit den 1980er-Jahren ziehen die Amerikaner jedoch deutlich seltener um. Heute wird nur noch halb so oft zwischen zwei Bundesstaaten umgezogen wie im Durchschnitt der Jahre von 1948 bis 1971. Die Umzugsrate zwischen verschiedenen Bezirken im selben Bundesstaat ist um 31 Prozent zurückgegangen. Die Umzugsrate innerhalb eines Bezirks ist um 38 Prozent gefallen.« Laut Daten des Census Bureau zogen vor 50 Jahren 20 Prozent der Amerikaner jedes Jahr einmal um.[23] Diese Quote hat seither stetig abgenommen, bis auf 12 Prozent im Jahr 2014 – vermutlich die niedrigste Umzugsrate in den Annalen der Vereinigten Staaten.

Als 2014 die US-Arbeitslosenquote aufgrund starker Nachfrage am Arbeitsmarkt rapide zurückging, sagten viele Arbeitgeber –

auch Autokonzerne im Mittelwesten –, sie könnten nicht genug Arbeitskräfte davon überzeugen, an den jeweiligen Standort zu ziehen, um dort einen guten Job anzunehmen, der frei war. In den späten 1970er-Jahren, als die erste Entlassungswelle unter den großen Automobilherstellern in Detroit begann, sah das noch ganz anders aus: Viele Arbeiter, die in Michigan ihren Job verloren hatten, packten ihre Sachen zusammen und zogen nach Arizona oder Texas um. Dort waren sie als »black-taggers« bekannt, wegen der damaligen Kfz-Nummernschilder aus Michigan mit weißer Schrift auf schwarzem Grund. Die Black-Tagger halfen, den Wirtschaftsboom im Südwesten anzukurbeln, und häufig erging es ihnen besser als denen, die in Michigan geblieben waren.

Auch heute noch gibt es solche Black-Tagger-Jobchancen: Arbeitslose oder Unterbeschäftigte könnten ihre Sachen zusammenpacken und nach Neuengland, an die Westküste oder nach Nord- oder Süddakota umziehen, wo viele gute Jobs nicht besetzt werden können. In weiten Teilen der Bundesstaaten an den Rocky Mountains, vor allem in Colorado und Utah, lag die Arbeitslosenquote 2017 unter drei Prozent, aber dennoch zog kaum jemand dorthin – die Arbeitgeber hatten Schwierigkeiten, geeignete Bewerber für Jobs zu finden, bei denen ein Berufsanfänger 25 Dollar pro Stunde inklusive Sozialleistungen verdienen kann.

In den Vereinigten Staaten fällt seit den 1980er-Jahren der Trend, dass die Menschen immer weniger umziehen, mit der Epoche zunehmender Ungleichheit und Unzufriedenheit zusammen. Wie viele der Menschen, die 2016 aus Wut über die wirtschaftliche Entwicklung Trump wählten, waren bereit, ihren Hausstand zusammenzupacken und an einen Ort umzuziehen, wo der Arbeitsmarkt bessere Chancen bot, statt vom Staat mehr Unterstützung und Protektionismus zu fordern? Cowen vertritt die These, dass zur Unter-, Mittel- und Oberschicht eine neue »complacent class« (apathische Gesellschaftsschicht) hinzugekommen sei: Amerikaner (überwiegend Weiße), die ihre Geschicke nicht selbst in die Hand nehmen, sondern fordern, von anderen versorgt zu werden. Eine Sozialpolitik, die in den Städten die Mieten reduziert und Menschen hilft, die infolge wirtschaftlicher Entwicklungen umziehen wollen, könnte wirkungsvoller und weniger kostspielig sein als Einfuhrzölle und Handelskriege.

Führen alle Wege zu einem bedingungslosen Grundeinkommen? Vielleicht könnte eine Form des von Milton Friedman entworfenen Konzepts die bedrohliche Entwicklung abwenden, dass nur noch gut ausgebildete Menschen darauf hoffen können, ihr Leben zu verbessern.

Ein bedingungsloses Grundeinkommen ist allen Sozialversicherungssystemen, wie sie heute in den Vereinigten Staaten und in anderen Ländern existieren, überlegen. Es würde mehr gesellschaftliche Gerechtigkeit schaffen und das Wirtschaftswachstum fördern, und es würde die durch staatliche Sozialhilfe- und Altersvorsorgeprogramme herbeigeführte Mentalität der Abhängigkeit durch ein Konzept ersetzen, das Selbstverantwortung fördert, aber dennoch verhindert, dass unerwartete Kosten oder Arbeitslosigkeit zum persönlichen Ruin führen.

Angesichts der hohen Staatsverschuldung der westlichen Länder ist ein bedingungsloses Grundeinkommen zurzeit nicht finanzierbar. Dies ist ein weiterer Grund, warum das Problem der Staatsschulden in Angriff genommen werden muss – um die finanziellen Voraussetzungen für die Einführung einer wie auch immer gearteten Form von bedingungslosem Grundeinkommen in naher Zukunft zu schaffen. Durch die heute üblichen sozialen Sicherungssysteme werden gesellschaftliche Probleme nur unter den Teppich gekehrt, und durch die heutigen Rentensysteme werden schmerzliche Entscheidungen auf die lange Bank geschoben. Wenn diese beiden Systeme durch ein bedingungsloses Grundeinkommen ersetzt und im gleichen Zug Vorschriften, Bürokratie und Beamtentum abgeschafft würden, könnte die westliche Gesellschaft für kommende Generationen auf ein solideres Fundament gestellt werden. Als Konzept ist ein bedingungsloses Grundeinkommen den derzeit existierenden Sicherungssystemen überlegen: Es könnte gesellschaftliche Probleme tatsächlich lösen, anstatt sie nur auf die lange Bank zu schieben.

Falls der Wert von Erfindungen und geistigem Eigentum weiterhin steigt, während gering qualifizierte Arbeit immer schlechter bezahlt wird, könnte ein bedingungsloses Grundeinkommen entscheidend sein, um gesellschaftliche Gerechtigkeit aufrechtzuerhalten. Je mehr Zeit vergeht, desto attraktiver wird diese Reform aussehen.

11 Herausforderungen wird es immer mehr als genug geben ...

Es gibt so viele Probleme auf der Welt, dass man den Mut verlieren könnte. Da liegt es auf der Hand, dass niemand – nicht einmal ein wohlwollender Philosoph mit unbegrenztem Budget – sämtliche Probleme lösen könnte. Aber dadurch sollten wir uns nicht entmutigen lassen. Unsere Vorfahren haben auch nicht aufgegeben – und sie hatten jeden Tag viel größere Schwierigkeiten zu bewältigen als die meisten von uns heute. Wir sollten uns ihrer würdig erweisen.

Mit diesem Gedanken im Hinterkopf wollen wir uns anderen Bereichen zuwenden, in denen Reformen Erfolg versprechend sind.

Manche Probleme lassen sich durch Gesetze lösen, andere dagegen nicht. Durch geeignete Gesetze lässt sich Diskriminierung wegen Rasse oder Geschlecht verbieten, doch Intoleranz oder Sexismus können so nicht verhindert werden – solche Probleme können nur durch Veränderung gesellschaftlicher Einstellungen gelöst werden. In dieser Hinsicht sind positive Entwicklungen zu beobachten – in allen westlichen Nationen sind Vorurteile gegen Minderheiten, Frauen sowie Schwule und Lesben auf dem Rückzug. Es gibt jedoch einen Bereich, in dem die heutigen Gesellschaften von einer Rückkehr zu alten Traditionen profitieren könnten: Wenn wieder mehr Paare heiraten würden, wäre das gut für ihre Gesundheit, die Wirtschaft und ihre Kinder.

William Farr, einer der Begründer der Epidemiologie, zeigte 1858, dass verheiratete Paare länger leben als unverheiratete. Diese Erkenntnis gilt auch heute noch, im 21. Jahrhundert: Verheiratete Menschen (sowohl in zwei- als auch in gleichgeschlechtlichen Ehen) erleiden seltener einen Herz- oder Schlaganfall als solche, die nie verheiratet waren oder getrennt leben. Allerdings kommt ein immer kleineres Segment der westlichen Bevölkerung in den Genuss der gesundheitlichen Vorteile einer Ehe. Am ersten Tag des 20. Jahrhunderts wurden 80 Prozent aller amerikanischen Haushalte von einem Ehepaar geführt; am ersten Tag des 21. Jahrhunderts waren es nur noch 53 Prozent. Eine 2014 veröffentlichte Studie des Pew Research Center kam zu dem Ergebnis, dass »ein größerer Anteil der amerikanischen Erwachsenen als jemals zuvor noch nie verheiratet war«.[1] Der Anteil der Männer, die noch nie verheiratet waren, ist von 10 Prozent im Jahr 1960 auf 23 Prozent im Jahr 2014 gestiegen.

Bildungsniveau und Klassenzugehörigkeit haben sich zu Prädiktoren für die Wahrscheinlichkeit entwickelt, dass die betreffende Person heiraten wird. Vor einigen Generationen heirateten die meisten Mitglieder der Arbeiterschicht und unteren Mittelschicht und blieben ihr Leben lang verheiratet; heute bleiben sie dagegen entweder unverheiratet, oder ihre Ehe geht in die Brüche. In der oberen Mittelschicht und unter Wohlhabenden wird dagegen häufiger geheiratet und seltener geschieden. Ungeachtet des verbreiteten Vorurteils, dass Reiche eher ihren Partner sitzen lassen und bescheidene Werktätige ihr Treueversprechen halten, ist es in der heutigen US-Gesellschaft genau umgekehrt. Die Volkszählung von 2010 ergab, dass die meisten Frauen, deren höchster Bildungsabschluss ein Highschool-Diploma ist, entweder nie heiraten oder sich scheiden lassen, während die Mehrheit aller Frauen mit Hochschulabschluss heiratet und sich nicht scheiden lässt.

Oft führt eine Heirat zu einer unglücklichen Ehe: Es kann romantisch sein, wenn zwei Menschen heiraten, aber die Ehe sollte auch nicht verklärt werden. Jede Ehe ist auch ein wirtschaftlicher Vertrag, der es den Partnern ermöglicht, besser zu leben, indem sie ihre Ressourcen gemeinsam nutzen. Davon abgesehen haben die Kinder von verheirateten Eltern bessere Erfolgschancen im Leben. Im Rahmen einer 2010 vorgelegten Studie stellte das Pew Research Center fest, dass seit 1970 das durchschnittliche Haushaltseinkommen von Ehepaaren stetig gestiegen ist – inflationsbereinigt um etwa 50 Prozent –, während das durchschnittliche Haushaltseinkommen von unverheirateten Personen etwa 1990 sein Maximum erreichte und seither zurückgeht.[2]

Die Heiratslücke – Wohlhabende heiraten, die Arbeiterschicht dagegen nicht – kann einen Teil des Wohlstandsgefälles in den Vereinigten Staaten erklären. Gary Burtless von der Brookings Institution hat herausgefunden, dass mindestens zehn Prozent der Einkommensungleichheit in den Vereinigten Staaten entstehen, weil gebildete Menschen ihresgleichen heiraten. Laut einer Studie des National Center for Marriage and Family Research (Nationales Forschungszentrum für Ehe- und Familienforschung) an der Bowling Green State University war vor einer Generation ein Drittel aller Frauen ohne Hochschulabschluss bei der Geburt ihres ersten Kindes unverheiratet. Kinder, die von verheirateten Partnern großgezogen werden – sowohl in zwei- als auch in gleichgeschlechtlichen Ehen –, haben bessere Aussichten in Bildung und Beruf, und sie geraten weniger häufig mit dem Gesetz in Konflikt.

Ron Haskins und Isabel Sawhill, die ebenfalls an der Brookings Institution forschen, haben herausgefunden, dass eine heute in den Vereinigten Staaten lebende Person unabhängig von ihrem gesellschaftlichen Hintergrund Armut vermeiden kann, wenn sie eine traditionelle Strategie verfolgt: einen Highschool-Abschluss machen, frühestens mit 21 heiraten und erst danach Kinder bekommen.[3] »Von allen amerikanischen Erwachsenen, die sich an diese relativ einfachen Regeln halten, leben nur etwa zwei Prozent in Armut, und beinahe 75 Prozent sind in die Mittelschicht aufgestiegen«, schreibt Haskins. Man könnte meinen, das Chaos des modernen Lebens habe alles verändert, aber die von Haskins and Sawhill angeführten traditionellen Gepflogenheiten haben nach wie vor ihre Existenzberechtigung.

In der Europäischen Union heiraten immer weniger Menschen und leben stattdessen in einer langfristigen Partnerschaft, die einer Ehe ähnelt, wenn man davon absieht, dass niemand vor den Traualtar tritt; in den europäischen Gesellschaften scheinen langfristige Partnerschaften zu funktionieren. In den Vereinigten Staaten bleibt ein klarer gesellschaftlicher Unterschied: Verheirateten Paaren ergeht es wesentlich besser als unverheirateten. Das kann ein Grund für persönlichen Kummer sein unter denjenigen, die heiraten wollen, aber nie den richtigen Partner gefunden haben; ebenso wie der Zufall eine größere Rolle in der Wirtschaft spielt, als die meisten Menschen wahrhaben wollen, spielt Glück auch bei der Partnersuche eine entscheidende Rolle. Als gleichgeschlechtliche Ehen 2015 in den Vereinigten Staaten landesweit legalisiert wurden, kam es zu zahlreichen öffentlich gefeierten Hochzeiten, über die in den Medien eifrig berichtet wurde. Doch die gleichgeschlechtliche Ehe wird für höchstens zwei bis drei Prozent der Bevölkerung eine Rolle spielen; man stelle sich vor, wie die Berichterstattung über Hochzeiten im Jahr 2015 auf den wesentlich größeren Anteil der Menschen gewirkt haben muss, die gern heiraten würden, aber keinen Partner finden.

Zwar können Gesetze nicht erreichen, dass Menschen sich entschließen zu heiraten oder dass sie die unvermeidbaren Diskussionen und Krisen durchstehen, zu denen es in jeder Ehe kommt, aber durch Gesetze können Menschen zu wirtschaftlich attraktiveren Partnern gemacht werden, und geeignete gesetzliche Rahmenbedingungen können die Erfolgswahrscheinlichkeit von Ehen erhöhen. Solche Reformen könnten zum Beispiel ein bedingungsloses Grundeinkommen sein, ein höherer Mindestlohn, niedrigere Studiengebühren an staatlichen Hochschulen, damit mehr junge Menschen sich ein Studium leisten können, und bessere Kinderbetreuung, um bessere Bildungserfolge zu ermöglichen. Solche Reformen könnten viele Menschen zum Heiraten ermutigen, vor allem solche aus Gesellschaftsschichten unterhalb der akademisch gebildeten kognitiven Elite.

Zu Beginn der Nachkriegszeit lehnten viele Intellektuelle die Ehe ab und bezeichneten sie als Gefängnis für die Frau. Als jedoch immer mehr gleichgeschlechtliche Paare heiraten wollten, vollzog die intellektuelle Welt eine plötzliche Kehrtwende und lobte die Ehe über den grünen Klee. In der Gesellschaftspolitik muss berücksichtigt werden, dass trotz zahlreicher Nachteile die von einem Paar gegründete Familie die Grundlage der Gesellschaft bilden sollte, heute und in absehbarer Zukunft. Falls es altmodisch klingt, Paare zur Ehe zu ermutigen, dann ist das eben so.

Bemühungen, das staatliche Bildungswesen durch zusätzliche Investitionen zu verbessern, haben in den meisten Fällen nichts gebracht. Das häusliche Umfeld und der Einfluss von Peer-Gruppen, die sich der Kontrolle der Schulen entziehen, sind wahrscheinlich prägender als der Unterricht in der Schule, und zwar unter anderem, weil der IQ der meisten Kinder schon im Alter von sechs Jahren (also in der ersten Klasse) weitgehend feststeht und sich dann – unabhängig von der Qualität des Unterrichts – kaum noch verändert. Der Wirtschaftswissenschaftler James Heckman von der University of Chicago hat in einer Studie gezeigt, dass Hilfen bei der häuslichen Betreuung von Kindern im Vorschulalter – wenn das Intelligenzniveau noch im Fluss ist und verbessert werden kann, indem man dem Kind etwas vorliest, anstatt es vor dem Fernseher zu parken – zu besseren Bildungserfolgen bei den Kindern, höheren Familieneinkommen und geringerer Straffälligkeit der männlichen Kinder führen.[4] Hilfen für Familien mit Kleinkindern wären wahrscheinlich weniger kostspielig, als den Schulbezirken ein weiteres Mal mehr Geld zu bewilligen. Aufgrund von Daten aus New York City lässt sich abschätzen, dass ein breit angelegtes »Pre-Kindergarten«-Programm (Frühpädagogikprogramm) nur etwa fünf Prozent der Gesamtkosten eines staatlichen Schulsystems kosten würde und daher eine kluge Investition wäre.[5] Und falls Sie jetzt einwenden wollen, »New York City ist aber kein gutes Beispiel, weil New York City von den Liberalen [der Demokratischen Partei] regiert wird«, sollten Sie bedenken, dass New York City auch ein äußerst dynamisches Wirtschaftszentrum ist, um das uns die ganze Welt beneidet.

Seit Generationen ist es das Ideal des amerikanischen Bildungswesens, jedem jungen Menschen ein Studium zu ermöglichen,
und vielleicht wird dieses Ideal eines Tages verwirklicht werden.
Zurzeit erreichen nur etwa 40 Prozent der Highschool-Absolven-
ten beim SAT oder ACT Ergebnisse, die zeigen, dass sie die Voraussetzungen für ein Studium erfüllen. (Der Scholastic Assessment Test und das American College Testing Program sind
US-weit standardisierte Studierfähigkeitstests.) Was immer man
auch von solchen Tests halten mag – ihre Ergebnisse können nicht
wegdiskutiert werden, da sie zuverlässig den akademischen Erfolg
eines Studenten vorhersagen.

In den Vereinigten Staaten haben 41 Prozent der Erwachsenen einen Bachelor-Abschluss – ein Anteil, der weltweit zu den
höchsten zählt und eine Quelle des Stolzes sein sollte. Doch in
der Praxis mag der Anteil der Bevölkerung, der einen Hochschulabschluss erreichen kann, begrenzt sein, zumal wenn die
Vereinigten Staaten – durchaus zu Recht – auch weiterhin zahlreiche Immigranten aufnehmen. In Zuwandererfamilien erzielt
im Allgemeinen die dritte Generation gute Bildungserfolge, die
erste und zweite Generation dagegen nicht. Studien aufgrund
der Ergebnisse des Highschool-Abschlussjahrgangs 2016 im Los
Angeles Unified School District, wo ein großer Teil der High-
school-Schüler Immigranten der ersten Generation sind, zeigen,
dass im Durchschnitt nur 47 Prozent die Note »C« (das entspricht
einer »3 bis 4« in Deutschland) in den Pflichtfächern erreichen,
und auch ihre Ergebnisse bei Studierfähigkeitstests waren eher
mittelmäßig.[6] Das lässt erwarten, dass etwa die Hälfte aller jungen Amerikaner kaum eine Chance hat, ein vierjähriges Studium
erfolgreich abzuschließen, selbst wenn die Studiengebühren kein
Problem wären; wahrscheinlich liegt dieser Anteil in Europa in
einem ähnlichen Bereich.

David Freedman hat geschrieben: »Intelligente Menschen
sollten das Beste aus ihren Begabungen machen, aber es sollte
ihnen nicht gestattet werden, die Gesellschaft so umzugestalten,
dass Begabung zu einem generellen Kriterium für den Wert eines
Menschen wird.«[7] In den Kulturen vieler Länder werden intelli-

gente Menschen für bewundernswürdiger gehalten als andere; Don Peck hat dazu geschrieben: »Einer der schädlichsten Aspekte der Leistungsgesellschaft ist, dass Leistung mit guten Testergebnissen gleichgesetzt wird.«[8] Menschen mit durchschnittlichen Studierfähigkeiten haben den gleichen gesellschaftlichen Wert wie intelligentere Menschen. Da die meisten intelligenten Menschen ihr Leben selbst meistern können, sollte sich die Bildungspolitik darauf konzentrieren, Berufsschulen, Community Colleges mit zweijährigen Studiengängen und Junior Colleges zu fördern, die den Bedürfnissen von durchschnittlichen Menschen dienen; Eltern zu helfen, deren Kinder noch so klein sind, dass ihr IQ verbessert werden kann; und mehr berufsorientierte Qualifikationen in den Lehrplan von staatlichen Highschools aufzunehmen.

Vor noch nicht allzu langer Zeit boten die meisten staatlichen Highschools Kurse an, in denen die Schüler in mechanischen Fertigkeiten, Holz- und Metallarbeiten unterrichtet wurden, um sie auf einen Beruf in einer Fabrik, auf dem Bau oder als Automechaniker vorzubereiten. Solche Kurse wurden immer seltener angeboten, da in vielen staatlichen Schulsystemen das Gefühl entstand, dass die meisten Teenager sich gezielt auf ein Studium vorbereiten sollten. Das hat dazu geführt, dass viele Schüler, die kaum Aussicht haben, erfolgreich zu studieren, ohne marktfähige Qualifikation von der Highschool abgehen. In den vergangenen Jahren haben sich viele Autohändler vergeblich bemüht, qualifizierte Automechaniker zu finden: Highschool-Schülern wird nicht mehr beigebracht, wie man ein Auto repariert. Baufirmen und Handwerksbetriebe haben Schwierigkeiten, Elektriker, Klempner, Schlosser, Tischler und Schweißer zu finden. Viele Firmen klagen, dass sie kaum qualifizierte Bewerber für offene Stellen im handwerklichen Bereich finden können. Die Schulen müssen sich dieser Entwicklung anpassen.

Darüber hinaus sollte das immer schnellere Tempo des wirtschaftlichen Wandels zu einer Neubewertung der Struktur des Bildungswesens führen. Seit Ende des 19. Jahrhunderts werden hauptsächlich Kinder, Teenager und junge Erwachsene unterrichtet; dann, nach Abschluss der Highschool oder eines Studiums, endet die (Weiter-)Bildung zumeist komplett. Der 68-jährige Milliardär David Rubenstein, der an der Börse reich geworden ist, hat 2017 gesagt, nach seinem Studium habe er sich an eine eiserne persönliche Regel gehalten – nämlich ein Buch pro Woche zu lesen. Das bedeutet, dass er bis heute etwa 2500 Bücher gelesen hat.[9] Dagegen liest ein Drittel aller amerikanischen Hochschulabsolventen nach ihrer Abschlussfeier nie wieder ein Buch, und die meisten Amerikaner tun nach Abschluss der Highschool oder eines Studiums ihr Leben lang überhaupt nichts mehr für ihre Bildung.

Das ist nicht nur ein Rezept, um die Wissbegier junger Menschen zu ersticken, sondern auch, um in einer rapide sich verändernden Weltwirtschaft den Anschluss zu verlieren. Noch vor einer Generation gingen die meisten Menschen, wenn sie sich für einen Beruf entschieden hatten, davon aus, dass sie bis zu ihrem Ruhestand in diesem Beruf arbeiten würden. Heute kommt es jedoch immer häufiger vor, dass ein Mensch einmal, zweimal oder gar noch häufiger den Beruf wechselt. Warum reagieren die Hochschulen, die nur auf 21-jährige Studienanfänger ausgelegt sind, nicht auf diese Entwicklung?

Nehmen wir an, der heute übliche Bildungsweg von der Grundschule über die Highschool zum Studium und dann zum völligen Ende aller Bildungsanstrengungen würde ersetzt durch etwas anderes, etwa in dieser Art: fünf Jahre arbeiten, dann wieder ein Jahr am College oder einer Berufsschule studieren, um sich über die neuesten wirtschaftlichen und wissenschaftlichen Entwicklungen fortzubilden, dann fünf Jahre arbeiten, dann wieder ein Jahr Studium und so weiter. Die Hochschulen müssen aufhören, sich fast ausschließlich an junge Menschen zu wenden, die sich auf ihr Berufsleben vorbereiten, sondern müssen stattdessen zu Einrichtungen werden, an denen Männer und Frauen aller Altersgruppen sich fortbilden können. Professoren und Dozenten an Hochschulen sollten sich mit ihren Kursen nicht nur an hoffnungsvolle junge Leute wenden, sondern an einen Mix aus jungen Leuten, Menschen mittleren Alters und Senioren. Das würde nicht nur den Amerikanern und Europäern helfen, sich an die Unvermeidbarkeit von wirtschaftlichem Chaos anzupassen, sondern auch die Wissbegierde breiter Bevölkerungsschichten fördern.

Neben neuen Einstellungen zum Bildungswesen wird die Gesellschaft auch eine neue Haltung zum Altern entwickeln müssen, da die Menschen immer älter werden. Im Jahr 1940 verbrachte ein typischer Amerikaner 7 Prozent seiner Lebenszeit im Ruhestand; heute sind es schon 23 Prozent, und bald wird der Ruhestand im Durchschnitt ein Drittel der Lebenszeit ausmachen. Nicht nur die allgemeine Bevölkerung, sondern auch die Regierenden werden immer älter, und sie bleiben dabei in ihren Ämtern. Als Trump im Alter von 70 Jahren ins Weiße Haus einzog, war er umgeben von Kabinettsmitgliedern, die auch nicht mehr die Jüngsten waren – Durchschnittsalter: 62. Und auch die Führungsriege der Opposition war im Frühjahr 2017 schon ziemlich betagt: Charles Schumer war 66 Jahre alt, Hillary Clinton 69, Bernie Sanders 75 und Steny Hoyer 77. Am Supreme Court, dem höchsten US-Gericht, dessen Mitglieder auf Lebenszeit berufen werden, hatten sieben von neun Richtern bereits das Rentenalter erreicht, und vier der neun hatten das Alter überschritten, in dem in vielen Bundesstaaten ein Richter aus dem aktiven Dienst ausscheiden muss. Eine alternde Regierung wird sich vermutlich vor allem darauf konzentrieren, den Status quo zu bewahren – genau das, was in der Politik Japans zu beobachten ist, und in zunehmendem Maße auch in der Politik der Vereinigten Staaten.

Leider überaltert die Regierung zu einer Zeit, in der das Altern der Bevölkerung neue Ideen notwendig macht. »Schon jetzt genießen Amtsträger enorme Vorteile«, hat mir ein erfahrener politischer Funktionär gesagt. »Je älter die Menschen werden, desto länger werden die Amtsträger an ihren Sesseln kleben. Eine Karriere wie die von Strom Thurmond [der 48 Jahre als Abgeordneter im Senat saß] wird vielleicht schon bald nichts Ungewöhnliches mehr sein. Viele Funktionäre aus beiden Parteien könnten sich zu lange an die Macht klammern und dadurch frisches Denken verhindern. Das wäre nicht gut für die Demokratie.« Der Mann, der das gesagt hat, war kein idealistischer Radikaler, sondern vielmehr Karl Rove, der politische Chefstratege von Präsident Bush junior.

Durch Reformen des politischen Systems könnte verhindert werden, dass der Kongress immer mehr einem Altersheim gleicht. Ein Verfassungszusatz wird gebraucht, um die lebenslange Amtszeit der Richter am Supreme Court abzuschaffen. Die ersten neun obersten Richter waren im Durchschnitt jeweils neun Jahre im Amt; die letzten neun, die aus dem Amt ausgeschieden sind, waren es im Durchschnitt 23 Jahre. Während ich dies schreibe, sind die Richter Anthony Kennedy, Clarence Thomas und Ruth Ginsburg seit jeweils 29, 25 und 24 Jahren im Amt. Die Gründerväter konnten nicht absehen, wie sehr die Lebenserwartung der Menschen steigen würde, und sie wären empört zu sehen, dass sie ungewollt ein System geschaffen haben, in dem eine Handvoll nicht demokratisch gewählter, niemandem Rechenschaft schuldiger Granden jahrzehntelang das Staatswesen bevormundet. Durch einen Verfassungszusatz, der die Berufung der Richter des Supreme Court auf eine einzige Amtszeit von zehn Jahren beschränken würde, könnte verhindert werden, dass das oberste Gericht selbstgerecht und weltfremd wird und jede Ernennung eines solchen Richters zu erbitterten parteipolitischen Grabenkämpfen führt; es würde ungefähr einmal pro Jahr ein neuer Richter ernannt werden, wodurch dem Gericht frisches Denken und mehr Vielfalt zuwachsen würden; und es würde ein Kader von ehemaligen Richtern gebildet, die jung genug sind, um einen Kabinettsposten zu übernehmen oder durchs Land zu reisen, um den Bürgern zu erklären, wie das amerikanische Rechtssystem funktioniert. Das wäre zweifellos der jetzigen Praxis vorzuziehen, nach der sozusagen ein verstorbener Richter vom Leichenbeschauer von der Richterbank gezogen wird, so ähnlich wie ein Monarch, der auf seinem Thron entschlummert ist.

Das System der Social Security ist nach wie vor so strukturiert, als sei die Lebenserwartung der Menschen immer noch auf dem Niveau der 1930er-Jahre, als die Sozialversicherung ins Leben gerufen wurde. Die Möglichkeit, vorzeitig in den Ruhestand zu gehen, die vom Kongress 1961 beschlossen wurde – Beginn der Rente mit 62 Jahren bei niedrigeren Bezügen –, ist attraktiv, wenn das Leben kurz ist, schafft aber Probleme, wenn die Menschen länger leben. Wenn eine Person sich entscheidet, vorzeitig in Rente zu gehen, kann sie bis zum Erreichen ihrer Achtzigerjahre ihre Ersparnisse aufgebraucht haben und wird dann jahrelang mit einer niedrigeren Rente auskommen müssen, als wenn sie nicht vorzeitig in Rente gegangen wäre. Umfragen zeigen, dass viele Amerikaner unterschätzen, wie lange sie leben werden – eine bequeme Annahme, die es rechtfertigt, sich früh zur Ruhe zu setzen und seine Ersparnisse aufzubrauchen, was auf lange Sicht wieder in eine Abhängigkeit führt.

James Vaupel, der bereits erwähnte Demograf, der zum Thema Lebenserwartung forscht, hat gewarnt, dass die Abneigung der Gesellschaft, sich den gesellschaftspolitischen Fragen zu stellen, die eine steigende Lebenserwartung aufwirft, »die Entscheidung von Menschen verzerrt, wie viel sie für ihr Alter ansparen und wann sie sich zur Ruhe setzen sollten … [und sie] ermöglicht es den Politikern, schmerzhafte Anpassungen des Social-Security-Systems auf die lange Bank zu schieben«.[10] Ronald Reagan war der letzte Präsident, der konstruktive Maßnahmen in die Wege leitete, um die langfristige Finanzierung der US-Gesellschaft zu sichern – seine Regierung erhöhte die Social-Security-Steuer, und sie erhöhte die Altersgrenze ein wenig, ab der man bei vollen Bezügen in Rente gehen kann. Heute würden die meisten Kongressabgeordneten im privaten Gespräch zustimmen, dass die wirtschaftlichen Grundlagen der Altersversorgung erneut reformiert werden müssten; öffentlich würde sich jedoch kaum einer von ihnen zu diesem brisanten Thema äußern. Wegen der Zinseszinseffekte in der Rentenfinanzierung werden diese Probleme mit jedem Jahr, um das eine solche Reform aufgeschoben wird, schlimmer.

Die Ruhestandsversorgung muss dahingehend angepasst werden, dass die Bedürftigkeit von Menschen, die Leistungen der Social Security beantragen, geprüft wird (wohlhabende Senioren sollten keine Transfers aus dem Einkommen junger Menschen erhalten, die knapp bei Kasse sind); es müssten die Formeln zur Berechnung der Lebenshaltungskosten zurechtgestutzt werden; und es müsste Normalbürgern und kleinen Gewerbetreibenden der Zugang zu Altersvorsorgeplänen im Stil eines 401(k)-Sparplans[11] erleichtert werden, die dem Betreffenden gehören und nicht auf politischen Versprechungen beruhen. Solche Reformen könnten zur Stabilisierung künftiger nationaler Budgets beitragen und heute einfacher umgesetzt werden als in einer Zukunft, wenn das Geld schon knapp wird. Das heute übliche »Ganz oder gar nicht«-Konzept des Ruhestands muss geändert werden – von einem Leben voller Arbeit, auf das ein Ruhestand ohne jede Arbeit folgt, zu einem Leben, das sich allmählich immer mehr auf Teilzeitarbeit und ehrenamtliche Tätigkeiten ausrichtet. In vergangenen Jahrhunderten konnte ein Mensch in seiner kurzen Lebenszeit höchstens erwarten, Kinder zu bekommen und großzuziehen; dann waren seine Kräfte erschöpft. Wenn auch in Zukunft die Lebenserwartung immer weiter steigt, könnte nach dem Heranziehen von Kindern eine jahrzehntelange Phase beginnen, in der ein Mensch seine Freundschaften pflegt und viel erleben kann – eine Phase, die potenziell erfüllender sein könnte als die emotional intensiven, aber schnell vergehenden Freundschaften der Jugend.

Falls jedoch Roboter die Weltherrschaft übernehmen sollten, könnten solche Reformen vergeblich sein. In der produzierenden Industrie geht der Trend zu Fabriken, in denen es fast keine menschlichen Arbeiter mehr gibt. Es hat keinen Sinn, das zu beklagen, weil dadurch die unaufhaltsame Entwicklung nicht aufgehalten werden kann, ebenso wenig wie die Versuche von Eisenbahnarbeitern in den 1850er-Jahren, standardisierte Gleise zu zerstören, das Ende des Systems mit unterschiedlichen Spurweiten aufhalten konnte, das mehr Bauarbeitern, Stauern und Rangierern Arbeit bot. Als vor einem Jahrhundert immer mehr Farmarbeiter durch Maschinen ersetzt wurden, machten sich Existenzängste breit, die aber schnell vergessen waren, als neue Arbeitsplätze in den Fabriken entstanden. Auch heute gibt es solche Existenzängste, da immer mehr Fabrikarbeiter durch Maschinen ersetzt werden, während gleichzeitig Lehrer und Pflegekräfte gesucht werden. Vielleicht werden eines Tages auch in Krankenhäusern immer mehr Roboter zum Einsatz kommen – beim aktuellen Tempo der wirtschaftlichen Entwicklung könnte »eines Tages« schon nächstes Jahr sein –, während andere Branchen expandieren.

Was passiert, wenn Maschinen denken lernen? Die Entwicklung von Elektronengehirnen und Servomotoren, die wie Muskeln funktionieren, macht so rapide Fortschritte, dass man sich ausmalen kann, wie Heerscharen von Robotern sich in den Straßen zusammenrotten und beschließen, zu rebellieren und ihre menschlichen Schöpfer zu vernichten. Dieses Szenario ist keineswegs ein Werbespot für den nächsten Film mit Will Smith, sondern liegt vielmehr der Handlung des Science-Fiction-Dramas *R.U.R.* des tschechischen Schriftstellers Karel Căpek zugrunde, der das Wort »Roboter« geprägt hat. In diesem Theaterstück, das 1920 Premiere feierte, entwickeln Roboter ein Bewusstsein und rotten die Menschheit aus; der letzte überlebende Mensch muss mit ansehen, wie zwei Androiden sich ineinander verlieben – als Adam und Eva der Spezies, die Homo sapiens ablöst. Seit Jahren befürchte ich, dass Hollywood *R.U.R.* verfilmen könnte, mit großem Budget und Raumschiffen, Zeitreisen, Szenen im Badeanzug und katastrophalen Explosionen. Das Original ist viel beklemmender, als eine große Hollywoodproduktion es jemals sein könnte. Schon vor einem Jahrhundert – bevor irgendjemand das Wort »Siliziumchip« auch nur gehört hatte – befürchteten viele Menschen, dass Roboter die Weltherrschaft übernehmen könnten.

In diesem Zusammenhang gibt es eine kleine und eine große Befürchtung. Die kleine ist die maschinenstürmerische Angst, dass es durch zunehmende Automatisierung zu flächendeckender Arbeitslosigkeit kommen könnte. In England stürmten vor 200 Jahren die Ludditen, die ihren Lebensunterhalt mit Handwebstühlen verdienten, zahlreiche Fabriken und zerstörten die verhassten, maschinell betriebenen Webstühle.

Das englische Parlament reagierte darauf, indem es eines der seltsamsten Gesetze der menschlichen Geschichte verabschiedete, nämlich den Frame-Breaking Act of 1812 (Gesetz über die Zerstörung von Webstühlen), das über jeden die Todesstrafe verhängte, der eine Industriemaschine zerstörte. In den Napoleonischen Kriegen, die damals wüteten, wurden zahlreiche Menschen durch Maschinen umgebracht, doch den Menschen ihrerseits wurde es verboten, Maschinen zu zerstören. Freilich erwies sich die düstere Zukunftsvision der Ludditen als unbegründet. Seit 1812 haben sich die Lebensumstände, Löhne und Sozialleistungen der arbeitenden Bevölkerung stetig verbessert, und die Arbeitslosigkeit war seither fast durchgehend niedriger als damals, als die Ludditen sich auf den Hochmooren versammelten, um die Erstürmung der verhassten Webmaschinen zu planen.

Dass die Ludditen damals unrecht hatten, muss allerdings keineswegs bedeuten, dass sie auch im 21. Jahrhundert falsch liegen werden. Schon jetzt haben viele Fabrikarbeiter durch Automatisierung ihren Arbeitsplatz verloren. Mit »Automatisierung« sind hier freilich keine zweibeinigen Roboter mit glänzenden Gesichtern aus Metall gemeint, sondern vielmehr die moderne Antwort auf den maschinell angetriebenen Webstuhl: servogetriebene Arme, die monoton sich wiederholende Bewegungen vollführen, Sensoren, die Baugruppen inspizieren, Hebebühnen, die schwere Bauteile befördern. Durch weitgehend automatisierte Fabriken sind zweifellos zahlreiche menschliche Fabrikarbeiter weniger wichtig geworden; andererseits kommen aber auch immer weniger Menschen in der industriellen Produktion zu Schaden. Die Arbeitsplätze in den alten Stahlwerken und Autofabriken, die von vielen Kommentatoren und Politikern unerklärlicherweise nostalgisch verklärt werden, waren schmutzig, laut, heiß, nervtötend und vor allem gefährlich.

Die Automatisierungswelle, die vor einem Jahrhundert in der Landwirtschaft begann, machte viele Farmarbeiter überflüssig, und trotzdem geht es heute allen besser, und die Arbeitslosigkeit bleibt niedrig. Es ist umstritten, wann genau das Industriezeitalter begann, aber nehmen wir an, es fing mit der von James Watt erfundenen Dampfmaschine an – das war 1763. Seither sind nicht nur die materiellen Lebensumstände der meisten Menschen immer besser geworden, auch die Löhne sind stetig gestiegen.

Die heutigen Experimente mit selbststeuernden Robotern enden oft mit einem unsanften Stoß gegen eine Betonwand. Wenn jedoch kleine und mittelgroße Geräte erst einmal gelernt haben, sich sicher im Raum zu bewegen, werden sie Pflegekräfte im Krankenhaus ersetzen, umherziehende Bauarbeiter, Pizzaboten und bestimmte Kategorien von Soldaten; außerdem werden sie älteren und behinderten Menschen, die allein leben oder spezielle Bedürfnisse haben, im Alltag zur Hand gehen. Ein japanischer Konzern hat einen etwas unheimlichen »Roboter-Gefährten« namens Pepper auf den Markt gebracht, der japanischen Senioren bei ihren alltäglichen Verrichtungen hilft – Japan ist das Land mit der weltweit höchsten Lebenserwartung, wo viele ältere Menschen allein leben.[12] Aber was ist unheimlicher – ein Roboter-Assistent oder überhaupt keine Hilfe zu haben, wenn sie gebraucht wird? Wahrscheinlich werden immer weiter verbesserte Automaten den gleichen Effekt haben wie viele andere technische Fortschritte: wirtschaftliche Umbrüche, manche Arbeitsplätze gehen verloren, andere entstehen, und der Lebensstandard steigt für beinahe alle.

Es ist sehr unwahrscheinlich, dass Roboter – ganz gleich, wie »intelligent« sie auch werden – jemals etwas anderes tun werden als das, wofür sie entwickelt wurden. Eine Boeing 747 ist eine erstaunlich komplizierte Maschine, die aus sechs Millionen Bauteilen und Hightechelektronik auf dem modernsten Stand der Technik besteht. Von den 1500 Jumbojets, die ihre Bahnen am Himmel ziehen, hat noch kein einziger ein Bewusstsein entwickelt und sich gegen seine Schöpfer gewendet, und kein einziger hat jemals irgendetwas getan, was einem anderen Zweck dienen könnte, als von A nach B zu fliegen. Natürlich ist es denkbar, dass eine Person, Firma oder Regierung einen Roboter entwickelt, um Menschen zu verletzen oder zu beherrschen; aber das Gleiche gilt auch für Waffen, deren Zweck es ist, Schaden anzurichten. Ihr Toaster kann sich nicht plötzlich in eine Handgranate verwandeln, und ein Industrieroboter wird sich nicht plötzlich in ein böses, glutäugiges Biest verwandeln.

Die große Befürchtung ist, dass irgendeine Form von elektronischer Intelligenz entstehen könnte. Zurzeit werden Quantencomputer entwickelt, die unglaublich viel leistungsfähiger sind als die heutigen Großrechner; im Prinzip kann ein solcher Apparat gewaltige Rechenaufgaben lösen, etwa sämtliche möglichen Passworte zu einem Bankkonto errechnen, und das in Sekundenschnelle statt Jahren, die der schnellste heutige Computer dafür brauchen würde.

Der Informatiker David Gelernter von der Yale University hat 2016 vorhergesagt, dass es schon bald kostengünstige Chips mit einer Rechenleistung, die einem IQ von 5000 entspricht, zu kaufen geben wird, was dazu führen könnte, dass Ihr Smartphone, Ihre Autoelektronik oder die Steuerung Ihres Geschirrspülers intelligenter sein wird als Sie selbst.[13] Schon jetzt werden manche neuen Chips von bereits existierenden Chips konstruiert: Die menschlichen Programmierer wissen gar nicht mehr so genau, was da eigentlich im Einzelnen vor sich geht. Wenn es erst einmal möglich ist, kostengünstig ein Cluster von Chips mit einem IQ von 5000 zusammenzuschalten, wird der Mensch das, was dabei herauskommt, nur noch beeinflussen können, indem er den Stecker zieht. Das ist die Geschichte, die in einer klassischen Episode der TV-Serie *Star Trek (Raumschiff Enterprise)* erzählt wird: Intelligente Computer könnten sich eine effektive Methode ausdenken, um zu verhindern, dass ihnen der Strom abgestellt wird. Das ist zumindest die Befürchtung.

In gewisser Hinsicht ist die Vorstellung von einem künstlichen Bewusstsein ziemlich weit hergeholt. Wenn man bedenkt, dass es Wissenschaftlern, Philosophen und Theologen nicht gelungen ist, sich darüber zu einigen, was das menschliche Bewusstsein eigentlich ist, stellt sich die Frage, wie es eine künstliche Version von etwas geben kann, dessen natürliche Originalversion sich dem menschlichen Verständnis entzieht. Aber selbst wenn wir das menschliche Bewusstsein nicht genau verstehen, so wissen wir doch, dass es existiert und letzten Endes auf elektrischen Vorgängen beruht: Der Tod tritt nicht ein, wenn das Herz aufhört zu schlagen (das kann wieder in Gang gesetzt werden), sondern wenn die elektrischen Ströme im Gehirn absterben.

Man braucht kein Science-Fiction-Drehbuch, um sich vorzustellen, dass elektronische Intelligenzen, wenn es sie denn eines Tages geben sollte, die Meilensteine der Evolution so sehen könnten: einzellige Mikroben, mehrzellige Organismen, Pflanzen, Säugetiere, Primaten, der Mensch, Siliziumchips. Wenn man bedenkt, wie wir die Menschenaffen behandeln, unsere evolutionsgeschichtlichen Vorgänger, könnte man sich die bange Frage stellen, wie die Chips wohl mit uns umgehen werden – ihrem Vorgänger auf dem Pfad der Evolution.

In Anbetracht des Umstands, dass das elektronische Äquivalent der sieben Milliarden Menschen umfassenden Weltbevölkerung ohne Weiteres in ein Marmeladenglas passen würde, kann es gut sein, dass elektronischen Intelligenzen das Schicksal der Menschheit egal wäre. Oder sie könnten permanent darauf beschränkt sein, nur das zu steuern, was der Mensch an sie anschließt. Aber die Gefahr ist real. Als vor drei Generationen die Wasserstoffbombe entwickelt wurde, schien die Menschheit zum Untergang verdammt zu sein; stattdessen ist die Welt seither immer friedlicher geworden. Für die nächste Generation könnte die künstliche Intelligenz zu einer existenziellen Bedrohung werden. Elon Musk, Martin Rees, Francesca Rossi, Steve Wozniak und zahlreiche andere Koryphäen aus Physik und Technologie haben 2015 gewarnt, dass künstliche Intelligenz zwar sehr nützlich sein, aber unter Umständen auch große gesellschaftliche Schäden anrichten könnte.[14] Sie sagen, die Zeit, um künstliche Intelligenz durch gesetzliche Vorschriften zu regulieren, sei jetzt gekommen – bevor die Chips in der Lage sein werden, für sich selbst zu denken. Die Sicherheit zahlreicher Produkte wie Autos und fliegender Maschinen sei durch Gesetze gewährleistet worden – jetzt seien Gesetze geboten, die einen Notausschalter für Elektronengehirne vorschreiben.

Obwohl die meisten Indikatoren positiv sind, gibt es nach wie vor tief sitzende Ängste vor einer möglichen Katastrophe, die das Leben der Menschen dramatisch erschweren könnte. Eine dieser Befürchtungen ist zum Beispiel, dass in einer Großstadt eine Atombombe explodieren könnte. Noch nie ist es zwischen Atommächten zu kriegerischen Auseinandersetzungen gekommen, da die Logik der nuklearen Abschreckung jeden rational denkenden Menschen davon abhalten wird – also auch einen bösartigen, aber rationalen Diktator. Allerdings sind auch irrationale Führer in der Geschichte der Nationen nicht unbekannt, und unter den nichtstaatlichen Akteuren scheint der tobende Irre die besten Aussichten zu haben, sich eine Machtposition zu verschaffen. Häufig ist zu hören, jeder könne sich einen Bauplan für eine Atombombe aus dem Internet herunterladen. Das ist ungefähr so, als würde man sagen, jeder könne sich ein Diagramm eines menschlichen Herzens herunterladen: Die Zeichnung allein bedeutet noch lange nicht, dass jemand in der Lage wäre, erfolgreich eine Operation am offenen Herzen durchzuführen. Man braucht mehr als eine Zeichnung, um eine Atombombe zu bauen, zumal es nicht so einfach ist, waffenfähiges Atommaterial herzustellen oder zu stehlen.

Obwohl diese und viele andere Faktoren eine primitive Atomexplosion in einer Großstadt so gut wie unmöglich machen, ist sie doch nicht ganz auszuschließen. Bei einer solchen Explosion würden Tausende von Menschen ums Leben kommen. Der Vergeltungsschlag würde Millionen von Todesopfern fordern, wenn die Herkunft der Bombe einem bestimmten Land zugeschrieben werden könnte – die elektronische Signatur einer Atombombe macht es möglich, ihre Herkunft festzustellen. Der globale Kommerz könnte jahrzehntelang zum Erliegen kommen, wodurch es zu einer zweiten Weltwirtschaftskrise kommen würde.

Selbst wenn niemals ein Irrer eine primitive Atombombe in die Hände bekommt, wäre die Gesellschaft töricht, bestimmte Abrüstungsinitiativen leichtfertig abzutun, etwa das Programm mit dem etwas trockenen Namen Cooperative Threat Reduction Program (Kooperation zur Reduzierung von Bedrohungen), das dazu dient, den Verbleib von atomwaffenfähigen Bauteilen zu überwachen, sie sicherzustellen und waffenfähiges spaltbares Material in Brennstäbe umzuwandeln, die nur zur friedlichen Nutzung in Atomkraftwerken geeignet sind. Viele Politiker können sich für dieses Programm nicht so recht erwärmen, weil es voraussetzt, mit den Russen zusammenzuarbeiten; und viele Atomkraftgegner können sich nicht dafür begeistern, weil es die zivilen Atomkraftwerke mit Brennstoff versorgt. Das Programm sollte dennoch vorangetrieben und erweitert werden.

Das Atomwaffenarsenal der Welt ist kleiner geworden, aber es bleiben hohe Risiken. Der Klimatologe Alan Robock von der Rutgers University und sein Kollege Owen Toon von der University of Colorado haben berechnet, dass selbst ein begrenzter atomarer Schlagabtausch (in diesem Zusammenhang eine etwas seltsame Einschränkung) zwischen Indien und Pakistan »so viel Rauch erzeugen würde, dass auf der ganzen Welt die Temperaturen fallen würden, wodurch die Versorgung mit Nahrungsmitteln gefährdet wäre«.[15] Durch die weltweite Abkühlung, die der Ausbruch des philippinischen Vulkans Pinatubo 1991 herbeiführte, erkannten Klimatologen, dass Rauch, der in hohe Schichten der Atmosphäre aufsteigt, sich wesentlich länger dort hält als in geringeren Höhen. Und der Pinatubo hat nur einen Bruchteil dessen ausgestoßen, was durch einen »begrenzten« atomaren Schlagabtausch erzeugt werden könnte.

Schon früh im Zeitalter der Atomwaffen erschien radioaktiver Fallout als eine existenzielle Bedrohung der menschlichen Zivilisation durch die Atombombe – aber Rauch in der Stratosphäre könnte ebenso schlimme Folgen haben. Leider ist nicht klar, was getan werden kann, um zu verhindern, dass ein Land seinen kollektiven Verstand verliert und Atomwaffen einsetzt – abgesehen davon, energisch und unermüdlich das weltweite Projekt voranzutreiben, der Menschheit klarzumachen, dass es kontraproduktiv geworden ist, Kriege zu führen.

Vulkane stellen eine natürliche Bedrohung dar, die jederzeit eintreten kann.[16] Der jüngste Ausbruch eines Supervulkans, des Tambora auf der indonesischen Insel Sumbawa, ereignete sich 1815. Es war ein wesentlich gewaltigerer Ausbruch als der des Mount Saint Helens im Jahr 1980 und führte zu weltweiten Missernten. Terry Ann Plank, eine Vulkanologin an der Columbia University, hat 2016 gewarnt, dass eine Explosion der vulkanischen Formation unter dem Yellowstone-Nationalpark im Nordwesten der Vereinigten Staaten »das Leben, wie wir es auf unserem Planeten kennen, schwer schädigen würde«.[17] Für manche Probleme gibt es einfach keine Lösung: Nichts kann getan werden, um einen Vulkanausbruch zu verhindern, und kaum etwas kann getan werden, um sich auf eine solche Katastrophe vorzubereiten. Aber es gibt eine existenzielle Bedrohung aus der Natur, vor der die Menschheit sich durchaus schützen kann: den Einschlag von Weltraumtrümmern.

Noch vor einer Generation nahmen die meisten Wissenschaftler an, dass Asteroiden und andere Objekte aus dem Weltall nur in ferner Vergangenheit auf die Erde gefallen seien. Heute wissen wir, dass 1908 ein Felsbrocken von beträchtlicher Größe unweit des Flusses Tunguska in Sibirien einschlug und eine Explosion verursachte, die etwa 1000-mal stärker war als die Hiroshima-Bombe, allerdings glücklicherweise in einem sehr abgelegenen Gebiet. Es gibt Hinweise, dass im Jahr 536 ein großer Asteroid im Golf von Carpentaria nördlich von Australien einschlug, dabei aber kaum Landlebewesen tötete, weil er ins Meer fiel; darauf folgten mehrere Jahre mit kalten Sommern und schlechten Ernten.

Die Astronomen sind erst seit einigen Jahrzehnten in der Lage, den Weltraum auf Trümmerstücke unweit der Erde – sogenannte »erdnahe Objekte« – abzusuchen. Bis 1980 waren insgesamt 68 erdnahe Objekte gesichtet worden. Als ich 2008 für *The Atlantic* einen Artikel über Meteoritenforschung schrieb, war diese Zahl auf insgesamt 5388 erdnahe Asteroiden und ähnliche Objekte, die groß genug waren, um weltweite Schäden anzurichten, geklettert. Während ich im Sommer 2017 diesen Absatz schreibe, war die Gesamtzahl erdnaher Asteroiden auf 16 165 gestiegen.[18] Bis Sie diesen Absatz gelesen haben, wird diese Zahl noch weiter gestiegen sein. Die meisten Weltraumtrümmer sind nicht auf Kollisionskurs mit unserem Planeten, aber ein einziger großer Einschlag genügt, um eine Katastrophe auszulösen, die einem Atomkrieg um nichts nachsteht – Rauch und Trümmer, die die Sonne auf Jahre hinaus verdunkeln, und monatelanger Regen, der ätzender ist als die Säure in einer Autobatterie.

Schutz gegen Asteroiden ist mit den heute schon vorhandenen Technologien machbar – und zwar nicht mit Bomben oder Lasern, sondern mithilfe von automatisierten Weltraumschleppern, die die Bahn eines jeden großen Brockens, der auf der Erde einzuschlagen droht, verändern. Da es etliche Jahre dauern würde, ein Weltraumschlepper-Abwehrsystem gegen Asteroiden aufzubauen, müsste das Projekt rechtzeitig in Angriff genommen werden, bevor eine Kollision zu erwarten ist.

Ein Präsident oder Premierminister, der ein solches Projekt und seine Finanzierung in die Wege leiten wollte, würde von Late-Night-Comedians hämisch verspottet werden, falls das System nie zum Einsatz käme. Ein Schutz vor Weltraumtrümmern wäre eine Risikolebensversicherung für die Menschheit – und wie immer, wenn man eine solche Versicherung abschließt, ist das beste Ergebnis eine totale Verschwendung des dafür gezahlten Geldes. Eine Hausratsversicherung, die Kfz-Haftpflicht oder Krankenversicherung – idealerweise zahlt man immer nur seine Beiträge, ohne jemals den Schadensfall zu erleben. Genauso ist es auch mit einem Asteroidenabwehrsystem. Die Großmächte haben Billionen von Dollar, Pfund, Rubel, Francs und Renminbi ausgegeben, um Langstreckenatomraketen zu bauen, von denen sie hoffen, sie nie für irgendeinen Zweck einsetzen zu müssen: Im besten Fall werden die riesigen Investitionen der Welt in das Atomwaffenarsenal eine totale Verschwendung sein.

Ein winziger Bruchteil der Beträge, die für strategische Waffen ausgegeben wurden, würde genügen, um ein Abwehrsystem vor Einschlägen aus dem Weltraum aufzubauen, das – wie die atomaren Interkontinentalraketen – hoffentlich nie zum Einsatz kommen wird. Falls jedoch ein solches System tatsächlich eines Tages gebraucht werden sollte, wäre es die größte Leistung der Menschheitsgeschichte, ein Massensterben und möglicherweise ein flächendeckendes Artensterben durch einen Asteroideneinschlag verhindert zu haben. Für unsere Nachkommen würde im Vergleich zu dieser Leistung alles andere verblassen.

Wenn die Armut in den Entwicklungsländern auch in Zukunft zurückgehen soll, muss der weltweite Rohstoffverbrauch steigen. Die viel zitierten Zahlen, dass die Vereinigten Staaten mit fünf

Prozent der Weltbevölkerung 40 Prozent der Rohstoffe verbrauchen, werden normalerweise angeführt, um die Forderung zu untermauern, dass die USA ihren Verbrauch reduzieren müssen. Das ist jedoch der falsche Ansatz, um dieses Problem zu verstehen: Selbst wenn die Vereinigten Staaten überhaupt keine Rohstoffe mehr verbrauchen würden, wäre damit den Menschen, die im Elend leben, kein bisschen gedient. Diese Zahlen bedeuten lediglich, dass der weltweite Rohstoffverbrauch – an Energie, Metallen, Wasser, Beton, landwirtschaftlich genutzten chemischen Stoffen – steigen muss. Stromversorgungsnetze darf es nicht mehr nur in den wohlhabenden Ländern geben, sondern überall; die Welt braucht mehr Flughäfen und Flugzeuge, damit alle Menschen schnell und sicher reisen können; Hunderte von Millionen neuer Schulen und Restaurants müssen gebaut werden. Die Erde kann einen sehr viel höheren Rohstoffverbrauch verkraften – aber kann die Gesellschaft das auch? Eine der größten Herausforderungen des 21. Jahrhunderts besteht darin, mehr Rohstoffe auf umweltfreundlichere und intelligentere Art zu verbrauchen. Im Westen müssen die Lebensstandards nicht weiter steigen, aber in den Entwicklungsländern müssen sie enorm verbessert werden.

Die gängige Meinung besagt, dass nicht die ganze Welt wie die Amerikaner und Westeuropäer leben kann. Ganz im Gegenteil: Der einzige moralisch vertretbare Kurs ist, dass die ganze Welt in den Genuss des westlichen Wohlstands kommen muss, und angesichts des Tempos, in dem die Lebensstandards immer besser werden und pro Kopf der Bevölkerung die Umweltbelastungen und Verschwendung von Rohstoffen zurückgehen, ist das kein unmöglicher Traum. Würde die gesamte Welt den westlichen Lebensstandard genießen, würde das auch den westlichen Stress und Materialismus auf die ganze Welt ausdehnen, und nicht einmal der naivste Optimist könnte sagen, wo all die Autos parken sollen. Aber die Gesellschaft kann entweder Erfolg damit haben, weltweit den westlichen Lebensstandard herbeizuführen, oder sie kann scheitern – und Erfolg ist wesentlich attraktiver. Wenn die ganze Welt den Lebensstandard, die Lebenserwartung und das

Bildungsniveau des Westens genießen würde, könnten die Voraussetzungen entstehen, die für eine friedvolle »post-scarcity economy« notwendig sind.

Der Grund, warum so viele Probleme unlösbar zu sein scheinen, liegt darin, dass wir noch nicht versucht haben, sie zu lösen. Die Geschichte zeigt uns, dass unzählige Schwierigkeiten so aussahen, als würden sie nie enden – und dann wurden sie überwunden.

Eine optimistische Sicht der Zukunft der Menschheit rechtfertigt es keineswegs, die Hände in den Schoß zu legen – »Ich brauche mir keine Sorgen zu machen, weil alles gut wird.« Nur dann wird alles gut, wenn die Gesellschaft und jeder Einzelne von uns etwas tut. Treibhausgasemissionen, bittere Not inmitten von Wohlstand, Flüchtlinge, die für ein besseres Leben alles riskieren – diese und andere Schwierigkeiten könnten abnehmen, wenn sie denn nur angepackt werden. Es sind noch viel mehr Menschen auf dem Weg, und sie sollten willkommen sein. Auf ihre Ankunft müssen wir uns vorbereiten, selbst während die Gesellschaft die vielfältigen Schwierigkeiten zu bewältigen sucht, die schon vorhanden sind.

Der erfolgreichste Reformer des 20. Jahrhunderts, Franklin D. Roosevelt, sagte 1938: »Wir sehen eine Welt voller großer Chancen, die sich hinter der Maske unlösbarer Probleme verstecken.« Auch heute sehen wir Chancen, die sich hinter der Maske unlösbarer Probleme verstecken, und wir können die Lösungen schaffen.

12 ... und es wird nie zu spät sein

An einem warmen Morgen in einem Krankenhaus in Peru oder Indonesien oder Südafrika wird die wichtigste Person des 21. Jahrhunderts das Licht der Welt erblicken. Auf dem morgendlichen Weg zu einer heruntergekommenen Schule wird sie geschickt dem chaotischen Verkehr ausweichen, um Lesen, Schreiben und Rechnen zu lernen. Abends wird sie versuchen, in einer überbelegten Mietskaserne einzuschlafen, während von den Straßen der Lärm von Autohupen und Schießereien hereindringt. Sie wird ein Stipendium bekommen und Molekularbiologie oder Kryogenik oder Literatur studieren. Sie wird eine Idee haben. Und dann wird sie hinausgehen in die Welt und eine Milliarde Menschen retten.

In den Annalen der Geschichte begegnen uns zahllose Wegscheiden, die den Gedanken hervorrufen: *Wenn sie damals nur dieses oder jenes getan hätten, dann wäre die Katastrophe vermieden worden.* Allzu häufig schließen wir dann: *Aber nachdem sie dieses oder jenes nicht getan hatten, war es zu spät.* Solche Überlegungen betreffen nicht nur die Vergangenheit, sondern auch die Gegenwart – und darum ist immer wieder zu hören, dass es wegen irgendeines Fehlers oder Rückschlags zu spät sei, etwas zu einem guten Ende zu bringen.

Aber es ist *nie* zu spät, eine bessere Welt zu schaffen.

Jenseits ihrer spezifischen Lehren zeigt die Geschichte generelle Gemengelagen. Manche historischen Situationen sind völlig aussichtslos. Macht korrumpiert, und absolute Macht korrumpiert absolut. Vorhandene Waffen verführen dazu, sie einzusetzen. Reichtum wurde letzten Endes nur allzu oft durch Diebstahl zusammengerafft. Religionen predigen Frieden, verursachen aber Gewalt.

Manche historische Situationen sind neutral. Schwierigkeiten existieren in einer endlosen Kette: Ein Problem taucht auf, es wird gelöst, ein neues Problem taucht auf. Jedes Land und jeder Mensch glaubt, die Kirschen in Nachbars Garten seien süßer als die eigenen. Schon bald, nachdem eine Person, Nation oder Gesellschaft glaubt, *endlich haben wir das Problem gelöst*, erkennt diese Person, Nation oder Gesellschaft, dass das Problem keineswegs gelöst ist.

Und manche historische Situationen machen Hoffnung. Für die meisten Menschen werden die meisten Lebensumstände immer besser; die Menschheitsfamilie wächst immer weiter, aber die Natur hält stand; fast immer wird apokalyptisches Denken durch Dynamismus überwunden; fast immer wird Pessimismus durch Optimismus übertrumpft.

Ungewissheit ist ein Bestandteil der dynamistischen Weltsicht; aber niemand mag Ungewissheit. Doch der Lauf der Geschichte zeigt, dass die meisten Herausforderungen bewältigt werden und dass Katastrophen – seien sie nun natürlichen Ursprungs oder menschengemacht – stets vorübergehen. Das historische Muster von Naturkatastrophen und menschengemachten Unglücken zeigt, dass sich nach ihrem Ende die vorherigen Trends fortsetzen, und seit vielen Jahrhunderten war der vorherige Trend für die Geschicke der Menschheit positiv. Heute machen sich viele Menschen in aller Welt große Sorgen über die Welle despotischer, kultisch verehrter Führer. Der Lauf der Geschichte lässt vermuten, dass auch diese Situation vorübergehen wird und sich dann die positiven Trends fortsetzen werden.

Zwei Problemfelder, die größere Bedeutung haben als kultisch verehrte Despoten, sind die Stabilität der Aufklärung und die Fähigkeit von Gesellschaften, unaufhörlichen Wandel auszuhalten.

Zurzeit werden sämtliche Prämissen der Aufklärung in China und Indien noch nie da gewesenen Prüfungen unterzogen. Sollten säkulare Demokratie, persönliche Freiheit und Marktwirtschaft sich in diesen Prüfungen bewähren, werden die Zukunftsaussichten für die Menschheit besser werden.

Wir sind es gewohnt zu glauben, dass alles gut wäre, wenn nur der Wandel aufhören würde – doch der Wandel ist nicht der Feind. Vor 1000 Jahren war China führend in Mathematik, Landwirtschaft, Metallverarbeitung, öffentlicher Verwaltung (Eignungstests für Staatsdiener) sowie Schiffbau, der wichtigsten Manifestation der damaligen Technologie. Dann wandte sich die chinesische Gesellschaft nach innen, verbot Forschungsreisen und erschwerte den Handel. Das Ziel war, den Wandel aufzuhalten; das Ergebnis war ein Jahrtausend des Niedergangs und vieler Generationen des Leidens unter den einfachen Menschen. Sowohl der Niedergang als auch das Leiden gehen heute zu Ende, da China die leidige Notwendigkeit der Moderne akzeptiert. Viele andere Gesellschaften würden sich ebenfalls wünschen, dass die Dinge so bleiben, wie sie sind, aber auch sie werden vom Wandel profitieren. Veränderungen können stressig, mühsam, ärgerlich sein – doch der Wandel ist nicht der Feind.

Der Umstand, dass Pessimismus fast immer von Optimismus übertrumpft wird, ist der Grund, warum wir sicher sein können, dass die wichtigste Person des 21. Jahrhunderts auf dem Weg ist, obwohl wir uns natürlich die Einzelheiten ihres Lebens nur vorstellen können. Pessimisten wollen sich stets absichern gegen alles Unheil, das kommen könnte: Wenn die Gesellschaft zerfällt, dann brauchen die Nationen tatsächlich Mauern. Optimisten glauben, dass jede Gesellschaft sicherer, reicher, gerechter und freier gemacht und dass die Welt in vielerlei Hinsicht verbessert werden kann.

Niemand kann sicher sein, dass Optimismus auch in Zukunft den Pessimismus übertrumpfen wird; wir wissen nur, dass es bisher so war. Dagegen ist es viel einfacher, sicher zu sein, dass Optimismus das stärkste Argument für Reformen ist. In der Vergangenheit erzielte Fortschritte haben stets das Leben der Menschen verbessert. Das ist ein guter Grund für die Hoffnung, dass auch die nächste Runde Reformen Erfolge bringen wird.

Wenn Ihre Ururgroßmutter gewusst hätte, dass heute beinahe der gesamte Westen und ein immer größerer Anteil der Menschen in den Entwicklungsländern in einer Gesellschaft leben, in der reichlich Nahrungsmittel und Treibstoffe vorhanden sind; die meisten ansteckenden Krankheiten besiegt wurden; fast jeder schnell und weitgehend gefahrlos reisen kann; fast jeder Erwachsene einen Highschool-Abschluss in der Tasche hat und weltweit 470 Millionen Menschen einen Hochschulabschluss; dem Großteil der Menschheit erschwingliche, blitzschnelle und weltweite Kommunikationsmittel zur Verfügung stehen; die meisten Menschen in einem Büro arbeiten, statt in einer Mine oder einer Fabrik schuften zu müssen – dann würde Ihre Ururgroßmutter Ihnen sagen, dass unsere Gegenwart der wahr gewordene Traum ihrer eigenen Generation sei. Viele unserer heutigen Probleme würden sie verwirren, und manche Aspekte unseres heutigen Lebens würden sie ängstigen – wie sie auch uns ängstigen sollten. Doch insgesamt würde sie sagen, das Menschheitsexperiment sei auf einem guten Weg. Und sie würde wollen, dass wir mit dem Hintern hochkommen und durch Reformen das in Ordnung bringen, was als Nächstes angepackt werden muss.

Heute ist manchmal zu hören: »Wir können [hier beliebiges Wort einsetzen] nicht reformieren, weil es zu teuer wäre oder zu große Umwälzungen bedeuten würde.« Doch ein Blick zurück zeigt: Dies ist nicht die Lektion, die wir aus früheren Reformen lernen können. In den meisten Fällen lautet die Lektion aus früheren Reformen vielmehr: »Warum haben wir nicht früher gehandelt?« Auch auf die nächste Reformrunde wird man wahrscheinlich so zurückblicken.

Die Geschichte zeigt, dass beinahe alle wichtigen Reformen des vergangenen Jahrhunderts – dies hier sind amerikanische Beispiele, doch in den meisten westlichen Nationen und in einigen Entwicklungsländern waren ähnliche Fortschritte zu verzeichnen – rückblickend durchaus sinnvoll und kosteneffizient aussehen: Umweltschutz; gesetzliche Verankerung der Bürgerrechte; Schutz von Meinungs- und Religionsfreiheit; Arbeitsschutzgesetze; gesetzlicher Schutz von Privateigentum; Regulierung von Unternehmen; eine rechtsstaatliche Justiz und Rechtsbeistand für Beschuldigte; die Schaffung eines öffentlichen Gesundheitswesens und einer staatlichen Rentenversicherung; Rassen- und Geschlechtergleichheit im Eherecht, am Arbeitsplatz und im Militär; künstlerische und sexuelle Freiheit; Offenlegung von Staatsgeheimnissen; Förderung von Wissenschaft und Forschung; Ausbau des Bildungswesens; Aufrechterhalten einer starken nationalen Verteidigung. In jedem einzelnen dieser Fälle war die Lektion: »Warum haben wir das nicht schon früher gemacht!«

An vielen Wegscheiden der Vergangenheit haben diverse Intellektuelle, Persönlichkeiten des öffentlichen Lebens und religiöse Würdenträger den unmittelbar bevorstehenden Zusammenbruch der Gesellschaft proklamiert. Extremisten diverser Ideologien können sich verbünden, um Krisen zu verkünden und auf diese Weise die Befehlsstrukturen zu rechtfertigen, die alle Extremisten anstreben – natürlich mit ihnen selbst an der Spitze.

Und trotzdem weigert sich die Welt, unterzugehen.

Eines Tages werden Männer und Frauen die Wiege der Menschheit verlassen und weit entfernt von der Erde leben. In der Galaxie über uns gibt es praktisch unendliche Vorräte an Rohstoffen und unendliche Gelegenheiten, Gutes oder Böses zu tun. Jenes zukünftige Kapitel der Menschheitsgeschichte liegt noch Jahrhunderte vor uns, doch aus der Perspektive geologischer Zeiträume wird es so aussehen, als habe es sich in einem Wimpernschlag zugetragen.

Mindestens 100 Milliarden Menschen haben bis jetzt auf unserem großen, rotierenden Erdball gelebt. Viele von ihnen mussten furchtbar leiden, da sie aufgrund einer Naturkatastrophe oder menschlicher Herzlosigkeit ein leidvolles oder kurzes Dasein hatten. Dennoch hinterließen die meisten dieser 100 Milliarden Menschen die Gesellschaft in einem besseren Zustand, als sie sie vorgefunden hatten – und diese Folge setzt sich fort.

Die Geschichte ist nicht deterministisch, teleologisch oder auf irgendeine Weise kontrolliert. Doch im Laufe der Zeit wird das Leben der Menschen im Großen und Ganzen immer besser – und es ist zu erwarten, dass das auch in Zukunft so sein wird. Der Pfad der Geschichte ist wie ein Pfeil, und der Pfeil der Geschichte zeigt stets aufwärts.

Dank

Für die Verwirklichung dieses Buchs bin ich meinen Freunden, Kollegen und Lektoren zu Dank verpflichtet: Ben Adams, Jon Alter, Maya Aubrey, James Bennet, Sandra Beris, Jenny Blake, Lyndsey Blessing, Frank Bowman, David Brooks, Glenn Brooks, Carol Browner, Cindy Buck, Robin Campbell, Michael Carlisle, Stephen Carter, Diane Chandler, Katharine DeShaw, Eric Dezenhall, Martha Drullard, Thomas Dunne, Darcy Eveleigh, James Fallows, Henry Ferris, Franklin Foer, Timothy Fuller, Paul Glastris, Donald Graham, David Gray, Tedd Habberfield, Carla Hall, Laura Hall, Toby Harshaw, Stephen Hayes, Marjorie Hazen, David Hendrickson, Alexis Hurley, Debbie Ida, Bob Jaffe, Martin Janik, Jan Jones, Jonathan Karp, Bob Kerrey, Michael Kinsley, Arkadiy Klebaner, Barbara Klie, Charles Lane, Jaime Leifer, Nicholas Lemann, David Leonhardt, Toby Lester, Jan Lewis, Thomas Lindblade, Ben Loehnen, James Mallon, Jane Mayer, Deborah McGill, Robert Messenger, John Milner, Toni Monkovic, Rosh Moorjani, Michael Mungiello, Cullen Murphy, Timothy Noah, Joe Nocera, Steve Olson, Peter Osnos, Sue Parilla, Don Peck, Beth Peters, Charles Peters, Clive Priddle, Melissa Raymond, Diane Rehm, William Reilly, Clay Risen, Janet Robinson, Tina Rosenberg, Claudia Russell, Isabel Sawhill, Aaron Schatz, Eric Schmidt, Hannah Schwartz, Charles Sciandra, John Skipper, Anne Stadler, Janet St. Goar, Scott Stossel, Claire Swiat, Joseph Tauriello, Nicholas Thompson, John Tierney, Chuck Todd, Peter Wehner, Susan Weinberg, Jenny Witherell, Peter Wolverton, und Claudia Zahn; im Gedenken an Benedict Drew (1953–2015), Carolyn See (1934–2016), Pietro Nivola (1944–2017) und Kukula Kapoor Glastris, (1958–2017); dieses Buch ist gewidmet meinen Brüdern Frank und Neil; meiner Cousine Sharon Benton und meinem Cousin David Easterbrook; meinen Kindern Grant, Mara und Spenser; sowie meiner Frau Nan Kennelly.

Mein besonderer Dank gehört Jonathan Fanton, Don Randel, Geraldine Richmond und den Mitgliedern der American Academy of Arts and Sciences, die, indem sie mich in ihren Kreis einluden, im übertragenen Sinne meinen Finger in eine Steckdose gesteckt und mir so die Energie verpasst haben, die ich brauchte, um dieses Projekt fertigzustellen.

Anmerkungen

Kapitel 1

1 Gregg Easterbrook, »Forgotten Benefactor of Humanity«, *The Atlantic*, Januar 1997. Dieser Artikel enthält nähere Informationen über Borlaugs Leben und Arbeit.

2 UN Food and Agriculture Organization, *Millennium Development Goals Report*, New York: United Nations, 2015.

3 Clyde Haberman, »The Unrealized Horrors of Population Explosion«, *New York Times*, 31. Mai 2015.

4 Marie Ng et al., »Global Regional and National Prevalence of Overweight and Obesity in Children and Adults«, *The Lancet*, 30. August 2014. In dieser Studie wird geschätzt, dass es 2013 etwa 2,1 Milliarden übergewichtige Menschen gab. Zu Lebzeiten Malthus' gab es insgesamt etwa eine Milliarde Menschen auf der Erde.

5 Economic Research Service, *Wheat Data – All Years*, Washington, D.C.: US Department of Agriculture, siehe https://www.ers.usda.gov/data-products/wheat-data.

6 »Vital Signs 2007–2008«, Washington, D.C.: Worldwatch Institute, 2009.

7 »Census of Agriculture 2012«, Washington, D.C.: US Department of Agriculture, Juli 2012.

8 Erik Stokstad, »How Turning Off a Plant's Sunshield Can Grow Bigger Crops«, *Science*, 17. November 2016.

9 Olusegun Obasanjo, »Making African Agriculture Achieve Its Potential«, *SciDev.Net*, 25. Mai 2016.

10 Calestous Juma, »How the European Union Starves Africa into Submission«, London: Center for Policy Studies, Oktober 2015.

11 Hamiltons *Report on the Subject of Manufactures* (Bericht zum Thema Industriegüter), den er 1791 dem US-Kongress vorlegte, ist auch heute noch lesenswert.

12 Noel Kingsbury, *Hybrid – the History and Science of Plant Breeding*, Chicago: University of Chicago Press, 2009. Dieses Buch enthält auch eine Geschichte der Züchtung von Nutzpflanzen in den vorigen Jahrhunderten.

13 Nikos Alexandratos und Jelle Bruinsma, *World Agriculture Towards 2030/2050*, ESA Working Paper 12–03, New York: Food and Agriculture Organization of the United Nations, Juni 2012.

14 »Pesticide Use in US Agriculture: 21 Selected Crops, 1960–2008«, Washington, D.C.: US Department of Agriculture, 2014.

15 »Statement by the AAAS Board of Directors on Genetically Modified Foods«, Washington, D.C.: American Association for the Advancement of Science, Juni 2013.

16 Li Jiao, »Water Shortages Loom as Northern China's Aquifers Are Sucked Dry«, *Science*, 18. Juni 2010.

17 Laurence Smith, *The World in 2050 – Four Forces Shaping Civilization's Northern Future*, New York: Dutton, 2010 [deutsche Ausgabe: *Die Welt im Jahr 2050 – die Zukunft unserer Zivilisation*, München: Deutsche Verlags-Anstalt, 2011].

18 Zhifeng Liu et al., »How Much of the World's Land Has Been Urbanized?«, *Landscape Ecology*, April 2014.

19 Gregg Easterbrook, »Vanishing Land Reappears«, *The Atlantic*, Februar 1986.

20 Ebenda.

21 Louise Fresco, *Hamburgers in Paradise – The Stories behind the Food We Eat*, Princeton, NJ: Princeton University Press, 2015.

22 Max Roser, *Short History of Global Living Conditions*, Oxford: University of Oxford Press. Abrufbar unter Our World in Data, https://www.ourworld indata.org.

23 »World Bank Forecasts Global Poverty to Fall Below 10% for First Time«, Washington, D.C.: World Bank, 2015.

24 Man könnte Stunden damit zubringen, die entsprechenden Berichte der Weltbank zu vergleichen und über die darin reflektierten Fortschritte zu staunen; siehe *World Development Report 1992*, Oxford: Oxford University Press, 1992, und *World Development Report 2015*, Washington, D.C.: World Bank, 2015.

25 Mats Elzén und Per Fernström, *The Ignorance Survey*, Stockholm: Novus, 2013.

26 Steven Radelet, *The Great Surge – The Ascent of the Developing World*, New York: Simon & Schuster, 2015.

Kapitel 2

1 Anthony Fauci, Direktor des National Institute of Allergy and Infectious Diseases der NIH, hat gesagt: »Es ist so gut wie sicher, dass wir in abseh-

barer Zeit eine Grippe-Pandemie erleben werden.« Siehe »Bird Flu: How Concerned Should We Be?«, Protokoll der Sitzung des Council on Foreign Relations vom 8. Oktober 2005.

2   »How Many People Could Bird Flu Kill?«, ABC News, 30. September 2005. Im Mai 2006 setzte ABC noch einen drauf und strahlte *Fatal Contact – Bird Flu in America* (Tödlicher Kontakt: Vogelgrippe in Amerika) aus, einen lachhaften Fernsehfilm voller fiktiver TV-Nachrichtenmeldungen und fiktiver Szenen aus dem Weißen Haus, der zeigt, wie ein Großteil der US-Bevölkerung in wenigen Wochen dahingerafft wird. Vielleicht beklagt sich Donald Trump viel zu oft über »Fake News«, aber es waren die Fernsehsender selbst, die auf die Idee kamen, dem Publikum erfundene Nachrichten als neue Form von Unterhaltung zu präsentieren.

3   »Cumulative Number of Confirmed Human Cases for Avian Influenza A(H5N1) Reported to WHO, 2003–2017«, Genf: World Health Organization, Juni 2017.

4   Laurie Garrett, »The Middle East Plague Goes Global«, *Foreign Policy*, 28. Juni 2013.

5   Kai Kupferschmidt, »MERS Surges but Pandemic Jitters Ease«, *Science*, 20. März 2015.

6   »US Health Director Thomas Frieden Says Ebola ›the Next AIDS‹«, BBC News, 9. Oktober 2014.

7   Sarah Boseley, »Ebola Vaccine Proves Successful in Guinea«, *The Guardian*, 31. Juli 2015.

8   »Ebola Data and Statistics«, Genf: World Health Organization, Mai 2016.

9   Jane Brody, »Our Parents' Heart Health Mistakes«, *New York Times*, 11. April 2017.

10 Rebecca Siegel et al., »Cancer Statistics 2017«, *Cancer Journal for Clinicians*, 5. Januar 2017.

11 Sheri Fink, »Ebola Cases Fall Sharply, WHO Reports«, *New York Times*, 4. August 2015.

12 »Foods Typically Purchased by Supplemental Nutrition Assistance Program Households«, Washington, D.C.: US Department of Agriculture, November 2016.

13 Jean Clemenceau, »Obesity and the State of Cancer Incidence and Mortality in Mexico«, auf dem jährlichen Kongress der American Society of Clinical Oncology in Chicago präsentiertes Arbeitspapier, 2. bis 6. Juni 2017.

14 Gregg Easterbrook, »We're Gonna Die«, *Wired*, Juli 2003.

15 Theodore Caplow et al., *The First Measured Century – An Illustrated Guide to Trends in America, 1900–2000*, Washington, D.C.: AEI Press, 2000.

16 Trevor English, »Chicago Deep Tunnel Project«, *Interesting Engineering*, 21. Mai 2016.

17 »Clean Household Energy for Health, Sustainable Development, and Well-being of Women and Children«, Genf: World Health Organization, 2016.

18 Max Roser, »Human Height«, https://ourworldindata.org/human-height.

19 Die meisten Angaben in diesem Abschnitt stammen aus dem Global Health Observatory der Weltgesundheitsorganisation, siehe http://www.who.int/gho.

20 »Health, United States, 2015«, Atlanta: Centers for Disease Control and Prevention.

21 Dieses Projekt und die Arbeit des Buck Institute sind beschrieben in Gregg Easterbrook, »What Happens When We All Live to 100«, The Atlantic, Oktober 2014.

22 James Vaupel et al., »Broken Limits to Life Expectancy«, Science, 10. Mai 2002.

23 Claire McCarthy, »Teen Drug Use Is Down«, Harvard Health Publications, 21. März 2017.

24 »Drug Overdose Deaths in the United States Continue to Increase«, Atlanta: Centers for Disease Control and Prevention, Dezember 2016.

25 Anne Case und Angus Deaton, »Rising Morbidity and Mortality in Midlife Among White Non-Hispanic Americans in the 21st Century«, Proceedings of the National Academy of Sciences, 8. Dezember 2015.

26 »Major Food, Beverage Companies Remove 6.4 Trillion Calories from US Marketplace«, Trenton, NJ: Robert Woods Johnson Foundation, 2014.

27 Margot Sanger-Katz, »Good News Hidden in the Data«, The Upshot, 17. Juni 2016.

28 Matthew Pase et al., »Sugar- and Artificially Sweetened Beverages and the Risks of Incident Stroke and Dementia«, Stroke, 20. April 2017.

29 Chana Joffe-Walt, »Unfit for Work«, NPR, 22. März. 2013.

30 Brendan Greeley, »Mapping the Growth of Disability Claims in America«, Bloomberg Businessweek, 16. Dezember 2016.

31 S. Jay Olshansky et al., »Differences in Life Expectancy Due to Race and Educational Differences Are Widening«, Health Affairs, August 2012.

32 »Current Cigarette Smoking Among Adults, United States, 2005–2014«, Atlanta: Centers for Disease Control and Prevention, 2015.

33 Samir Bhatt et al., »The Effect of Malaria Control on Plasmodium falciparum in Africa Between 2000 and 2015«, Nature, 16. September 2016.

34 Annelies Wilder Smith, »Dengue Vaccines at a Crossroad«, Science, 6. November 2015.

Kapitel 3

1 »California's Progress Toward Clean Air«, Bericht der California Air Pollution Control Officers Association, 2015.

2 Zitiert in Retro Report – The Population Bomb, produziert von Kit Roane und Sarah Weiser, 2015.

3 »ICUN Red List«, Gland, Schweiz: International Union for the Conservation of Nature, 2017. Der Weißkopfseeadler wird unter seiner lateinischen Bezeichnung Haliaeetus leucocephalus geführt.

4   »Our Nation's Air Quality and Trends Through 2015«, Washington, D.C.: Environmental Protection Agency, 2016.

5   Suzanne Teller, »The Clean Water Act: 40 Years of Progress in Peril«, Izaak Walton League of America, *Outdoor America* 4, 2012, S. 20: »EPA figures show that the number of rivers, lakes, and estuaries safe for fishing and swimming doubled just 25 years after the passage of the Clean Water Act.«

6   Diese Geschichte hat Steve Olson packend erzählt, und zwar in seinem Buch *Eruption*, New York: W. W. Norton, 2016.

7   Gregg Easterbrook, *A Moment on the Earth – The Coming Age of Environmental Optimism*, New York: Viking, 1995.

8   Bill McKibben, »An Explosion of Green«, *The Atlantic*, April 1999.

9   Jeff Tollefson, »Deforestation Spikes in Brazilian Amazon«, *Nature*, 30. November 2016.

10 Jared Diamond, *Collapse – How Societies Choose to Fail or Succeed*, New York: Viking, 2005 [deutsche Ausgabe: *Kollaps – warum Gesellschaften überleben oder untergehen*, Frankfurt a. M.: S. Fischer, 2005].

11 Thomas Crowther et al., »Mapping Tree Density at a Global Scale«, *Nature*, 9. September 2015.

12 Simon Lewis et al., »Increasing Human Dominance of Tropical Forests«, *Science*, 21. August 2015.

13 »National Air Quality: Status and Trends of Key Air Pollutants«, Washington, D.C.: Environmental Protection Agency, 2017.

14 Näher ausgeführt in Easterbrook, *A Moment on the Earth*.

15 Geoffrey LaBaron, »The 116th Christmas Bird Count Summary«, New York: Audubon Society, 2016.

16 »IUCN Red List«, International Union for the Conservation of Nature.

17 Katherine MacKinnon et al., »Impending Extinction Crisis of the World's Primates«, *Science*, 18. Januar 2017.

18 Lin Edwards, »Humans Will Be Extinct in 100 Years Says Eminent Scientist«, Physics.org, Juni 2010.

19 Jennifer Chu, »Scientists Observe First Signs of Healing in the Antarctic Ozone Layer«, *MIT News*, 30. Juni 2016.

20 Die etwas sperrige Formulierung »künstlich ausgelöst« ist manchmal notwendig, weil unsere heutige Zivilisation sich am Ende einer Eiszeit entwickelte, als es auf der Erde bereits von Natur aus immer wärmer wurde. Die Gletscher der Erde hatten sich schon seit Jahrtausenden immer weiter zurückgezogen, bevor fossile Brennstoffe auch nur entdeckt wurden.

21 National Academy of Sciences, »Policy Implications of Greenhouse Warming«, Washington, D.C.: National Academy Press, 1991.

22 »Joint Science Academies' Statement: Global Response to Climate Change«, Washington, D.C.: National Academy of Sciences, 2005.

23 Michael Forsythe, »China Cancels 103 Coal Plants, Mindful of Smog and Wasted Capacity«, *New York Times*, 18. Januar 2017.

24 Easterbrook, *A Moment on the Earth*.

25 David Owen, *The Conundrum – How Trying to Save the Planet is Making Our Climate Problems Worse*, New York: Riverhead Books, 2011.
26 Donella Meadows et al., *Limits to Growth – a Report for the Club of Rome's Project on the Predicament of Mankind*, New York: Universe, 1972 [deutsche Ausgabe: *Die Grenzen des Wachstums – Bericht des Club of Rome zur Lage der Menschheit*, Reinbek: Rowohlt, 1973].
27 »Oil Market Report 2016«, Paris: International Energy Agency, 2017.
28 Amory Lovins, »The Road Not Taken«, *Foreign Affairs*, Oktober 1976.
29 Erwähnt in Daniel Yergin, *The Prize – the Epic Quest for Oil, Money, and Power*, New York: Simon & Schuster, 1991 [deutsche Ausgabe: *Der Preis – die Jagd nach Öl, Geld und Macht*, Frankfurt a. M.: S. Fischer, 1991].
30 Ebenda.
31 Ebenda.
32 Gregg Easterbrook, »Psst – the Energy Crisis Is Over«, *Washington Monthly*, Oktober 1980.
33 Stacy Cowley, »Top Leaders Got Big Pay as Crisis Hits Wells Fargo«, *New York Times*, 17. März 2017.
34 »BP Statistical Review of World Energy«, London: BP, 2016.
35 Gregg Easterbrook, *Sonic Boom – Globalization at Match Speed*, New York: Random House, 2009.
36 Molly Maupin et al., »Estimated Use of Water in the United States«, Washington, D.C.: US Geological Survey, 2014.
37 John Steinbeck, *East of Eden*, New York: Viking, 1952 [hier zitierte deutsche Ausgabe: *Jenseits von Eden*, Gütersloh: Bertelsmann, 1961].
38 Wei Chen et al., »Air Quality of Beijing and Impacts of the New Ambient Air Quality Standard«, *Atmosphere*, 20. August 2015.
39 Echo Huang, »Beijing Finally Breathing a Sigh of Relief After Week in Hell«, *Quartz*, 22. Dezember 2016.
40 Global Urban Ambient Air Pollution Database der WHO, Update 2016, http://www.who.int/phe/health_topics/outdoorair/databases/cities/en.
41 Yinhua Mai et al., »Increasing China's Coal-Fired Power Generation Efficiency«, Melbourne: Centre of Policy Studies, 2015.
42 (Zahlreiche Autoren), »Global, Regional, and National Comparative Risk Assessment of 79 Behavioural, Environmental and Occupational, and Metabolic Risks or Clusters of Risks«, *The Lancet*, 8. Oktober 2016.
43 »Annual Emission Reporting«, Diamond Bar, CA: South Coast Air Quality Management District, 2017.
44 Javier Audry Sánchez, »Recent Trend in Ozone Levels in Mexico City«, *Journal of the Mexican Chemical Society*, 2. Dezember 2008.
45 »National Air Quality«, EPA.
46 »Obama: Daughter's Asthma Brings Home Climate Change Debate«, *Chicago Tribune*, 8. April 2015.

Kapitel 4

1 Wenn Sie nach »Boeing« und »Vietnam celebrates first 787-9 Dream-liner« googeln, werden Sie Fotos finden, die jeden Vietnamkriegsveteranen umhauen werden, ganz egal, ob er nun aus den USA, aus Vietnam oder Australien ist.

2 Zitiert in David Boaz, *Beyond the Status Quo – Policy Proposals for America*, Washington, D.C.: Cato Press, 1985.

3 Avi Zenilman, »Commander-in-Chief of the Economy«, *Politico*, 24. März 2008.

4 Bruce Crumley, »Europe's Conservatives Sour on the Free Market«, *Time*, 26. September 2008.

5 Siehe Edison Yu, »Did Quantitative Easing Work?«, Philadelphia: Federal Reserve Bank of Philadelphia, 2016.

6 So lautete der Untertitel eines Leitartikels von Patrician Cohen: »Obama's Gift to Successor«, *New York Times*, 3. Dezember 2016.

7 Carol Graham, *The Pursuit of Happiness – An Economy of Well-Being*, Washington, D.C.: Brookings Institution Press, 2011.

8 Nicholas Lemann, *The Promised Land – The Great Black Migration and How it Changed America*, New York: Alfred A. Knopf, 1991.

9 Patrick Bayer und Kerwin Charles, »Divergent Paths: Structural Change, Economic Rank, and the Evolution of Black-White Earnings Differences, 1940–2014«, Cambridge, MA: National Bureau of Economic Research, November 2016.

10 Economic Research Division, »Industrial Production Index«, St. Louis: Federal Reserve Bank of St. Louis. Die beste Quelle für aktuelle US-Wirtschaftsdaten ist die Federal Reserve, siehe https://fred.stlouisfed.org.

11 Economic Research Division, »All Employees: Manufacturing«, St. Louis: Federal Reserve Bank of St. Louis.

12 Martin Baily und Barry Bosworth, »US Manufacturing: Understanding Its Past and Its Potential Future«, *Journal of Economic Perspectives*, Winter 2014.

13 Easterbrook, *Sonic Boom*.

14 Chris Sloan, »A Historical Look at Boeing's 737 Factory in Renton«, *Airline Reporter*, Juli 2013.

15 »AISI Annual Statistical Report 2016«, Washington, D.C.: American Iron and Steel Institute.

16 Eric Atkins, »CN and CP Railways on Track for More Layoffs«, *Toronto Globe & Mail*, 17. Mai 2106.

17 Peter Jamison, »D.C. Council Votes for Expansive Paid Family Leave«, *Washington Post*, 20. Dezember 2016.

18 Economic Research Division, »Per Capita Personal Income in Pittsburgh Metropolitan Statistical Area«, St. Louis: Federal Reserve Bank of St. Louis.

19 Gary Younge, »Muncie's Forgotten Factories«, *The Guardian*, 25. Oktober 2016.

20 Michael Barthel, »US Newspapers: Circulation and Revenue Fall«, Washington, D.C.: Pew Research Center, Juni 2017.

21 Roger Cohen, »We Need Somebody Spectacular«, *New York Times*, 9. September 2016.

22 Jessica Contrera, »In Place of Need, an Unhealthy Contradiction«, *Washington Post*, 11. März 2017.

23 Pankaj Ghemawat und Steven Altman, *DHL Global Connectedness Index 2016*, Deutsche Post DHL Group, 2016.

24 Dan Eaton, »Japan's Big 3 Automakers Built More Cars in US Than Detroit 3 Last Year«, *Columbus Business Journal*, 2. Juni 2016.

25 Michael Owyang und Hannah Shell, »China's Economic Data: Accurate Reflection or Smoke and Mirrors?«, St. Louis: Federal Reserve Bank of St. Louis, 2017.

26 Michael J. Hicks, »The Myth and the Reality of Manufacturing in America«, Muncie, IN: Center for Business and Economic Research, 2017.

27 Ryan Lizza, »Occupied Territory«, *The New Yorker*, 20. Juni 2016.

28 David Autor et al., »The China Syndrome: Local Labor Market Effects of Import Competition in the United States«, *American Economic Review*, Oktober 2013.

29 Michael Schuman, »Is China Stealing Jobs? It May Be Losing Them«, *New York Times*, 22. Juli 2016.

30 Christopher Wilson, »Working Together«, Washington, D.C.: Wilson Center, 2016.

31 Lincoln Paine, *The Sea and Civilization – a Maritime History of the World*, New York: Alfred A. Knopf, 2013.

32 Paul Krugman, »Why Don't All Jobs Matter?«, *New York Times*, 17. April 2017.

33 Edward Humes, *Door to Door – The Magnificent, Maddening, Mysterious World of Transportation*, New York: HarperCollins, 2016.

34 Die Importregeln für die WTO-Mitgliedsländer können hier miteinander verglichen werden: http://stat.wto.org/TariffProfile/WSDBTariffPFRepor ter.aspx.

35 Angus Deaton, *The Great Escape – Health, Wealth, and the Origins of Inequality*, Princeton, N.J.: Princeton University Press, 2013 [deutsche Ausgabe: *Der große Ausbruch – von Armut und Wohlstand der Nationen*, Stuttgart: Klett-Cotta, 2017].

36 »The American Middle Class Is Losing Ground«, Washington, D.C.: Pew Research Center, Dezember 2015.

37 Stephen Rose, »The Growing Size and Incomes of the Upper Middle Class«, Washington, D.C.: Urban Institute, 2016.

38 Christopher Lasch, *The Culture of Narcissism – American Life in an Age of Diminished Expectations*, New York: W. W. Norton 1979 [deutsche Ausgabe: *Das Zeitalter des Narzißmus*, Hamburg: Hoffmann und Campe, 1995].

39 Thomas Piketty und Emmanuel Saez, »Inequality in the Long Run«, *Science*, 23. Mai 2014.

40 Thomas Piketty, *Le Capital au XXIe siècle*, Paris: Éditions du Seuil, 2013 [deutsche Ausgabe: *Das Kapital im 21. Jahrhundert*, München: Beck, 2014].

41 »Distribution of Household Income and Federal Taxes, 2013«, Washington, D.C.: Congressional Budget Office.

42 Caplow et al., *The First Measured Century*.

43 Gary Burtless, »Has Rising Inequality Brought Us Back to the 1920s?«, Washington, D.C.: Brookings Institution, 2014.

44 Bernadette Proctor et al., »Income and Poverty in the United States«, Washington, D.C.: US Census Bureau, 2016.

45 »Average Hourly and Weekly Earnings of Employees on Private Nonfarm Payrolls«, Washington, D.C.: Bureau of Labor Statistics.

46 »Labor Force Participation Rate Timeseries«, Washington, D.C.: Bureau of Labor Statistics.

47 Economic Research Division, »Civilian Labor Force Participation Rate«, St. Louis: Federal Reserve Bank of St. Louis.

48 Charles Murray, *Coming Apart – the State of White America 1960–2010*, New York: Crown, 2011.

49 Anne Kim, »Why Is Marriage Thriving Only Among the Affluent?«, *Washington Monthly*, Frühjahr 2016.

50 »Employment Situation Summary, June 2017«, Washington, D.C.: Bureau of Labor Statistics.

51 »Percent Change from Preceding Period in Real Gross Domestic Product«, Washington, D.C.: Bureau of Economic Analysis.

52 Eine praktische Faustregel: Wenn man die Zahl 72 durch das jährliche Wirtschaftswachstum teilt, ist das Ergebnis die Anzahl der Jahre, in denen sich das Einkommen verdoppelt. Wenn man also zum Beispiel 72 durch 2 Prozent Wachstum teilt, bekommt man als Ergebnis, dass sich das Einkommen in 36 Jahren verdoppeln wird.

53 Phillip Longman, »Justice Between Generations«, *The Atlantic*, Juni 1985.

54 Robert Gordon, *The Rise and Fall of American Growth – the U.S. Standard of Living since the Civil War*, Princeton, N.J.: Princeton University Press, 2016.

55 »Why Do Some Americans Leave the Bottom of the Economic Ladder But Not Others?«, Philadelphia: Pew Charitable Trusts, 2013.

56 Martin Feldstein, »The US Underestimates Growth«, *Wall Street Journal*, 18. Mai 2015.

57 »Aging in the United States«, Washington, D.C.: US Census Bureau.

58 »Median and Average Square Feet of Floor Area in New Single-Family Houses«, Washington, D.C.: US Census Bureau.

59 William Cohan, »Can Trump Be Wall Street's Savior?«, *Vanity Fair*, Februar 2017.

60 Robert Litan et al., »How Enduring Is Job Creation by Startups?«, Kansas City, MO: Kauffman Foundation, 2010.

61 Charles Murray, *By the People – Rebuilding Liberty without Permission*, New York: Crown Forum, 2015.

62 Bentley Coffey et al., »The Cumulative Cost of Regulations«, Arlington, VA: Mercatus Center, 2016.

63 »National Bridge Inventory«, Washington, D.C.: Federal Highway Administration.

64 Ted Gayer und Alex Gold, »Taxpayers Beware: Bidding Wars for NFL Teams Are Losing Bets«, Washington, D.C.: Brookings Institution, 2015.

65 »Pedestrian Tunnel Crossing Heading to Planning Board«, WTOP Newsradio, Washington, D.C.: 18. Dezember 2013. Vom ersten Treffen des Planungsausschusses wird diese kurze, einfache Unterführung – die laut aktuellem Planungsstand erst 2019 eröffnet werden soll – bis zu ihrer Fertigstellung *sechs Jahre* brauchen. Ein Privatunternehmen, das unter den Zwängen des Marktes operieren muss, würde dafür höchstens sechs Wochen brauchen, wahrscheinlich sogar weniger.

66 Sarah Willets, »The Durham-Orange Light Rail Now Costs More Than $3 Billion«, *Raleigh-Durham IndyWeek*, 7. April 2017.

67 Siehe Tyler Kelley, »Choke Point of a Nation: The High Cost of an Aging River Lock«, *New York Times*, 23. November 2016.

68 »Historical Debt Outstanding«, Washington, D.C.: US Department of the Treasury.

69 Glenn Kessler, »Annotating Obama's 2006 Speech Against Boosting the Debt Limit«, *Washington Post*, 15. Januar 2013.

70 Jackie Calmes, »Left-Leaning Economists Question Cost of Bernie Sanders's Plans«, *New York Times*, 15. Februar 2016.

71 »The State Pensions Funding Gap«, Philadelphia: Pew Charitable Trusts, 2015.

72 Josh McGee, »Pension Costs Are Crowding Out Education Spending«, New York: Manhattan Institute, 2016.

73 »Moody's Downgrades China's Rating to A1 from Aa3«, Chicago: Moody's Investors Services, 24. Mai 2017.

74 Richard Samans, »We'll Live to 100 but Can We Afford It?«, Genf: World Economic Forum, 2017.

75 Michael Moran, *The Reckoning – Debt, Democracy, and the Future of American Power*, New York: St. Martin's Press, 2012 [deutsche Ausgabe: *Auslaufmodell Supermacht – die neue Rolle der USA und was das für den Rest der Welt bedeutet*, Kulmbach: Plassen, 2013].

76 Andrew Kohut, »Debt and Deficit: A Public Opinion Dilemma«, Washington, D.C.: Pew Research Center, 2012.

77 »The 2017 OASDI Trustees Report«, Washington, D.C.: Social Security Administration.

78 Geoff Colvin, »Mike Mullen: Debt Is Biggest Threat to US Security«, *Fortune*, 10. Mai 2012.

Kapitel 5

1 »The Top 10 Causes of Death«, Genf: World Health Organization, 2017.
2 Roger Cohen, »A Climate of Fear«, *New York Times*, 27. Oktober 2014.
3 Jeffrey Goldberg, »The Lessons of Henry Kissinger«, *The Atlantic*, Dezember 2016.
4 Elaine Godfrey, »Trump's TV Obsession Is a First«, *The Atlantic*, 3. April 2017.
5 »President Obama Town Hall Meeting on the Supreme Court«, University of Chicago Law School, 7. April 2016.
6 Lisa de Moraes, »Full 2015–16 TV Season Series Rankings«, *Deadline Hollywood*, Mai 2016.
7 »CompStat Report«, New York: City of New York Police Department, 7. Mai 2017.
8 »Uniform Crime Report 2016«, Washington, D.C.: Federal Bureau of Investigation.
9 Monica Davey, »Drop in Violence Gives a City Hope«, *New York Times*, 31. Mai 2017.
10 »Global Study on Homicide, 2013«, New York: United Nations, 2014.
11 Kenneth Kochanek et al., »Deaths – Final Data for 2014«, Atlanta: Centers for Disease Control and Prevention.
12 »Crime«, Washington, D.C.: Gallup, Oktober 2016.
13 John Gramlich, »Voters' Perceptions of Crime Continue to Conflict with Reality«, Washington, D.C.: Pew Research Center, 2017.
14 Im Sezessionskrieg ließ Lincoln missliebige Personen ohne Anklage inhaftieren, wodurch er die Habeas-Corpus-Verfassungsklausel, die eine richterliche Haftprüfung vorschreibt, außer Kraft setzte – was nach der US-Verfassung nicht statthaft ist. Nach Ausbruch des Zweiten Weltkriegs, aber noch vor Kriegseintritt der USA, erteilte Roosevelt dem Militär etliche Befehle, mit denen er die Neutrality Acts (Neutralitätsgesetze) missachtete. Zur gleichen Zeit wies er das FBI an, dem britischen Geheimdienst dabei zu helfen, Falschmeldungen in US-Zeitungen zu platzieren; siehe dazu Lynne Olson, *Those Angry Days – Roosevelt, Lindbergh, and America's Fight over World War II, 1939–1941*, New York: Random House, 2012.
15 Adams nahm eine x-beliebige Affäre als Vorwand, um ohne Kriegserklärung durch den Kongress einen Quasikrieg mit Frankreich vom Zaun zu brechen. Tyler führte die Gefahr eines Krieges mit Mexiko als Grund an, um noch vor Zustimmung des Kongresses Texas zu annektieren. McKinley forderte von Spanien, Kuba aufzugeben, ohne vorher die Zustimmung des Kongresses einzuholen, wodurch der Spanisch-Amerikanische Krieg ausgelöst wurde. Wilson weigerte sich, die Zustimmung des Senats einzuholen, bevor er Verhandlungen über die Gründung des Völkerbunds aufnahm. Johnson belog den Kongress über den Tonkin-Zwischenfall in Vietnam, um vom Kongress ermächtigt zu werden, ohne Kriegserklärung

einen totalen Krieg zu führen. Nixon wies die Air Force an, das neutrale Land Kambodscha anzugreifen, ohne sich vom Kongress dazu ermächtigen zu lassen. Reagan missachtete geltendes Recht, indem er Rebellen in Nicaragua finanzierte und dann hohe Regierungsbeamte anwies, bei einer Anhörung vor dem Kongress zu lügen. Der jüngere Bush wies hohe Regierungsbeamte an, sowohl vor dem Kongress als auch vor der Vollversammlung der Vereinten Nationen zu behaupten, der Irak stünde kurz davor, die Atombombe zu bekommen; mit dieser Lüge rechtfertigte Bush die Invasion, die er aus nach wie vor unbekannten Gründen geplant hatte. Obama erlaubte rechtswidrige Spionage im eigenen Land, ließ Journalisten und Militärs, die illegale Militäraktionen im Irak und im Jemen aufgedeckt hatten, strafrechtlich verfolgen und ordnete ohne Ermächtigung des Kongresses Angriffe auf Libyen und Syrien an.

16 Aktuelle Zahlen des Programms können abgerufen werden unter http://www.pcr.uu.se/data.

17 Laut dem »Global Status Report on Road Safety 2015« der Weltgesundheitsorganisation kamen etwa 1,25 Millionen Menschen durch Verkehrsunfälle ums Leben; also war es in jenem Jahr etwa zwölfmal wahrscheinlicher, bei einem Verkehrsunfall ums Leben zu kommen als durch einen Krieg.

18 Siehe Barry Latzer, *The Rise and Fall of Violent Crime in America*, New York: Encounter Books, 2016.

19 Dewey Cornell et al., »Characteristics of Adolescents Charged with Homicide«, *Behavioral Sciences and the Law*, Dezember 1987.

20 »United States Attorneys Annual Statistical Report 2015«, Washington, D.C.: US Department of Justice.

21 Siehe »Trends in US Corrections«, Washington, D.C.: The Sentencing Project, 2017.

22 Raymond Kelly, »The NYPD Is Guilty of Saving 7,383 Lives«, *Wall Street Journal*, 22. Juli 2013.

23 Joseph Goldstein, »Changes in Policing Take Hold«, *New York Times*, 2. April 2017.

24 »Monitor's Fifth Report: Analysis of NYPD Stops Reported, 2013–2015«, New York: Arnold & Porter, 2017.

25 »Global Study on Homicide, 2013«, Vereinte Nationen.

26 »American Healthy Homes Survey«, Washington, D.C.: US Department of Housing and Urban Development.

27 Heather MacDonald, *The War on Cops – How The New Attack On Law and Order Makes Everyone Less Safe*, New York: Encounter Books, 2016.

28 Paul Butler, *Chokehold – Policing Black Men*, New York: New Press, 2017.

29 Charles Campisi, *Blue on Blue – An Insider's Story of Good Cops Catching Bad Cops*, New York: Scribner, 2017.

30 Das Projekt der *Washington Post* heißt »Fatal Force 2016« und wird hier fortgeführt: https://github.com/washingtonpost/data-police-shootings.

31 *Johnson v. United States*, 135 Supreme Court 2551, 2015.

32 Gilad Edelman, »All Criminal Justice Reform Is Local«, *Washington Monthly*, Januar 2017. Dieser Artikel enthält zahlreiche Statistiken über den Strafvollzug in den Vereinigten Staaten, Kanada und anderen Ländern.

33 Daten über Bundes- und Landesgesetze werden vom Manhattan Institute im Rahmen des Projekts »Overcriminalizing America« zusammengetragen, siehe http://www.manhattan-institute.org/overcriminalization.

34 Molly Ball, »Do the Koch Brothers Really Care About Criminal-Justice Reform?«, *The Atlantic*, März 2015.

35 Siehe die von der University of Maryland geführte Global Terrorism Database, http://www.start.umd.edu/gtd.

36 Lazaro Gamio, »How Terrorism in the West Compares to Everywhere Else«, *Washington Post*, 16. Juli 2016.

37 Nicholas Kristof, »Husbands Are Deadlier Than Terrorists«, *New York Times*, 11. Februar 2017.

38 Jane Mayer, *The Dark Side – The Inside Story of How the War on Terror Turned Into a War on American Ideals*, New York: Doubleday, 2008.

39 John Mueller und Mark Stewart, *Chasing Ghosts – The Policing of Terrorism*, New York: Oxford University Press, 2016.

40 Dana Priest und William M. Arkin, *Top Secret America – The Rise of the New American Security State*, New York: Little, Brown & Co., 2011.

41 Gregg Easterbrook, »Waste Land«, *The New Republic*, 10. November 2010.

42 Zitiert von Richard Broadhead in einer Rede anlässlich der Begrüßungszeremonie für Studienanfänger im Mai 2017 an der Duke University.

43 Zeynep Tufekci, *Twitter and Tear Gas – The Power and Fragility of Networked Protest*, New Haven, CT: Yale University Press, 2017.

44 Joshua Goldstein, *Winning the War on War – the Decline of Armed Conflict Worldwide*, New York: Dutton, 2011. Im Folgenden sind auch Informationen aus meinen Interviews mit Goldstein enthalten, allerdings keine direkten Zitate.

45 Siehe Military Expenditure Database des Stockholm International Peace Research Institute, verfügbar unter http://www.sipri.org/databases/milex.

46 Barbara Tuchman, *A Distant Mirror – The Calamitous 14th Century*, New York: Alfred A. Knopf, 1978 [hier zitierte deutsche Ausgabe: *Der ferne Spiegel – das dramatische 14. Jahrhundert*, Düsseldorf: Claassen, 1980, S. 15].

47 Steven Pinker, »Colombia's Milestone in World Peace«, *New York Times*, 26. August 2016.

48 Timothy Snyder, *Black Earth – The Holocaust as History and Warning*, New York: Tim Duggan Books, 2015 [hier zitierte deutsche Ausgabe: *Black Earth – Der Holocaust und warum er sich wiederholen kann*, München: C. H. Beck, 2015, S. 30].

49 Stanislaw Lem, *Fiasco*, New York: Harcourt, 1987 [deutsche Ausgabe: *Fiasko*, Frankfurt a. M.: S. Fischer, 1986].

50 »Fertility Rate, Total Births per Woman«, Washington, D.C.: World Bank.

51 Das *Bulletin of Atomic Scientists* betreibt das Doomsday Dashboard, siehe http://thebulletin.org/doomsday-dashboard.
52 Rosa Brooks, *How Everything Became War and the Military Became Everything – Tales from the Pentagon*, New York: Simon & Schuster, 2016.
53 Das von Kaiser Wilhelm II. beherrschte Deutsche Reich folgte Mahans Empfehlungen, als es vor dem Ersten Weltkrieg seine Marine mit Schlachtschiffen der Dreadnought-Klasse hochrüstete, und das Ergebnis war eine nationale Katastrophe. Das faschistische Japan folgte Mahans Empfehlungen, als es Pearl Harbor angriff, und das Ergebnis war eine nationale Katastrophe. Geschickterweise schied Mahan 1914 aus dem Leben, sodass es ihm erspart blieb, mit ansehen zu müssen, wie sich seine Theorien als abgrundtief falsch erwiesen.
54 Dieser Betrag ist der direkte Anteil der Navy am US-Verteidigungshaushalt 2017.
55 Niederschrift der Rede Obamas zu Afghanistan, CNN, 2. Dezember 2009.
56 Norman Angell, *The Great Illusion – A Study of the Relation of Military Power to National Advantage*, 1909 in London unter dem Titel *Europe's Optical Illusion* erschienen.
57 John Mueller, *Retreat from Doomsday – the Obsolescence of Major War*, New York: Basic Books, 1989.
58 Graham Allison, *Destined for War – Can America and China Escape Thucydides's Trap?*, New York: Houghton Mifflin, 2017.
59 Steinbeck, *Jenseits von Eden*, S. 20.
60 Snyder, *Black Earth*, S. 15.
61 Michael Tomasello, *Why We Cooperate*, Cambridge, MA: MIT Press, 2009 [deutsche Ausgabe: *Warum wir kooperieren*, Berlin: Suhrkamp, 2010].
62 Steven Pinker, *The Better Angels of Our Nature – Why Violence Has Declined*, New York: Viking, 2011 [deutsche Ausgabe: *Gewalt – eine neue Geschichte der Menschheit*, Frankfurt a. M.: Fischer, 2011].

Kapitel 6

1 Gregg Easterbrook, »Are We Alone?«, *The Atlantic*, August 1988.
2 Ulrich Beck, *Risikogesellschaft – Auf dem Weg in eine andere Moderne*, Frankfurt a.M.: Suhrkamp, 1986.
3 »Global Status Report on Road Safety 2015«, Genf: World Health Organization.
4 Siehe interaktive Straßenverkehrssicherheitskarte der Weltgesundheitsorganisation, http://gamapserver.who.int/gho/interactive_charts/road_safety/road_traffic_deaths2/tablet/atlas.html.
5 Siehe Datenbank der Produktionsstatistiken der Organisation Internationale des Constructeurs d'Automobile (OICA), http://www.oica.net/category/production-statistics.

6   Devra Davis, *When Smoke Ran Like Water – Tales of Environmental Deception and the Battle against Pollution*, New York: Basic Books, 2002.

7   Die Beziehung zwischen Militärhubschraubern und den modernen Sicherheitsvorrichtungen in Fahrzeugen ist beschrieben in Stefan Duma, »Virginia Tech – Wake Forest University Center for Injury Biomechanics 10 Year History«, *Brain Injuries and Biomechanics*, April 2013.

8   Mit einem Artikel zu diesem Thema (»Sample Selection in the Estimation of Airbag and Seat Belt Effectiveness«, *Review of Economics and Statistics*, November 2001) begann die Karriere von Steven Levitt, der später als Autor des Bestsellers *Freakonomics* bekannt wurde.

9   Die heute verfügbaren, kostengünstigen Sicherheitstechnologien, die für alle Fahrzeuge in allen Ländern vorgeschrieben sein sollten, sind im »Global Status Report on Road Safety 2015« der Weltgesundheitsorganisation aufgeführt.

10   »State Traffic Data«, Washington, D.C.: National Highway Traffic Safety Administration.

11   Santokh Singh, »Critical Reasons for Crashes Investigated in the National Motor Vehicle Crash Causation Survey«, Washington, D.C.: National Highway Traffic Safety Administration, 2015.

12   Nicole Friedman, »Smartphone Use Lifts Car Insurance Rates« *Wall Street Journal*, 21. Februar 2017.

13   Michael Sivak, »Sales-Weighted Fuel-Economy Rating of Purchased New Vehicles, 2007 Through June 2017«, Ann Arbor: University of Michigan, Transportation Research Institute, zuletzt aktualisiert am 5. September 2017.

14   »How Refrigerator Standards Have Saved Consumers Billions«, Washington, D.C.: US Department of Energy, 2011.

15   »US Energy Consumption Rose Slightly in 2016«, Washington, D.C.: Energy Information Administration, 2017.

16   »Dick Cheney, Energy Czar«, Editorial in der *New York Times*, 14. Mai 2001.

17   Matthew Claudel, *How the Driverless Car Could Transform Cities*, New York: McKinsey & Co., 2015.

18   Michael Belzer, *Sweatshops on Wheels – Winners and Losers in Trucking Deregulation*, Oxford: Oxford University Press, 2000.

19   Siehe Aviation Safety Database des Aviation Safety Network, http://aviation-safety.net/database.

20   Siehe James Fallows, *Free Flight – Inventing the Future of Travel*, New York: PublicAffairs, 2002. Der Titel bezieht sich darauf, wie zukünftige Flugzeuge möglicherweise funktionieren werden, nicht auf Ticketpreise.

21   Gary Kasparov, *Deep Thinking – Where Machine Intelligence Ends and Human Creativity Begins*, New York: PublicAffairs, 2017.

22   »National Census of Fatal Occupational Injuries«, Washington, D.C.: Bureau of Labor Statistics, 2016.

447

23 Melissa Knight et al., »National Fire Data Survey«, Quincy, MA: National Fire Protection Association, 2017.

24 Ruth Sivard, *World Military and Social Expenditures 1996*, Washington, D.C.: World Priorities, 1996.

25 William Shawcross, *Sideshow – Kissinger, Nixon and the Destruction of Cambodia*, New York: HarperCollins, 1979 [deutsche Ausgabe: *Schattenkrieg – Kissinger, Nixon und die Zerstörung Kambodschas*, Frankfurt a. M.: Ullstein, 1979].

26 »President Obama Town Hall Meeting on the Supreme Court«, University of Chicago Law School, 7. April 2016.

27 John Tirman, *The Deaths of Others – The Fate of Civilians in America's Wars*, Oxford: Oxford University Press, 2011.

28 »Executive Summary of the Investigation of the Alleged Civilian Casualty Incident in the al Jadidah District, Mosul«, Washington, D.C.: US Department of Defense, Operation Inherent Resolve, 25. Mai 2017. Siehe Website der Operation Inherent Resolve, Pentagon, http://www.inherentresolve.mil.

29 Jan Rüger, *Heligoland – Britain, Germany, and the Struggle for the North Sea*, Oxford: Oxford University Press, 2017 [deutsche Ausgabe: *Helgoland – Deutschland, England und ein Felsen in der Nordsee*, Berlin: Propyläen, 2017].

30 Andrew Quinn, »US Reveals Nuclear Target: Oceans«, Reuters, 6. April 2010.

31 Graham Allison *(Destined for War)*, Direktor des Belfer Center for Science and International Affairs der Harvard University, behauptet, dass im Kalten Krieg der Kapitän eines Kriegsschiffs ohne Genehmigung aus Moskau beziehungsweise Washington nukleare Sprengköpfe hätte abschießen können.

32 Hans Kristensen, »Declining Deterrent Patrols Indicate Too Many SSBNs«, Washington, D.C.: Federation of American Scientists, 2013. »SSBNs« sind Atom-U-Boote, die Langstreckenraketen mit nuklearen Sprengköpfen tragen (die Abkürzung steht für »Submersible Ship with Ballistic missiles, Nuclear powered«).

33 Omar Asensio et al., »Effectiveness of US Energy Efficiency Building Labels«, *Nature Energy*, 27. März 2017.

Kapitel 7

1 Der Koreakrieg endete in einer völlig verfahrenen Situation – einem Waffenstillstand, der bis heute anhält. Der Vietnamkrieg ist schwierig zu charakterisieren, da Südvietnam keine Demokratie war, aber der Sieg der Kommunisten ebnete 1975 den Weg zu einer einigermaßen offenen Gesellschaft. Die sowjetische Unterdrückung der Tschechoslowakei, Ungarns und Polens war zunächst ein Sieg für die Diktatur, dann ein Sieg für die

Demokratie. Manche imperialistischen Enklaven, die nach dem Zweiten Weltkrieg ihre Unabhängigkeit errangen, entwickelten sich nicht zu einer echten Demokratie, sondern zu einer Monarchie (Marokko) oder einer Scheindemokratie (Algerien, Ägypten). Südafrika und Simbabwe führten offiziell freie Wahlen ein, zeigen allerdings inoffiziell politische Umstände, die eher an eine »Diktatur light« erinnern. Seit 2014 sind die politische Situation in der Ukraine und die Besetzung der Krim durch Russland ideologisch unklar, aber es liegt auf der Hand, dass die Menschen dort nicht frei sind. Einige Konflikte nach dem Zweiten Weltkrieg entstanden zwischen kommunistischen Diktaturen und Militärdiktaturen, etwa 1977 der Ogadenkrieg zwischen Äthiopien und Somalia. Aber abgesehen von diesen Ausnahmen gewinnen in direkten militärischen Konfrontationen zwischen einer Diktatur und einer Demokratie stets die Guten gegen die Bösen.

2   Larry Diamond, »Facing Up to the Democratic Recession«, *Journal of Democracy*, Januar 2015.

3   Larry Diamond, *The Spirit of Democracy – The Struggle to Build Free Societies Throughout the World*, New York: Henry Holt, 2007.

4   Max Roser, »The Short History of Global Living Conditions and Why It Matters That We Know Internet«, siehe Our World in Data, https://our worldindata.org/a-history-of-global-living-conditions-in-5-charts. Roser zeigt, dass vor zwei Jahrhunderten ein Prozent der Menschheit in Demokratien lebte, während es heute 56 Prozent sind.

5   Jonathan Powell und Clayton Thyne, »Coup d'État or Coup d'Autocracy? The Impact of Coups on Democratization, 1950–2008«, *Foreign Policy Analysis*, Februar 2016.

6   Samuelsons ehrwürdiges Lehrbuch *Economics* (New York: McGraw Hill), das 1948 zum ersten Mal erschienen war, enthielt ab 1961 diese Vorhersage.

7   Wie auch an anderen Stellen in diesem Buch ist die Gegenüberstellung des Bruttoinlandsprodukts die Standardberechnungsmethode – die von Weltbank, CIA und anderen staatlichen Stellen verwendet wird –, um die Wirtschaftsleistung verschiedener Länder anhand von Wechselkursen zu vergleichen. Vergleicht man sie stattdessen aufgrund der Kaufkraftparität, steht China besser da. Die Wirtschaft Russlands bleibt unabhängig von der Berechnungsmethode ein hoffnungsloser Fall.

8   Deirdre McCloskey, *Bourgeois Equality – How Ideas, Not Capital or Institutions, Enriched the World*, Chicago: University of Chicago Press, 2016.

9   Anita Balakrishnan, »Apple Market Cap Tops $800 Billion«, CNBC, 8. Mai 2017.

10 Benjamin Wildavsky, *Reinventing Higher Education – The Promise of Innovation*, Cambridge, MA: Harvard Education Press, 2011.

11 James Fallows, »China's Great Leap Backward«, *The Atlantic*, Dezember 2016.

12 John Keegan, *The Face of Battle*, London: Jonathan Cape, 1976 [deutsche Ausgabe: *Das Antlitz des Krieges*, Düsseldorf: Econ, 1978].

13 Jay Winik, *1944 – FDR and the year that changed history*, New York: Simon & Schuster, 2014 [hier zitierte deutsche Ausgabe: *1944 – Roosevelt und das Jahr der Entscheidung*, Darmstadt: Konrad Theiss, 2017, S. 508].

14 Yergin, *The Prize*.

15 Ebenda.

16 Richard Overy, *Why the Allies Won*, New York: W. W. Norton, 1996 [deutsche Ausgabe: *Die Wurzeln des Sieges – warum die Alliierten den Zweiten Weltkrieg gewannen*, Stuttgart: Deutsche Verlags-Anstalt, 2000].

17 Michael Sherry, *The Rise of American Air Power – The Creation of Armageddon*, New Haven, CT: Yale University Press, 1987.

18 Ta-Nehisi Coates, »My President Was Black«, *The Atlantic*, Januar 2017.

19 William Galston, »The Populist Revolt Against Failure«, *Wall Street Journal*, 30. August 2016.

20 Ernesto Londoño, »Ex-President of Brazil Sentenced to Nearly 10 Years in Prison for Corruption«, *New York Times*, 12. Juli 2017.

21 »Argentina Ex-Minister Arrested over Cash Bags at Monastery«, BBC News, 15. Juni 2016.

22 William Tweed (1823–1878) war ein US-amerikanischer Politiker und die zentrale Figur eines der größten Korruptionsskandale des 19. Jahrhunderts in den USA (A. d. Ü.).

23 Hyunjoo Jin, »Samsung Chief Arrested as South Korean Corruption Probe Deepens«, Reuters, 15. Februar 2017.

24 Milan Vaishnav, *When Crime Pays – Money and Muscle in Indian Politics*, New Haven, CT: Yale University Press, 2017.

25 Dev Kar und Joseph Spanjers, »Illicit Financial Flows from Developing Countries: 2004–2013«, Washington, D.C.: Global Financial Integrity, 2015.

26 Steven Yaccino, »Kwame M. Kilpatrick, Former Detroit Mayor, Sentenced to 28 Years«, *New York Times*, 10. Oktober 2013.

27 Als dieses Buch in Druck ging, hatte er gegen sein Urteil Berufung eingelegt; es wird erwartet, dass es zu einem zweiten Verfahren kommen wird. Siehe Jim Dwyer, »For Sheldon Silver, Three Judges Overturn 12 Jurors«, *New York Times*, 13. Juli 2017.

28 Vivien Yee, »How Cuomo's Signature Economic Growth Project Fell Apart in Utica«, *New York Times*, 27. Dezember 2016.

29 Derrick Blakley, »Former Head of the Chicago Public School System Sentenced«, CBS Chicago, 28. April 2017.

30 Stephen Braun und Eileen Sullivan, »Many Donors to Clinton Foundation Met with Hillary Clinton at State Department«, Associated Press, 23. August 2016.

31 John Mikesell, »Impact of Public Officials' Corruption on the Size and Allocation of US State Spending«, *Public Administration Review*, April 2014.

32 Daron Acemoglu und James A. Robinson, »Corruption Is Just a Symptom, Not the Disease«, *Wall Street Journal*, 3. Dezember 2015.

33 Scott Anderson, »Fractured Lands«, *New York Times Magazine*, 11. August 2016.
34 Thom File, *A Look at the 2016 Presidential Election*, Washington, D.C.: US Census Bureau, 2017.
35 »Congressional Job Approval«, Washington, D.C.: Gallup, 2016.
36 *Whitford v. Gill*, Analyse des Verfahrens *Whitford v. Gill*, *Harvard Law Review*, 10. Mai 2017.
37 Brooks Jackson, »The Florida Recount of 2000«, FactCheck.org, 22. Januar 2008.
38 Steve Silberstein, »How to Make the Electoral College Work for Everyone«, *Washington Monthly*, März 2017.

Kapitel 8

1   James Fallows, »How America Can Rise Again«, *The Atlantic*, Januar 2010.
2   Robert D. Kaplan, »The Coming Anarchy«, *The Atlantic*, Februar 1994.
3   »Global Trends 2030«, Washington, D.C.: National Intelligence Council, 2012.
4   David Brooks, »The Crisis of Western Civ«, *New York Times*, 21. April 2017.
5   »Structure and Aging«, Brussels: European Commission, 2016.
6   Die Geschichte der jüdischen Flüchtlinge wird erzählt in Winik, *1944*.
7   George Will, »Colleges Become the Victims of Progressivism«, *Washington Post*, 6. Juni 2014.
8   Lou Cannon, *Governor Reagan – His Rise to Power*, New York: Public-Affairs, 2003.
9   Siehe die Gallup-Webseite »Confidence in Institutions«, http://news.gallup.com/poll/1597/Confidence-Institutions.aspx.
10 Cannon, *Governor Reagan*.
11 »General Government Spending«, Paris: Organization for Economic Cooperation and Development, 2016.
12 Siehe die Seite »Satisfaction with the United States« auf der Gallup-Website, http://news.gallup.com/poll/1669/General-Mood-Country.aspx.
13 Siehe die Seite »National Satisfaction« auf der Website des Pew Research Center, http://www.pewresearch.org/subjects/national-satisfaction.
14 Mark Evans et al., »Who Do You Trust to Run the Country?«, Canberra: Institute for Governance and Policy Analysis, 2016.
15 Siehe Kurt Andersen, *Fantasyland – How America Went Haywire: a 500-year History*, New York: Random House, 2017.
16 Lasch, *The Culture of Narcissism*.
17 Timothy Noah, »The Death of the Telephone Call«, *Slate*, 18. September 2016.

18 Josh Constine, »Facebook Now Has Two Billion Users«, *TechCrunch*, 27. Juni 2017.

19 Holly Shakya et al., »Association of Facebook Use with Compromised Well-being: A Longitudinal Study«, *American Journal of Epidemiology*, Februar 2017.

20 Elisa Shearer, »News Use Across Social Media Platforms 2016«, Washington, D.C.: Pew Research Center, 2016.

21 Robert Thomson, »Fake News and the Digital Duopoly«, Rede vor der Asia Society, Hongkong, 29. März 2016.

22 Pietro Nivola, Hg., *Red and Blue Nation – Vol. 1, Characteristics and Causes of America's Polarized Politics*, Washington, D.C.: Brookings Press, 2006.

23 Amos Tversky, *Preference, Belief, and Similarity – Selected Writings*, Cambridge, MA: MIT Press, 2003.

24 Edward Mansfield et al., »US vs. Them: Mass Attitudes Toward Offshore Outsourcing«, Philadelphia: University of Pennsylvania, 2014.

25 Philip Howard, *The Lost Art of Drawing the Line*, New York: Random House, 2001.

26 Roy Baumeister et al., »Bad Is Stronger Than Good«, *Review of General Psychology*, Mai 2001.

27 Jim Crow (Jim, die Krähe): eine im 19. Jahrhundert in den USA übliche rassistische und diskriminierende Bezeichnung für Schwarze. Später wurden die Rassentrennung festschreibende Gesetze von Kritikern als Jim-Crow-Gesetze bezeichnet (A. d. Ü.).

28 Rede vor der Democratic National Convention in Philadelphia, 2016.

29 In den fünf Jahren vor Inkrafttreten von Obamacare stiegen die Kosten des US-Gesundheitswesens von 15,3 auf 17 Prozent des BIP. In den fünf Jahren danach stiegen sie auf 17,2 Prozent. Siehe »Health Expenditure Total (% of GDP), United States«, Washington, D.C.: World Bank, 2016.

30 Rede vor dem National Prayer Breakfast, Washington, D.C., 2014.

31 Emily Bazelon, »Department of Justification«, *New York Times Magazine*, 3. März 2017.

32 Snyder, *The Black Earth*, S. 348.

33 Peter Beinart, »Breaking Faith«, *The Atlantic*, April 2017.

34 Bill Bishop, *The Big Sort – Why the Clustering of Like-Minded America is Tearing Us Apart*, New York: Houghton Mifflin, 2008.

35 Mickey Kaus, *The End of Equality*, New York: Basic Books, 1992.

36 Warren Buffett, Brief an die Aktionäre von Berkshire Hathaway, 2016.

37 Patrick Sharkey, »The Destructive Legacy of Housing Segregation«, *The Atlantic*, Juni 2016.

Kapitel 9

1 »Sea Ice Extent Sinks to Record Lows at Both Poles«, Boulder, CO: National Snow and Ice Data Center, 2017.

2 Sergey Zimov et al., »Permafrost and the Global Carbon Budget«, *Science*, 16. Juni 2006.

3 »Joint Science Academies' Statement: Global Response to Climate Change«, Washington, D.C.: National Academy of Sciences, 2005.

4 »Climate Change Evidence and Causes«, Washington, D.C.: National Academy of Sciences, 2014.

5 »Temperature Trends in the Lower Atmosphere«, Washington, D.C.: Climate Change Science Program, 2006.

6 Thomas Kuhn, *The Structure of Scientific Revolutions*, Chicago: University of Chicago Press, 1962 [deutsche Ausgabe: *Die Struktur wissenschaftlicher Revolutionen*, Frankfurt a. M.: Suhrkamp, 1967].

7 Thomas Karl et al., »Possible Artifacts of Data Biases in Recent Global Surface Warming Hiatus«, *Science*, 26. Juni 2015.

8 »Global Warming and Hurricanes: An Overview of Current Research«, Princeton, NJ: Geophysical Fluid Dynamics Laboratory, 2017.

9 Gregg Easterbrook, »Hot Prospects«, *The Atlantic*, April 2007.

10 »It's Water Vapor, Not the CO_2«, Washington, D.C.: American Chemical Society. Auf dieser Webseite wird der Unterschied zwischen Kohlenstoffdioxid und Wasserdampf in Bezug auf den Treibhausgaseffekt erklärt.

11 Zeke Hausfather et al., »Assessing Warming Using Instrumentally Homogeneous Sea Surface Temperature Records«, *Science*, 4. Januar 2017.

12 »US Energy and Employment Report«, Washington, D.C.: US Department of Energy, 2016.

13 Robert DeConto et al., »Contribution of Antarctica to Past and Future Sea Level Rise«, *Nature*, 5. April 2016.

14 James Hansen et al., »Ice Melt, Sea Level Rise, and Superstorms: Evidence from Paleoclimate Data, Climate Modeling, and Modern Observations That 2°C Global Warming Could Be Dangerous«, *Atmospheric Chemistry and Physics*, 22. März 2016.

15 Richard Kerr, »Hansen Versus the World on Greenhouse Threat«, *Science*, 2. Juni 1989.

16 »International Energy Outlook 2016«, Washington, D.C.: US Department of Energy, 2016.

17 Corinne Le Quéré et al., »Global Carbon Budget 2016«, *Earth System Science Data*, 14. November 2016.

18 Malcolm Keay, »Energy: The Long View«, Oxford: Oxford Institute for Energy Studies, 2007.

19 Nate Aden, »21 Countries Are Reducing Carbon Emissions While Growing GDP«, Washington, D.C.: World Resources Institute, April 2016.

20 »US Energy Intensity Projected to Continue Its Steady Decline Through 2040«, Washington, D.C.: Energy Information Administration, 2013.
21 Nancy Haegel et al., »Terawatt-Scale Photovoltaics: Trajectories and Challenges«, *Science*, 14. April 2017.
22 James Baker et al., »The Conservative Case for Carbon Dividends«, Washington, D.C.: Climate Leadership Council, 2017.
23 Jerry Taylor, »The Conservative Case for a Carbon Tax«, Washington, D.C.: Niskanen Center, 2015.
24 Amy Harder, »Exxon Touts Carbon Tax to Oil Industry«, *Wall Street Journal*, 30. Juni 2016.

Kapitel 10

1   »Global Count of the Extreme Poor: Data Issues, Methodology and Initial Results«, Washington, D.C.: World Bank, 2015.
2   Benjamin Friedman, *The Moral Consequences of Economic Growth*, New York: Alfred A. Knopf, 2005.
3   Siehe Holly Metz, *Killing the Poormaster – A Saga of Poverty, Corruption, and Murder in the Great Depression*, Chicago: Chicago Review Press, 2012.
4   Robert Samuelson, »How Health Care Controls Us«, *Washington Post*, 24. Juli 2017.
5   Siehe die Webseite »Health Expenditures and Financing« der Organization for Economic Cooperation and Development (OECD), http://stats.oecd.org/Index.aspx?DataSetCode=SHA.
6   Joseph Walker, »Surging Drug Costs«, *Wall Street Journal*, 30. Mai 2017.
7   »Distribution of Household Income and Federal Taxes«, Washington, D.C.: Congressional Budget Office, 2016.
8   Branko Milanovic, *The Haves and the Have-Nots – A Brief and Idiosyncratic History of Global Inequality*, New York: Basic Books, 2010 [deutsche Ausgabe: *Haben und Nichthaben – eine kurze Geschichte der Ungleichheit*, Darmstadt: Theiss, 2017].
9   Lawrence Mishel und Jessica Schieder, »CEO Pay Remains High Relative to Pay of Typical Workers«, Washington, D.C.: Economic Policy Institute, 2017.
10 Bonnie Kavoussi, »Nike Factory in Indonesia Used Military to Intimidate Workers into Giving Up Pay«, *Huffington Post*, 16. Januar 2013.
11 »Ranking the Largest CEO Pay Packages«, Redwood City, CA: Equilar, 2017.
12 »Distribution of Household Income and Federal Taxes«, Congressional Budget Office.
13 William Gale et al., »A Significant Increase in the Top Income Tax Rate Wouldn't Substantially Alter Income Inequality«, Washington, D.C.: Brookings Institution, 2015.
14 Gordon Mermin, »Analysis of Senator Bernie Sanders's Tax and Transfer Proposals«, Washington, D.C.: Tax Policy Center, 2016.

15 Milton Friedman, *Capitalism and Freedom*, Chicago: University of Chicago Press, 1962 [deutsche Ausgabe: *Kapitalismus und Freiheit*, Stuttgart: Seewald, 1971].
16 »The Federal Budget in 2015«, Washington, D.C.: Congressional Budget Office, 2015.
17 Siehe Fred Barnes und Morton Kondrake, *Jack Kemp*, New York: Sentinel, 2015.
18 »Basic Income as a Policy Option«, Paris: OECD, 2017.
19 Charles Murray, *In Our Hands – A Plan to Replace the Welfare State*, Washington, D.C.: AEI Press, 2016.
20 Matthew Desmond, »How Homeownership Became the Engine of American Inequality«, *New York Times Magazine*, 9. Mai 2017.
21 Siehe die Webseite »S&P CoreLogic Case-Shiller Home Prices Indices«, die von S&P Dow Jones Indexes gepflegt wird, http://us.spindices.com/index-family/real-estate/sp-corelogic-case-shiller.
22 Tyler Cowen, *The Complacent Class – The Self-defeating Quest for the American Dream*, New York: St. Martin's Press, 2017.
23 »Americans Moving at Historically Low Rates«, Washington, D.C.: United States Census Bureau, 2016.

Kapitel 11

1 Kim Parker et al., »Record Share of Americans Have Never Married«, Washington, D.C.: Pew Research Center, 2014.
2 Paul Taylor et al., »Women, Men, and the New Economics of Marriage«, Washington, D.C.: Pew Research Center, 2010.
3 Ron Haskins, »Three Simple Rules Poor Teens Should Follow to Join the Middle Class«, Washington, D.C.: Brookings Institution, 2013.
4 Jorge Luis García, James Heckman, Duncan Ermini Leaf und María José Prados, »The Life-Cycle Benefits of an Influential Early Childhood Program«, Chicago: University of Chicago, 2016.
5 Kate Taylor, »New York City Will Offer Free Preschool for All 3-Year-Olds«, *New York Times*, 24. April 2017.
6 Sarah Favot, »New Student Data Show That Half of Graduating Seniors in LA Not Eligible for California's Public Universities«, *The 74*, April 2017.
7 David Freedman, »The War on Stupid People«, *The Atlantic*, Juli 2016.
8 Don Peck, *Pinched*, New York: Crown, 2011.
9 Rede auf der Abschlussfeier an der Duke University, Mai 2017.
10 Vaupel et al., »Broken Limits to Life Expectancy«.
11 Die 401(k)-Regelung ist die private Rentenvorsorge in den USA. Ein Teil des Bruttogehalts kann steuerfrei angelegt, darf ab 55 Jahren wieder entnommen werden und wird dann entsprechend dem im Rentenalter meist deutlich geringeren Jahreseinkommen versteuert (A. d. Ü.).

12 Auf der Webseite »Life Expectancy« der Weltgesundheitsorganisation ist die Lebenserwartung von Menschen in fast allen Ländern der Welt angegeben, siehe http://apps.who.int/gho/data/node.main.LIFECOUN TRY?lang=en.

13 David Gelernter, *The Tides of Mind – Uncovering the Spectrum of Consciousness*, New York: Liveright, 2016 [deutsche Ausgabe: *Gezeiten des Geistes – die Vermessung unseres Bewusstseins*, Berlin: Ullstein, 2016].

14 Siehe »Research Priorities for Robust and Beneficial Artificial Intelligence«, ein offener Brief mit bislang über 8000 Unterzeichnern, der von der Website des Future of Life Institute abgerufen werden kann, https://futureoflife.org/ai-open-letter.

15 Alan Robock und Owen Toon, »The Climate Impacts of Nuclear War«, *Bulletin of the Atomic Scientists*, 2012.

16 Manche Paläoklimatologen vertreten die These, dass eine Phase intensiver vulkanischer Aktivitäten in Sibirien das massenhafte Artensterben verursachte, das vor etwa 252 Millionen Jahren durch sauren Regen, Schädigungen der Ozonschicht und den Ausstoß enormer Mengen an Treibhausgasen etwa 75 Prozent allen irdischen Lebens vernichtete. Siehe dazu David Bond und Stephen Grasby, »On the Causes of Mass Extinctions«, *Palaeogeography Palaeoclimatology Palaeoecology*, 15. Juli 2017.

17 Bemerkungen auf einer Konferenz der American Academy of Arts and Sciences, Cambridge, MA, 2016.

18 Sie können sich das Inventar gesichteter Asteroiden auf der Website des Jet Propulsion Laboratory ansehen. Dort finden sie die aktuelle Gesamtzahl solcher Objekte, die bis zum Zeitpunkt des Seitenabrufs entdeckt wurden: https://cneos.jpl.nasa.gov/stats/totals.html. (Falls Sie die URL nicht abtippen wollen, können Sie einfach nach »jpl neo cumulative totals« googeln.) In den 60 Tagen, die zwischen dem Schreiben des oben stehenden Absatzes im Haupttext und dieser Anmerkung dazu vergingen, wurden 282 erdnahe Asteroiden entdeckt.

Personenregister

Adams, Henry 305 f.
Adams, John 177, 305, 307
Angell, Norman 211–214
Ausubel, Jesse 42 f., 45, 253, 255, 357 f.
Autor, David 50, 136, 303
Beck, Ulrich 224, 233
Borlaug, Norman 25, 29–34
Bush, George H. W. 348
Bush, George W. 154, 161 f., 177 f., 250, 287, 294, 309, 317, 338, 346, 367, 411
Carson, Rachel 89 f.
Carter, Jimmy 97, 102, 143
Clinton, Bill 13, 181 f., 246, 274, 281, 308
Clinton, Hillary 10 f., 98, 110, 119, 161, 277, 281, 287, 336, 348 f., 385, 410
Comey, James 286, 331
Diamond, Larry 19, 259 f., 278, 285, 288
Friedman, Milton 386 ff., 392 f., 400
Hitler, Adolf 217, 283, 338
Hobbes, Thomas 177, 192, 337
Kaus, Mickey 341 f.
Keynes, John Maynard 164
Lasch, Christopher 143, 323
Malthus, Thomas 15, 26–30
Marx, Karl 27, 30
McCloskey, Deirdre 262, 342
Milanovic, Branko 372, 380 f., 397 f.
Murray, Charles 150 f., 393
Nixon, Richard 81, 97, 100 f., 177, 278, 366, 378, 387 f.
Obama, Barack 57, 99, 111, 145, 149, 154, 157, 161 f., 166 f., 169, 174, 177, 179, 204, 207, 211, 234 f., 247, 250, 287, 308 f., 334, 337, 363 f., 377, 384 f., 389
Obama, Michelle 57, 384

Sachregister

»William Davies ist einer der interessantesten politischen Denker der Gegenwart.«

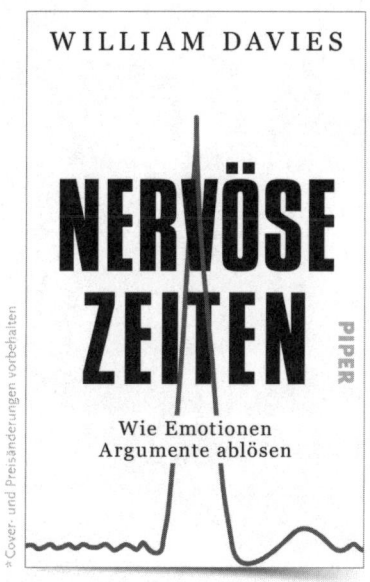

*Cover- und Preisänderungen vorbehalten

William Davies
Nervöse Zeiten
Wie Emotionen Argumente ablösen

Aus dem Englischen von Ursel
Schäfer und Enrico Heinemann
Piper, 384 Seiten
€ 24,00 [D], € 24,70 [A]*
ISBN 978-3-492-05894-0

Wir befinden uns in einer neuen politischen Ära, die viele ratlos zurücklässt: Wo bisher Zahlen, Daten und Expertisen Grundlage politischer Entscheidungen waren, sind nun Emotionen Trumpf. Ob Donald Trump, Front National oder AfD – überall greifen Populisten die Ängste der Menschen auf. William Davies erklärt, wie es zum Niedergang der Vernunft und dem Siegeszug der Gefühle kommen konnte.

PIPER

Leseproben, E-Books und mehr unter **www.piper.de**